A EXPLORAÇÃO DO BRASIL
1700-1800

THALES GUARACY

A EXPLORAÇÃO DO BRASIL 1700-1800

Como a descoberta de ouro por um pioneiro azarado, um padre e um assassino consolidou a colônia, salvou uma monarquia e atrasou o futuro do Brasil e de Portugal

3º VOLUME DA TRILOGIA FORMAÇÃO DO BRASIL

Planeta

Copyright © Thales Guaracy, 2025
Copyright © Editora Planeta do Brasil, 2025
Todos os direitos reservados.

PREPARAÇÃO DE TEXTO: Ligia Alves
REVISÃO: Fernanda Guerriero Antunes e Ana Maria Fiorini
PROJETO GRÁFICO DE MIOLO E DIAGRAMAÇÃO: Negrito Produção Editorial
CAPA: Estúdio Foresti Design

Dados Internacionais de Catalogação na Publicação (CIP)
Angélica Ilacqua CRB-8/7057

Guaracy, Thales
  A exploração do Brasil 1700-1800 : como a descoberta de ouro por um prisioneiro azarado, um padre e um assassino consolidou a colônia, salvou a monarquia e atrasou o futuro do Brasil e de Portugal / Thales Guaracy. – São Paulo : Planeta do Brasil, 2025.
  368, [16] p. : il. (Coleção Formação do Brasil ; vol. 3)

Bibliografia
ISBN 978-85-422-3169-4

1. Brasil – História – 1700-1800. I. Título.

24-3297   CDD 981

Índice para catálogo sistemático:
1. Brasil – História

Ao escolher este livro, você está apoiando o manejo responsável das florestas do mundo

2025
Todos os direitos desta edição reservados à
EDITORA PLANETA DO BRASIL LTDA.
Rua Bela Cintra, 986 – 4º andar – Consolação
01415-002 – São Paulo-SP
www.planetadelivros.com.br
faleconosco@editoraplaneta.com.br

Para André Rayan, que cresceu ao par desta obra.

*"Os vossos engenhos haviam de ter muito que moer,
porque vós e vossos filhos havíeis de ser os moídos."*
(Padre Antônio Vieira, Os sermões*)*

Sumário

INTRODUÇÃO O século em que ficamos para trás............. 11

CAPÍTULO 1 O ouro salva um reino 35

CAPÍTULO 2 A lei dos portugueses.......................... 59

CAPÍTULO 3 Masmorra para nobres 75

CAPÍTULO 4 A parte da Coroa 109

CAPÍTULO 5 O sertão dos Anhangueras...................... 131

CAPÍTULO 6 Um corsário humilha um reino 139

CAPÍTULO 7 Alianças e divisas.............................. 163

CAPÍTULO 8 A razão e a Inquisição 177

CAPÍTULO 9 A fronteira da guerra 195

CAPÍTULO 10 Os poetas e os endividados..................... 213

CAPÍTULO 11 O arauto da revolta 243

CAPÍTULO 12 Traição e queda................................ 267

CAPÍTULO 13 O suicídio conveniente........................ 281

CAPÍTULO 14 Os mortos se levantam........................ 303

CAPÍTULO 15 Os raios de Vulcano........................... 319

CAPÍTULO 16 Uma nação contra a corrente.................. 331

Referências 361

INTRODUÇÃO

O século em que ficamos para trás

Desde a chegada dos primeiros europeus ao continente sul-americano, em fins do século XV, a ocupação do território brasileiro percorreu três etapas que coincidem, cada uma delas, com os respectivos séculos de colonização.

O primeiro século foi marcado pelo esforço religioso e militar da cruz de malta portuguesa para dominar a costa brasileira. Nesse período, a Inquisição – braço da Igreja instalado no Estado português – promoveu o extermínio dos "hereges" nativos, sobretudo os da nação tupinambá, antropófagos resistentes a qualquer forma de submissão, assim como expulsou os "hereges" franceses, seus aliados protestantes no Rio de Janeiro.[1]

No segundo século os luso-brasileiros avançaram continente adentro, oportunidade surgida durante as seis décadas da União Ibérica, quando Portugal pertenceu ao império espanhol, o que transformou a linha imaginária de Tordesilhas de fronteira em mero marco administrativo, desrespeitado por ambos os lados.

---

1 Ver Thales Guaracy, *A conquista do Brasil (1500-1600)*, São Paulo: Planeta, 2015.

Os luso-brasileiros se espalharam pela América espanhola, fosse pelos seus comerciantes, atuando em cidades como Buenos Aires, Assunção, Quito e Cartagena das Índias, fosse pelos caçadores de escravos paulistas, que entraram em guerra aberta com os jesuítas espanhóis pelo controle da mão de obra nativa nas regiões do Guaíra e do Tape – hoje o Paraguai e os estados do Paraná, de Santa Catarina e do Rio Grande do Sul.[2]

Com o fim da União Ibérica, em 1641, a abertura de novas frentes coloniais no sertão criou um imenso desafio de gestão para um país pequeno em território e população, como Portugal. Os conflitos territoriais contra os indígenas, depois os holandeses, se somavam aos cuidados com as possessões e interesses comerciais nas Índias Orientais e à guerra de independência contra a Espanha, que durou até 1668.

O esforço de criar uma colônia católica no Brasil não saiu bem como imaginado. O genocídio dos tupinambás, os "hereges canibais" da costa, e a dizimação dos indígenas integrados à colonização por doenças europeias como a gripe e a varíola levaram a uma redução populacional em escala muito maior que o esforço empreendido pelos educadores jesuítas de forma a gerar mão de obra nativa.

Na entrada dos anos 1700, a população no território equivalente ao do Brasil contemporâneo caiu a metade do que era dois séculos antes. De cerca de 4 milhões de indígenas na chegada dos primeiros portugueses, como estimado pelo padre José de Anchieta, restavam no início do século XVIII por volta de 2 milhões que ainda viviam de forma independente, considerados não colonizados, ou não civilizados – num tempo em que ser civilizado significava ser "'bom vassalo' e um 'bom cristão'", como apontou o historiador Marco Antônio Silveira.[3]

---

2   Thales Guaracy, *A criação do Brasil (1600-1700)*, São Paulo: Planeta, 2018.
3   Marco Antônio Silveira, *O universo do indistinto: Estado e sociedade nas Minas setecentistas (1735-1808)*, São Paulo: Hucitec, 1997.

Na colônia, propriamente, contavam-se cerca de 150 mil portugueses, além de 150 mil negros e indígenas escravizados e 200 mil mestiços integrados à sociedade das vilas e fazendas – descendentes de portugueses com mães nativas, uma vez que nos três primeiros séculos do Brasil português somente homens vinham da Metrópole.

"A população original do Brasil foi drasticamente reduzida por um genocídio de proporções espantosas, que se deu através da guerra de extermínio, do desgaste do trabalho escravo e da virulência das novas enfermidades que os achacaram [aos indígenas]", afirmou o antropólogo Darcy Ribeiro. A esse genocídio dos nativos se seguiu, nas palavras de Ribeiro, "um etnocídio igualmente dizimador, que atuou através da desmoralização pela catequese; da pressão dos fazendeiros que iam se apropriando de suas terras; do fracasso de suas próprias tentativas de encontrar um lugar e um papel no mundo dos 'brancos'".[4]

O território colonial concentrava-se nas proximidades das vilas implantadas ao longo da costa de Santa Catarina ao Grão-Pará, e da via fluvial paulista para o sertão – o rio Anhembi-Tietê. Para manter ocupada e administrar aquela vasta faixa de terra, Portugal valia-se de métodos que, assim como seus sonhos de grandeza, vinham do antigo império romano, de quem a Península Ibérica tinha sido província durante cerca de seis séculos, a partir de 218 a.C.

Exemplo dos instrumentos utilizados para consolidar domínios além de seus próprios recursos, Roma tomava os filhos dos povos conquistados ainda crianças, educava-os como romanos e depois os devolvia a seus respectivos lugares de origem. Esses "bárbaros" romanizados identificavam-se com o império, mas ao mesmo tempo possuíam posição, conhecimento e trânsito em seus povos de origem. Isso lhes permitia exercer a liderança localmente, de forma a cooptar e romanizar a população das terras onde inicialmente se fincara o estandarte com a águia romana pela força.

---

4 Darcy Ribeiro, *O povo brasileiro*, São Paulo: Companhia das Letras, 1995.

Os portugueses traziam essa experiência também da ocupação árabe da Península Ibérica, de 711 a 1492 – os "mouros", como os chamavam, tal qual os romanos, por semelhança ao povo da "Mauritânia", antiga província romana na África. Na expansão do império árabe, as crianças dos territórios ocupados eram treinadas para ser janízaros (guerreiros), eunucos (administradores) e mamelucos. Estes últimos eram mestiços, geralmente janízaros, que formavam uma elite capaz de combinar as qualidades do administrador e do chefe militar, dotados da instrução árabe e da familiaridade e habilidades requeridas na colônia, que era sua terra natal.

Os mamelucos brasileiros, chefes guerreiros com sangue indígena e português já nascidos no Brasil, termo que mais tarde se estendeu a todos os filhos de indígenas e europeus, foram essenciais nos dois primeiros séculos de colonização. Eram levados à Metrópole, alguns para fazer o curso superior e voltar como garantidores do império português.

Com a organização militar de Portugal, cuja base era o terço – regimento de infantaria inspirado no exército romano, com seiscentos soldados em dez companhias –, mais a adaptação à mata tropical e a ferocidade dos povos nativos, os mamelucos brasileiros impuseram o domínio português sobre um território hostil. Ganhavam terreno num espaço fragmentado por povos beligerantes que preferiam a morte em combate à servidão – muito menos a um monarca estrangeiro que, para eles, nada significava.

Com o tempo, essa casta de senhores coloniais se impôs. Embora tivesse optado por ficar ao lado de Portugal quando foi quebrada a União Ibérica, declarando sua vassalagem, a elite colonial brasileira adquiriu identidade e interesses próprios, afastando-se da origem portuguesa de seus pais. Ressentia-se de ser tratada como gente mestiça ou deserdada, por serem filhos dos primeiros colonizadores, antigos degredados, que tinham vindo ao Novo Mundo como castigo.

Os mamelucos de segunda e terceira gerações eram descendentes dos antigos combatentes nas guerras contra holandeses e espanhóis, cujos heróis tinham sido distinguidos com a "fidalguia", título associado não somente à propriedade de terras como a um modelo de comportamento. Segundo a origem da palavra ("filho de algo"), à semelhança do "hidalgo" espanhol, o fidalgo era um título conferido pelo rei, quando adotava alguém para a nobreza. Isso significava, além de simples honraria, uma distinção que filtrava seu passado plebeu. Fidalgos recebiam da Coroa uma pensão vitalícia e, como o título, hereditária. Porém, do ponto de vista do império português, o enobrecimento da casta de senhores de engenho não vinha sendo o bastante para selar sua fidelidade à Metrópole.

Portugal ainda dependia dessa elite local para governar. Na entrada do século XVIII, remanesciam alguns focos de resistência indígena à ocupação colonizadora, como o conflito com os potiguares e cariris, exterminados no Rio Grande do Norte entre 1683 e 1713, na chamada Guerra dos Bárbaros. Esta terminou com a criação pela Coroa portuguesa de reservas com "uma légua para cada aldeia", recomendando no entanto que "fossem guerreados os que fugissem para o sertão roubando os colonos", segundo o historiador Francisco Adolfo de Varnhagen, visconde de Porto Seguro (1816-1878).[5]

Contudo, a Coroa receava perder o controle sobre os descendentes dos pioneiros. "No início da colonização, era conveniente para o próprio monarca que os poderes locais gozassem de maior autonomia, com menor centralização", afirmou o historiador Luiz Alberto Ornellas Rezende, da Universidade de São Paulo. Depois dessa etapa inicial, o fortalecimento dos mamelucos, ainda que tivessem servido à consolidação da colônia, fez com que passassem a rivalizar em poder com a própria Coroa. "Ao rei, cabia reinar sobre

---

5 Francisco Adolfo de Varnhagen, *História geral do Brasil*, 2. ed., Rio de Janeiro: E. e H. Laemmert, 1877, v. 2.

um território onde vários senhores não reinavam, mas que dominavam", acrescenta Rezende.⁶

Dessa forma, a terceira etapa da colonização consistiu em um esforço da Coroa para submeter seus próprios vassalos. Para isso, mesmo sem fazê-lo abertamente, usou a seu favor os conflitos de portugueses contra portugueses – como se consideravam os descendentes luso-brasileiros –, aplicando no Brasil medidas draconianas, apoiadas por uma onda de imigrantes de Portugal, que afluíram à colônia em escala jamais vista, tão logo se espalhou a notícia de que na atual região do estado de Minas Gerais se descobria um novo Eldorado.

*

O primeiro grande conflito interno da colônia decorreu de um achado dos bandeirantes paulistas, que, no apagar do século XVII, encontraram ouro na região do Sabarabuçu – a legendária terra dourada dos primeiros pioneiros, cujo epicentro se tornou a cidade de Sabará, na atual região metropolitana de Belo Horizonte, capital do estado de Minas Gerais.

Portugal passou a enfrentar um novo desafio: assegurar o controle da colônia em meio a uma desordenada e violenta corrida do ouro, assim como a parte da Fazenda Real sobre aquela riqueza. Capitães que sempre tinham governado à margem da Metrópole, pela distância dos donatários, que viviam em Portugal, os mamelucos paulistas tendiam a escapar aos controles da Coroa – instituição entendida como o próprio rei, pessoalmente, bem como o aparato de gestão colonial, encabeçado pelo Conselho Ultramarino, que dirigia as possessões do império. Ainda mais com a descoberta de ouro, incentivada pelo poder real mediante o oferecimento da preferência

---

6   Luiz Alberto Ornellas Rezende, *A Câmara Municipal de Vila Rica e a consolidação das elites locais, 1711-1736*, dissertação (Mestrado em História Social) – Departamento de História, FFLCH-USP, São Paulo, 2015.

na titulação de terras e de outros privilégios em compensação pelos riscos e custos da empreitada.

Esse assenhoreamento da riqueza não diferia do que ocorria no Nordeste, onde os senhores de engenho se autointitulavam a "nobreza da terra", como uma aristocracia tropical. A orgulhosa estirpe de mamelucos enriquecidos com o açúcar desde o século anterior julgava-se mais valorosa que a própria nobreza portuguesa, a quem tinha salvado também no século anterior. Com o açúcar brasileiro, os latifundiários baianos e pernambucanos haviam colocado o império português na vanguarda da economia mundial. Eram um caso de sucesso no capitalismo nascente: enriqueciam com um produto líder, feito em série, cotado e vendido no mercado internacional – o "ouro branco".

A mão de obra dependia do escravagismo, um mercado também lucrativo, disputado pelo Reino Unido; pelos Países Baixos, com a Companhia de Comércio de Middelburg; e pela França, que fundou em 1748 a Société d'Angola em Nantes, com o objetivo de traficar escravos angolanos. Porém, foram os portugueses que transformaram o tráfico negreiro em um negócio em larga escala, exportando sua mercadoria humana da África para todo o Novo Mundo, sobretudo o Brasil, por meio de empresas monopolistas do Estado português, como a Companhia Geral de Comércio do Grão-Pará e Maranhão.

Com uma riqueza que lhe dava posição senhorial, a elite colonial da Bahia e sobretudo de Pernambuco ostentava uma altivez que lhe conferia certa independência. No passado, os pernambucanos tinham expulsado os holandeses sem ajuda de Portugal, aliado dos Países Baixos na Europa contra a Espanha, de cujo controle ambos tinham se libertado. Os mamelucos pernambucanos lutaram na Guerra de Restauração ao lado dos portugueses contra os espanhóis e tinham também retomado as possessões portuguesas na África, fornecedoras de mão de obra escrava para a lavoura e os engenhos de açúcar. Na prática, por interesse próprio, tanto quanto o da Coroa, tinham restabelecido o império português.

A Coroa decidiu cortar a alarmante autonomia daquela casta emergente, que desprezava a Corte faustosa e dependente que julgava sustentar. Manobra delicada: pela forma como tiveram de se impor no território colonial, esses chefes locais possuíam verdadeiros exércitos particulares, utilizados em favor de Portugal quando necessário, mas que, caso desejassem, poderiam também ser apontados para o poder central. Essa foi uma das principais razões pelas quais, ao longo do século XVIII, a Coroa aperfeiçoou os mecanismos que lhe garantiam o poder total, característico das monarquias absolutistas.

Para impedir que a elite colonial se apoderasse por completo do Brasil, a monarquia absolutista portuguesa aboliu as capitanias, com seus respectivos donatários, e enviou para a colônia administradores portugueses conhecidos pela mão de ferro, provados na guerra contra a Espanha ou em experiências anteriores nas Índias Orientais. Reforçou assim o chamado Pacto Colonial, que de pacto não tinha nada, tendo em vista que não se tratava de um acordo entre duas partes, e sim da imposição unilateral de Portugal e Espanha sobre suas colônias da América. Estas serviam de fonte de recursos naturais e, ao mesmo tempo, de mercado cativo para a compra dos produtos manufaturados, adquiridos obrigatoriamente da Metrópole.

Estava proibido no Brasil qualquer tipo de atividade industrial, alijando a colônia do processo corrente na economia mundial. A partir dos anos 1750, por concessão do secretário real Sebastião José de Carvalho e Melo, que mais tarde seria conhecido como o marquês de Pombal, foram permitidas algumas indústrias, de modo incipiente e informal, como uma fábrica de chita – um tecido popular –, no Pará, e outra de lonas, na Bahia. Em 1785, um decreto da rainha Maria I, que demitiu Pombal, determinou o extermínio das fábricas, estipulando que só poderiam ser produzidos no Brasil "tecidos grosseiros", para uso da "escravaria".

Desde o início do século, todos os bens manufaturados ou industrializados – do sal ao trigo com que se fazia o pão – tinham de ser importados de Portugal, exclusivamente por meio de comerciantes portugueses natos (os "reinóis"). Aquele monopólio colocava os produtores coloniais, sobretudo os senhores de engenho, na situação de ter de se submeter a portugueses, que faziam o preço e ficavam com a parte gorda dos lucros, uma vez que o grosso da produção de açúcar se destinava à exportação.

Outras medidas asseguravam a dependência da colônia brasileira. Estava proibida a impressão de tabloides e livros, aplicação do segundo principal instrumento da dominação, depois da força: a perpetuação da ignorância. Com exceção das escolas jesuíticas, que visavam à catequização dos povos originários e à sua unificação pela língua e pela moral religiosa, não existia no Brasil educação formal. Já funcionavam doze universidades na América de colonização espanhola desde o século XVII. No Brasil, nenhuma. Só era possível estudar e obter uma especialização profissional em Portugal ou em outros países da Europa.

O regime absolutista do império colonial português era a expressão plena do totalitarismo. O poder monocrático exercido pela Metrópole na prática impunha o sistema escravagista não somente aos indígenas e africanos como a toda a sociedade. Os súditos eram propriedade do rei. Todos dependiam em tudo da Coroa, personificada no monarca todo-poderoso, ao qual tinham de se sujeitar, mesmo diante das decisões mais arbitrárias.

Cartas do alferes Joaquim José da Silva Xavier, o Tiradentes, por exemplo, mostram que era preciso pedir autorização à Coroa para abrir no Rio de Janeiro um simples armazém, comprar um terreno próximo do porto, ausentar-se da corporação militar ou viajar a Portugal. O modo como Silva Xavier morreu exemplifica a arbitrariedade do sistema judiciário, que podia ser atropelado pelas decisões do ocupante do trono a seu bel-prazer. Único a não ser indultado pela Coroa do crime de traição, que podia ser definida como qualquer coisa que contrariasse a realeza, e pela qual se pagava com a morte por enforcamento e o opróbrio de toda a família, Silva Xavier vivia em uma sociedade sobre a qual o tempo todo pairava a sombra da espada – uma vida de terror permanente, garantida apenas pela subserviência.

Ao mesmo tempo que entregava o comércio exterior e a administração da colônia exclusivamente a portugueses de nascimento, o rei e o Conselho Ultramarino, por intermédio de prepostos enviados de Portugal para exercer a gestão colonial, usavam a concessão de privilégios para manter os vassalos sempre se esforçando à espera de alguma benesse, como coelhos atrás da cenoura. Pela distribuição de sesmarias e contratos, os colonos acostumaram-se à relação de dependência perante o Estado, uma permanente busca de privilégios e favores junto ao rei, como meio de progresso.

Somente isso, assim como a chegada em massa de portugueses atraídos pelas promessas de fortuna, tanto no comércio exportador quanto nas minas de ouro, impediu que focos de insatisfação se alastrassem. Os colonos aceitavam a opressão, desde que pudessem enriquecer dentro daquele sistema. Era, no entanto, um equilíbrio tênue, que volta e meia levava os insatisfeitos à revolta. Os focos de sublevação surgiam sempre entre os esquecidos pelo poder, como o próprio Silva Xavier, que assumiu mais responsabilidades na Companhia dos Dragões, tropa de elite militar da Coroa portuguesa, mas foi passado para trás por colegas em promoções e aumentos de salário. Sempre havia aqueles que o sistema excluía de alguma forma, ou extorquia, sobretudo quando os impostos aumentavam e o controle se tornava intolerável.

A elite colonial reagiu também contra a competição com os portugueses que invadiram a colônia, atraídos pela descoberta de ouro nas Minas Gerais e pelas oportunidades tanto na concessão de glebas das minas como nos contratos de obras e serviços públicos, ou na coleta de impostos. "De forma conservadora, estima-se que no século XVIII devem ter saído de Portugal por volta de 400 mil imigrantes", afirmou a historiadora Maria Luiza Marcílio, da Universidade de São Paulo. Era um quarto da população portuguesa no início do século XVIII, e duas vezes a população de Lisboa em 1750.[7] Incluídos os escravos africanos importados para a lavoura, os engenhos e o trabalho nas minas, a população colonial triplicou em apenas cinco décadas: saltou de cerca de 500 mil habitantes em 1720 para mais de 1,5 milhão de pessoas em 1780.[8]

A entrada dos portugueses no território colonial deflagrou uma série de revoltas. No garimpo, a chegada dos reinóis, com seus escravos africanos, provocou a chamada Guerra dos Emboabas – do tupi *M'boab*, "pés com penas", como os bandeirantes paulistas, assim como os indígenas, chamavam os arrivistas europeus, que andavam calçados. Em Pernambuco, onde o monopólio do comércio no porto de Recife pelos reinóis tirava dos senhores de engenho o controle de seu próprio negócio, que dependia essencialmente da exportação, houve a Guerra dos Mascates. O termo "mascate" tem origem controversa: é possivelmente uma referência à cidade portuária de Muscat, ou Moscati, atual capital de Omã, que pertenceu a Portugal no Oriente durante a primeira metade do século XVII, conhecida por seu mercado. Passou a ser usado para designar os reinóis de forma pejorativa, como se fossem meros ambulantes, ou aproveitadores.

Os portugueses que chegavam da Metrópole não eram mais degredados ou viajantes eventuais, e sim caçadores de fortuna dispostos a tudo. A Coroa, que por um lado manifestava certa preocupação com a evasão em massa da população de Portugal, por outro passou a aceitá-la e por fim a estimulá-la. Com isso, não apenas consolidava seu controle político na colônia como aumentava os recursos da exploração extrativista.

Para neutralizar a ira dos luso-brasileiros, que tinham de se acostumar à nova situação, a monarquia portuguesa os adulava,

---

[7] Maria Luiza Marcílio, A população do Brasil colonial, in Leslie Bethell (org.), *História da América Latina: a América Latina colonial*, São Paulo: Edusp, 1984, v. II.
[8] Tarcísio Rodrigues Botelho, *Estimativas de população para o Brasil, séculos XVIII e XIX*, Universidade Federal de Minas Gerais, 2020.

oferecendo terras, títulos ou favores, ou punia, quando se tornavam um obstáculo. "É sem contradição que o mais eficaz remédio que introduziu a política do Monarca para o regime das gentes e conservação dos Estados foi o prêmio e o castigo, pois só estas são as únicas colunas que sustentam nos monarcas a Majestade [...] fazendo com que ao mesmo tempo lhe dê uma a mão, e outra o golpe", assinalava um manifesto dirigido ao rei, que circulou por Pernambuco em 1715. Em defesa dos interesses dos comerciantes portugueses detentores do monopólio do comércio exterior na colônia, o documento pedia punição à elite colonial que se opunha a seus privilégios.[9]

Ainda que não abertamente, a Coroa passou a dividir as forças da elite colonial já instalada com a nova leva de portugueses, tanto nas minas de ouro como no negócio dos produtos exportados, sobretudo o açúcar e o fumo. Num primeiro momento, em vez de rebelião, os senhores de engenho e membros da Câmara de Olinda procuraram demonstrar que eram tão portugueses quanto os nascidos na Metrópole, como denota outro manifesto, assinado pela "nobreza pernambucana" e endereçado à Coroa, em reação ao documento publicado pelos comerciantes. Nele, negava a acusação dos reinóis de que sua vassalagem à Coroa seria "mais política do que natural", por conta de "haverem restaurado seus pais e avós daquele estado da tirânica potência de Holanda ao tempo [...] de D. João IV".[10]

À divisão da colônia, com uma presença maior de portugueses que fiscalizavam os nativos e vice-versa, somou-se uma administração colonial feroz, exercida por administradores nomeados pela Coroa por sua provada competência militar. A centralização do poder se tornou mais importante e evidente diante da necessidade de cobrar mais impostos sobre a produção de ouro nas Minas Gerais, o que com o tempo passou a contrariar também os portugueses

---

9 Jozé Bernardo Fernandes Gama, *Memórias históricas da província de Pernambuco*, Pernambuco: Typ. de M. F. de Faria, 1844, v. 4.
10 Jozé Bernardo Fernandes Gama, *op. cit.*

recém-chegados em busca de fortuna. "As tendências de caráter centralizador e de reforçamento do poder metropolitano, que buscavam ampliar as bases da empresa colonizadora, marcaram as medidas político-administrativas adotadas pelo Estado português a partir de 1640", apontou um trabalho de pesquisadores sobre a história da administração colonial realizado pelo Arquivo Nacional.[11]

Acima dos interesses dos colonos, tanto dos antigos como dos novos, como estes também iriam descobrir, havia um interesse só: o do rei de Portugal, por intermédio de seus prepostos.

*

A partir da década de 1760, a produção de ouro sofreu uma queda acentuada, mas o Fisco não recuou. Ao contrário: a Coroa aumentou a pressão por resultados. Para a Fazenda Real – o Tesouro português –, o desfalque na arrecadação por conta do esgotamento das jazidas podia ser compensado com maior rigor na fiscalização do contrabando. "Após 1760, com o declínio na extração de metais, somado à redução nas rendas régias em vários setores da economia colonial, a tônica centralista foi ampliada e se intentou uma racionalização administrativa muito mais eficaz, como alternativa para viabilizar a continuidade das práticas mercantilistas na Colônia", afirmou o relatório do Arquivo Nacional.[12]

Apesar dos perigos, havia um vasto campo para ludibriar a Coroa portuguesa, a começar pelo fato de que, por falta de recursos próprios, as tarefas administrativas da colônia eram em grande parte executadas por agentes privados, que atuavam como prepostos do Estado. Até mesmo para recolher os impostos a Coroa usava os "contratadores", que adquiriam a concessão desse serviço público em leilões periódicos.

---

11 Graça Salgado (coord.), Carmen L. de Azevedo, Edgar Pêcego, Paulo F. Vianna, Regina Hippolito e Zélia M. Barreto, *Fiscais e meirinhos: a administração no Brasil colonial*, 2. ed., Rio de Janeiro: Nova Fronteira, 1985.
12 Graça Salgado (coord.) *et al.*, *Fiscais e meirinhos: a administração no Brasil colonial, op. cit.*

A concessão do poder do Estado a particulares favorecia a corrupção. Além do ouvidor, em geral um bacharel que atuava como fiscal do poder público, a Coroa contava com a rivalidade entre mamelucos e reinóis para fiscalizar uns aos outros e denunciar as falcatruas alheias. Punia e substituía os agentes terceirizados do serviço público quando identificava abusos – ou quando os impostos recolhidos não alcançavam o resultado esperado.

O sistema tributário foi mudado diversas vezes ao longo do século para aumentar a receita, tanto quanto para evitar revoltas. Além da "capitação" – a cobrança da taxa sobre o número de escravos empregados no trabalho, que podiam ser contados cabeça por cabeça –, a Coroa utilizou outras formas de arrecadação. Uma delas era a venda em leilão da gleba reservada para a Fazenda Real quando se demarcava a área de cada descoberta de ouro nas "minas gerais" – como se designavam as terras antes ocupadas pelos indígenas, portanto para eles sem dono, e que podiam ser exploradas pelos garimpeiros.

Os protestos contra a capitação, por onerar também os garimpeiros que não achavam ouro, levaram à instituição e depois ao aperfeiçoamento das Casas de Fundição, por onde devia passar todo o ouro, de maneira a ser fundido e gravado com o selo real para poder ser vendido. Na fundição do ouro em barras já era descontada a parte da Coroa – o chamado quinto, um naco de 20% de toda a renda colonial, devido à Fazenda Real. A aversão a tal imposto consagrou uma expressão popular, cujo uso foi corrente no Brasil até o final do século XX. Quando alguém queria rogar uma praga, por qualquer motivo, dizia: "Vá para os quintos dos infernos".

Outra questão era o que fazer com o poderio dos "capitães" brasileiros, fortalecidos pelas riquezas da terra, bem como a associação entre seus interesses privados e o poder público, que em larga medida controlavam, incluindo o militar. Segundo o costume português, todo chefe era chamado de "capitão-mor" – expressão de onde vinha "capitania". Os fazendeiros que arregimentaram tropas particulares, a começar pelos bandeirantes paulistas, assim como criadores de gado e garimpeiros, eram os "mestres de campo". Na colônia brasileira, a solução para a falta de recursos e de oficiais militares para a manutenção de uma tropa regular, num território de tão vasta extensão, tinha sido transformar essas milícias privadas em "tropas auxiliares", oficializadas após a separação da Espanha por um decreto real, em 7 de janeiro de 1645.

Essas organizações paramilitares, que deviam complementar as tropas de primeira linha quando necessário, a princípio estavam fixadas nas fronteiras, mas seu emprego acabou se generalizando. Dividiam-se, como as tropas regulares, em terços. Eram acostumadas à luta, fosse nas capitanias do norte, onde tinham guerreado os indígenas e vencido os holandeses, fosse ao sul, onde os bandeirantes eram célebres por sua ferocidade. Os chefes coloniais à frente desses exércitos particulares recebiam recursos da Fazenda Real e patente militar, como "coronéis de milícia", o que funcionava também como um agrado para fazê-los se sentirem mais "portugueses" e menos propensos a rebeliões.

A Coroa precisava administrar essas forças, de forma a manter a colônia preparada contra ataques estrangeiros, tanto quanto assegurar internamente seu domínio. Na prática, porém, as milícias funcionavam mais como tropas armadas particulares em defesa de interesses privados do "coronel" – título mais tarde tomado como sinônimo de latifundiário com grande poder local, especialmente em Pernambuco. Difundiu-se o "coronelismo" como expressão de um potentado regional, capaz de fazer frente ao Estado, sobretudo quando a crise econômica forçava um aumento ou controle maior dos impostos.

Contra esses exércitos paralelos, que encorajavam os senhores de engenho a confrontar decisões indigestas da Metrópole, a Coroa emitiu no início do século XVIII uma ordem de desarmamento, causando forte reação. "O que deu a maior causa para o excesso do levante que abalou os moradores de todas as Capitanias a um só tempo, foi proibir-lhes as armas, mandando-as recolher aos armazéns, e deixá-los incapazes de defesa, morando por esses matos vinte léguas e mais fora da praça, ao rigor de ladrões e do gentio, e a muitos sem sustento, que delas se valiam para a caça", escreveu a "nobreza" pernambucana em seu manifesto de 1715.[13] Como seria de se esperar, a decisão da Coroa, de difícil implementação, não vingou.

Era dessa gente que a monarquia portuguesa precisava extrair recursos no momento em que mais necessitava, dada uma conjunção de fatores. A economia do império ainda estava desgastada pela prolongada guerra após a separação da Espanha. Caía o preço internacional do açúcar, por conta da concorrência com os engenhos britânicos no Caribe. Portugal perdia terreno na competição com potências que surgiam graças ao processo de industrialização. A mecanização aumentava a qualidade dos produtos e reduzia a dependência do trabalho escravo – não por razões humanitárias, mas pelas vantagens econômicas de um processo de produção mais barato, mais eficiente e menos conflituoso.

A mudança do sistema produtivo de sua origem feudal, baseada na propriedade hereditária da terra, como principal meio de produção, e na escravidão como mão de obra, ameaçava a própria existência das monarquias absolutistas. Importantes para a constituição dos Estados nacionais, aglutinando os antigos feudos medievais, por séculos os monarcas europeus tinham sido fortalecidos para garantir o *status quo* da aristocracia, como detentora da terra – o grande capital, fonte da riqueza. Porém, as monarquias absolutistas se viram no século XVIII diante de um novo tipo de poder, vindo de uma nova força econômica: a máquina industrial.

O latifúndio deixava de ser o grande capital, mas, em vez de apostar na industrialização, Portugal agarrou-se à exploração extrativista do Brasil como saída para sustentar não apenas sua condição de império mundial como a própria monarquia. "Tratava-se

---

13 Jozé Bernardo Fernandes Gama, *Memórias históricas da província de Pernambuco, op. cit.*

de transformar a riqueza que extraíam em receita para financiar o fausto joanino e a soberania portuguesa em um século de instabilidade política e acesas disputas entre as potências europeias", apontou o historiador Luciano Raposo de Almeida Figueiredo.[14]

A crise do Estado português piorou exponencialmente em 1755, por conta de um cataclismo que destruiu Lisboa e boa parte das cidades do centro-sul. Concentrada no esforço para reconstruir a Metrópole, recuperar a economia do reino e salvar a própria pele, a Coroa exauriu a colônia. Enquanto proibia o início do processo de industrialização no Brasil, para obrigar a colônia a importar todo tipo de manufatura de um comércio monopolizado por portugueses, Portugal não obtinha sucesso na sua própria industrialização. Perdia um terreno importante para impérios emergentes, que tomavam a liderança econômica mundial das antigas monarquias ibéricas, hegemônicas desde o início da era das navegações.

Ao mesmo tempo, Portugal via recursos se esvaindo pela burla da taxação. "É digno de nota que ao longo do século XVIII, apesar dos esforços da Metrópole [...] para pôr cobro a esse apoucamento da sua exploração ultramarina, o contrabando se vai incrementando, na medida mesma em que se amplia o desnível entre o desenvolvimento econômico dos países ibéricos, de um lado, e de outro as potências marítimas (Inglaterra, Holanda e França)", observou Fernando Novais, professor de História da Civilização Moderna e Contemporânea da Faculdade de Filosofia, Ciências e Letras da Universidade de São Paulo.[15]

Com a exploração extrativista, especialmente a descoberta de ouro na região das minas, que incentivava desde o século anterior,

---

14 Luciano Raposo de Almeida Figueiredo (estudo crítico), *Códice Costa Matoso: coleção das notícias dos primeiros descobrimentos das minas na América* [...], coordenação geral Luciano Raposo de Almeida Figueiredo e Maria Verônica Campos, Belo Horizonte: Fundação João Pinheiro, Centro de Estudos Históricos e Culturais, 1999, 2 v. (Col. Mineiriana, Série Obras de Referência).
15 Fernando Novais, A proibição das manufaturas no Brasil e a política econômica portuguesa do fim do século XVIII, *Revista de História*, v. 33, n. 67, 1966.

a Coroa se tornou dependente de uma fonte de recursos que, no entanto, aos poucos começou a declinar pelo esgotamento. Dada a revolução em curso, era questão de tempo que os reinos ibéricos fossem ultrapassados. Surgia uma nova era, não somente por meio das armas, mas principalmente ideias e descobertas que mudariam o mundo. Portugal e seu império, Brasil incluso, não estavam diante apenas de uma nova etapa política e econômica, mas de uma metamorfose estrutural que provocaria um grande salto no processo civilizatório.

*

Para a humanidade, o século XVIII representou um enorme avanço. Ruíram as estruturas políticas e sociais defendidas pelos Estados monárquicos havia muito tempo. Contra o interesse das monarquias, e o obscurantismo religioso que as justificava, muitos mártires da ciência e das letras que representavam o progresso foram imolados. A Igreja perseguia os "hereges" do pensamento, que derrubavam antigos dogmas, como Giordano Bruno, queimado vivo em 1600 na praça hoje conhecida como Campo de' Fiori, em Roma, por defender ideias iconoclastas como a de que as estrelas eram sóis distantes, cercados por planetas onde poderia haver vida como na Terra – e esta deixava de ser o divino centro do universo.

Mesmo contra os interesses reacionários da associação entre a Igreja e o Estado monárquico, a ciência e o pensamento seguiram seu curso. Em 1637, o matemático e filósofo francês René Descartes publicou o *Discurso sobre o método*, marco do pensamento ocidental. O racionalismo científico se candidatava a substituir a religião na definição do que era a verdade inquestionável.

A base do "pensamento cartesiano" para a definição da realidade objetiva era a razão pura, em oposição às crenças oriundas do dogmatismo político e religioso. Aplicava ao ser humano um modelo matemático, indicando que as pessoas eram todas iguais, como números. Em 1781, o filósofo alemão Immanuel Kant publicou *Crítica da razão pura*. Ao defender que a razão nem sempre considera objetos empiricamente observáveis, substituía a figura teológica de Deus como explicação para o inexplicável. Retirava ainda da religião o papel de reguladora moral das ações humanas e, assim, derrubava o direito divino e hereditário ao poder monárquico, que perpetuava a si mesmo e aos privilégios da elite fundiária com a justificativa de que uns têm naturalmente mais direitos que outros.

A racionalização contribuiu para um rápido desenvolvimento da ciência e da tecnologia ao longo do século XVIII. Em 1705, o astrônomo Edmond Halley foi capaz de prever que um cometa passaria pela Terra em intervalos regulares. Em 1714, o físico Daniel Fahrenheit inventou o termômetro de mercúrio. Em 1747, o médico escocês James Lind verificou que o consumo de frutas cítricas evitava o escorbuto, maior causador de mortalidade nas viagens oceânicas. Em 1752, Benjamin Franklin, futuro primeiro presidente dos Estados Unidos, criou o para-raios. O italiano Vincenzo Lunardi decolou em 1784 num balão de ar quente em Londres, na companhia de um gato, um cão e um pombo, e desceu na Escócia. As ruas de Londres já eram iluminadas com lâmpadas a gás em 1792. Em 1800, o italiano Alessandro Volta inventou a pilha elétrica.

A mais importante entre todas essas criações, candidata a maior invenção de todos os tempos, em disputa com o metal fundido e a roda, foi a máquina a vapor. Em 1768, o britânico James Watt patenteou um engenho no qual o vapor impelia um pistão, o que permitiu a mecanização do transporte e do trabalho, humano e animal. Em 1789, mesmo ano da Declaração dos Direitos do Homem e do Cidadão, marco do Iluminismo, na França, foi inaugurada em Manchester, na Inglaterra, a primeira tecelagem com máquinas a vapor, início da Revolução Industrial, que permitiu a produção em série de artigos com muito maior escala, eficiência e velocidade.

Esse extraordinário avanço tecnológico mudou a forma de riqueza, redefiniu a economia, o modo de vida e a organização política e social na humanidade. Abria-se a oportunidade de poder e prestígio para a burguesia, que não tinha terras e era marginalizada pela antiga aristocracia, mas passava a deter os novos meios de produção de riqueza: o capital industrial. As luzes do pensamento e a ciência sinalizavam uma nova era, enquanto as antigas monarquias imperialistas, apoiadas na religião e no sistema fundiário, perdiam sua razão de ser, junto com seus maiores expoentes. Em 1715, morreu na França Luís XIV, o "Rei Sol". Em 1725, foi a vez de Pedro, o Grande, czar da Rússia. Seus sucessores passaram a enfrentar a insatisfação crescente da população, cuja miséria contrastava com o fausto da nobiliarquia europeia.

Em 1762, ano em que o Museu Britânico abriu suas portas, o francês Jean-Jacques Rousseau publicou *O contrato social*, obra basilar na qual assentou a ideia, então revolucionária, de que todo poder emana do povo e só por ele pode ser exercido. Ressurgiu na História o princípio democrático, embora, tal como na democracia grega, ainda se tratasse de uma igualdade incompleta. Não promovia, por exemplo, a liberdade do escravo, do qual ainda dependia em grande parte o sistema de produção, nem o sufrágio universal – o direito a todos de votar –, excluindo por muito tempo não só o escravo como o pobre e a mulher.

As grandes figuras progressistas do século XVIII eram escravocratas, como Thomas Jefferson, autor da Declaração da Independência das Treze Colônias, em 1776, base da Constituição dos Estados Unidos, e segundo presidente norte-americano. Joaquim José da Silva Xavier, o alferes transformado em ícone republicano no Brasil, também foi um pequeno senhor de escravos. "Os ideais libertários dos líderes insurgentes [contra os impérios ao tempo das monarquias absolutistas] tinham um limite no sacrossanto respeito à propriedade, que incluía a escravaria", apontou Darcy Ribeiro.[16]

Ainda assim, plantavam-se as primeiras iniciativas para a abolição da escravatura. Em junho de 1772, o juiz reformista William

---

16 Darcy Ribeiro, *O povo brasileiro, op. cit.*

Murray, barão de Mansfield, promotor de mudanças para facilitar o acesso à justiça e da modernização comercial na Grã-Bretanha, mandou libertar um escravo, James Somerset, preso por se recusar a ser vendido para a Jamaica. Apesar de isolado, o "caso Somerset" ressaltou o direito ao livre-arbítrio do ser humano e tornou-se um marco do abolicionismo, que crescia em território britânico, assim como nos Estados Unidos, especialmente em Vermont e na Pensilvânia.

Em 1776, o inglês Adam Smith fundamentou a teoria econômica e o pensamento liberais, definindo o papel do Estado e da iniciativa privada, com a publicação de *A riqueza das nações*. No mesmo ano, a Declaração da Independência dos Estados Unidos marcou a guerra das ex-colônias contra o império britânico até a promulgação, em 1787, da Constituição norte-americana. Em 1789, a Revolução Francesa deu início ao fim do absolutismo monárquico francês, impingindo a Luís XVI uma Constituição limitadora de seus poderes. Quatro anos mais tarde, em 1793, diante da resistência a aceitar o controle constitucional da monarquia, Luís XVI e sua mulher, a rainha Maria Antonieta, foram decapitados em Paris. Seu palácio, o Louvre, transformado em museu, foi aberto ao público. A casa dos reis absolutistas, que entraram para os livros de história como o "Antigo Regime", passou a ter uma função educacional e social, tendo o povo como novo proprietário.

*

Enquanto surgia um novo mundo, em que a liberdade era o motor de uma economia produtora de bens em escala e o indivíduo deixava de ser mero servidor de um monarca divinizado para se tornar cidadão, o Brasil permaneceu preso à configuração política e econômica das antigas potências peninsulares. Apegados às estruturas do passado, tanto Portugal quanto a Espanha ao longo do século XVIII mantiveram suas colônias no atraso. Portugal aperfeiçoou durante esse período seus controles draconianos, que contavam com espionagem policial e mecanismos variados para cobrança de impostos, especialmente sobre o ouro, além de um sistema judicial e penal no qual a desobediência era traição, punida no limite com a pena de morte.

A Coroa sufocou revoltas da elite colonial em Pernambuco e na região das Minas, primeiro as promovidas pelos mamelucos paulistas e pernambucanos, depois a dos reinóis que os substituíram, quando o ouro garimpado minguou e os impostos se tornaram escorchantes. Com a divisão da elite colonial, negociando vantagens para uns denunciarem e reprimirem os outros, ela manobrou para evitar que ocorresse no Brasil o mesmo processo que levou à independência dos Estados Unidos, ou o da França, que aboliu a monarquia absolutista em 1789, um mês depois de a Inconfidência Mineira ser desarmada.

Como resultado, enquanto os franceses resgatavam os presos encarcerados na Bastilha, em 14 de julho, os inconfidentes mineiros foram esquecidos nas masmorras da fortaleza da ilha das Cobras, no Rio de Janeiro, respondendo a um inquérito criminal que terminou com mais de 5 mil páginas, três dezenas de exilados e um condenado à morte.

Não por coincidência, foram os estados confederados da América do Norte e a França as potências emergentes do século, assim como o Reino Unido, onde se processava outra revolução – a industrial. Já a Espanha mergulhava na crise econômica, rumando para perder suas colônias na América, e Portugal caía na dependência econômica, militar e estratégica dos ingleses. A manutenção da colônia brasileira como um território para a exploração extrativista e ao mesmo tempo consumidora de manufaturas importadas, com prejuízo até mesmo da antes pujante indústria do açúcar, jogou não apenas o Brasil como todo o império português para trás na corrida pelo desenvolvimento. Prolongou-se a dinastia dos reis portugueses e suas bases aristocráticas, mas, ao fim da abundância das minas, ao termo do século XVIII, pouco restava da força do império que um século antes tinha influência sobre grande parte do planeta.

A defesa da monarquia portuguesa contra a invasão não da França, mas do inevitável, cobrou seu preço. No século XVIII, os reis de Portugal tiveram um efêmero triunfo, mas, tanto para a colônia quanto para a Metrópole, o comodismo com a exploração das finitas riquezas brasileiras, paradoxalmente, foi o vértice do subdesenvolvimento político, econômico e social dos séculos seguintes – o atraso do futuro.

CAPÍTULO 1

O ouro salva um reino

Em 1674, o bandeirante Fernão Dias Pais Leme seguiu de São Paulo para o norte, com uma bandeira que mudou o curso da história do Brasil e de Portugal. Dez anos antes, tinha recebido uma Carta Régia, na qual o regente dom Pedro de Bragança lhe pedia que procurasse ouro na serra do Sabarabuçu – nome vindo do tupi *tesáberabusu*, "grandes olhos brilhantes", que seriam um sinal de riquezas encontradas pelos povos nativos. Por isso, os luso-brasileiros também a chamavam de Serra Resplandecente, sua versão para o mito espanhol do Eldorado.

Ao receber a real incumbência, com mais de sessenta anos de idade, já muito rico, dono de uma fazenda na região de Santana de Parnaíba com mais de 5 mil escravos indígenas, Pais Leme protelou aquela expedição tanto quanto pôde. Levou três anos somente para a organização da logística, de forma a mobilizar um milhar de pessoas, criando lavouras ao longo do caminho para abastecer a coluna enquanto se movia, como fazia no passado o exército romano.

Explorou aquela região, também conhecida como o sertão dos Cataguases, por ser em grande parte ocupada por indígenas famosos pela belicosidade, que chamavam a si mesmos de *catu-auá* ("gente boa", em tupi), por oposição aos paulistas, os *poxi-auás* ("gente ruim"). Com a ajuda de guias mapaxós, Pais Leme encontrou a lagoa Vapabuçu – local onde achou umas pedras verdes, assim como o legendário Marcos Azeredo, o primeiro a explorar aquela região, no século anterior. Porém, em 1671, no caminho de volta, aos 73 anos, Pais Leme morreu nas proximidades do Guaicuí – nome indígena do rio das Velhas, que nasce na serra onde se encontra a atual cidade de Ouro Preto e sobe rumo ao norte, passando pelo Sabarabuçu, até desaguar no rio São Francisco, num percurso de 801 quilômetros.

Como Azeredo, Pais Leme foi vitimado pela malária. Não sabia que as pedras verdes eram turmalinas, minerais semipreciosos. Nem ele nem Manuel de Borba Gato, casado com sua filha, Maria Leite. Deixado pelo sogro no controle do povoado do Sabarabuçu, onde viveu sete anos longe da mulher e das filhas, que permaneceram em São Paulo, Gato foi ao encontro do sogro, mas o achou já sem vida. Logo depois, chegou ao Sabarabuçu o interventor dom Rodrigo de Castelo Branco, espanhol radicado no Brasil desde 1674, enviado pelo regente dom Pedro. Diante da demora de Pais Leme, nomeado novo administrador-geral das Minas, com amplos poderes, dom Rodrigo tomou de Borba Gato as pedras verdes, a exploração das minas, o comando do Sabarabuçu e até a munição.

Borba Gato cometeu, então, o crime que foi sua desgraça – e, depois, também a sua sorte. Matou dom Rodrigo, atirando-o num despenhadeiro do local que ficou conhecido como o "Alto do Fidalgo". O assassinato teve poucas e mudas testemunhas e foi visto com leniência na vila de São Paulo, onde a família de Pais Leme era muito influente. Em 2 de novembro de 1682, a Câmara de São Paulo enviou uma carta à Corte informando que dom Rodrigo havia morrido por conta de uma queda acidental.

Como era difícil acreditar nessa explicação, Borba Gato achou melhor internar-se no sertão, onde passou dezessete anos sem ser importunado pela Justiça. Manteve contato regular com a família em São Paulo e sabia-se com razoável precisão, na época, onde ele se encontrava. Uma das notícias que circularam sobre seu paradeiro é a de que ele teria vivido entre indígenas no sertão do rio Piracicaba (Piracicava, "montanha em que o peixe para"), hoje município de Ipatinga, e participado da bandeira aos Campos Gerais dos Cataguases promovida por um padre, João de Faria Fialho. Vigário de Taubaté, Fialho procurava ouro com o propósito declarado de financiar a paróquia de Nossa Senhora do Bom Nascido Sucesso de Pindamonhangaba.

Por ordem de dom Pedro, que governava interinamente, como regente, após o afastamento de seu irmão dom Afonso, Lourenço Castanho Taques combateu os Cataguases, que ainda tornavam o garimpo uma atividade de alto risco. Taques voltou a São Paulo vencedor e com a notícia de que havia indícios de ouro naquela região. Recebeu de dom Pedro o direito de explorá-la, como governador das minas de Caeté. Morreu logo depois, em 1677, sem realizar a expedição, mas deixou livre dos Cataguases o caminho para o Sabarabuçu.

Encontrar ouro era a esperança de dom Pedro, que se mostrava preocupado com as finanças e o futuro do império português, endividado desde a guerra de separação da Espanha, e perdendo o mercado de açúcar para neerlandeses e britânicos. Em 2 de dezembro de 1683, o regente nomeou como "administrador das minas de esmeraldas" o filho de Fernão Dias Pais Leme e cunhado de Borba Gato, Garcia Rodrigues Pais. Como incentivo para a investida no sertão dos Cataguases, dom Pedro assegurava aos paulistas a propriedade dos indígenas que fossem aprisionados no Sabarabuçu, levados como escravos para Piratininga. A quem encontrava as minas, garantia o direito de exploração, descontado o quinto para a Coroa. Esta ficava também com uma das glebas em que o garimpo era dividido – e a Fazenda Real podia vendê-la em leilão.

Em 28 de fevereiro de 1684, Garcia Rodrigues Pais declarou, conforme registro na Câmara da vila de São Paulo, que partiria depois da Páscoa com os cunhados Domingos Rodrigues da Fonseca Leme e Sebastião Pinheiro da Fonseca Raposo. Seu pai não tinha encontrado esmeraldas verdadeiras, mas o caminho aberto para o Sabarabuçu e todo o sertão dos Cataguases, sob sua orquestração, passou a ser o destino de outros bandeirantes.

E foi seguindo os passos do padre Fialho, de um assassino – o próprio Borba Gato – e de um aventureiro azarado que essas bandeiras deram um grande salto na ocupação do território e na história colonial brasileira.

*

O aventureiro azarado, primeiro explorador a descobrir ouro na capitania das Minas Gerais, foi Antônio Rodrigues de Arzão, natural de Taubaté, povoamento criado em 1640 pelo capitão Jacques Félix. Arzão começou a vida como cabo nas bandeiras de preagem de indígenas e, em busca de esmeraldas, seguiu o caminho de Fernão Dias Pais Leme pelo território do atual estado de Minas Gerais.

Com cinquenta homens, entre eles Carlos Pedroso da Silveira, antigo ouvidor e capitão-mor das vilas de Taubaté, Pindamonhangaba e Guaratinguetá, vasculhou o Sabarabuçu. Como ocorreu com a expedição de Pais Leme, porém, a malária e uma rebelião dos indígenas que serviam de guias e carregadores dizimaram boa parte de seu grupo. Na região do rio Itaverava, ou Itaberaba ("pedra brilhante"), quando lavava pratos no rio Caeté ("mato bravo"), ou rio da Casca, a cinco léguas do rio Doce, Arzão descobriu em meio ao cascalho um material amarelo, que carregou em seus alforjes.

Ao contrário de Fernão Dias, que acreditava serem verdadeiras esmeraldas que eram falsas, Arzão encontrou ouro acreditando ser falso, mas era verdadeiro. Não soube que estava rico, muito menos desfrutou da fortuna. Já envelhecido e doente, morreu logo depois de voltar a Taubaté, de acordo com o genealogista e historiador Luiz Gonzaga da Silva Leme.[1] Deixou, porém, seu achado e os registros da viagem a um concunhado, Bartolomeu Bueno de Siqueira.

---

1   Luiz Gonzaga da Silva Leme, *Genealogia paulistana*, 1905.

Em meados de 1694, seguindo as anotações de Arzão, Bueno de Siqueira empreendeu uma expedição com Carlos Pedroso da Silveira "em busca desse metal, e consultando o dito roteiro, foi ter a Itaberaba (pedra brilhante) onde, em distância de 8 léguas, fundou a povoação de Ouro Preto e outras vizinhas."[2] Andaram por lugares de difícil acesso, aos quais se chegava avançando penosamente pela acidentada e labiríntica serra do Espinhaço.

Os bandeirantes peneiravam o material de aluvião, uma camada superficial da terra, como uma espécie de cascalho amontoado pela água das chuvas nos rios e suas proximidades. Esse trabalho era mais fácil no fundo e na beira dos rios, mas eles também cavavam canais para passar a água, lavando os resíduos de material amarelo misturado ao cascalho no entorno. Toda a margem do rio era esquadrinhada. A água corrente dos canais era filtrada por pelegos de cavalo ou de onça, para "pentear" o material mais fino. Os pelegos então eram lavados e o resíduo depurado nas bateias, prato cônico de cedro ou estanho com o qual faziam um movimento circular, que separava o metal do cascalho. O resto desta segunda peneirada era depois depositado nas "faisqueiras" – nome devido ao brilho do metal ao sol.

Misturado à sujeira do Tripuí, um córrego lamacento da mata úmida, na serra de Itaverava, acharam um metal que, por conta das impurezas, tinha uma cor que variava do amarelo a um cinzento amarelado – o "ouro preto", ou "ouro podre". A primeira referência por escrito a esse "ouro preto" aparece numa carta de 1709 enviada pelo bandeirante Bento do Amaral Coutinho, abastado senhor de engenho e dono de minas, ao capitão-general e governador do Rio de Janeiro, São Paulo e Minas, Artur de Sá e Meneses.[3]

No ano seguinte ao de seu achado, 1695, Bueno de Siqueira e Pedroso da Silveira levaram o resultado do garimpo na serra do

---

2 Luiz Gonzaga da Silva Leme, *Genealogia paulistana*, op. cit.
3 José Soares de Mello, *Emboabas: crônica de uma revolução nativista, documentos inéditos*, São Paulo: São Paulo Editora, 1929.

Espinhaço ao governador Antônio Paes de Sande, no Rio de Janeiro, que confirmou terem encontrado ouro de verdade. Com os recursos obtidos na primeira expedição, Pedroso da Silveira patrocinou várias outras bandeiras ao sertão dos Cataguases e criou uma casa de fundição em Taubaté, onde o ouro era "quintado" – separava-se a parte destinada ao pagamento do quinto à Fazenda Real. Dado o risco no caminho, levou o ouro pessoalmente a Portugal.

Como apoio logístico nos povoados em "vários ribeiros e morros com diferentes denominações", como Vila Rica, Ouro Preto e Tripuí,[4] Borba Gato esquadrinhou toda a região do Sabarabuçu, mais adiante no curso do rio das Velhas, e nela fundou os arraiais de Sabará e Caeté.

A descoberta de ouro na região transformou o bandeirante de antigo proscrito em autoridade. Em 15 de outubro de 1698, por meio de uma carta patente, ganhou o posto de tenente-geral do Mato, o que significava a chefia das explorações das minas do Sabarabuçu. Em 6 de março de 1700, com seus genros Antônio Tavares e Francisco de Arruda, Borba Gato foi nomeado guarda-mor do distrito das Minas do Rio das Velhas – uma espécie de fiscal de uma ampla zona de garimpo, formada pela bacia do rio, com mais de 29 mil quilômetros quadrados.

Quando o governador Artur de Sá e Meneses visitou o Sabarabuçu, em abril de 1701, Borba Gato lhe prometeu "minas tão abundantes de ouro que seriam uma nova fonte de riqueza para a Coroa e prosperidade para seus vassalos". Levou pessoalmente o governador-mor para ver as escavações no rio das Velhas. Estava redimido. Com o pseudônimo de Glauceste Satúrnio, o poeta Cláudio Manuel da Costa, advogado nascido em Mariana, escreveu uma apologia de Borba Gato, no seu poema "Vila Rica", de 1773. No poema, dirigido a José Antônio Gomes Freire de Andrade, então governador das Minas, Manuel da Costa cantou em verso a glória do fundador de toda

---
4 Cláudio Manuel da Costa, *Vila Rica*, 1773.

aquela riqueza, que valia também por uma defesa histórica, ou a sua remissão:

> Acusado por cúmplice na morte
> Do grande Dom Rodrigo, a minha sorte,
> Mais que o delito meu, desculpar venho;
> Sem adorno o sucesso agora tenho
> De dizer-te; e verás, hoje informado,
> Que sou mais infeliz do que culpado.[5]

*

No Regimento Mineral, de 19 de abril de 1702, redigido de próprio punho, dom Pedro reformulou as provedorias das Minas, transformando-as em superintendências, e, entre outras providências, regulamentou a demarcação das datas, propriedades onde se podia exercer o garimpo como concessão do Estado.

Em 9 de junho de 1702, Sá e Meneses promoveu Borba Gato de guarda-mor a superintendente, com poderes sobre todas as minas entre o rio das Velhas e Paraopeba (ou Piraipeba, "rio de peixe chato"), além das serras de Itatiaia, entre as vilas que no futuro seriam chamadas de Ouro Preto e Ouro Branco. Como superintendente das Minas, a principal função do bandeirante era repartir a área de mineração. Pela regra instituída por dom Pedro no Regimento Mineral, de 1702, quem descobrisse ouro tinha direito a escolher e ficar com a propriedade de duas datas – dois lotes de terreno –, que podia explorar ou vender. Uma terceira data ficava obrigatoriamente para a Coroa, que a leiloava – comprava quem dava o lance maior, mediante depósito na Fazenda Real. Uma quarta data ficava para um representante da Coroa, o guarda-mor, que gerenciava a chamada "data inteira", isto é, o conjunto de datas onde se

---

5 Cláudio Manuel da Costa, *Vila Rica*, op. cit.

daria a exploração. O restante do garimpo era dividido em lotes de trinta braças, que eram sorteados.

No decreto, dom Pedro esclareceu que a regra visava impedir a distribuição de lotes além da capacidade de exploração de cada um. "Sucede ordinariamente aos poderosos não poderem lavrar tantas datas, dando-nas aos pobres [...] em prejuízo dos meus vassalos, mas também dos meus quintos", escreveu.[6]

O decreto dava um prazo de quarenta dias para que se começasse a lavrar as datas após sua divisão e determinava ao superintendente das Minas, "com toda a jurisdição ordinária, civil e crime", que estabelecesse a preferência na dação de lavras para quem tinha mais escravos, determinando-lhe uma área de duas braças por escravo, para maior produtividade das minas.[7]

O grande desafio dos intendentes era evitar o contrabando. Por isso, o exercício da profissão de ourives, que já tinha sido proibido por cartas régias em 1684 e 1698, foi suspenso novamente em 1703. Para combater os desvios, a Coroa instituiu os Registros do Ouro, postos de arrecadação em vilas como Jacobina e Rio das Contas, com fiscais que naquele tempo eram chamados de "guardas". Borba Gato instalou postos de inspeção na estrada para verificar a cobrança do quinto do ouro e demais mercadorias que transitavam pela região. Na prática, ele passava a ser a lei. O Regimento Mineral dava ao superintendente autoridade para agir como achasse melhor quando algumas das 32 recomendações do decreto se mostrassem "inconvenientes" ou sua execução fosse "prejudicial ao fim que se pretende".[8]

Era mais fácil o controle nas minas do rio das Velhas (Caeté, Sabará), que se encontravam mapeadas, assim como no rio das Mortes (São João del-Rei). Nas regiões não mapeadas – as "minas gerais" dos Cataguases, que davam nome a toda a região ainda não datada,

---

6 Regimento Mineral, *Revista do Arquivo Público Mineiro*, Ouro Preto, ano I, fasc. 4, dez. 1896.
7 Pedro II, *Regimento para a direção e governo da gente que trabalha nas minas que há nesses sertões do Brasil*, Arquivo Histórico Ultramarino, 1702, AHU_ACL_CU, cx. 1.
8 Regimento Mineral, *Revista do Arquivo Público Mineiro*, op. cit.

mais tarde estendido à futura capitania –, a posse ficava com quem chegava primeiro. Era assim na divisa muitas vezes imprecisa entre distritos, ou na vasta região de jurisdição indefinida entre as capitanias do Rio de Janeiro, sob o comando de Artur de Sá e Meneses, e da Bahia, onde se encontrava o governador-geral da capitania e da colônia, dom João Lencastre, herói da guerra contra a Espanha e governador-geral do Brasil de 1694 a 1707.

A notícia da descoberta de ouro em quantidade disparou uma corrida rumo à extensa faixa de terra dos rios Tripuí (Vila Rica, Ouro Preto) e o Ribeirão do Carmo (Mariana), ao sul, até mais ao norte, ao longo do rio das Velhas (Caeté, Sabará). Em busca de fortuna, surgiram aventureiros de toda espécie, "gente vaga e tumultuária, pela maior parte vil e pouco morigerada", conforme descreveu, da Bahia, dom João de Lencastre.[9] Receava ele que as minas se tornassem "valhacouto de criminosos, vagabundos e malfeitores" e que a mão de obra se tornasse escassa em Salvador e outras praças importantes.

Procurou-se limitar a migração para as minas, de maneira a não prejudicar a produção no restante da colônia por falta de mão de obra. Em janeiro de 1701, um decreto real já havia limitado a entrada na região do garimpo a duzentos escravos por ano, quando se podia importar anualmente 1.200 escravos no Rio de Janeiro e 1.300 em Pernambuco. "Para impedir que muitos deles [colonos] passassem às Minas, deixando os engenhos, proibiu-se a comunicação da Bahia e de Pernambuco para as Minas, e só depois, vendo-se que isso era absurdo, impunha-se o tributo de 4.500 réis por cabeça de cada escravo que para lá se despachasse", narrou Varnhagen.[10]

Além de deter a evasão de braços da lavoura e dos engenhos, a medida procurava evitar a disparada do preço da escravaria. Assim como o Brasil, Angola tinha sofrido uma dramática redução na população de nativos, "devido a guerras destrutivas para ambas as

---

9 Charles R. Boxer, *A Idade de Ouro do Brasil: 1695-1750*, University of California Press, 1962.
10 Francisco Adolfo de Varnhagen, *História geral do Brasil, op. cit.*, v. 2.

partes, excessivo trabalho forçado, incursões em busca de escravos e devastações produzidas pela varíola".[11] Como resultado, o preço dos escravos subia desde o final do século XVII, colocando Portugal numa crise crescente de mão de obra.

"A escravidão, fosse doméstica, fosse nos campos ou nas minas, influía na vida do Brasil colonial – mais profunda e amplamente do que qualquer outro fator por si só", escreveu Boxer, que acrescentou:

> O trabalho escravo, negro, produzia o açúcar e o fumo que então formavam a base da economia brasileira [...] Senhores de engenho e sacerdotes, oficiais e funcionários, numa palavra, todas as categorias de homens educados, eram concordes em que, sem um suprimento seguro de trabalho escravo, vindo da África Negra, a América Portuguesa não era viável.[12]

Na África, o escravo era trocado por fumo, açúcar e aguardente brasileiros. Porém, enquanto o preço do açúcar vinha caindo desde os anos 1690, o dos escravos – o "marfim negro" – vinha subindo. Um dos negócios mais lucrativos do planeta, seus mercadores eram figuras de grande poder e influência. O maior problema era o assédio dos piratas, sobretudo neerlandeses, que tinham perdido as colônias africanas, retomadas por Portugal.

As tentativas de acordo diplomático com os Países Baixos falharam, e, para não prejudicar o comércio com os portugueses, o rei de Daomé, onde fica a atual república de Benim, ofereceu-lhes a possibilidade de construir uma feitoria na localidade de Ajudá, como entreposto de comércio de escravos. Os senhores de engenho de Salvador ofereceram os recursos para erguê-la, ao mesmo tempo que pediam o monopólio do comércio dos escravos sudaneses vindos de Guiné, considerados trabalhadores melhores que os angolanos.

---

[11] Charles R. Boxer, *A Idade do Ouro do Brasil: 1695-1750*, op. cit.
[12] Charles R. Boxer, *A Idade de Ouro do Brasil: 1695-1750*, op. cit.

Devido à alta taxa de mortalidade no trajeto, os navios negreiros eram chamados de "tumbeiros", isto é, verdadeiros esquifes marítimos. Os traficantes tinham de seguir uma lei criada em 1684, que limitava a quantidade de escravos transportados de acordo com a tonelagem de cada embarcação. Nas caravelas, maiores, chegavam a quinhentos. No século XVIII, os portugueses preferiam embarcações menores e mais rápidas, pela dificuldade de manter a carga humana viva em travessias prolongadas. Nos bergantins, que levavam até duzentos escravos, a viagem demorava cerca de 35 dias entre Luanda, em Angola, e Recife; quarenta dias para a Bahia e cinquenta até o Rio de Janeiro. Ao chegar, os escravos eram vendidos nos portos como "peças da Índia", da mesma forma que mercadorias.[13]

Com a corrida do ouro, um decreto em 1711 proibiu a venda de qualquer escravo para as minas, exceto dos que "pela perversidade dos seus naturais não sejam convenientes para o trato de seus engenhos e suas lavouras".[14] Porém a medida se revelou inócua. Também no interesse da Coroa, que já via a possibilidade de aumentar a arrecadação da Fazenda Real com mais braços no garimpo, essa proibição acabou em 1715, quando o sistema de cotas foi abolido. A produção de açúcar ficava em segundo lugar na escala de importância.

A partir da década de 1720, rumando para o auge do garimpo, a população de escravos africanos nas minas progrediu vertiginosamente – alcançou 95 mil pessoas em 1745 e 174 mil em 1786. A partir de 1731, passou a funcionar em Vila Rica uma junta de justiça exclusivamente para punir "delinquentes bastardos, carijós, mulatos e negros".[15]

As povoações se multiplicaram no rio das Mortes, onde cresceram os arraiais de São José e São João del-Rei. Havia uma grande

---

13 Chales R. Boxer, *A Idade do Ouro do Brasil: 1695-1750*, op. cit.
14 Livro das Cartas Régias, 1702-1711, in Charles R. Boxer, *A Idade do Ouro do Brasil: 1695-1750*, op. cit.
15 Douglas Cole Libby, As populações escravas das Minas setecentistas, in Maria Efigênia Lage de Resende e Luiz Carlos Villalta (org.), *História de Minas Gerais: as Minas setecentistas*, São Paulo: Autêntica, 2007, v. 1.

dificuldade para abastecer os habitantes daquela região árida e inóspita, como já tinham observado seus primeiros exploradores. Em 20 de maio de 1697, o governador Artur de Sá e Meneses já alertava o rei sobre a precária situação dos paulistas no garimpo, onde faltava até comida. "Chegou a necessidade a tal extremo que se aproveitaram dos mais imundos animais, e faltando-lhes estes para poderem alimentar a vida, largaram as minas e fugiram para os matos com seus escravos a contentarem-se com as frutas agrestes que neles achavam." Opinava: "Achavam a terra que dá ouro esterilíssima de tudo que é mister para a vida humana".[16]

Essa situação perdurou ao longo da primeira década do século XVIII, com o afluxo crescente de garimpeiros. O padre jesuíta André João Antonil, pseudônimo do italiano João Antônio Andreoni, trazido ao Brasil pelo padre Antônio Vieira como reitor do Colégio da Companhia de Jesus e provincial da Ordem em Salvador, chamava a atenção para a violência, além da miséria em meio à riqueza mais dourada. "Sendo a terra que dá ouro esterilíssima de tudo o que se há mister para a vida humana, e não menos estéril a maior parte dos caminhos das minas, não se pode crer o que padeceram ao princípio os mineiros por falta de mantimentos, achando-se não poucos mortos com uma espiga de milho na mão, sem terem outro sustento", afirmou.[17]

Procurar ouro ainda não era a garantia da salvação. Para a monarquia portuguesa também.

*

No começo, o ouro das Minas seguia de Vila Rica para a Borda do Campo, futura vila de Barbacena; continuava até Juiz de Fora e Barra do Piraí. Dali, descia mais para o sul, aproveitando um trecho do Caminho Geral do Sertão, que os paulistas utilizavam para trafegar

---

16 *Correspondência dos Governadores do Rio de Janeiro*, Arquivo Nacional, vol. VI, 117, 33.
17 Padre André João Antonil, *Cultura e opulência do Brasil por suas drogas e minas*, 1711.

entre Taubaté e o alto São Francisco, na comunicação de São Paulo com a divisa para as capitanias da Bahia e, mais ao norte, de Pernambuco. Antes de alcançar Taubaté, vindo da serra do Espinhaço, o ouro descia a serra do Mar até a vila de Paraty, fundada em 1697 – de cujo porto, no meio de uma laguna, a carga seguia até o Rio de Janeiro por mar.

Os portugueses chamaram a estrada de Caminho Real, à semelhança do *Camiño Real* espanhol, trajeto da prata das minas de Potosí a Cartagena das Índias ou, alternativamente, ao Panamá, de onde era embarcada para Cuba e, depois, para a Espanha. Apesar do nome pomposo, era um percurso difícil e longo, que custava cerca de três meses. Em 1698, por encomenda do governador Artur de Sá e Meneses, Garcia Rodrigues Pais e seu cunhado, Domingos Rodrigues da Fonseca Leme, à frente de uma força-tarefa de cinquenta escravos africanos, abriram uma nova estrada do sertão das Minas para o litoral. Mais curto, rápido e menos penoso, o Caminho Novo da Estrada Real, também chamado de Caminho de Cataguases, era uma picada que de Barra do Piraí já descia diretamente a serra do Mar, alcançando em sequência Seropédica, Pavuna, Penha e o Rio de Janeiro.

Com isso, era possível viajar entre o Rio e o sertão de Minas em quinze dias, mesmo para os paulistas, mestiços que, como os indígenas, caminhavam apenas pelas manhãs, usando a tarde para acampar, caçar e pescar. Viajavam como nômades, sem pressa de alcançar o objetivo, de forma a estarem sempre frescos e bem-dispostos para poder combater, caso encontrassem algum inimigo no trajeto.

Como compensação pela obra da estrada, Rodrigues Pais primeiro recebeu da Coroa o direito de cobrar uma taxa de 10 mil cruzados dos viajantes da vila do Rio de Janeiro que quisessem obter concessões nas Minas. Estes, porém, se recusaram a pagar o tributo. Como alternativa, ele recebeu do governador Sá de Meneses uma concessão: por dois anos, a partir de 1º de junho de 1700, foi o único a poder carregar mercadorias pelo Caminho Novo. Quem mais o usasse teria de fazê-lo com sua autorização – ou mediante pagamento. Foi o primeiro concessionário a cobrar pedágio em uma estrada brasileira.

O movimento, agora facilitado, só aumentava. Natural de Taubaté, um dos primeiros exploradores do Sabarabuçu ao lado de Borba Gato, Domingos Rodrigues do Prado partiu em 1709 de Sabará à frente de uma bandeira, tendo como oficiais os irmãos José e Bernardo de Campos Bicudo, procurando ouro ao norte. Levava na expedição um guia, que dizia conhecer as minas de Paracatu, mas morreu picado por uma cobra no córrego do Cariru. As minas existiam, no entanto, só seriam encontradas bem mais tarde, em 1744, por José Rodrigues Fróes. Em vez de retroceder, porém, Prado resolveu investigar a região onde já se encontrava. Descobriu, assim, ouro em Pitangui, distrito da comarca de Sabará, onde se criou em 1715 uma vila, Nossa Senhora da Piedade de Pitangui, da qual se tornou capitão-mor.

O negócio do ouro ganhou escala. Nos rios mais prolíficos, a água era canalizada para os mundéus, recipientes de decantação da lama aurífera. Os garimpos maiores trabalhavam também com as "catas", caixas movimentadas por rodas-d'água que recolhiam a lama do fundo dos rios. Perfuravam-se túneis nas rochas, os "socavões", para atingir filões subterrâneos.

Ranchos de tropeiros surgiram como entrepostos, e fazendas passaram a abastecer os arraiais em desenvolvimento ao longo do Caminho Geral do Sertão e do Caminho Novo. Mercadores levavam ouro e traziam açúcar, arroz, vinho, azeite e pólvora, além de gado e negros escravizados. "A sede insaciável de ouro estimulou tantos a deixarem suas terras e a meterem-se por caminhos tão ásperos como são os das minas, que dificultosamente se poderá dar conta do número das pessoas que atualmente lá estão", escreveu em 1711 o padre Antonil. "Os que assistiram nelas nestes últimos anos por largo tempo, e as correram todas, dizem que mais de trinta mil almas se ocupam, umas em catar, e outras em mandar catar nos ribeiros do ouro, e outras em negociar, vendendo e comprando o que se há mister não só para a vida, mas para o regalo, mais que nos portos do mar."[18]

As povoações surgidas com o garimpo cresceram rapidamente. Em janeiro de 1711, o arraial de Nossa Senhora do Carmo, ou Ribeirão do Carmo, futura cidade de Mariana, tornou-se vila. Em junho, os arraiais de Ouro Preto, Antônio Dias e Tripuí foram reunidos sob uma só jurisdição, com a denominação de Vila Rica de Ouro Preto, atual cidade de Ouro Preto; no mês seguinte, o arraial do Sabarabuçu, fundado por Fernão Dias Pais Leme, tornou-se a vila de Nossa Senhora da Conceição do Sabará.

Nas vilas, os colonos ostentavam um luxo de fazer inveja à Corte Real. "Tanto que se viu a abundância do ouro que se tirava e a largueza com que se pagava tudo o que lá ia, dores a mandar às minas o melhor que chega nos navios do reino e de outras partes, assim de mantimentos como de regalo e de pomposo para se vestirem, além de mil bugiarias de França, que lá também foram dar", escreveu o padre Antonil. "E, a este respeito, de todas as partes do Brasil se começou a enviar tudo o que dá a terra, com lucro não somente grande, mas excessivo."[19]

Antes centro político e estratégico, porém sem grande importância econômica, o Rio de Janeiro se transformou com o movimento do Caminho Novo. Em seu porto, tanto era embarcado o ouro que seguia para Lisboa como chegavam os imigrantes com um novo olhar sobre o Brasil: antes destino de párias e degredados, agora era um mar verde aberto aos estrangeiros, especialmente os portugueses. "O sertão era outro mar ignoto", escreveu o jurista e cientista social Raymundo Faoro.[20]

Borba Gato reorganizou as povoações do Sabarabuçu e do Rio das Velhas, conforme mostra o Códice Costa Matoso, documento

---

18 Padre André João Antonil, *Cultura e opulência do Brasil por suas drogas e minas*, op. cit.
19 Padre André João Antonil, *Cultura e opulência do Brasil por suas drogas e minas*, op. cit.
20 Raymundo Faoro, *Os donos do poder*, Ed. Globo, 1958.

de 1730 que reúne 145 manuscritos de Caetano da Costa Matoso, ouvidor-geral da comarca de Vila Rica de 1749 a 1752. Cabia ao superintendente das Minas também a cobrança dos impostos. De maneira a favorecer o tráfego no Caminho Novo, onde havia mais controle, e por preferência à capitania do Rio de Janeiro, o Caminho Geral do Sertão foi interditado: proibiu-se a passagem de qualquer pessoa ou produto rumo à Bahia e a Pernambuco. Com o contrabando, a maior arrecadação não vinha do quinto, e sim da venda das datas pela Coroa aos garimpeiros – além do confisco do gado contrabandeado da Bahia para ser enviado ao Rio, onde ficava a Fazenda Real.

"A Justiça que achei nestas Minas de Sabará foi o Tenente-General Borba Gato, que era superintendente destas minas, homem paulista", escreveu Costa Matoso. "Repartiu as lavras de ouro por sortes de terra e veios d'água, como mandava o Regimento [Mineral], confiscava todos os comboios do sertão, boiadas, cavalos e negros. E tudo o mais que apanhava, tudo confiscava, até o ouro que ia para os sertões da Bahia se arrematava para o Rei. Esta era a ocupação que tinha Borba. Também havia contendas e como juiz supremo deferia a todos com muito agrado e desejava favorecer os confiscados. Tinha meirinho e escrivão e muita gente para as diligências do confisco."[21]

Como era fácil esconder o ouro garimpado, e, portanto, difícil cobrar o quinto, inicialmente se taxavam os meios de produção utilizados no garimpo – a "capitação". Entre 1700 e 1713, cobrava-se um imposto sobre as "bateias", o número de escravos empregados na produção, que usavam o instrumento. Em 1714, passaram a ser cobradas também as "fintas" – uma taxação de trinta arrobas de ouro por ano da Câmara de cada vila. Ao cobrar impostos, tanto quanto ao resolver desavenças, o superintendente das Minas ganhava facilmente inimigos, especialmente em meio à horda de arrivistas

---

21 Luciano Raposo de Almeida Figueiredo (estudo crítico), *Códice Costa Matoso: coleção das notícias dos primeiros descobrimentos das minas na América* [...], op. cit.

que surgiam desordenadamente em busca de fortuna instantânea. Borba Gato entrava em confronto também com os contrabandistas, de quem confiscava o ouro "não quintado", desviado dos controles instalados no Caminho Novo, a estrada oficial.

O declínio da cultura do açúcar aumentava o interesse dos colonos mais a norte por uma nova frente de riquezas. Esse afluxo não era bem-visto pelos paulistas, a começar por Borba Gato, que já tinha em sua conta a morte de um intruso de alto gabarito que ousara lhe tomar a frente nos negócios na região das minas. Não demorou para que a posição dos bandeirantes no poder local fosse questionada pelos recém-chegados e evoluísse para um conflito maior. "Das rivalidades se geraram ódios, e estes trataram de satisfazer-se; vindo os partidos às mãos, em uma guerra civil", nas palavras de Varnhagen.[22]

*

Os novos ricos do garimpo andavam com "altivez" e "arrogância", "sempre acompanhados de tropa de espingardeiros, de ânimo pronto, para executarem qualquer violência, e de tomarem, sem temor algum da justiça, grandes e estrondosas vinganças", descreveu Antonil. "Convidou-os o ouro a jogar largamente, e a gastar em superfluidades quantias extraordinárias sem reparo, comprando (por exemplo) um negro trombeteiro por mil cruzados; e uma mulata de mau trato por dobrado preço, para multiplicar com ela contínuos e escandalosos pecados."[23]

Essa terra sem lei servia bem aos paulistas, definidos por dom João de Lencastre como "gente por sua natureza absoluta e vária e a maior parte dela criminosa; e sobretudo amantíssima na liberdade, em que se conservam há tantos anos quanto tem de criação a mesma vila [de São Paulo]".[24] A subserviência à Coroa era na estreita

---

22 Francisco Adolfo de Varnhagen, *História geral do Brasil*, op. cit.
23 Padre André João Antonil, *Cultura e opulência do Brasil por suas drogas e minas*, op. cit.
24 Charles R. Boxer, *A Idade do Ouro do Brasil: 1695-1750*, op. cit.

medida de sua conveniência. Adulavam a Corte, fosse com recursos, como as doações para a reconstrução do império português, fosse com propinas, com as quais cooptavam os membros do Conselho Ultramarino (as "barretadas", por irem na forma de barras de ouro, expressão cunhada pelo padre Antônio Vieira, que as denunciou).[25]

A mensagem dos paulistas era a de que, se os deixasse livres, Portugal ganharia junto com eles. No entanto, queriam também reconhecimento. "O desejo que seus homens mais destacados mostravam quanto à posse de honras e distinções revela-se notável, mesmo numa época em que tal coisa era comum em todos os países europeus", afirmou Boxer. "A Coroa explorava essa vaidade ao máximo, quando solicitava o auxílio dos paulistas durante a prolongada busca das minas de ouro e prata, em 1674 a 1682."

Para satisfazer os capitães dessa terra sem nobreza, a Coroa oferecia títulos honoríficos, como o de Gentil Homem da Casa Real, e comendas de cavaleiros das ordens militares de Cristo, Avis e Santiago. Essas gentilezas tinham um sentido pragmático. Graças à colaboração daquela rude e belicosa casta tropical, a realeza via afinal se realizar o projeto de encontrar a cornucópia dourada com que sucessivos reis tinham sonhado desde o início da colonização. Porém, dom Pedro não queria dar a essa casta a pretendida liberdade e poder demasiado.

A indisciplina na colônia era generalizada. Para fugir à taxação, os mineiros misturavam o pó de ouro ao barro e com ele sujavam as montarias. Ao chegarem a lugar seguro, lavavam o animal e depuravam novamente o ouro do barro – atribui-se a isso a origem da expressão "lavou a égua", usada em todo o Brasil para designar alguém que ganhou muito dinheiro de repente. Em 1709, proibiram-se nas minas as ordens religiosas, porque os sacerdotes, dispensados de revista, serviam como "mulas", isto é, faziam o transporte ilegal de ouro. Acomodavam o metal em pó dentro de imagens de santos.

---

25 Ver Thales Guaracy, *A criação do Brasil*, op. cit.

Desde então, qualquer tipo de mentiroso, malandro ou trapaceiro que se faz de inocente passou a ser chamado de "santo do pau oco".

A repressão ao contrabando incluía a censura: em 1711, o livro de Antonil, *Cultura e opulência do Brasil por suas drogas e minas*, que descrevia as rotas do contrabando, publicado em Portugal, foi proibido de circular por ordem da Coroa. "O rendimento do quinto tem tido diferentes alterações sobre a forma de o cobrar, e todos os métodos, que até o ano de 1734 se estabeleceram ou quiseram estabelecer, todos ou quase todos se iludiram pelos habitantes de Minas", escreveu mais tarde Martinho de Melo e Castro, secretário da Marinha e Ultramar do Reino de Portugal.

Antonil conta que parte do ouro era desviada das vistas da Coroa pelo empreiteiro da mina, como também das vistas deste pelos negros e indígenas que para ele trabalhavam como escravos. Surgiu, assim, um forte comércio paralelo de ouro. Enquanto o ouro quintado, oficial, seguia pelo Caminho Novo, a Estrada Real, o contrabando saía de Sabará pelo Caminho Geral do Sertão e seguia pela margem do rio São Francisco até ser embarcado em Salvador. "Os paulistas apenas pagavam o quinto, ou taxa dos quintos régios em todo o ouro tirado de minas, ou lavado, até o ponto que lhes convinha", afirmou Boxer. "Foram, mais de uma vez, acusados de pôr obstáculos aos esforços dos técnicos enviados para melhorar seus métodos de mineração, e de relutância ao permitir que forasteiros viessem procurar novas minas."[26]

Assim, a Corte tinha razões para acreditar que havia muito mais ouro do que chegava a seu conhecimento, inclusive quando a produção começou de fato a cair, conforme apontou o ex-secretário da Marinha e Ultramar, Martinho de Melo e Castro, em carta de 1788, quando já ocupava o posto de secretário de Estado dos Negócios Estrangeiros e da Guerra do Reino de Portugal. Segundo ele, não apenas o ouro era transportado clandestinamente para fora da

---

26 Charles R. Boxer, *A Idade do Ouro do Brasil: 1695-1750*, op. cit.

capitania como se estabeleciam nos sertões casas de moeda falsa. "Ao mesmo tempo que com estes criminosos artifícios fraudavam a Real Fazenda, se queixavam a esta Corte das violências que sofriam com os métodos estabelecidos, asseverando igualmente e fazendo crer que a diminuição do rendimento do quinto procedia da decadência das Minas", assinalou.[27]

Não era difícil evitar as estradas, onde se fazia rotineiramente a fiscalização. O sertão "tinha muitas portas abertas, com campanhas desertas, matos incógnitos e caminhos desusados e veredas para sair", segundo o sertanista Pedro Barbosa Leal.[28]

Os paulistas, com datas registradas, se obrigavam a pagar o quinto para explorar as lavras, ao mesmo tempo que viam o ouro escoando por todos os cantos pelas mãos dos aventureiros, que não pagavam nada. O afluxo de gente de todos os lugares, sem repressão por parte da Coroa, ou até, por outro lado, com um velado estímulo, quebrava o compromisso de premiar os pioneiros. "Cada ano, vêm nas frotas quantidade de portugueses e de estrangeiros para passarem às minas", contou Antonil. "Das cidades, vilas, recôncavos e sertões do Brasil, vão brancos, pardos e pretos, e muitos indígenas, de que os paulistas se servem. A mistura é de toda a condição de pessoas: homens e mulheres, moços e velhos, pobres e ricos, nobres e plebeus, seculares e clérigos, e religiosos de diversos institutos, muitos dos quais não têm no Brasil convento nem casa."[29]

A atração do garimpo era inevitável – e estimulada pela Coroa da forma mais sutil possível, para não contrariar os paulistas. Com

---

27 Martinho de Melo e Castro, *Instrução para o visconde de Barbacena, Luís Antônio Furtado de Castro do Rio de Mendonça e Faro, governador e capitão-general da capitania de Minas Gerais, de 29/01/1788*, REF: RIHGB 6:3, AMI 3:115, em *Autos de Devassa da Inconfidência Mineira*, Assembleia Legislativa de Minas Gerais, 2016, v. 8.
28 Representação de Pedro Barbosa Leal questionando as ordens de erigir duas Casas de Fundição, uma em Jacobina e outra em Rio das Contas, explicando que isso não evita o descaminho do ouro e sugerindo que sejam construídas em Pernambuco, Bahia e Rio de Janeiro. Fundação Biblioteca Nacional, Divisão de Manuscritos, II-31, 25, 009, in Lilia M. Schwarcz e Heloisa M. Starling, *Brasil: uma biografia*, São Paulo: Companhia das Letras, 2015.
29 Padre André João Antonil, *Cultura e opulência no Brasil por suas drogas e minas*, op. cit.

mais portugueses nas minas, dom Pedro dividia o poder dos mamelucos bandeirantes, além de aumentar a produção de ouro, mesmo que isso prejudicasse os pioneiros da terra. Muitos bandeirantes tinham abandonado as lavras entre 1698 e 1700, dada a carestia e a falta de suprimentos, mas ainda consideravam sua propriedade as datas demarcadas. A seu ver, todo aquele território ainda pertencia aos paulistas, tanto que os pedidos de outorga de terras nas Minas eram feitos à Coroa por meio da Câmara de São Paulo.

A disputa por terras já demarcadas acendia a natureza belicosa dos bandeirantes. Passaram a nutrir aversão aos portugueses, que vinham da Metrópole tomar riquezas suas por direito, conquistadas por meio da guerra de ocupação na qual eles e seus pais tinham arriscado a própria pele. O preconceito contra os recém-chegados se manifestava até mesmo pela sua escravaria, já que, além de serem os pioneiros, e gente da terra, os paulistas tinham indígenas tapuias ("escravos", em tupi), em sua maior parte carijós, enquanto os "emboabas" traziam escravos negros – para eles, algo indigno de um senhor.

As narrativas colecionadas pelos primeiros historiadores contam passagens como a de que no Arraial Novo, embrião da futura cidade de São João del-Rei, quando se ouvia um tiro a distância, dizia-se: "Lá morreu cachorro ou emboaba". A postura belicosa beirava o desafio. Os ameríndios paulistas levavam sempre a catana e a pistola no cinto, assim como a faca, presa a uma tira de couro ao peito. Andavam pelas trilhas no sertão ao som dos tambores e trombetas gritando como palavra de ordem "morram os emboabas" – uma forma de intimidação dos portugueses.[30]

Os portugueses, por sua vez, viam os bandeirantes como indígenas – para eles, quase bárbaros ou gente sem lei. Os "emboabas" também andavam armados, costume que traziam da Metrópole. Na época, em Portugal era normal carregar dissimulada na roupa a

---

30 Joseph Álvares de Oliveira, *História do distrito do Rio das Mortes*, 1750.

"faca de ponta" – arma branca pontiaguda, com uma lâmina afiada de um lado, serrilhada do outro. Muitos portugueses andavam ainda com "um par de pistolas".[31] No Brasil, não faziam diferente.

Pelo crescimento da intolerância de parte a parte, confrontos isolados foram se multiplicando. De acordo com o ouvidor-geral de São Paulo, Antônio Luiz Peleja, um português se recusou a vender fiado a um morador local, em Pindamonhangaba. Foi morto com um tiro de espingarda, em pleno dia, em lugar público. "Assim se ensinam os forasteiros", teria dito o paulista.[32]

Em 27 de junho de 1707, dois bandeirantes paulistas, após provocações, acabaram sendo linchados até a morte por uma multidão de emboabas, no Arraial Novo, onde tinham se refugiado, depois do incêndio de uma forja. Quando voltaram à razão, os linchadores desapareceram em grande parte no mato ao redor do arraial, por receio de represálias. Um grupo, porém, entrincheirou-se numa casa, à espera da reação.

Os paulistas apenas enterraram os dois mortos, sem revidar. De volta, os emboabas, encorajados, teriam exortado os companheiros a enfrentá-los. Durante um ano, os portugueses armaram-se contra os paulistas nas regiões mais povoadas pelo garimpo, entre o rio das Velhas e o rio das Mortes, incluindo Vila Rica de Ouro Preto.

Naquele quadrante efervescente, Borba Gato procurava manter a ordem. Como superintendente das Minas e pioneiro do Sabarabuçu, era considerado um administrador justo, apesar de sua história pessoal e sua origem, que poderia incliná-lo a favorecer os paulistas. Para prevenir maiores descontentamentos, evitava até mesmo punir demais os contrabandistas, conforme observado pela Ouvidoria no Códice Costa Matoso, impressão corroborada pelos garimpeiros. "O superintendente Borba [...] como juiz supremo deferia a todos com muito agrado e desejava favorecer os confiscados", escreveu

---

31 Charles Brockwell, *The natural and political history of Portugal*, Lisboa, 1726.
32 Documento 2785-90 da Biblioteca Nacional de Lisboa, Arquivo de Marinha.

André Gomes Ferreira, emboaba que chegou ao rio das Velhas em 1706. "Tinha meirinho e escrivão e muita gente para as diligências dos confiscos, muitos livraram e muitos confiscaram."[33]

Ainda assim, o superintendente das Minas estava ligado demais aos paulistas para ser considerado imparcial – e possuía poderes limitados, num território belicoso, onde a cobiça imperava. "Sobre esta gente, quanto ao temporal, não houve até o presente coação ou governo algum bem ordenado, e apenas se guardam algumas leis, que pertencem às datas e repartições dos ribeiros", escreveu o padre Antonil, a respeito dos habitantes dos arraiais e vilas na área de garimpo. "No mais, não há ministros nem justiças que tratem ou possam tratar do castigo dos crimes, que não são poucos, principalmente homicídios e furtos."

Para que os paulistas fossem ameaçados no poder da região, bastava que os emboabas encontrassem uma liderança igualmente temível, que fosse capaz de confrontá-los de forma igualmente violenta – e ela apareceu.

---

33 Charles R. Boxer, *A Idade do Ouro do Brasil: 1695-1750*, op. cit.

CAPÍTULO 2

A lei dos portugueses

Nascido em Viana do Castelo, pequena urbe litorânea ao norte de Portugal, Manuel Nunes Viana chegou ao Brasil ainda criança. Em Salvador, ganhou fama por causa de uma briga de rua. Atacado por um grupo de homens armados, após ter o copo da espada partido, defendeu-se com o chapéu, usado para tomar com a mão a arma de um oponente. Matou o adversário com sua própria espada, enquanto os demais fugiam.

Como agira de forma considerada legítima defesa, não recebeu punição. Porém foi para o sertão, possivelmente para proteger-se de retaliações. Levava uma carta de recomendação do governo da capitania, que apresentou a criadores de gado do rio São Francisco, com quem passou a trabalhar.

Acabou fazendo fortuna. Em 1707, além de administrar as propriedades de dona Isabel Maria, filha e herdeira de Antônio Guedes de Brito, um dos maiores latifundiários da colônia, Nunes Viana tinha suas próprias fazendas de gado, um negócio que crescia com a proibição da compra dos rebanhos da Bahia. Explorava minas em Caeté e em outras regiões. Com outros portugueses que chegaram depois dos paulistas, encarnava a figura do emboaba – e a ameaça à posição dos pioneiros.

A animosidade nas Minas era um rastilho de pólvora que podia ser aceso por um episódio qualquer. Aconteceu num domingo. Esperando a missa, Jerônimo Pedroso de Barros – mameluco paulista de terceira geração, sobrinho-neto de Fernão Dias Pais Leme, instalado desde 1701 em Itatiaiuçu, no sertão dos Caetés – quis tirar de um grupo de emboabas uma clavina, um tipo de espingarda, carregada por um de seus integrantes.

Nunes Viana interveio em defesa do emboaba e desafiou Pedroso de Barros para um duelo. "Pedroso reconheceu sua sem razão e voltou para casa – só que consta que planejaram assaltar Manuel Nunes Viana", escreveu o advogado e historiador Luiz Gonzaga da Silva Leme.[1] "Os forasteiros residentes nos três arraiais de Sabarabuçu, [...] tendo disso notícia, vendo que os paulistas desejavam invadir a estância de Viana, a quem tinham por protetor, caminharam armados a socorrê-lo e a guardar-lhe a casa."

Segundo ouviu Borba Gato, parente dos Barros pelo lado de Fernão Dias Pais Leme, os paulistas pretendiam "matar todos os filhos de Portugal", e dava-se Caeté como local também para a vingança pelo linchamento do Arraial Novo, que não havia sido esquecido. A animosidade crescia, e o superintendente decidiu intervir. Em 12 de outubro de 1708, mandou pregar à porta da igreja de Caeté um aviso, banindo Nunes Viana, como perturbador da ordem pública e defraudador dos direitos devidos à Coroa.

Deu-lhe 24 horas para sair do distrito do Rio das Velhas. Findo o prazo, anunciou que ele e seus homens seriam castigados e teriam seus bens confiscados. "Conceda-me licença de lhe dizer que amotinadores só se acham nos patrícios de Vossa Mercê", respondeu-lhe o português, por carta, no dia seguinte.[2] Mais, afirmou que não reconhecia a autoridade de Borba Gato para bani-lo. Apresentou-se ainda como promotor da paz na região. Acusou o

---

[1] Luiz Gonzaga da Silva Leme, *Genealogia paulistana*, op. cit.
[2] Biblioteca Nacional de Lisboa, Arquivo da Marinha e Ultramar, documentos n. 3212 a 3225, Rio de Janeiro.

superintendente de apoiar os paulistas, que provocavam os portugueses e envenenavam o ambiente, sem jamais terem sido banidos das Minas, como procuravam fazer com ele. Afirmou ainda que Borba Gato, apesar do cargo, não podia legislar sobre aquela questão. Por fim, Nunes Viana responsabilizou-o pelas consequências, caso mantivesse sua posição.

Borba Gato afixou um segundo aviso público, dando a Nunes Viana outras 24 horas para sair da região, com um adendo. "Não querendo Vossa Mercê obedecer a isso, eu trato com o poder de Sua Majestade, que Deus guarde, de o fazer despejar", escreveu. "E se a isso fizer alguma resistência, não só lhe hei de confiscar os bens, que veja que tem, como todos os bens vindo pela estrada da Bahia proibida, senão todos os bens donde quer que os tiver, como amotinador e cabeça de levantamentos contra as ordens de Sua Majestade." Reforçou o aviso público com um edital por meio do qual proibia que ajudassem Nunes Viana, sob pena igualmente de prisão e confisco dos bens.

Apesar da ameaça pública, Borba Gato propôs um encontro em Caeté, reunindo Nunes Viana e Pedroso de Barros, por meio do qual celebrou pessoalmente a reconciliação entre ambos. Aquela trégua, porém, não durou muito. Mal Borba Gato voltou a Sabará, no final de novembro, José Pardo, um paulista, foi linchado em Caeté por emboabas, como vingança por dois de seus filhos terem matado um português. As ameaças de parte a parte progrediram. Grupos de emboabas desarmavam os paulistas que encontravam, sob a alegação de que planejavam um massacre.

A essa altura, nas minas, com o afluxo de portugueses, os emboabas eram mais numerosos. Forçados, os paulistas acabaram por entregar suas armas. Diante da perspectiva de uma guerra civil, Borba Gato nada pôde fazer – e viu sua própria posição ameaçada.

Em dezembro de 1708, chefes emboabas e baianos de Sabará e Caeté, reunidos em Cachoeira do Campo, proclamaram Nunes Viana governador interino da região mineira. De acordo com o

Códice Costa Matoso, "chegados que foram ao arraial da Cachoeira, onde se juntaram cinco ou sei mil armas, fizeram conselho, os mais poderosos, e elegeram seis eleitores para que estes, a votos, fizessem governador que os governasse e, com efeito, nomearam ao dito capitão-mor Manuel Nunes Viana".[3]

Assim, o emboaba tomou posse do governo local, à revelia do poder constituído. Para justificar o ocorrido, um dos líderes da revolta, Bento do Amaral Coutinho, escreveu ao então governador do Rio de Janeiro, dom Fernando de Lencastre, ex-governador da Índia Portuguesa e sobrinho do governador-geral, dom João de Lencastre. Explicou que o golpe vinha "reparar o clamor deste povo e rebater a justa indignação destes vassalos até a real ordem de Sua Majestade". O frei Francisco de Meneses celebrou uma missa solene, na qual Nunes Viana jurou seguir as leis do reino, de forma a legitimar-se, com o cuidado de demonstrar que seu governo era provisório – valia até a chegada de outra autoridade real.

Nunes Viana passou a atuar como representante legal da Coroa. Organizou milícias e distribuiu cargos entre seus apoiadores, como o açougueiro Francisco do Amaral Gurgel, assassino notório, que matara à traição Pedro de Sousa Pereira, procurador da Fazenda da Coroa no Rio de Janeiro e antigo funcionário colonial, na estrada para o Rio de Janeiro, em 20 de setembro de 1687.[4] Era um dos homens mais ricos das Minas, segundo Antonil.

Como novo superintendente das Minas, o lugar de Borba Gato, Nunes Viana nomeou Mateus de Moura, outro que ganhara fama pelo crime, ao perpetrar o assassinato da própria irmã. O chefe bandeirante, que queria expulsar Nunes Viana, acabou ele mesmo expulso – para se proteger, saiu de Sabará e foi para sua fazenda em Paraopeba.

---

3 Luciano Raposo de Almeida Figueiredo (estudo crítico), *Códice Costa Matoso: coleção das notícias dos primeiros descobrimentos das minas na América* [...], *op. cit.*
4 Ver o relato do tio da vítima, Martim Correia Vasques, em Frazão de Vasconcellos, *Archivo nobiliarchico portuguez*. Série 1, n. 6. Lisboa, 1918.

Os garimpos paulistas ao longo do rio das Mortes foram abandonados. Temendo represálias, Jerônimo Pedroso de Barros partiu para São Paulo. Outros bandeirantes foram para Paraty. À saída, os paulistas queimaram as instalações de suas lavras, para não deixá-las aos emboabas. Em Ribeirão do Carmo, foram destruídas pelos próprios emboabas, em triunfo.

Na região de São João del-Rei, arraial cortado ao meio pelo rio das Mortes, diante da notícia de que seguia para lá um destacamento de duzentos emboabas de Nunes Viana sob o comando de Bento do Amaral Coutinho, os paulistas remanescentes "buscaram, com muita pressa, as emboscadas dos matos", de acordo com o historiador Afonso d'Escragnolle Taunay. Divididos em mangas – grupamento militar português, com cinquenta homens –, espalharam-se pelos caminhos, de tocaia.

Uma dessas mangas, dissimulada no meio do mato, avistou o destacamento de Amaral Coutinho. Mesmo diante de um inimigo quatro vezes mais numeroso, seus integrantes dispararam e feriram alguns emboabas. Os homens de Amaral Coutinho, "cheios de cólera, apertaram o cordão e, ganhando a mata, puseram os paulistas de armas em terra e pediram quartel", relatou Taunay. "Sendo levados à presença do comandante, foram mortos a sangue-frio."[5]

Os emboabas retiraram-se, sem entrar no rio das Mortes – porém o massacre, que tornou o local conhecido como Capão da Traição, era o que faltava para a deflagração de uma guerra civil.

*

A notícia da chacina no Capão da Traição chegou ao Rio de Janeiro nos primeiros dias de 1709. Como Portugal àquela época se encontrava envolvido na guerra de sucessão espanhola, e por essa razão sujeitava-se a ataques franceses, por determinação real o governador dom Fernando de Lencastre só podia deixar a vila em "grave caso

---

5 Afonso d'Escragnolle Taunay, *Relatos sertanistas*, 1953.

de emergência", com anuência do conselho da capitania, formado por autoridades civis, militares e eclesiásticas. Em 10 de janeiro de 1709, o conselho o liberou para a viagem, de forma a conter a crise. Porém, não podendo deixar a capital desguarnecida, Lencastre teve de partir com uma tropa reduzida.

Cartas assinadas em fevereiro mostram que a maior preocupação do governo da capitania era evitar que a animosidade paralisasse a produção das minas – e o consequente recolhimento do imposto, do qual a Metrópole dependia vitalmente. À Coroa não interessava a continuidade da refrega "porque quintos nem moeda lhe não irá nada", segundo escreveu Domingos Duarte de Carvalho a Manuel Mendes Pereira, enviando notícias do Rio de Janeiro a Lisboa, em 10 de fevereiro de 1709. "O governador está de partida para as Minas", acrescentou. "Dizem que vai acomodar isto, permita Deus não vá ele a fazer maior ruína, porque já agora os reinóis não hão de ceder e andam dos nossos trinta mil homens, é verdade que com os escravos."[6]

Pelas cartas de particulares foi que a Coroa soube da situação, pois a correspondência enviada por Fernando Lencastre sobre a situação, embora escrita também em fevereiro, somente chegou em agosto. A demora deixou a impressão de que o governador teria sido desleixado ou mal-intencionado – o que contribuiu, mais tarde, para sua substituição. Pereira encaminhou a carta recebida do Rio de Janeiro ao Conselho Ultramarino, de forma a "denunciar as diferenças que separaram paulistas e reinóis", como assinalou José Honório Rodrigues, diretor da divisão de obras raras e publicações, na introdução à compilação dos *Documentos históricos*: consultas do Conselho Ultramarino.[7]

Lencastre saiu do Rio de Janeiro em abril, com duas companhias de infantaria, mais o seu séquito pessoal. Confiava que bastaria sua presença, como autoridade máxima da capitania, para impor

---

6 Manuel Soares Cardozo, *The Guerra dos Emboabas, civil war in Minas Gerais, 1708-1709*.

7 *Documentos históricos: consultas do Conselho Ultramarino, 1687-1710*, Rio de Janeiro, Ministério da Educação e Saúde, 1951, v. XCIII.

a ordem nas minas. Vendo os paulistas como parte injustiçada, ele estava decidido a restabelecer suas posições, incluindo restituir a superintendência das Minas a Borba Gato. Admitia que os paulistas tinham direito à prioridade no garimpo, por terem sido pioneiros, e porque somente aquele perfil de homens suportava a vida prolongada no sertão. Não deu muito crédito à carta de 16 de janeiro, em que Bento do Amaral Coutinho afirmava terem os emboabas apenas reagido em autodefesa no massacre do Capão. Sabia que a maior parte deles se constituía de criminosos, metidos nas minas para escapar à lei. "Desta sorte de gente se compõe todo este séquito", escreveu o governador em sua carta, em 16 de fevereiro de 1709.

Receava que Nunes Viana se opusesse à sua entrada, quando o visse acompanhado de uma força militar reduzida. Nesse caso, pensava valer-se dos paulistas, conforme cogitou em outra carta, esta de 16 de janeiro de 1709, publicada 120 anos depois por José Soares de Mello, jurista e professor de história política da Universidade de São Paulo.[8]

Ao chegar ao povoado do Rio das Mortes, em abril de 1709, o governador foi recebido com festa de luminárias por três dias, conforme a tradição. Em vez de buscar os responsáveis pelo assassinato dos paulistas rendidos no Capão, durante três dias entabulou conversações de bastidores para acomodar interesses. Ao mesmo tempo, levantou uma paliçada e construiu sobre o rio uma ponte levadiça, de modo a fortificar a sua posição.

Diante do clima de desconfiança geral, na tarde do quarto dia Lencastre presidiu uma reunião na qual defendeu a coexistência pacífica de todos, como vassalos do mesmo rei. Mandou nomear para uma negociação dois representantes de paulistas e emboabas. Distribuiu patentes da milícia e outras honrarias a gente de ambas as partes e no dia seguinte, recusando acompanhamento,

---

8   José Soares de Mello, *Emboabas: crônica de uma revolução nativista*, op. cit.

seguiu para o norte com a finalidade de se encontrar pessoalmente com Nunes Viana.

Quando Lencastre partiu, os paulistas abandonaram o Rio das Mortes, tomando o caminho de Piratininga. Segundo Taunay, estavam "mal contentes do governador, por, como cavalheiro, não atender para a qualidade deles, paulistas ultrajados, e, como governador, de castigar severamente a baixa plebe dos emboabas, para satisfação de seu respeito perdido".[9]

· Enquanto os paulistas juravam vingança pelo ocorrido no Capão da Traição, o governador logo percebeu que o outro lado também estava pouco propenso à conciliação. Ao se aproximar com sua comitiva de Congonhas do Campo, encontrou Nunes Viana no caminho, postado à frente de uma tropa emboaba, em formação de batalha. Não ficaram relatos conhecidos desse encontro, mas sabe-se sua consequência: o simples retorno do governador ao Rio de Janeiro, abrindo mão de seu plano, que era restaurar a posição dos paulistas e devolver os emboabas à Bahia pelo mesmo caminho de onde tinham vindo.

Foi Nunes Viana quem permaneceu nas Minas, transformado em outro potentado, com meios de enfrentar a própria Coroa, como denunciou documento apócrifo de 1720, quando surgiu outro levante ainda maior na região. "Este novo Viana, [...] de vil transformado em grande, se armou positivamente contra as justiças, opôs-se às maiores dificuldades e entendeu com tudo, dominando absoluto e despótico em ambos os foros as Minas, e feito no rio de São Francisco senhor daquém e dalém", anotou o autor anônimo. "Não é como os nossos poderosos, que uns têm o seu distrito no Ouro Preto, Ribeirão do Carmo e Rio das Mortes; outros no Sabará, Caeté e Mato Dentro, terminando-se nestes montes ou naqueles rios o seu domínio; tem uma Jurisdição que não conhece horizonte; tiraniza ambos os governos da Bahia e de Pernambuco e, se houvessem mais governos,

---

9 Afonso d'Escragnolle Taunay, *Relatos sertanistas*, op. cit.

podiam dizer da sua insolência o que do valor dos portugueses disse Camões: e se mais mundo houvera, lá chegara."[10]

Em São Paulo, onde os garimpeiros que voltavam para casa vinham lamber as feridas, discutiu-se uma reação à sua expulsão pelos emboabas das Minas Gerais. Em abril de 1709, após reunião na Câmara Municipal, os "homens bons" de Piratininga resolveram organizar uma força militar para defender seus direitos no garimpo. Contavam para isso com o apoio de Portugal, garantido por Lencastre.

A Coroa estava envolvida demais com a guerra de sucessão espanhola para pensar em se empenhar na resolução daquela disputa fratricida nas Minas por meio da força. Para os paulistas, isso explicava sua leniência com os emboabas. Porém já havia na Corte portuguesa um velado apoio aos reinóis, mesmo tendo à sua frente Nunes Viana, que havia destituído Borba Gato, usurpado as funções e autoridade régias, nomeado funcionários públicos civis e militares por conta própria e distribuído cargos até mesmo a criminosos.

Considerava-se na Corte que os paulistas também nada tinham de santos. Depois de reunir-se, com as notícias vindas das Minas, os membros do Conselho Ultramarino avaliaram que Lencastre se pusera erroneamente ao lado dos paulistas, "acostumados a lançar juízos temerários" e a quem se devia "o motivo e princípio desta perturbação". Defenderam os emboabas, identificados como "homens de negócios", em documento enviado ao rei, assinado pelo relator do Conselho, o conde Serrão Silva Pereira Costa.[11]

Em seu relatório ao monarca, o Conselho afirmou que a elite de mamelucos paulistas nutria "pouco temor às justiças de Vossa Majestade, conservando-se há muitos anos na posse da impunidade

---

10 Laura Mello e Souza, *Discurso histórico e político sobre a sublevação, que nas Minas houve no ano de 1720*, Belo Horizonte: Fundação João Pinheiro, 1994.
11 "Satisfaz-se ao que Sua Majestade ordena na consulta inclusa que se havia feito sobre as contendas que houveram entre os paulistas e os homens de negócios", Lisboa, 12 de agosto de 1709, em *Documentos históricos: consultas do Conselho Ultramarino, 1687-1710*, Rio de Janeiro, Ministério da Educação e Saúde, 1951, v. XCIII.

com que cometem a cada dia mortes e violências atrocíssimas". Fez a defesa dos reinóis, "acostumados a viver debaixo do jugo das leis e magistrados e tendo muitos deles suas casas e famílias dessa parte para onde determinam voltar e o não poderão fazer sendo culpados gravemente em alteração tão grave que envolve crimes tão atrozes".

Respondeu o rei que a situação fosse resolvida "como parece ao Conselho", em 19 de agosto de 1709. Estava selado não somente o partido que a Coroa devia tomar naquele conflito como a política nos quarenta anos seguintes do reinado de dom João V. No trono havia três anos, tendo ascendido a ele com a morte do pai, Pedro II, conhecido como "o Príncipe do Brasil", o monarca passou a favorecer os portugueses, que, no entendimento dos conselheiros, melhor representavam os interesses da Coroa na colônia, ainda que com todo o cuidado possível para que os chefes mamelucos brasileiros baixassem as armas.

Em março, tinham terminado os três anos previstos para o governo de Lencastre. Com a anuência do rei, o Conselho resolveu que ele devia ser substituído. O novo governador deveria proclamar uma anistia geral, exceto para Manuel Nunes Viana e Bento do Amaral Coutinho. A pena para os cabeças da rebelião, porém, seria leve, mais simbólica que efetiva –, e o encarregado da nova política colonial deveria continuar o que eles já tinham começado.

*

O Conselho Ultramarino entregou o comando da capitania do Rio de Janeiro e das Minas a Antônio de Albuquerque Coelho de Carvalho, natural de Lisboa, mas bastante provado no Brasil. Desde cedo tinha acompanhado seu pai, de quem herdara o nome completo, nos seus quatro anos como governador do Maranhão. Fazendeiro em Santa Cruz de Camutá, o filho foi ele mesmo governador da capitania do Grão-Pará, entre 1685 e 1690, e do Maranhão, assumindo a cadeira antes ocupada pelo pai, entre 1690 e 1701.

Considerado excelente administrador, distinguiu-se por ter repelido uma invasão francesa no estuário do Amazonas, deflagrada a partir de Caiena. Foram igualmente notáveis suas incursões exploratórias nos rios Amazonas e Negro. Com a saúde abalada pela malária, voltou a Lisboa após o cumprimento de seu último mandato, mas o Conselho Ultramarino devolveu-o ao Brasil com aquele novo desafio, aos 53 anos de idade.

Após chegar ao Rio de Janeiro e tomar posse do governo da capitania, em junho de 1709, Coelho de Carvalho partiu *incontinenti* para as Minas, com apenas uma dúzia de homens. Apesar da preocupação de que pudesse ser desmoralizado como seu predecessor, encontrou menos oposição, pelo fato de que os emboabas começavam a se desentender entre eles mesmos e se encontravam, dessa forma, divididos.

Nunes Viana havia entrado em disputas com o líder dos baianos, Sebastião Pereira de Aguilar, como ele dono de minas e pecuarista do rio São Francisco. Desagradava a população de Sabará, por tentar impor o monopólio da carne. Desentendeu-se também com o frei Francisco de Meneses, enviado a Portugal para defender a causa dos emboabas junto ao rei. Por tudo isto, tinha razões para recear a reação da Coroa.

A comitiva do novo governador chegou de surpresa a Caeté, onde Nunes Viana se encontrava. Barbudo e sujo da viagem, o governador ocupou a maior casa do arraial, vazia pelo fato de que a maior parte dos habitantes estava fora, trabalhando nas lavras. Usurpar o poder real era crime que no império absolutista português se punia com a forca. Porém não foi isso o que aconteceu. De Caeté, despachou mensagem a Nunes Viana, com ordens, em nome do rei, de simplesmente deixar as Minas e voltar para suas fazendas no rio São Francisco. Foi obedecido, por respeito ou pelo fato de que Nunes Viana já não contava com o mesmo apoio entre os emboabas. O português apenas pediu seis dias para executar a ordem, de modo a organizar sua mudança.

De Caeté, Coelho de Carvalho seguiu para Sabará, antes de percorrer as minas do Rio das Velhas até Vila Rica do Ouro Preto. Foi recebido em Sabará com certo alívio, pelo restabelecimento da autoridade. Restituiu a Borba Gato a superintendência da região do Rio das Velhas, mas confirmou nomeações feitas por Nunes Viana. "Nunes Viana exerceu o cargo [de superintendente das Minas] por um ano, mas seu aparelho estatal permaneceu por muito tempo", afirmou o historiador Isaías Golgher, da Universidade de Paris-Sorbonne.[12]

O recém-empossado governador criou postos de administração e encampou as milícias dos fazendeiros, que, de outra forma, poderiam causar problemas. Teve seu trabalho de apaziguamento facilitado pelo fato de que todos desejavam voltar à produção, prejudicada em meio ao conflito. Sua simples presença neutralizou a figura de Nunes Viana, mas ainda precisava afastar a ameaça de uma incursão dos paulistas, que preparavam uma expedição encarregada de retomar suas lavras à força, se necessário, por "bem da pátria", conforme instruções da Câmara Municipal de São Paulo, dadas entre 21 e 24 de agosto de 1709.

Para comandar tal expedição, foi apontado, segundo a ata, Amador Bueno da Veiga, rico bandeirante. Com a notícia da chegada de Coelho de Carvalho a Minas, porém, os vereadores instruíram Bueno da Veiga a ouvir o governador, representante da Coroa, antes de agir. A notícia da iminente invasão dos paulistas fez Coelho de Carvalho partir com destino a São Paulo. Adoentado, com febres, o governador encontrou a força principal de Bueno da Veiga no meio do caminho, acampada em Guaratinguetá. Era constituída de "dois mil homens pretos", o que significava "indígenas da terra", além dos chefes mamelucos e "muito poucos brancos com seus capitães e oficiais", segundo relatou à Coroa.[13]

---

12 Isaías Golgher, *Guerra dos Emboabas: a primeira guerra civil das Américas*, Ed. Itatiaia, 1956.
13 Carta de novembro de 1709, Rio de Janeiro, in Isaías Golgher, *Guerra dos Emboabas: a primeira guerra civil das Américas*, op. cit.

Comandantes das tropas, Bueno da Veiga e Jerônimo Pedroso de Barros se ofereceram para levar Coelho de Carvalho de volta a Minas e desalojar os emboabas, expulsando-os com a autoridade constituída, de modo a resgatar a posse das propriedades que legitimamente lhes pertenciam. "Respondi que ainda que a minha febre me permitisse acompanhá-los, eu jamais faria o que sugeriam, pois, sem ordem de Vossa Majestade, nem podia dizer aos forasteiros que deixassem as Minas, nem podia expulsá-los de lá", narrou o governador ao rei.[14] Coelho de Carvalho contou que dois cabos paulistas, diante disso, discutiram matá-lo ali mesmo, falando tupi entre si – sem saber que ele entendia a língua, aprendida desde sua infância, no Maranhão.

Bueno da Veiga era favorável ao retorno às Minas sem uso da violência, como a Câmara havia indicado, enquanto Pedroso de Barros ainda queria sua vingança pessoal contra os emboabas. Ameaçado, o governador desistiu das conversações e retirou-se para Paraty, de onde voltou ao Rio de Janeiro, que alcançou no início de novembro de 1709. Não havia gostado do que tinha visto, tanto dos emboabas como dos paulistas, e mais especialmente no que dizia respeito aos "três cabeças insolentes que ocasionaram o levantamento das Minas pela tirania", conforme reportou ao rei, referindo-se aos chefes da coluna: Amador Bueno da Veiga, Jerônimo Pedroso de Barros e seu irmão, Luís Pedroso de Barros.[15]

Do Rio de Janeiro, pelo Caminho Novo, enviou um mensageiro, Estevão Rodrigues, com a notícia urgente aos emboabas de que os paulistas avançavam sobre as Minas. Rodrigues chegou a Caeté antes de Bueno da Veiga. Com o alerta, os emboabas refugiaram-se num forte construído no ano anterior. A expedição paulista apareceu em 14 de novembro de 1709. Durante quatro dias, uma troca de

---

14 Isaías Golgher, *Guerra dos Emboabas: a primeira guerra civil das Américas*, op. cit.
15 Carta de novembro de 1709, Rio de Janeiro, em Isaías Golgher, *Guerra dos Emboabas: a primeira guerra civil das Américas*, op. cit.

tiros de mosquete deixou cerca de oitenta mortos entre os defensores entrincheirados.

Quando os emboabas já se encontravam quase sem munição e alimentos, os atacantes recuaram. Não ficou clara a razão da retirada. Havia informações sobre a chegada de forças auxiliares, vindas de Vila Rica de Ouro Preto. É possível também que tivesse contribuído uma divisão de forças, derivada do conflito de lideranças, que opunha Bueno da Veiga aos irmãos Pedroso de Barros.

Três dias após os paulistas terem abandonado o cerco de Caeté, chegaram reforços enviados por Vila Rica, que passaram a persegui-los no caminho de volta a São Paulo. Para atrasar os oponentes, os bandeirantes viajavam destruindo barcos e pontes à sua passagem. As tropas desistiram da perseguição e eles chegaram a São Paulo em dezembro de 1709, com poucas baixas, mas a missão frustrada.

A expulsão dos paulistas das Minas havia sido consumada, mas continuava mal digerida. A tensão permanecia – o próximo desafio a ser superado pelo governador.

*

Tanto quanto os reinóis emboabas, apesar de sua criação no Grão-Pará e no Maranhão, Coelho de Carvalho ficou chocado com os paulistas, durante seu breve contato com aquela gente, que, assim como aos primeiros jesuítas, pareceu-lhe uma horda de quase selvagens. Contudo, em 22 de novembro de 1709, recebeu da Corte ordens reais de anistia geral para ambos os lados, como uma saída do conflito. O Conselho Ultramarino procurava consolidar a situação como estava. Ainda precisava dos paulistas, mas também não punia Nunes Viana, nem retirava os grileiros de suas lavras.

Seria preciso fazer os paulistas aceitarem sua exclusão das Minas e evitar a guerra de verdade. Na sequência, em 26 de fevereiro de 1710, o governador recebeu outro despacho régio, com a notícia de que estava criada a capitania de São Paulo e das Minas de Ouro, sob sua direção, com sede em São Paulo. A ideia de uma mudança administrativa, surgida sob a influência de Frei Francisco de Meneses, visava reconhecer a importância de São Paulo e desarmar a retaliação dos belicosos bandeirantes. Ao mesmo tempo que os adulava, conferindo importância política a São Paulo, passaria a controlá-los de perto.

Engolindo a forma como tinha sido tratado anteriormente pelos paulistas, o que pensava deles e os riscos que corria, Coelho de Carvalho viajou a São Paulo, aonde chegou em julho de 1710, depois de subir a serra do Mar, vindo do porto de Santos. Teve uma recepção melhor que a primeira. Os paulistas já não acreditavam na possibilidade de retomar as Minas pela força e compreendiam que a nova posição de sede da nova capitania poderia beneficiá-los.

O governador dos paulistas e mineiros foi empossado com festa e pompa. Despachando de Piratininga, passou a enviar à Coroa diversas petições, como a elevação da vila de São Paulo a cidade e sede de bispado, já que o bispo do Rio de Janeiro, dom frei Francisco de São Jerônimo, evitava fazer viagens a lugar tão distante e mal-afamado. A primeira sugestão foi aceita de pronto. A Carta Régia por meio da qual se promoveu São Paulo a cidade foi assinada em 11 de julho de 1711. O bispado foi também aprovado, mas o bispo, de fato, só chegaria décadas mais tarde, em 1745.

Em São Paulo, o governador ouviu os representantes locais sobre como gostariam de ser reintegrados às Minas, pediu sugestões sobre a forma de cobrança do quinto e da organização de milícias para a segurança do transporte do ouro. Negociou a proibição do uso de armas por escravos e mestiços. Depois, partiu para as Minas, de forma a acomodar também interesses locais. Reuniu-se com lideranças emboabas em Ribeirão do Carmo e Vila Rica, entre novembro e dezembro de 1710, com a presença de Borba Gato.

Em abril de 1711, foram promovidos a vilas os arraiais de Ribeirão do Carmo, Vila Rica e Nossa Senhora da Conceição do Sabará. Com Borba Gato na superintendência das Minas, mantendo os emboabas nomeados por Nunes Viana nos postos principais, os interesses tinham sido atendidos. Porém, o governador progressivamente colocava pessoas de sua própria confiança em cargos administrativos, com vistas a garantir o controle e aumentar a arrecadação de impostos. Estava clara a intenção da Coroa de dar preferência aos reinóis, não apenas nas Minas como em toda a colônia. Razão pela qual a nova ordem de um Brasil mais português não caiu bem em outra região, até então a mais rica do Brasil, onde foi imposta com mão ainda mais pesada – e mesmo cruel.

CAPÍTULO 3

Masmorra para nobres

Até a Guerra dos Emboabas, nem mesmo os paulistas de Borba Gato haviam questionado a legitimidade da monarquia portuguesa, procurando assegurar para si os privilégios que ela concedia. Isso, porém, começava a mudar, na medida em que esses benefícios passaram a excluir os luso-brasileiros em favor dos portugueses afluentes. A primeira grande onda de insatisfação com o poder imperial, depois da proteção aos arrivistas portugueses nas Minas, surgiu com o monopólio dos reinóis, concedido pela Coroa nos contratos de exploração comercial, que atingiu sobretudo a elite colonial da Bahia e de Pernambuco.

O movimento cresceu com a chegada de um novo governador-geral, Pedro Vasconcelos e Sousa, conde de Castelo Melhor, que desembarcou em Salvador na manhã de 17 de outubro de 1711 trazendo desagradáveis novidades. De saída, ele anunciou um aumento de impostos: a taxa por escravo importado da África dobrava de 3 para 6 cruzados; 10% sobre todas as exportações brasileiras, que eram sobretudo de fumo e açúcar, passavam a ser devidos à Fazenda Real. Mais: o novo governador determinou um aumento de 480 para 720 réis no preço do quilo do sal, que, como qualquer outro artigo industrializado, era importado de Portugal, por intermédio de comerciantes portugueses.

O pretexto para aquele aumento da taxação era reforçar a armada contra as invasões corsárias do Rio de Janeiro, porto das minas de ouro. O envio aos cárceres da Bahia de prisioneiros de uma invasão francesa do Rio colocou a questão na ordem do dia. O impacto foi imediato na sede do governo-geral, aonde a notícia chegou primeiro.

Um comerciante, João de Figueiredo da Costa, conhecido como o "Maneta", liderou o protesto. Ao som dos sinos que chamavam para a missa, como senha para o ataque, uma turba tomou a Câmara de Salvador e vandalizou as casas do contratador Manoel Dias Filgueira e de seu sócio, Manuel Gomes Lisboa, "mais modesto porém não menos rico", segundo Varnhagen.[1] Eram os mais proeminentes beneficiários do monopólio criado para os portugueses nos portos da capitania. Conhecido pela vida suntuosa, Dias Filgueira era o responsável pela importação de sal, além de encarregado de construir em Salvador as instalações do Paço da Madeira, que funcionaria como uma coletoria de impostos.

Como recorrer à força era temerário, uma vez que havia militares integrando a revolta, o governador Vasconcelos e Sousa procurou negociar, usando como intermediários Domingos Vaz Fernandes, chefe dos mesteres, uma espécie de líder do sindicato de pequenos ofícios, e Cristóvão de Sá, juiz do povo – um magistrado de primeira instância, escolhido por aclamação popular, a quem se dava a tarefa de presidir as sessões da Câmara. Sem acordo, recorreu ao arcebispo da Bahia, dom Sebastião Monteiro da Vide, que promoveu uma procissão pelas ruas de Salvador, com o intuito de invocar o espírito da pacificação. Este, no entanto, acabou junto com a cerimônia.

---

[1] Francisco Adolfo de Varnhagen, *História geral do Brasil*, op. cit.

Diante da força e da intransigência dos amotinados, aconselhado por seu antecessor, dom Lourenço de Almada, que ainda se encontrava em Salvador, o novo governador cedeu à pressão. Voltando atrás, concedeu o perdão aos revoltosos. Os sublevados promoveram outra manifestação, em 2 de dezembro – a chamada Revolta Patriótica, que procurava obrigar o governador a enviar auxílio militar contra as invasões francesas. Os revoltosos preferiam ir ao Rio combater a pagar mais impostos e comprar sal a preço de ouro.

A instabilidade continuou. Ciente dos acontecimentos, o Conselho Ultramarino censurou o governador, que, pelo rigor da lei, deveria ter encarcerado e enforcado os rebeldes desde o primeiro levante, por meio do qual se tinham anulado as determinações da Carta Régia. Em 1712, em decisão unânime, revogou o perdão concedido por Vasconcelos e Sousa e condenou os revoltosos, que, no entanto, permaneceram sem castigo. Em vez disso, em nome da paz na cidade, a Câmara de Salvador enviou ofício a dom João V recomendando a extinção do cargo de juiz do povo na Bahia, sob a alegação de que ele "mais servia para amotinar a ralé que fazer justas reclamações".[2] Era um bode expiatório.

Em 25 de fevereiro de 1713, o rei atendeu o pedido. Apenas ganhava tempo. Quando parecia pender para a contemporização, no ano seguinte, em 13 de junho de 1714, enviou para o comando da capitania e do governo-geral, em Salvador, um homem acostumado a impor sua autoridade: Pedro Antônio de Meneses Noronha de Albuquerque, ex-vice rei da Índia Portuguesa, segundo conde de Vila Verde. Condecorado general de cavalaria, mestre de campanha no Alentejo durante a guerra de sucessão espanhola, oficial da campanha de ocupação de Madri, vinha investido do cargo e dos poderes de vice-rei do Brasil, de forma a implantar as medidas exigidas pela Coroa. Como segundo em comando, era o único a quem se podia recorrer de decisões do próprio monarca.

---

[2] Francisco Adolfo de Varnhagen, *História geral do Brasil, op. cit.*

Com ele, dom João V impunha à Bahia mão de ferro, com o propósito de assegurar o controle sobre a colônia, assim como sua renda. Em Salvador, por autorização real, Noronha de Albuquerque mandou cunhar moedas de ouro e começou o trabalho de implantação do imposto de 10% sobre produtos importados. A maior resistência, porém, não era contra o monopólio da importação de produtos pelos portugueses. Pior era a exclusividade dos reinóis na exportação dos produtos brasileiros ao exterior, de onde vinha grande parte da renda da elite colonial da Bahia e de Pernambuco. Foi essa a razão para novo conflito, que colocou os mamelucos luso-brasileiros em confronto direto com os portugueses apoiados pela Coroa.

*

Em Pernambuco, o monopólio dos contratos comerciais pelos reinóis criou um conflito entre partes que se distinguiam até mesmo pela geografia. Depois da invasão holandesa, quando tinha sido destruída para não ser deixada ao inimigo, Olinda voltou a ser a sede política da capitania. Lá moravam os senhores de engenho, detentores do poder político regional, exercido na Câmara da vila. Recife, ao alcance da vista do alto de sua colina, transformada pelos holandeses em uma cidade planificada, novamente era apenas o seu porto. Por conta da zona portuária, em Recife concentravam-se os portugueses, comerciantes e armadores, que com exclusividade compravam o açúcar dos senhores de engenho por uma mão e pela outra traziam mercadorias da Metrópole. Dessa forma, determinavam os preços tanto do que os chefes mamelucos de Pernambuco exportavam (sua receita) quanto daquilo que importavam (sua despesa).

Para os latifundiários pernambucanos, os portugueses beneficiados pelas regras da Coroa eram os "mascates" – termo que, mais do que novos ricos, indicava pejorativamente tratar-se de simples aproveitadores. Para a aristocracia colonial, era gente parasitária – e desclassificada. "Tal como os paulistas, com razão ou sem ela, [os senhores de engenho] orgulhavam-se da pretensa nobreza de seus antepassados e olhavam do alto os mineiros e os comerciantes de origem europeia", afirmou Boxer.[3] "Desprezavam os humildes e industriosos imigrantes, que muitas vezes chegavam a fazer fortuna suficiente para se tornarem seus superiores."

Já estes chamavam os aristocratas de Olinda de "pés-rapados". Segundo Jozé Bernardo Fernandes Gama em suas minuciosas *Memórias históricas da província de Pernambuco*, o nome se dava porque eles combatiam de pé no chão, à maneira dos bandeirantes paulistas.[4] Contudo, assim os comparavam também aos escravos e pobretões, que entravam nas casas e igrejas descalços, usando o limpa-pés, lâmina de ferro instalada na porta para tirar o barro trazido da rua. Depois utilizada de forma generalizada para designar os mais pobres, a expressão lembrava que os senhores de engenho estavam sempre endividados. Num mercado onde os preços eram controlados pelos mascates, que depois lhes ofereciam crédito, ficavam cada vez mais estrangulados.

A sujeição a gente considerada inferior era dura de aceitar, sobretudo por uma elite que, assim como os paulistas, se acostumou a desdenhar até mesmo da Corte portuguesa, a quem a seu ver sustentava, e por quem se achava esquecida e prejudicada, ao ponto da ingratidão. "Resgatado do domínio Batavo [os neerlandeses da Nova Holanda] pelos braços e sangue de seus filhos, esquecido pela Metrópole, quando nessa luta sanguinolenta e desigual implorava socorros, Pernambuco devia somente a si mesmo sua existência política, e sua liberdade", escreveu Gama.[5]

Muitos membros da elite colonial brasileira tinham não só uma longa folha de serviços prestados e tributos pagos como apoiaram Portugal na Restauração, guerra de separação da Espanha.

---

3   Charles R. Boxer, *A Idade do Ouro do Brasil: 1695-1750*, op. cit.
4   Jozé Bernardo Fernandes Gama, *Memórias históricas da província de Pernambuco*, op. cit.
5   Jozé Bernardo Fernandes Gama, *Memórias históricas da província de Pernambuco*, op. cit.

Colaboraram militar e financeiramente para a retomada do império, de forma a garantir o trono a dom João IV, e esperavam de seu sucessor, dom João V, ao menos a garantia de sua posição, como natural recompensa.

Entre os mamelucos pernambucanos estavam os Albuquerque Coelho, descendentes da longa linhagem de capitães considerados heróis em Portugal. Descendiam de Afonso de Albuquerque, um dos "barões assinalados" por Luís Vaz de Camões em *Os lusíadas*. Beatriz, filha de Afonso de Albuquerque, casou-se com Duarte Coelho, filho de Gonçalo Coelho, capitão da esquadra de Pedro Álvares Cabral em 1500, destacado para levar a notícia do "descobrimento" a Portugal e primeiro explorador da costa brasileira, com um navegador e cartógrafo italiano, Américo Vespúcio.

Primeiro donatário a vir ao Brasil com a família, Duarte Coelho fundou Olinda, com o porto de Recife. Fez uma guerra contra os povos nativos pela ocupação da terra e implantou com sucesso engenhos de açúcar no propício solo da zona da mata, que fomentou a riqueza de Portugal. Seus dois filhos com Beatriz, Duarte e Jorge de Albuquerque Coelho, nasceram no Brasil, mamelucos da primeira geração. Como os chefes guerreiros mouros, administravam seus potentados, que conheciam desde o berço, e eram temíveis chefes militares.

Herdeiro da capitania por ser o primogênito, Duarte de Albuquerque Coelho estudou em Portugal, e voltou ao Brasil com Jorge em 1560, seis anos após a morte do pai, período durante o qual Pernambuco foi administrado de Lisboa pela mãe, com a ajuda de seu tio Jerônimo de Albuquerque – casado com Tabira, filha do cacique tabajara Arcoverde. Consolidaram a posse da capitania guerreando contra os caetés, que ameaçavam retomá-la, em campanha da qual Jorge saiu com as cicatrizes de "nove flechadas nos peitos e rosto" como condecorações, conforme o livreiro Antônio Ribeiro, prefaciador de *Naufrágio & Prosopopeia*, obra publicada em Lisboa, em

1601, na qual a vida dos irmãos, especialmente Jorge, é narrada em prosa e verso.⁶

No Brasil, os irmãos Albuquerque Coelho consolidaram a ocupação da costa pernambucana, antes ameaçada pelos caetés, e abriram caminho para o sertão. Pela via militar, como braço direito de Duarte, Jorge impôs em Pernambuco a "*pax* portuguesa", matando e escravizando indígenas até o alto do rio São Francisco. Mais tarde, em 1578, os irmãos Albuquerque Coelho se puseram novamente à prova, juntando-se à nobreza portuguesa na tentativa de conquistar o norte da África, ocupado pelos mouros. Portugal perdeu fragorosamente a guerra. Porém, tamanhos foram os feitos de Jorge em combate que, segundo Ribeiro, saiu da derrota "com tanta vantagem, que parece que fica triunfando".⁷

O poema épico "Prosopopeia" exalta especialmente o heroico momento em que Jorge dá seu cavalo ao rei dom Sebastião, que havia perdido a montaria, na fatídica batalha de Alcácer-Quibir. Levado para a prisão da fortaleza moura de Fez, com graves ferimentos nas pernas, Jorge sofreu cirurgias que lhe salvaram a vida, mas o deixaram aleijado. Enquanto seu irmão mais velho não resistiu, morrendo no cárcere, foi libertado quando o rei espanhol Filipe II, que reivindicou o trono de Portugal com a morte de dom Sebastião, pagou o resgate dos prisioneiros nas masmorras mouras. Dessa forma, repatriou o que havia restado da nobreza de Portugal, que naquela trágica derrota militar havia perdido quase toda a sua elite dirigente.

Mesmo nascidos na colônia, os mamelucos pernambucanos continuaram a bem servir Portugal. Matias de Albuquerque Coelho, filho de Jorge, também nascido na colônia, foi igualmente governador de Pernambuco e em 1624 passou a ser o governador-geral do Estado do Brasil, com a captura em Salvador do então governador em

---

6 Bento Teixeira, *Naufrágio, que passou Jorge D'Albuquerque Coelho, Capitão e Governador de Pernambuco, e Prosopopeia*, Antônio Álvares, 1601.
7 Bento Teixeira, *Naufrágio, que passou Jorge D'Albuquerque Coelho, Capitão e Governador de Pernambuco, e Prosopopeia, op. cit.*

exercício, Diogo de Mendonça Furtado, na primeira invasão holandesa. Foi o líder da resistência durante a segunda invasão, ainda durante a União Ibérica, quando o império se encontrava sob controle espanhol. Incendiou Olinda para não a deixar ao inimigo, instalando-se na serra, de onde organizou a guerrilha. Responsabilizado por ter perdido a capitania aos holandeses, foi preso pelos espanhóis até a restauração do trono português, em 1641. Transformou-se em herói da guerra de independência de Portugal como governador das Armas do Alentejo, posto mais avançado de combate contra as tropas espanholas. Pela vitória na batalha de Montijo, em 1644, recebeu o título de primeiro conde de Alegrete.

Esse período da história fortaleceu a elite pernambucana. A igreja matriz da Sé de Olinda, restaurada do incêndio de 1636 e elevada a catedral em 1676, dedicada a Jesus, tinha o aspecto senhorial de contida elegância da arquitetura clássica portuguesa, com paredes caiadas de branco, colunas de pedra toscana e azulejos portugueses, com uma vista sobranceira do mar. A "nobreza da terra", como narrado por Bento Teixeira em *Naufrágio*, em que Jorge sobressai pela bravura e pela capacidade de liderança numa situação extremamente adversa, não se destacava pela riqueza, e sim pela educação, formação e comportamento. Os mamelucos brasileiros, educados em Lisboa, tinham enriquecido com o açúcar, mas a dura vida no trópico, no provado comando de uma colônia ultramarina turbulenta, mantinha um severo código de conduta e honra que fortalecia sua têmpera, sua identidade, seu orgulho – e uma certa independência. Já tinham atravessado o domínio português, o espanhol, o holandês e de novo o português, sobrevivendo a todos, com força própria.

Tinham feito demais por conta própria para se submeterem a portugueses arrivistas. Para muitos dos senhores de engenho, que eram capitães de famílias com histórias não apenas de enriquecimento próprio e da Coroa como de heroísmo em combate, era Portugal quem mais devia ao Brasil, e não o Brasil a Portugal.

*

Os portugueses tomavam o orgulho dos brasileiros como soberba, além de uma ameaça ao poder da Coroa. "A maior parte da nobreza de Pernambuco tem grande aversão e ódio ao governo de Portugal, e aborrecem os naturais deste Reino, que têm comumente por homens vis e baixos, tendo-se a si por muito ilustres em razão dos nobres apelidos que têm ou usurparam de muitas famílias, chamando-se Albuquerques, Cavalcantis, Aciolis, etc.", escreveu Antônio Rodrigues da Costa, membro do Conselho Ultramarino, em 1714.[8]

Além de administradores, os mamelucos eram chefes de tropas que não só serviam como apoio da Coroa, como exerciam o policiamento local, por meio de seus capitães do mato, encarregados de prender "desertores, malfeitores e vadios", de acordo com um decreto do governador, assinado em 1710.[9] Assim, a classe latifundiária pernambucana, estabelecida havia dois séculos na colônia, via-se com legitimidade, autoridade e também poderio militar para insurgir-se. Queixava-se de que a expulsão dos neerlandeses e a extinção da Nova Holanda revertia pouco em seu benefício, já que a Coroa reservava a exploração do comércio do porto de Recife não a quem tinha garantido a posse do território para o império, e sim para os comerciantes e armadores reinóis, a quem menosprezavam.

Consideravam-nos "estúpidos, que em Portugal nem para criados serviam, tornavam-se capitalistas, e, esquecendo-se de seus princípios, julgavam-se superiores à nobreza do país, que tão benignamente os acolhera, e que, entregue ao honorífico trabalho agrícola, os honrava, e favorecia liberalmente em todas as ocasiões", assinalou Fernandes Gama.[10]

A rejeição aos comerciantes que chegavam e passavam a dominar os negócios nas vilas se revestia com a intolerância religiosa.

---

8   Charles R. Boxer, *A Idade do Ouro do Brasil: 1695-1750*, op. cit.
9   Francisco Adolfo de Varnhagen, *História geral do Brasil*, op. cit.
10 Jozé Bernardo Fernandes Gama, *Memórias históricas da província de Pernambuco*, op. cit.

Os mascates eram frequentemente identificados como cristãos-novos – isto é, judeus convertidos –, atuando numa rede de negócios que, sem vínculo direto com a produção, baseada na propriedade da terra, dava-lhes mobilidade. Muitos tinham enfrentado resistências e perseguições promovidas por meio da Inquisição no século anterior, sobretudo nas vilas espanholas, quando os comerciantes portugueses passaram a migrar, de forma a aproveitar as oportunidades com as fronteiras abertas pela União Ibérica.[11]

"O teórico desdém pela ocupação de negociante era aguçado pelo fato de haver no mundo de língua portuguesa alta percentagem de negociantes prósperos que eram de origem cripto-judaica, ou 'cristãos-novos', em grande parte porque todos os outros caminhos de progresso estavam oficialmente fechados para eles", anotou Boxer.[12] Varnhagen afirmou que a perseguição aos cristãos-novos no Brasil "foi progredindo por tal arte que de 1707 a 1711 houve ano em que se prenderam mais de 160 pessoas, às vezes famílias inteiras, sem exceção das crianças".

Em 1713, 66 colonos brasileiros foram condenados em Lisboa pela Inquisição portuguesa, "incluindo 39 mulheres; e não por heresias, porém, pela maior parte, por terem na veia sangue judaico, 'crime' que era considerado mais afrontoso que o de bigamia, sodomia e outros, ofensivos da moral e hediondos da sociedade", afirmou Boxer. Segundo ele, o "total de colonos desta terra remetidos [a Portugal] e condenados pelo Santo Ofício de Lisboa" chegava a cerca de quinhentas pessoas, "nesta conta em partes quase iguais [...] os filhos do Brasil e os nascidos em Portugal". O espólio dos perseguidos ficava para o Estado português – "grossos e excelentes cabedais".[13]

Os "reconciliados" (judeus convertidos ao cristianismo, ou cristãos-novos) estavam sempre com a espada sobre a cabeça e sofriam com a discriminação. "Ficavam infamados e não podiam

---

11 Ver Thales Guaracy, *A criação do Brasil (1600-1700)*, São Paulo: Planeta, 2018.
12 Charles R. Boxer, *A Idade de Ouro do Brasil: 1695-1750*, op. cit.
13 Francisco Adolfo de Varnhagen, *História geral do Brasil*, op. cit.

exercer ofícios públicos, nem ser rendeiros, procuradores, boticários, mestres de navios, nem trazer ouro, nem prata, nem andar a cavalo [...]", relatou Varnhagen. Estavam sujeitos aos autos de fé – humilhações e castigos públicos, arbitrados pelos inquisidores. Judeus em viagem ao Brasil deviam usar chapéus amarelos, como distintivo, ser acompanhados por guardas e se recolher cedo, à noite.

Por trás da intolerância, havia interesses em jogo. O monopólio do comércio exterior pelos portugueses tirava dos senhores de engenho o controle do seu próprio negócio e muito de seu poder. Os produtores do açúcar pernambucano atribuíam a queda dos preços não somente à concorrência com o açúcar antilhano como à pressão dos mascates, que, controlando os preços do comércio, enriqueciam – e às suas custas.

A tolerância só servia para a corrupção, exacerbada pelas propinas e pela realização de negócios obscuros, facilitados pelos funcionários da burocracia real, que ganhavam baixos proventos, mas detinham poder e o usavam a seu próprio favor. "O tráfico e o comércio, teoricamente desprezados, eram levados à prática por todos quantos [servidores do poder público] conseguiam fazê-los, do Vice-Rei ou governador-geral para baixo", afirmou Boxer. "Os salários pagos pela Coroa mostravam-se reconhecidamente insuficientes, na maioria dos casos, e esperava-se que os ocupantes dos cargos governamentais se indenizassem disso através do comércio, desde que tal fizessem com a devida discrição."

Apesar de seus serviços prestados ao rei de Portugal, ou mesmo por causa deles, a autointitulada "nobreza da terra" não apenas perdia seus privilégios na exploração dos negócios na colônia para os mascates e a burocracia do Estado como, quando pretendeu protestar, passou a ser pressionada. Os senhores coloniais não imaginavam passar de perseguidores a perseguidos, nem perder o controle sobre o seu próprio negócio.

Entreposto comercial mais próximo da Europa, o porto de Recife era a "encruzilhada do império" – dali a maior parte do açúcar e do fumo brasileiros era exportada, e chegavam os produtos manufaturados, não apenas para o mercado local como a caminho de Salvador e do Rio de Janeiro. "Quase todos os produtos agrícolas desta Província [de Pernambuco] eram sujeitos a um tirânico monopólio, sob pretexto de melhor arrecadação de impostos: as carnes, os açúcares, as águas ardentes, etc.", observou Fernandes Gama.[14] "Faziam, cada um destes gêneros, objeto de diferentes contratos reais, cujos arrematantes pagavam ao Fisco o respectivo preço, metade em moeda, metade em açúcar, que era remetido para Lisboa por conta do governo."

Os comerciantes e armadores portugueses tinham grande influência na Corte. "Mesmo nos contratos arrematados no Conselho Ultramarino do Reino, havia a presença e a interferência dos homens de negócio da capitania, através de parentes ou procuradores que representavam seus negócios em Lisboa", constatou o historiador e pesquisador Breno Vaz Lisboa.[15] Dessa maneira, os senhores de engenho precisavam usar seu poder na Câmara de Olinda para controlar e arrancar um naco dos lucros dos mascates, por meio da taxação.

Para proteger sua posição, e com ela seus lucros, sobretudo com a produção de açúcar, a elite pernambucana criava obstáculos para que os negociantes portugueses de Recife pudessem ter representantes na Câmara de Olinda, com o argumento expresso de que as cadeiras estavam reservadas aos homens bons, que estivessem "vivendo à lei da nobreza [...] servindo-se com criados, escravos, cavalos e armas" – isto é, os senhores feudais.[16] Já a burguesia ascendente, que tinha em Recife o centro de seus negócios, não queria submeter-se às decisões de Olinda, incluindo seu controle sobre os tributos.

---

14 Charles R. Boxer, *A Idade de Ouro do Brasil: 1695-1750*, op. cit.
15 Breno de Almeida Vaz Lisboa, *Uma das principais dos domínios de Vossa Majestade: poder e administração na capitania de Pernambuco durante o reinado de D. João V*, Universidade Federal Fluminense, 2017.
16 Charles R. Boxer, *A Idade de Ouro do Brasil: 1695-1750*, op. cit.

A rixa entre os latifundiários de Olinda e os comerciantes de Recife atingiu seu ponto de ebulição quando a burguesia ascendente pediu ao Conselho Ultramarino, em Lisboa, para elevar a antiga capital da Nova Holanda a vila, instituindo uma Câmara Municipal própria e livrando-se do controle político dos senhores de engenho. A iniciativa foi endossada em Portugal, no dia 19 de novembro de 1709 – um sinal claro de qual era o lado apoiado pela Coroa. Na madrugada de 14 para 15 de fevereiro de 1710, de posse da Carta Régia com aquela promoção, com apoio do governador de Pernambuco, o português Sebastião de Castro e Caldas, os mascates levantaram da noite para o dia em Recife um Pelourinho improvisado, caracterizando a constituição da Justiça e do poder político locais, de forma a pegar a Câmara de Olinda de surpresa. Em seguida, inauguraram a Câmara Municipal.

A ação sub-reptícia fez os oponentes questionarem a lisura do processo. Criticaram Castro e Caldas, posicionado contra o parecer do ouvidor da capitania, Luiz de Valenzuela Ortiz, partidário da unificação do poder na Câmara de Olinda. "As duas autoridades superiores discordaram sensivelmente entre si acerca dessa fixação de limites, que lhes era cometida, e como em favor do voto de um e de outro havia no povo interesses, apareceram logo dois partidos, cada qual com seu chefe", observou Varnhagen.[17]

O governador chegou a ser alertado por padres que, em segredo de confissão, já tinham sido instados a absolver por antecipação cristãos dispostos a matá-lo. Em 17 de outubro, apesar das precauções, levou "quatro tiros leves"[18] numa emboscada, ao sair da ladainha na igreja do convento da Penha, a caminho do palácio, na rua das Águas Verdes, acompanhado de uma escolta de 25 homens. Os três autores do atentado desapareceram e o mandante não foi identificado.

---

17 Francisco Adolfo de Varnhagen, *História geral do Brasil*, op. cit.
18 Francisco Adolfo de Varnhagen, *História geral do Brasil*, op. cit.

Castro e Caldas proibiu o porte de arma na capitania e conduziu uma investigação para encontrar os responsáveis. Entre os suspeitos estava um que já se encontrava preso: Leonardo Bezerra Cavalcanti, que teria sido o mandante do crime de forma a se ver livre do governador e, com ele, de seu governo e da cadeia. Foi preso *incontinenti* o capitão André Dias de Figueiredo. Outros senhores de engenho não foram encontrados: Pedro Ribeiro da Silva e Lourenço Cavalcanti Uchoa. "Não sendo este achado, os soldados que o foram prender roubaram-lhe o engenho, dando-lhe de prejuízo só em gado para mais de 600 mil-réis", segundo Fernandes Gama.[19]

Até mesmo o bispo de Pernambuco, dom Manuel Alves da Costa, crítico do governador, por "fruto das suas profecias", foi considerado potencial mentor do atentado, assim como o ouvidor Luiz de Valenzuela Ortiz, a quem Castro e Caldas deu também ordem de prisão. Ambos haviam se retirado para a Paraíba, onde dom Alves da Costa fazia "visita episcopal", de acordo com o padre Joaquim Dias Martins, autor do dicionário onomástico *Os mártires pernambucanos*, publicado pela primeira vez em 1853.[20]

O bispo e o ouvidor refugiaram-se na capela do engenho Itapirema para não serem presos pela tropa enviada em seu encalço, presumindo respeito ao campo santo. Da Paraíba, dom Alves da Costa escreveu ao governador, para que não prendesse Valenzuela Ortiz. Castro e Caldas, porém, manteve sua decisão, assim como a impressão que tinha tanto do ouvidor como do próprio bispo: "[Ortiz] não só embaraçou o meu governo, mas pôs a Vossa Senhoria [o bispo] em ódio com as suas ovelhas, como é público e notório, pois todos reconhecem as letras e virtudes, e atribuem aos seus conselhos e vinganças tudo quanto se tem visto e tem experimentado".[21]

---

19 Jozé Bernardo Fernandes Gama, *Memórias históricas da província de Pernambuco*, op. cit.
20 Padre Joaquim Dias Martins, *Os mártires pernambucanos, vítimas da liberdade nas revoluções ensaiadas em 1810 e 1817*, Tipografia de F. C. de Lemos e Silva, 1853.
21 Sebastião de Castro e Caldas, Livro 1º de Registro de Cartas, f. 164, em Jozé Bernardo Fernandes Gama, *Memórias históricas da província de Pernambuco*, op. cit.

Os senhores de engenho reagiram contra as prisões, armando suas milícias particulares, sob a alegação de legítima defesa. O capitão mascate João da Mota, que foi prender o capitão pé-rapado Pedro Ribeiro, foi quem acabou sendo preso, na fortaleza de Santo Antão. O governador mandou as tropas da capitania marcharem contra Pedro Ribeiro, mas, ao chegar, elas "confraternizaram com aqueles que já haviam se sublevado".[22] Castro e Caldas percebeu que tinha perdido o controle da tropa e fez o que lhe restava: em 7 de novembro de 1710, fugiu para Salvador, na Bahia.

A reação dos latifundiários pernambucanos tinha como principal liderança Bernardo Vieira de Mello, filho de português, dono de engenho e herói militar por sua participação na Guerra dos Bárbaros, na qual os pernambucanos tinham vencido o cacique Canindé, pacificando pela força o sertão de Pernambuco até o Rio Grande do Norte e o Maranhão, em 1697. Vieira de Mello participou, também, da tomada do Quilombo dos Palmares, depois de décadas de luta. Ex-governador e capitão-mor do Rio Grande do Norte, era vereador da Câmara de Olinda e, não obstante, governador da capitania de Igarassu, vizinha de Pernambuco, ao norte.

Os mascates contavam com João da Maia da Gama, português de Aveiro, combatente em Mombaça, em Omã e na guerra espanhola, então governador da capitania da Paraíba, ao sul de Pernambuco. Tinham ainda apoio de Sebastião Pinheiro Camarão, descendente de Felipe Camarão, herói da expulsão dos holandeses, para quem se criara o posto de "governador dos indígenas", com jurisdição do alto São Francisco até o Ceará. Cargo hereditário, como os títulos de cavaleiro de Santiago e fidalgo da Casa Real, Pinheiro Camarão recebeu do pai o comando do Terço dos Indígenas, unidade militar criada a partir da guerra contra os neerlandeses e mantida pela Coroa como uma instituição colonial. "Desde a Insurreição Pernambucana (1645-1654), os Camarões sempre estiveram ao lado da

---

22 Francisco Adolfo de Varnhagen, *História geral do Brasil*, op. cit.

elite açucareira, mas na Guerra dos Mascates eles passaram para o outro lado, apoiando a elite mercantil, o que marcou uma grande censura nas relações dos indígenas com as elites locais", anotou Gefferson Rodrigues, doutor em História Social pela Universidade Federal Fluminense.[23]

Uma das versões para essa adesão é a de que Pinheiro Camarão teria recebido dinheiro para ficar ao lado dos mascates. Outra é a de que preferia estar ao lado dos favorecidos pela Coroa, para não perder seu distintivo posto à frente do Terço dos Indígenas. Uma terceira possibilidade seria uma disputa de terras com o bandeirante paulista Domingos Jorge Velho, encarregado de destruir o Quilombo dos Palmares, pioneiro das fazendas de gado extensivo no sertão nordestino e aliado da família Vieira de Mello. "Neste conflito de interesses entre indígenas, paulistas e sesmeiros, o papel de Bernardo Vieira de Mello no partido da nobreza pode ter tido o efeito de empurrar Camarão para o lado dos mascates", afirmou o historiador e diplomata pernambucano Evaldo Cabral de Mello.[24]

Os comerciantes sustentavam a seu favor que a decisão da emancipação de Recife em relação a Olinda já estava tomada pela Coroa e simplesmente não havia mais o que argumentar. Três dias depois da fuga do governador Castro e Caldas, em uma assembleia na Câmara de Olinda, em 10 de novembro de 1710, os latifundiários pernambucanos resolveram ir à luta, retomando o porto pela força com suas milícias, formadas com escravos e agregados.

Saindo de suas fazendas, as tropas dos pés-rapados avançaram sobre Recife. De Vitória de Santo Antão partiu Pedro Ribeiro da Silva. Bernardo Vieira de Mello e Leonardo Bezerra Cavalcanti estavam à frente das forças que vinham de Afogados, de São Lourenço e da vila de Olinda. Ao entrar em Recife, destruíram o

---

23 Gefferson Rodrigues, *A tentativa de sublevação do índio Antônio Domingos Camarão em Pernambuco (1730)*, Universidade Federal Fluminense, 2021.
24 Evaldo Cabral de Mello, *A fronda dos mazombos: nobres contra mascates, Pernambuco, 1666-1715*, São Paulo: Editora 34, 2003.

recém-inaugurado Pelourinho, rasgaram o Foral Régio (a constituição municipal) em praça pública e tiraram os presos das cadeias, enquanto os mascates fugiam.

No Senado da Câmara de Olinda, Vieira de Mello teria dado voz à proclamação da república de Pernambuco e Igarassu, oferecendo seus recursos pessoais para sustentar a resistência armada. "Aqui foi seu voto de que se declarasse a República, *ad instar* (ao modo) dos venezianos, cortando toda a dificuldade com a pintura dos (seus) recursos", anotou o padre Dias Martins.[25]

Os senhores de engenho cogitaram estender a revolta à Bahia e ao Rio de Janeiro. Caso não tivessem apoio para enfrentar a retaliação da Coroa portuguesa, iriam entrincheirar-se nas mesmas montanhas onde se abrigava no passado o Quilombo dos Palmares. Dali, organizariam a resistência, possivelmente com ajuda dos comerciantes franceses, interessados em quebrar o monopólio do comércio português no Brasil. "[Vieira de Mello] concluía afinal ser melhor, em caso de desgraça, entregar-se aos polidos e guerreiros franceses, do que servir aos grosseiros, malcriados e ingratíssimos mascates", assinalou o padre Dias Martins.[26]

Como o movimento visava liquidar o monopólio do comércio e das atividades do porto pelos portugueses, tal qual ocorria em toda a colônia, tratava-se na prática de uma rebelião não só contra os mascates, mas contra a autoridade da própria Coroa. Para atenuar a "audácia e magnitude do projeto", a maioria dos vereadores da Câmara de Olinda, "estremecendo das consequências", optou por entregar o poder ao bispo de Pernambuco, dom Manuel Alves da Costa. Como este era o sucessor legal do governador, esperava-se que assim a Coroa "levasse menos a mal a deposição do governador

---

25 Padre Joaquim Dias Martins, *Os mártires pernambucanos, vítimas da liberdade nas revoluções ensaiadas em 1810 e 1817*, op. cit.
26 Padre Joaquim Dias Martins, *Os mártires pernambucanos, vítimas da liberdade nas revoluções ensaiadas em 1810 e 1817*, op. cit.

efetivo".[27] O bispo comandaria a capitania de forma provisória, "em nome d'el Rei", até a nomeação de um novo governador.

Dom Manuel Alves da Costa aceitou a incumbência e voltou da Paraíba, onde ainda se encontrava, de modo a "livrar suas ovelhas da anarquia".[28] Tomou posse do governo em 15 de dezembro de 1710. Conforme uma das condições impostas pelos senhores de engenho, assinou um indulto em nome do rei, um documento formal, com um perdão geral para as ações que tinham resultado na destituição de Castro e Caldas.

Os pés-rapados enviaram ainda uma lista de exigências a dom João V. Primeiro, queriam que o rei voltasse atrás na constituição de Recife como vila; além disso, que proibisse os "homens bons" (fazendeiros com direito a voto) de Recife de participar das eleições na Câmara de Olinda. Ainda queriam o direito de comerciar no porto de Recife, e não apenas com Portugal, mas também com neerlandeses e ingleses.

O bispo exigiu dos mascates que lhe prestassem obediência, mas estes, sem o governador Castro e Caldas, refugiado em Salvador sob a proteção do governador-geral Lourenço de Almada, preferiram eleger o capitão João da Mota como líder. Organizaram-se militarmente, tomando providências para trazer a Recife tropas da Paraíba. Em 18 de junho de 1711, depois de seis meses de preparação, promoveram um contra-ataque para retomar o controle da vila.

Dirigiram-se à casa de Vieira de Mello, considerado o sustentáculo do bispo no poder, gritando vivas a dom João V e "morte aos traidores". Ao assomar à janela para ver o que estava ocorrendo, Vieira de Mello recebeu dois tiros, que erraram o alvo. "Seria vítima infalível, se o Ouvidor [regional, José Ignácio de Arouche] não acudisse, gritando à multidão – o traidor é meu preso, eu somente

---

27 Francisco Adolfo de Varnhagen, *História geral do Brasil*, op. cit.
28 Padre Joaquim Martins, *Os mártires pernambucanos, vítimas da liberdade nas revoluções ensaiadas em 1810 e 1817*, op. cit.

posso e prometo puni-lo!", segundo relatou o padre Dias Martins.[29] "O Ouvidor imediatamente prendeu este Sargento-Mor [Vieira de Mello], para salvá-lo da morte, prometendo fazer justiça, a fim de ver se por este meio tirava pretextos aos amotinados", escreveu Fernandes Gama.[30]

Em meio à conflagração, o bispo, como governador provisório, assinou a prisão de Vieira de Mello, dando ordens ao Terço de Olinda, o corpo da guarda da vila, para a retomada do controle da situação pelos mascates, dando-lhes em 19 de junho também um perdão oficial. Dois dias depois, ao ir para Olinda com o ouvidor Valenzuela Ortiz, declarou que tinha sido forçado a assinar aquele termo, sob ameaça. Já em Olinda, colocado em segurança, exigiu a rendição dos recifenses. Como estes se recusaram a obedecer, por intermédio de João da Mota, dom Manuel Alves da Costa decidiu renunciar, alegando, como pastor cristão, que não iria sujar a batina com o sangue de seu próprio rebanho.

Em 27 de junho, o bispo entregou o governo da capitania a uma junta, formada pelo ouvidor Valenzuela Ortiz, o coronel Cristóvão de Mendonça Arraes e três representantes da Câmara de Olinda: os vereadores Domingos Bezerra Monteiro, Antonio Bezerra Cavalcanti e o procurador Estevão Soares de Aragão. O grupo tomou a decisão de sitiar Recife. Durante cerca de três meses, a vila permaneceu isolada. Mais bem armados, por conta das fortalezas com canhões bem municiados, os recifenses tinham um poderio bélico maior que o dos sitiantes, de quem se dizia que, por falta de munição, alvejavam a cidade com frutas verdes e pedaços de tijolo. Enquanto isso, as tropas de Pinheiro Camarão fustigavam as fazendas dos olindenses, mas nenhum lado ganhou vantagem sobre o outro, a ponto de uma capitulação.

---

29 Padre Joaquim Dias Martins, *Os mártires pernambucanos, vítimas da liberdade nas revoluções ensaiadas em 1810 e 1817*, op. cit.
30 Jozé Bernardo Fernandes Gama, *Memórias históricas da província de Pernambuco*, op. cit.

Na vila de Recife, logo desabastecida pelo cerco, a população teria se alimentado com o açúcar estocado nos armazéns do porto e mariscos catados nos manguezais durante a vazante. Alguns dos catadores de mariscos, escravos enviados pelos mascates, que não queriam se arriscar pessoalmente, caíam prisioneiros do inimigo. Numa tentativa de tomar a vila, o comandante das tropas olindenses, Christóvão de Mendonça Arraes, também foi feito prisioneiro pela tropa do Terço Indígena de Pinheiro Camarão.

O governador-geral, dom Lourenço de Almada, não interferiu na contenda: de Salvador, tentou mandar ajuda humanitária à vila sitiada, mas não apoiou claramente os comerciantes de Recife contra os interesses dos fazendeiros pernambucanos. Quando o governador Sebastião de Castro e Caldas manifestou a intenção de retornar a Recife, mandou encarcerá-lo.

Em carta-resposta à Câmara de Olinda, que lhe pedia apoio, Almada censurou severamente o governador da Paraíba, João da Maia da Gama, por sua atitude favorável aos mascates. "Não sei verdadeiramente como o capitão-mor da Paraíba João da Maia se resolveu a cometer o absurdo de se fazer cabeça de semelhante levantamento, por se fazer parcial de quem foi, e é principal instrumento dos danos, opressões e ruínas que essa capitania tem experimentado", afirmou.

Declarava não estar do lado de mascates, nem de pés-rapados, e sim da Coroa. Indicou que da fidelidade e valor da "nobreza de Pernambuco [...] não se devia presumir a mínima ou leve suspeita, nem sombra de culpa". Porém indicava que a chegada de um novo governador deixaria "tudo restituído a seu antigo ser" – isto é, com o restabelecimento de Recife como vila, conforme a vontade do rei. "E espero que vossas mercês o recebam [ao governador] com toda a demonstração de alegria e obséquio que pede a ocasião presente", afirmou.[31]

*

---

[31] Dom Lourenço de Almada, Bahia, 9 de agosto de 1711, in Jozé Bernardo Fernandes Gama, *Memórias históricas da província de Pernambuco, op. cit.*

O impasse em Pernambuco de fato foi desfeito com a chegada de uma frota vinda de Portugal, em 6 de outubro de 1711. Com tropas lotadas em treze naus, ancorou na praia do Pau Amarelo o novo governador da capitania de Pernambuco, Félix José de Machado de Mendonça Eça Castro e Vasconcelos, marquês de Montebelo, membro do conselho do rei, que vinha substituir o governo provisório. Antes de desembarcar, exigiu que os mascates restituíssem o governo ao bispo, assim como o controle das fortalezas de Recife. Dom Manuel Alves da Costa aproveitou sua volta momentânea ao poder para mandar soltar Vieira de Mello e os demais que haviam sido presos por Pinheiro Camarão.

No dia 8 de outubro, Montebelo desceu em terra. Hospedado no Colégio de Olinda, apresentou sua carta de nomeação, além de um indulto régio a todos os que depusessem as armas, libertando os presos e confirmando o indulto do bispo no ano anterior, "havendo considerado as justas causas que teve para conceder aos moradores destas capitanias", conforme escreveu ao rei.[32]

No dia 10 de outubro, dois dias após retomar o cargo, o bispo deu posse ao marquês de Montebelo como seu sucessor. Contudo, voltou para Olinda como "triste espectador do triunfo dos mascates pela reinstalação da sua vila, do desgosto da Nobreza, por mal aceita ao Governador, da perseguição e horrorosa série de desgraças que desabaram sobre as suas mais ilustres ovelhas e mais bela porção do seu rebanho", relatou o padre Dias Martins. Segundo ele, o bispo dali em diante apenas esperou "resignado a hora em que ele também seria vítima".[33]

Em 4 de novembro, o novo governador proibiu por meio de um edital o uso de "palavras ofensivas", de maneira a cessar hostilidades. No dia 18, Montebelo devolveu a condição de vila a Recife, com

---

32 Lisboa, 8 de junho de 1711, in Jozé Bernardo Fernandes Gama, *Memórias históricas da província de Pernambuco, op. cit.*
33 Padre Joaquim Dias Martins, *Os mártires pernambucanos, vítimas da liberdade nas revoluções ensaiadas em 1810 e 1817, op. cit.*

a reinauguração do Pelourinho e do edifício da Câmara, destruídos na revolta. Mais: apesar das advertências dos vereadores de Olinda, em 1712 Recife foi oficializada como a nova sede da capitania de Pernambuco. "Logo depois ficou evidente que os mascates nada haviam perdoado nem esquecido, e tinham chamado para seu lado o governador e o novo Ouvidor, João Marques Bacalhau", apontou Boxer.[34] "Menosprezando os termos gerais do perdão régio, aquelas duas autoridades começaram a prender os que viam como cabeças da revolta primeira contra Castro e Caldas."

Como o rei havia anistiado os participantes da primeira revolta, foram levantados indícios de uma nova conspiração, que estaria em curso com o objetivo de matar Montebelo. O ouvidor Marques Bacalhau abriu outra devassa (equivalente hoje ao inquérito policial) contra os senhores de engenho, "não em virtude de ordem que d'El-Rei trouxesse, mas porque assim convinha a seu plano e à vingança dos mascates", narrou Fernandes Gama.[35] "E com tal desordem [o ouvidor] procedeu nisto, que saltou por cima de todas as fórmulas; pois que, sabendo que o levante primeiro estava perdoado por El-Rei, e do segundo foram dele cabeças os mascates, impôs penas aos que ao crime não incorreram."

Em carta ao rei, os membros da Câmara de Olinda queixaram-se da abertura de novo inquérito, criado para anular o perdão real e baseado em testemunhas "de pouco crédito".[36] Os senhores de engenho, contudo, logo viram que o perdão tinha sido apenas um gesto para abafar a reação, enquanto a Coroa preparava medidas mais duras. Em vez de trazer equilíbrio entre as partes conflitantes, o novo governador punha em prática a decisão da Metrópole de quebrar de uma só vez o orgulho e a fonte de poder da aristocracia colonial, de maneira a reassegurar seu controle, apropriar-se da riqueza e

---

34 Charles R. Boxer, *A Idade do Ouro do Brasil: 1695-1750*, op. cit.
35 Jozé Bernardo Fernandes Gama, *Memórias históricas da província de Pernambuco*, op. cit.
36 Manoel de Miranda de Almeida, escrivão da Câmara de Olinda, 12 de outubro de 1713, in Francisco Adolfo de Varnhagen, *História geral do Brasil*, op. cit.

evitar ambições independentistas, na época em que as monarquias absolutistas entravam em decadência na Europa do Iluminismo e da Revolução Industrial.

O cerco à "nobreza" continuou. Refugiado no sertão, Vieira de Mello foi julgado à revelia e teve a cabeça colocada a prêmio. Partiu para organizar a resistência na serra da Barriga, sertão de Alagoas. Ironia da história, o antigo refúgio de escravos que ficou conhecido como o Quilombo dos Palmares era agora o reduto do senhor branco de engenho.

*

Ao lado da devassa contra os latifundiários de Olinda, os mascates constituíram uma milícia de justiceiros, que passou a agir com a contemplação e o beneplácito do poder público. "Para Goiana levou [o mascate] Atanásio de Castro oito mil cruzados; e com eles instituiu uma quadrilha de mulatos criminosos", escreveu o historiador Francisco Augusto Pereira da Costa.[37]

O líder do grupo, cuja maioria era formada por foragidos da Paraíba, era o português Manoel Gonçalves, ex-feitor do engenho Cumbe, em Goiana, na Zona da Mata pernambucana, de propriedade de Matias Vidal de Negreiros. Filho de mãe negra, bastardo, e à revelia do testamento do pai, Vidal de Negreiros apelou à Coroa e obteve o direito ao sobrenome, propriedades e títulos nobiliárquicos de André Vidal de Negreiros, herói da guerra contra os holandeses, fidalgo, comendador e cavaleiro da Ordem de Cristo, que foi governador e capitão-geral do Maranhão, Pernambuco e Angola.

Sucessor do pai, Vidal de Negreiros teve um português nato como feitor dos escravos de sua fazenda. Trazendo de Portugal a cicatriz de uma cutilada no rosto, mal encoberta pelo vasto bigode, Manoel Gonçalves era chamado de Tunda-Cumbé, ou Tundacumbe.

---

37 Francisco Augusto Pereira da Costa, *Anais Pernambucanos*, Recife, Arquivo Público Estadual, 1951.

Fernandes Gama foi o autor da mais difundida interpretação sobre a origem desse apelido. Por sua crueldade, Gonçalves um dia teria recebido dos escravos uma "tunda", isto é, "uma pisa de pancadas, na etiópica língua dos escravos".[38] Essa versão foi adotada por historiadores, como Charles R. Boxer em *A Idade do Ouro do Brasil*, depois de assim ser chamada por José de Alencar, no romance *A Guerra dos Mascates*, publicado em 1873, no qual menciona o personagem.

Embora exista em português a palavra "tunda", no sentido de "surra", esta deriva do latim *tundere* – bater, golpear. Conforme a *Infopédia*, maior enciclopédia virtual de Portugal, "tunda" em quimbundo, principal língua angolana, falada nas senzalas da Zona da Mata pernambucana, tem o sentido da interjeição "sai!". Assim, "Tunda Cumbe" mais provavelmente era uma frase dita por escravos que mandavam o feitor "sair de Cumbe", ou referia-se a alguém "saído de Cumbe". O certo é que o português, dispensado do trabalho na fazenda de Vidal de Negreiros, possivelmente pela forma como tratava os escravos, tinha razões para alimentar rancores. Para um reinol, não podia haver maior humilhação que ter sido demitido por um patrão que, além de brasileiro, era mulato.

Depois de sair da fazenda Cumbe, o português vendeu peixe como ambulante por algum tempo, antes de formar uma quadrilha, inicialmente com dezoito bandoleiros foragidos da Paraíba. Viu no dinheiro dos mascates e no apoio velado do governo a oportunidade de extravasar o ódio à "nobreza" pernambucana, incluindo Vidal de Negreiros, partidário dos senhores de engenho de Olinda. Com recursos para a contratação de mercenários, multiplicaram-se os tundacumbes – como passaram a ser chamados, por extensão, todos os integrantes do grupo, que chegou a ter quinhentos membros. Enquanto os indígenas de Pinheiro Camarão atacavam as fazendas ao sul da capitania, os tundacumbes atuavam na Zona da Mata. Entravam nas fazendas dos senhores de engenho, matavam o

---

38 Jozé Bernardo Fernandes Gama, *Memórias históricas da província de Pernambuco, op. cit.*

gado, pilhavam as casas e aterrorizavam seus ocupantes, incluindo mulheres e crianças.

"Esses indivíduos desocupados e errantes ficaram contentíssimos com a oportunidade de se vingarem dos altivos senhores de engenho e lavradores, que outrora os tinham tratado com o maior desprezo e aversão", observou Boxer. O advogado, político, jornalista e romancista João Franklin da Silveira Távora, cearense radicado em Pernambuco, expoente da literatura romântica regional brasileira, descreveu assim a atuação do Tundacumbe em *O matuto*, obra publicada em 1878:

> Constituiu-se assim o Tunda-Cumbe dentro em pouco tempo o terror de todo o norte de Pernambuco, porque para suas correrias ele não escolhia lugares nem conhecia limites [...] a desrespeitar os homens sérios, a roubar a honra das famílias fracas e a fazenda do proprietário pacífico, a matar o matuto que lhes resistia, a destruir e aniquilar homens e coisas.[39]

Viveu Pernambuco em um "estado pior sem dúvida que na época mais despótica do domínio holandês", nas palavras de Varnhagen.[40] Ao mesmo tempo que tinham suas fazendas atacadas pelos bandoleiros, os senhores de engenho eram presos. Em 17 de fevereiro de 1714, com a devassa debaixo do braço, o marquês de Montebelo deu ordem de prisão a dezenove capitães pernambucanos. Um deles, o sargento-mor Leonardo Bezerra, foi preso ao sair do Palácio do Governo e trancafiado por três dias no cavername da nau capitânia da esquadra de Montebelo, como num navio negreiro, antes de ser enviado a uma masmorra da fortaleza de Cinco Pontas. Para lá também foram encaminhados André Vieira de Mello, filho de Bernardo Vieira de Mello, e Antônio Cavalcanti Bezerra.

---

39 Franklin Távora, *O matuto: chronica pernambucana*, 1878, cap. XVII.
40 Francisco Adolfo de Varnhagen, *História geral do Brasil, op. cit.*

Após a prisão do filho, Bernardo Vieira de Mello deixou a serra da Barriga e se entregou em Porto Calvo, em Alagoas, com a intenção de defender-se das acusações. "Como as ações honradas não se avaliam bem nos ânimos ressentidos, o que desta sorte surtiu foi mandá-lo no outro dia, 20 de março, por chegar à noite, para o Forte do Brum", relatou Fernandes Gama.[41] Ali se encontravam outros oito capitães pernambucanos. Foram levados a ferros pelas ruas para serem enxovalhados pelos moradores de Recife, que, "afoitos às portas e janelas, saíam a desprezá-los".

Fernandes Gama prossegue:

> Ao Capitão Manoel Alves de Carvalho, tanto que foi preso, lhe deram a escolher ir para o Recife ou para Olinda, e por ser arbítrio seu, quis antes para a última, e estando ali na cadeia, poucos dias depois o mandou o Governador para as Cinco-Pontas, algemado pelas ruas com seu filho, sendo um dos homens principais, républico, ancião e afazendado [...] O Capitão Francisco de Freitas, por não consentir o algemassem com um cafre soldado do Tunda-Cumbe que o prendera, sujeitou-se a vir algemado de sua casa ao Recife, que eram quatro léguas, presas as mãos ambas nas algemas, e muitos outros preferiram vir amarrados com cordas como negros, sendo alguns maltratados com pancadas, e todos com palavras afrontosas, soltando-se contra eles liberdades tão descomedidas, que é para admirar como não morreram de paixão pelas ouvirem; e chegando ao Recife neste estado miserável, saíram os mascates a saudá-los com tantas ignomínias [...] como se fossem gentio mais cerrado do sertão.[42]

Nas masmorras do Forte Cinco Pontas, que Fernandes Gama chamou de "semitumba", a "nobreza" pernambucana juntava-se a todo tipo de criminoso, em celas onde se dormia em meio aos próprios

---

41 Jozé Bernardo Fernandes Gama, *Memórias históricas da província de Pernambuco*, op. cit.
42 Jozé Bernardo Fernandes Gama, *Memórias históricas da província de Pernambuco*, op. cit.

excrementos. Enquanto se faziam mais presos, veio um despacho de dom João V com a ordem para que o bispo dom Manuel Alves da Costa se mantivesse a pelo menos 100 léguas de Recife e Olinda, "a fim de que sua presença na cidade não influísse algum suborno nas testemunhas".[43]

Por carta, com data de 7 de outubro de 1713, o bispo respondeu que já se encontrava em Alagoas do Sul, comarca de Pernambuco, e que "excedeu" a distância prevista, após muito "trabalho pelo áspero dos caminhos, que passou pelo tempo do inverno, em que são mais rigorosos".[44]

O governador Montebelo conduzia a devassa no sentido de que os senhores de engenho fossem condenados por "lesa-majestade" – crime para o qual a sentença era a morte. Para colaborar, chamou os ouvidores da Paraíba e das Alagoas. O regime de terror que ele impunha foi denunciado ao ex-governador das Minas e São Paulo, Antônio de Albuquerque Coelho de Carvalho, quando este aportou em Recife, em 12 de dezembro de 1713, fazendo escala para Lisboa, ao término de sua gestão. Permaneceu fundeado no porto da vila por dezoito dias, durante os quais ouviu relatos sobre os desmandos do governador pernambucano, como a libertação do sargento-mor Christovão de Hollanda, arrolado pela devassa, em troca de uma propina na forma de dezoito caixas de açúcar, enviadas a Montebelo pela mulher do prisioneiro, Anna Azevedo. Também se contavam de Montebelo histórias de loucura e depravação comparáveis às de Calígula ou Nero.

O ex-governador depois relatou ao rei o que ouviu. Não foi o único. Fernandes Gama narra que bispos, senhores de engenho e outros conselheiros se empenharam junto ao rei em "negar a sofisticada

---

43 Jozé Bernardo Fernandes Gama, *Memórias históricas da província de Pernambuco*, op. cit.
44 Carta do bispo de Pernambuco (dom Manuel Alves da Costa) ao rei (dom João V) sobre a ordem recebida para sair da cidade de Olinda, permanecendo cem léguas distante dela. Nesse momento ele se encontrava em Alagoas do Sul. Arquivo Histórico Ultramarino, 0025 Pernambuco, cx. 26.

proposição, em que se afirma que os nacionais de Pernambuco são vassalos mais políticos que naturais da Coroa de Portugal". Garantiam ainda que nenhum outro súdito do império excedia-se ao do Brasil "nas ações, e zelo, e fé, obediência e no seu dispêndio".[45]

O apoio ao interventor em Pernambuco e a perseguição aos senhores de engenho não diferiam, na essência, do golpe promovido por Nunes Viana para destituir Borba Gato nas Minas, assim como a instituição de um governador reinol em São Paulo, como forma de quebrar o poder dos antigos senhores coloniais. Eles tinham garantido a posse do Brasil por Portugal, mas, aos olhos da Coroa, adquiriam poderes demais. Apesar dos protestos contra a mão de ferro de Montebelo, em Pernambuco as prisões seguiram, lotando as masmorras de Cinco Pontas. A vigilância nas estradas foi reforçada, para capturar os capitães foragidos. Segundo Fernandes Gama, havia cerca de quatrocentos senhores de engenho "pelos matos".

Um deles era o procurador da Câmara de Olinda, Miguel da Rocha Vasconcellos. Do seu esconderijo, Rocha Vasconcellos encontrou meios de enviar uma carta a dom João V, assinada em 12 de maio de 1714, denunciando que "[o Reino] condenou toda a Nobreza, e muita parte da gente popular, de que estavam presos mais de 70, e outros andam, como eu, metidos pelo mato, deixando ao desamparo mulheres, filhos e filhas, e fazendas ao rigor de negros, caboclos, tapuias e de Manoel Gonçalves Tunda-Cumbe, um bandoleiro conservado e admitido com um Terço de 500 homens vadios e gente vil".[46]

Prenunciava a destruição de toda a economia da capitania:

> Esta tirania me fez, como os mais, deixar o serviço de Vossa Majestade no Senado da Câmara, de que não fazem caso os Ministros, nem o fazem da perda e destruição que se tem dado aos direitos reais, pelo que experimentam os moradores, e suas fazendas, de que não tratam,

---

45 Jozé Bernardo Fernandes Gama, *Memórias históricas da província de Pernambuco*, op. cit.
46 Jozé Bernardo Fernandes Gama, *Memórias históricas da província de Pernambuco*, op. cit.

e nem podem tratar, pela perseguição de todos. Assim, estão perdidos os engenhos, e os partidos de canas, e toda a mais lavoura, e as esperanças de mais lucro, tudo por quererem os Ministros, a troco de suas conveniências, se percam todas as mais, e ainda quantas que de direito pertenciam a Vossa Majestade.[47]

Cartas cruzavam o Atlântico, enviadas em apelação, entre elas uma petição assinada pelas mulheres dos presos e foragidos, de 28 de maio de 1714, por meio da qual clamavam por misericórdia e pelo fim de "tão solta impiedade dos tiranos [mascates], que parece era neles galardão o ser e parecer cruel sem compaixão".

Foram levantados novos presídios para abrigar tantos encarcerados: Batalhão, Tabocas, Água Falsa, Pau d'Alho, Igarassu, Tipicu. O responsável por sua construção era Christóvão Barros, tundacumbe que Montebelo promoveu a chefe da custódia dos presos. "Com estas asas se estendeu mais o seu voo, por ver as daquele bandoleiro tão crescidas, e por isso [o governador] se uniu a ele tanto, que o fez seu parcial para ter com ele igual mando na sua Freguesia", afirmou Fernandes Gama. "Nesta triste posição estavam todas as Freguesias, impedindo humano trato [...]."

Enquanto isso, narrou ele, andava "a nobreza metida pelos matos, suas mulheres, filhas e famílias em triste desamparo, o Camarão, e o Tunda-Cumbe na campanha, roubando e matando [...]". Trezentos indígenas de Pinheiro Camarão faziam também uma razia nas fazendas ao sul da capitania, "rebuscando as casas todas com a mesma violência".[48]

Os cinquenta principais acusados da suposta conspiração para matar Montebelo foram enviados para julgamento em Lisboa, entre eles Matias Vidal de Negreiros, capturado à traição. O senhor de engenho havia mandado cinquenta homens armados, entre mulatos

---

47 Jozé Bernardo Fernandes Gama, *Memórias históricas da província de Pernambuco, op. cit.*
48 Jozé Bernardo Fernandes Gama, *Memórias históricas da província de Pernambuco, op. cit.*

e negros, prestar ajuda aos foragidos. Montebelo deu-lhe ordem de prisão. Previdente, o fidalgo mulato já havia se refugiado nas matas de Itambé. O governador, então, emitiu um falso indulto, de forma a enganá-lo. Restituiu seus bens e fez ler o edital na praça de Olinda, "ao som de caixas" (tambores), como reparação de sua honra.[49] Quando retornou a sua casa, mesmo sendo avisado da armadilha por amigos, sem acreditar em tamanha ignomínia, acabou sendo apanhado.

"A perseguição a Matias [Vidal de Negreiros] era desproporcional à sua atuação na fronda dos mazombos", afirmou o historiador Ronald Raminelli, da Universidade Federal Fluminense. "Os mulatos poderosos e endinheirados não raro enfrentaram a pecha de escandalosos e encrenqueiros."[50] Essa implicância das autoridades se devia, em parte, ao preconceito racial, ainda mais no caso de um mestiço que reunia tudo o que exigia a aristocracia colonial como seus iguais: era militar, rico e fidalgo.

A mão de ferro do Estado português nada perdoava, indo ao terreno das mais requintadas desumanidades. O governador obrigou a Câmara de Olinda, com os vereadores que restavam, a pagar a conta dos grilhões forjados especialmente para levar seus pares como prisioneiros ao porto e de lá para julgamento, em Lisboa. Os ferros eram feitos "a molde de tormento e de martírio", conforme Fernandes Gama. Suprema humilhação, os senhores de engenho custearam a própria punição – e da forma mais cruel. "O ferro era quadrado e farpado para ferir, e os elos tão justos, que a alguns presos faziam inchar as pernas", narra. Assim agrilhoados, não podiam subir à nau que os levaria à Lisboa, de maneira que foram içados a bordo "com cordas e aparelhos, do modo que as caixas e pipas se guindam, porque dos seus pés não podiam ajudar-se".[51]

---

49 Jozé Bernardo Fernandes Gama, *Memórias históricas da província de Pernambuco*, op. cit.
50 Ronald Raminelli, *Matias Vidal de Negreiros, mulato entre a norma reinol e as práticas ultramarinas*, Universidade Federal Fluminense, 2015.
51 Jozé Bernardo Fernandes Gama, *Memórias históricas da província de Pernambuco*, op. cit.

Somente mais tarde, em 3 de junho de 1714, em uma nau pertencente ao comerciante Zacarias de Brito, chegou a Recife a resposta da Corte aos apelos enviados por meio do ex-governador Coelho de Carvalho. Na Carta Régia, dom João V "estranhava" as prisões depois de concedido o perdão real e dava ordem para que Montebelo libertasse todos os presos, com a restituição de seus bens e propriedades. "Assim, lhe ordeno se abstenha de perguntar pelos primeiros levantamentos, e que mande soltar os culpados neles, por estarem por mim perdoados, fazendo-lhes repor e restituir os bens que lhes foram sequestrados", escreveu o rei, com data de 7 de abril de 1714. "E o dinheiro que se tiver despendido das pessoas, indevidamente pronunciadas pelo primeiro e segundo levantamento, se pague pelas despesas da Justiça, ou minha Real Fazenda, por ora."

Não houve muito tempo para comemorações. O detalhe da Carta Régia era que ela deixava de fora os investigados do terceiro e mais recente inquérito. Montebelo procedeu à libertação de diversos prisioneiros, porém instruiu o ouvidor Marques Bacalhau para que, dado o silêncio do rei sobre as investigações recentes, mantivesse as prisões que mais interessavam. "Sua Majestade foi servido dar aos parciais de Olinda [...] e mandar que só se devassasse o terceiro Levante de Tracunhaém, e da conspiração que fez Leonardo Bezerra [...]", escreveu, ao explicar a situação ao mascate Cristóvão Paes, em 13 de junho de 1714. A ordem real era oficialmente atendida, mas, na prática, não mudava quase nada.

*

Em 30 de maio de 1715, chegou o novo governador da capitania de Pernambuco, dom Lourenço de Almeida, em substituição ao marquês de Montebelo. Tinha sido almirante na Índia, onde fez fortuna com diamantes. Em sua comitiva vinha José de Lima Castro, novo ouvidor-geral, que entrava no lugar de Marques Bacalhau, com ordens reais para instaurar uma nova devassa, desta vez para passar a limpo tudo o que tinha ocorrido na capitania, incluindo no governo de Montebelo. Receoso de ser assassinado, depois de entregar o cargo, Montebelo solicitou a Almeida que lhe desse guardas na volta a Lisboa. O pedido, porém, foi recusado.

No fim das contas, graças aos métodos de Montebelo, estava sufocada a primeira grande mobilização da elite colonial contra o poder da Coroa imperial. Mais: quebrou-se a resistência da "nobreza colonial" de Pernambuco, sobre a qual se impôs uma nova elite de administradores coloniais e comerciantes portugueses, como ocorrera com os paulistas nas Minas. A Guerra dos Mascates, que deixou a antiga elite colonial esfacelada, arruinou também a economia pernambucana. Para salvar-se financeiramente, famílias de latifundiários não tiveram outra saída para manter os engenhos funcionando senão casar filhos com filhos de famílias dos comerciantes, que passaram a deter o poder e a prevalência nos negócios da capitania.

Muitos dos senhores de engenho morreram no cárcere, submetidos a condições tão duras que equivaliam a uma sentença de morte. Enviado a Lisboa em 1714, o ex-governador e herói de guerra Bernardo Vieira de Mello morreu naquele mesmo ano na cadeia do Limoeiro, nos braços do filho, André Vieira de Mello, sob o "peso dos seus opróbios", segundo o padre Dias Martins.[52] Outros presos foram remetidos de Lisboa para prisões portuguesas do outro lado do planeta. O próprio André Vieira de Mello morreu encarcerado nas Índias Orientais. Exilado em 1715 nos Açores, o bispo dom Manuel Alves da Costa morreu em 1733, aos 81 anos.[53]

Leonardo Bezerra Cavalcanti, que sobreviveu à prisão no Limoeiro, depois à das Índias, tendo cumprido a pena, retornou ao Brasil, radicando-se na Bahia. Em carta aos parentes, que ainda se encontravam em Pernambuco, escreveu: "Não corteis um só quiri

---

52 Padre Joaquim Dias Martins, *Os mártires pernambucanos, vítimas da liberdade nas revoluções ensaiadas em 1810 e 1817*, op. cit.
53 Padre Joaquim Dias Martins, *Os mártires pernambucanos, vítimas da liberdade nas revoluções ensaiadas em 1810 e 1817*, op. cit.

das matas: tratai de poupá-los para em tempo oportuno quebrarem as costas dos marinheiros".[54]

"Quiri" era o freijó, árvore de galhos flexíveis, usados pelos senhores de engenho como chibata.

"Marinheiro", para o bom entendedor, era o armador, o comerciante, o mascate – isto é, o português.

---

54 Jozé Bernardo Fernandes Gama, *Memórias históricas da província de Pernambuco, op. cit.*

CAPÍTULO 4

A parte da Coroa

Assim como a dos Emboabas, a Guerra dos Mascates não chegou a ser exatamente uma guerra. Em sua época, foi chamada de "sedição pernambucana". A expressão Guerra dos Mascates foi inventada não por um historiador, mas por José de Alencar, que a usou como título de seu romance, publicado em 1871 como uma sátira ao governo daquele tempo, que estaria repetindo o passado, em Pernambuco.

Ao enfraquecer e progressivamente substituir a elite que havia fundado e defendido a colônia, a Coroa impunha um controle central maior sobre o Brasil. Evaldo Cabral de Mello definiu a imposição dos mascates sobre os senhores de Olinda como um "movimento contra a açucarocracia que se empenhou por limitar em proveito próprio o exercício do poder real na capitania". O rei deliberadamente desarmou o poder da Câmara de Olinda, que "desde a guerra holandesa adquiria funções supramunicipais de representação de interesses e de gestão de recursos fiscais".[1]

Tanto quanto o controle por portugueses do comércio colonial, a Coroa impôs controles cada vez maiores sobre a produção do ouro,

---

1 Evaldo Cabral de Mello, *A fronda dos mazombos: nobres contra mascates*, op. cit.

que na primeira metade do século XVIII ainda se encontrava em ascensão. Em 1717, dom João V ordenou a instituição das Casas de Fundição para a cobrança do quinto, de forma a tornar o imposto mais efetivo e não depender da capitação, nem da venda de glebas em leilão. Porém os conflitos ainda não haviam acabado por completo, e a cobrança de impostos era mais um fator de desestabilização.

Passados seis anos desde o fim da Guerra dos Emboabas, alguns paulistas tinham voltado às Minas, como Jerônimo Pedroso de Barros, sediado em Pitangui. Quando o fundador e capitão-mor da vila, Domingos Rodrigues do Prado, anunciou a cobrança do quinto nas Casas de Fundição por ordem real, Pedroso de Barros resolveu desafiar novamente o poder constituído. No meio de um grupo, de espada na mão, ameaçou Rodrigues do Prado e seu cunhado, Sulpício Pedroso Xavier, responsável pela cobrança. Conforme narrou Silva Leme, o partido do capitão-mor disparou sobre os paulistas "vários tiros de bacamarte", que resultaram na morte de Valentim, um dos irmãos de Pedroso de Barros.[2]

Pedroso de Barros saiu com seu grupo de Pitangui e foi para Ribeirão do Carmo, mais ao sul das Minas, deixando a tensão no ar, com a promessa de voltar em armas para a vingança e também acabar com aquela nova taxação.

A tarefa de resolver a crise coube ao terceiro governador da capitania de São Paulo e das Minas, dom Pedro Miguel de Almeida Portugal e Vasconcelos, terceiro conde de Assumar, que acabava de tomar posse do cargo. Como outros administradores nomeados pela Coroa para domar o Brasil, era um militar provado. Combateu na guerra de sucessão espanhola e, como um dos comandantes na campanha da Catalunha, ficou conhecido pela dureza com que punia a desobediência e a deserção. Terminada a guerra, foi promovido a mestre de campo em 1715, mas a longa campanha militar o deixou financeiramente arruinado. Foi com alívio que recebeu a

---

2   Luiz Gonzaga da Silva Leme, *Genealogia paulistana, op. cit.*

notícia da nomeação para o governo da capitania, em 1716, aos 28 anos de idade, logo após seu casamento com dona Maria José de Lencastre, da casa de Aveiro, de onde saíam muitos administradores ultramarinos.

Como era costume, o novo governador deixou a esposa em Portugal, com um filho que não viria a rever, primeiro dos três que perdeu ainda pequenos. Apesar da formação castrense, era também homem de letras: na viagem do Rio de Janeiro à vila de Ribeirão do Carmo, então sede do governo nas Minas, registrava impressões e filosofava sobre sua situação. "Iniciam-se assim as relações entre a guerra, a produção letrada e a divulgação dos feitos da Casa de Assumar no continente americano", escreveu. Como ele logo viu, para ter o sucesso esperado, seu braço teria de empunhar bem mais a espada que a pena.

Entregou a tarefa de controlar os descontentes afastados de Pitangui ao paulista Antonio de Oliveira Leitão, a quem conheceu ao passar por sua fazenda, em Lagoa Dourada. Patrocinador e encarregado da construção da estrada de São João del-Rei até Congonhas, Oliveira Leitão trabalhou na acomodação de interesses. Ofereceu a oportunidade da volta dos garimpeiros a Pitangui. Quem retornasse com mais de dez escravos negros e indígenas carijós só pagaria a metade da capitação devida por dois anos, a contar de 1º de julho de 1718. Quem não retornasse à vila nesse prazo estaria sujeito à lei. O acordo foi certificado pelo ouvidor-geral da comarca de Rio de Velhas, à qual Pitangui pertencia, e publicado como um bando – isto é, anunciado em praça pública, ao som de tambores.

O acordo agradou e Oliveira Leitão foi promovido em 6 de outubro de 1718 a coronel da ordenança da capitania – ainda seria juiz de São João del-Rei, cargo então ocupado por Borba Gato, que faleceu nesse ano em Sabará, aos 68 anos de idade. Porém, mesmo com o desconto na capitação, os garimpeiros deixaram de pagar outro imposto: o quinto. Se antes eram os paulistas que resistiam à cobrança, agora eram os emboabas, a nova elite de reinóis a quem a Coroa tinha entregado o poder colonial. O brigadeiro Lobo de Macedo, homem da rede de influências de Manuel Nunes Viana, passou a agir como juiz, sem consultar Assumar, e acabou preso pelo governador.[3]

"As sucessivas mudanças no método de cobrança do direito real e a vasta legislação repressiva contra o descaminho demonstrariam o zelo real em não deixar escapar cada oportunidade que as minas ofereciam", escreveu o historiador Luciano Raposo de Almeida Figueiredo. "Constituindo o quinto uma estimativa por excelência, para cujo cálculo concorriam mútuas desconfianças de lado a lado, o estabelecimento das formas de sua cobrança confrontava colonos orgulhosos com a Metrópole necessitada."[4]

O perdão para as dívidas da capitação, promovido por Assumar para os devedores da Fazenda Real de Pitangui, foi recriminado pelo rei em carta de 7 de janeiro de 1719, na qual ele reafirmou a necessidade também da cobrança do quinto sobre o ouro. Assumar nomeou o brigadeiro de infantaria João Lobo de Macedo, um reinol, com experiência em combate nas invasões francesas, para o comando das tropas de garantia da ordem da região – e da cobrança de impostos. A vila de Pitangui foi ocupada pelos dragões, acompanhando o ouvidor-geral, Bernardo Pereira de Gusmão. Mesmo contra a resistência, as Casas de Fundição começaram a funcionar a partir de 11 de fevereiro de 1719.

O ouro em pó era depositado nos cofres, em troca de um documento de posse, e transformado em barras, separando-se a parte da Coroa. Passava a ser proibida a venda e a circulação de ouro em pó. O "ouro quintado", em barras, era gravado com o selo real e recebia um certificado. Todo o comércio de ouro sem esse registro se tornava ilegal. "Podendo, pois, el-Rei tirar à sua custa das minas que

---

[3] Carlos Leonardo Kelmer Mathias, *Jogos de interesses e estratégias de ação no contexto da revolta mineira de Vila Rica, 1709-1736*, Universidade Federal do Rio de Janeiro, 2005.
[4] Luciano Raposo de Almeida Figueiredo (estudo crítico), *Códice Costa Matoso: coleção das notícias dos primeiros descobrimentos das minas na América* [...], *op. cit.*

reserva para si os metais que são o fruto delas [...] assentou [...] que de todos os metais que se tirarem depois de fundido e apurado [o ouro], paguem o quinto, em salvo de todos os custos", escreveu o padre Antonil. "E para segurar que se lhe pagasse o dito quinto, mandou que os ditos metais se marcassem e que se não pudessem vender antes de serem quintados, nem fora do Reino, sob pena de perder a fazenda e de degredo de dez anos para o Brasil."[5]

A insatisfação cresceu. Além da capitação, das fintas (imposto coletivo pago pelas Câmaras) e do quinto, cuja fiscalização apertava, os mineiros, agora em sua maior parte portugueses emboabas, pagavam contas que nem eram da Coroa, mas não menos abusivas, como as dos eclesiásticos. Por um documento escrito setenta anos depois pelo secretário de Estado dos Negócios Estrangeiros e da Guerra, Martinho de Melo e Castro, sabe-se que em 1718 o rei dom João V ordenou ao bispo do Rio de Janeiro e Minas Gerais, frei Francisco de São Jerônimo, que pusesse um freio na onda de "insuportáveis e forçadas contribuições debaixo do pretexto de direitos paroquiais, benesses e pés de altar com que os mesmos párocos obrigavam e obrigam aos seus fregueses a lhes contribuir".[6]

Além dos impostos cobrados sobre o ouro, que iam para a Fazenda Real, os contribuintes da colônia eram obrigados por lei a descontar para pagamento à Igreja "direitos paroquiais". "Os habitantes de Minas, em lugar do alívio que esperavam de seu Prelado, este os gravou, ao contrário, com uma quinta parte mais dos precedentes impostos, não só a respeito das missas, mas de todos os mais artigos dos chamados direitos paroquiais", escreveu Melo e Castro. Essas taxas incidiam em missas, aplicação de sacramentos como batismos, casamentos e enterros, além das "conhecenças" (a desobrigação da quaresma).

---

5 Padre André João Antonil, *Cultura e opulência do Brasil por suas drogas e minas*, op. cit.
6 Martinho de Melo e Castro, *Instrução para o Visconde de Barbacena, Luís Antônio Furtado de Castro do Rio de Mendonça e Faro, governador e capitão-general da capitania de Minas Gerais*, op. cit.

A imposição das Casas de Fundição, aumentando a fiscalização, gerou uma onda de revolta. Mineiros sublevaram-se nas minas em Catas Altas e no arraial de Pitangui, do capitão-mor Domingos Rodrigues do Prado. Assumar teve de voltar atrás na cobrança do quinto. Em carta de 21 de dezembro de 1719, recomendava ao rei a prisão dos amotinados, a começar pelos irmãos Domingos e Alexandre Rodrigues do Prado e Pedroso Xavier.

Em outra missiva, com data de 9 de fevereiro de 1720, queixou-se novamente de Rodrigues do Prado, que tinha Pitangui como uma capitania particular. Descreveu-o como um "homem régulo" ("pequeno rei"), distinção na administração portuguesa a um capitão colonial, que naquele caso se comportava de fato como o dono do lugar, obedecendo somente aos próprios interesses, e por qualquer meio, sendo "por natureza matador insigne, amotinador do povo".

Por ordem real, Rodrigues do Prado foi substituído como capitão-mor de Pitangui pelo brigadeiro João Lobo de Macedo. Retirou-se de Pitangui, mas voltou um ano depois, com sua milícia pessoal, e expulsou o brigadeiro. Reassumiu o controle da vila, nomeando como braço direito Alexandre Rodrigues do Prado, seu irmão, que, de acordo com o conde de Assumar, havia assassinado em Taubaté Carlos Pedroso da Silveira. Em seguida, por suspeitar que o juiz ordinário Manuel de Figueiredo Mascarenhas o denunciava, um grupo, chefiado por Pedroso Xavier, foi à casa do magistrado e também o assassinou, a golpes de espada.

O ouvidor do Rio das Velhas, Bernardo Pereira de Gusmão, recebeu ordens de seguir para a vila de Pitangui e instalar uma devassa, de forma a apurar todos os crimes cometidos por Rodrigues do Prado, Pedroso Xavier e seus apoiadores. Levou por escolta vinte dragões, enviados do Rio de Janeiro, sob o comando do capitão José Rodrigues de Oliveira. No rio de São João, nas proximidades de Pitangui, encontrou Rodrigues do Prado atrás de trincheiras, à sua espera. O batalhão de dragões impôs a derrota aos rebeldes, obrigando-os a fugir.

Os paulistas foram para a vila de Parnaíba, onde ficaram sob a proteção de João Leite da Silva Ortiz, outro cunhado de Domingos Rodrigues do Prado. Este estava livre, mas alijado finalmente de Pitangui.

Debelado aquele foco de resistência, Assumar tinha ainda uma vasta tarefa pela frente se quisesse conter a violência nas minas, tanto por parte de seus capitães-mores quanto de uma massa crescente de insatisfeitos, dispostos a qualquer coisa para achar ouro – e ludibriar o Fisco.

*

Um dos maiores desafios do governador das Minas era a multiplicação dos bandoleiros. O aumento do número de escravos, que trabalhavam em espaços abertos, fez crescer as fugas – e formaram-se quilombos nas proximidades das vilas mineiras. Escravos foragidos recebiam o contrabando do ouro desviado por comerciantes das próprias vilas, e do Quilombo de São Bartolomeu, no alto da serra com seu nome, desciam salteadores que roubavam as caravanas de mantimentos vindas pelo Caminho Novo a Vila Rica, ou em trânsito de Vila Rica a Mariana.

As quitandeiras, também conhecidas como "negras de tabuleiro", que vendiam comida na rua, eram acusadas de cumplicidade com os quilombolas, ajudando escravos a fugir, ou lhes dando informações, repassadas aos salteadores. "Negros salteadores dos quilombos tomavam notícia das pessoas a que hão de roubar e as partes por onde lhes convém entrar e sair", escreveu o historiador Waldemar de Almeida Barbosa. "E tudo fazem mais facilmente achando ajuda em agasalho nestas negras que assistem nas vendas."[7] Como um apêndice das vilas, o quilombo acabava fazendo parte de sua vida, pedaço marginal ou excluído da sociedade, sua resultante e também

---

7   Waldemar de Almeida Barbosa, *Negros e quilombos em Minas Gerais*, Ed. Horizonte, 1972.

ameaça, como as favelas surgidas no final do século XX, que cresceram ao redor das cidades e se tornaram reduto do crime organizado.

O conde de Assumar fixou o governo em Ribeirão do Carmo, de forma a mostrar mais a presença da autoridade dentro da região do garimpo. Em 1718, defendeu em carta ao rei a tomada de medidas extremas para coibir a fuga dos escravos das minas e vilas para os quilombos. Contra os "pensamentos e os desejos naturais de liberdade", propôs "cortar o tendão de Aquiles dos escravos para evitar a fuga, remédios violentos, como tão preciosos, a uma canalha tão indômita".[8] A medida de fato foi implementada, por um decreto da Câmara de Ribeirão do Carmo, mas somente mais tarde, em 1755. Aos brancos que acolhessem quilombolas, ou soubessem a localização de um quilombo sem avisar as autoridades, Assumar reservava a pena de açoite público e degredo para Benguela. No caso de o acoitador ser "negro ou carijó" (mestiço de indígena com branco), a pena era de morte.

Para o governador, sua aventura na "América" já tinha se tornado um pesadelo. A perda do filho, em Portugal, juntava-se às dificuldades da missão. Para ele, era um fardo "cá estar e de me haver morto o único sucessor que tinha a minha casa", escreveu, em março de 1720. "Fiz todos os esforços com Sua Majestade para que me aliviasse deste governo", escreveu.[9]

A pobreza e a violência não cresciam só por conta dos escravos foragidos, como pelos mamelucos e portugueses atraídos pela corrida do ouro, mas que, sem trabalho ou sucesso no garimpo, também se tornavam salteadores. Um desses garimpeiros fracassados, o português Manuel Henriques, conhecido como o "Mão de Luva", por usar uma prótese no lugar do membro perdido numa contenda,

---

8 Carta de dom Pedro Miguel de Almeida ao rei de Portugal, 13 de junho de 1718, *Revista do Arquivo Público Mineiro*, Belo Horizonte.
9 Carta para Francisco Duarte Meirelles, 22/03/1720, in Laura Mello e Souza, *Discurso histórico e político sobre a sublevação, que nas Minas houve no ano de 1720*, Belo Horizonte: Fundação João Pinheiro, 1994.

assaltava viajantes nas estradas entre as capitanias de São Paulo e do Rio de Janeiro, na região do rio Paraibuna. Com cerca de duzentos integrantes, seu bando era eclético: incluía negros, brancos e "carijós". Já a quadrilha da Mantiqueira, atuante no entroncamento do Caminho Novo entre São João del-Rei e Vila Rica, era liderada por José Galvão, o "Montanha". Vigiava as estradas, escolhendo suas vítimas, sobretudo comboios de ouro ou negociantes que traziam mercadorias para as vilas.

Para controlar o contrabando de ouro e o crime de maneira geral, o governador fez uma nova tentativa de implantar o sistema das Casas de Fundição, três anos após o bloqueio de Rodrigues do Prado e outros mineiros. Provocou uma revolta ainda maior que a anterior, conhecida como a Sedição de Vila Rica, ou "Revolta de Filipe dos Santos". Em 2 de julho de 1720, "seis ou sete mascarados", com mais "trinta ou quarenta negros armados", entraram em Vila Rica, vindos do morro do arraial do Ouro Podre, de propriedade de Paschoal da Silva Guimarães, uma encosta que se avistava da cidade, aos gritos de "Viva o povo, senão morra!". A descrição está no "Discurso histórico e político", documento apócrifo cuja autoria é atribuída ao próprio Assumar, ou a jesuítas por ele consignados, por meio do qual se justificam suas decisões durante a crise. O "Discurso", que se refere ao governador na terceira pessoa, foi levado pelo Assumar a Portugal, ao fim de seu mandato, para ser apresentado como um instrumento de defesa dos seus atos no governo.[10]

De acordo com o "Discurso", na noite da festa de São Pedro, os invasores saquearam casas em sua passagem e dirigiram-se à praça principal, onde destruíram documentos diante da multidão. Como se soube mais tarde, eram na maioria integrantes da milícia pessoal de Paschoal da Silva Guimarães. Português nascido na cidade indicada pelo sobrenome, proeminente membro da elite emboaba

---

10 Laura Mello e Souza, *Discurso histórico e político sobre a sublevação, que nas Minas houve no ano de 1720*, op. cit.

das Minas, Silva Guimarães começou a trabalhar no Brasil como caixeiro-viajante, a serviço de Francisco do Amaral Gurgel, e depois enriqueceu como mascate. Tinha sido um dos fundadores de Vila Rica, em 1711, e era dono de dois engenhos no Rio das Velhas, assim como das lavras de ouro no arraial do Ouro Podre, onde trabalhavam para ele trezentos escravos.

Silva Guimarães ligava-se ao líder emboaba Manuel Nunes Viana, por quem tinha sido nomeado superintendente do Ouro Preto das Minas Gerais, o responsável pelas minas da comarca. O cargo foi confirmado em 1709 por Antônio de Albuquerque Coelho de Carvalho, quando assumiu o governo da capitania, afastando Nunes Viana, mas não seus prepostos. Além de manter Silva Guimarães, como forma de apaziguar Nunes Viana, ainda o agraciou com o título de "régulo".

Sob a proteção de Nunes Viana, Silva Guimarães enriqueceu ainda mais. Realizou obras polêmicas, como a construção da casa da Câmara, levantada de "barro por nove mil oitavas, havendo quem se obrigava a fazê-la por oito, de pedra e cal".[11] No posto de juiz ordinário e presidente da Câmara de Vila Rica, legislava em causa própria: deu uma sentença desfavorável a um certo Silvestre Coutinho, que andava endividado, para depois arrematar suas lavras, compradas de um sócio, Manuel de Matos. Assim, deixou arruinado não apenas Coutinho, como também seus credores.

O grupo de Nunes Viana usava a Câmara de Vila Rica em proveito próprio, o que entrava em choque com as instruções e necessidades de Assumar, desde que assumiu o governo. A influência e o poder do português não lhe passaram despercebidos. A Coroa tinha submetido os paulistas por sua arrogância e independência, mas no final havia dado a mesma força aos reinóis e a Nunes Viana, seu líder, transformado em eminência parda da capitania.

---

11 Laura Mello e Souza, *Discurso histórico e político sobre a sublevação, que nas Minas houve no ano de 1720*, op. cit.

Em carta ao rei, Assumar o alertou para o caso de Nunes Viana e os riscos de que "um homem só seja capaz de pôr em perigo este governo, com suas sugestões". Assinalava "o medo universal que dele se tem concebido", "o quão pernicioso é neste governo sujeitos tão maliciosos e malévolos", e que "nenhuns meios aqui há para se repararem os grandes danos que isto nos ameaça". Afirmava ainda ser muito difícil fazer a cobrança dos impostos e o perigo a que isto levaria "se este país pegar em armas".[12]

Assumar estava certo de que Silva Guimarães era o principal chefe da revolta. "Ainda que os principais cabeças da sublevação todos entraram nela rebuçados, com tudo por fazer nesta cena Paschoal da Silva o primeiro papel, não será fora de propósito que nesta relação apareça descoberta a sua figura", anotou o autor do "Discurso". A lista dos suspeitos de mentoria da sublevação incluía o sargento-mor Sebastião Veiga Cabral, ex-governador da colônia de Sacramento, na foz do rio da Prata, que depois de resgatado do cerco pelos espanhóis retornou às Minas. Desde 1712 pleiteava o governo da capitania, mas já havia sido preterido duas vezes – na primeira em favor de dom Brás Baltazar da Silveira, na segunda pelo próprio Assumar.

O terceiro líder da rebelião era Manuel Mosqueira da Rosa, ex-ouvidor de Vila Rica, afastado do cargo por "subornos, extravios e conluios".[13] Retirado para Itatiaia, onde fracassou no garimpo, havia retornado a Vila Rica, por interesse em tentar de novo o cargo, ou em vingar-se do ouvidor-geral da comarca, Martinho Vieira de Freitas, que mandara prender seu filho. "Só na morte do ouvidor teria melhorado a sua queixa", anotou o autor do "Discurso".[14]

---

12 Cartas do Conde de Assumar ao Rei de Portugal, Arquivo Público Mineiro, 1898.
13 Felipe Pedreira Simões, *Vícios ardentes: leis e contravenções nas Minas durante o governo de D. Pedro de Almeida*, dissertação (Mestrado) – Universidade Federal Fluminense, Rio de Janeiro, 2020.
14 Laura Mello e Souza, *Discurso histórico e político sobre a sublevação, que nas Minas houve no ano de 1720, op. cit.*

Na invasão da vila pela turba, Vieira de Freitas teve sua residência invadida, mas não se encontrava em casa. Segundo o "Discurso", tinha sido alertado a tempo por João da Silva Guimarães, juiz ordinário de Vila Rica, filho do próprio Paschoal da Silva Guimarães. Assim, escapou de ser linchado.[15]

Havia na lista dos revoltosos mais quarenta envolvidos, que tinham em comum dívidas com a Coroa e o fato de estarem "de todo refundidos e arruinados", de acordo com o "Discurso". O documento registra que somente Silva Guimarães devia "trinta arrobas de ouro", de modo que "deu um tão estranho meio, como o de uma sublevação geral, com intentos de matar o ouvidor, expulsar o Conde [de Assumar] e os demais ministros de El-Rei, ficando reduzido o Estado a uma república de vinte e quatro e seu Doge" – referência ao governador da República de Veneza, que serviria como modelo aos revoltosos, em uma separação de Portugal.[16]

Os amotinados entraram no Palácio da Câmara, onde redigiram uma carta na qual exigiam a extinção das Casas de Fundição, a redução de tributos e o fim do monopólio pelos portugueses do comércio de gado, fumo, aguardente e sal. Pretendiam ainda a demissão do ouvidor – e o perdão, em nome do rei, pela sublevação. O documento foi levado pelo sargento Veiga Cabral ao conde de Assumar, que se encontrava em Ribeirão do Carmo. Em 2 de julho, os revoltosos foram a Ribeirão do Carmo e postaram-se diante do palacete do governador, para lhe dar um ultimato. Da janela, Assumar procurou apaziguar os ânimos, afirmando que atenderia às reivindicações.

"Uniformemente se assentou que melhor era naquela conjuntura conceder tudo o que pediam, porque depois, com o tempo, se podia juntar todos os principais, as Câmaras e Ouvidores, e tomar

---

15 Lucas Moraes Souza, *Tecendo as redes na revolta: o governo de D. Pedro Miguel de Almeida e os "homens bons" de Vila do Carmo na repressão à revolta de Vila Rica em 1720*, dissertação (Mestrado em História) – Universidade Federal de Ouro Preto, Mariana, 2014.
16 Laura Mello e Souza, *Discurso histórico e político sobre a sublevação, que nas Minas houve no ano de 1720*, op. cit.

a resolução mais acertada", escreveu Assumar a dom João V.[17] Colocado contra a parede, Assumar suspendeu a cobrança do quinto e também removeu o ouvidor Martinho Vieira, substituído pelo juiz ordinário João Domingues Carvalho, conforme as exigências.

O governador apenas ganhava tempo, até a chegada das tropas que chamara em seu auxílio – tanto as do Rio de Janeiro quanto as milícias dos capitães legalistas de São Paulo. Enquanto Assumar aguardava os reforços, Veiga Cabral, postulante ao seu cargo, o teria visitado com "lágrimas e suspiros fingidos", dizendo que corria perigo, podia ser envenenado, e que devia se retirar, entregando a ele o governo. Assumar, porém, respondeu que só sairia dali morto.

Fiou-se no apoio de Jerônimo Pedroso de Barros, que, por estar mais perto, chegou primeiro ao Ribeirão do Carmo e colocou sua milícia em garantia da segurança do governador. Assumar lhe foi pessoalmente grato. Mais tarde, sabedor de que o capitão paulista corria riscos por conta daquele apoio, e em sinal de retribuição, deu-lhe dois "sargentos pagos" como guarda-costas, que sempre "o acompanhavam saindo à rua, fazendo-lhe costa os seus escravos mulatos, que os trazia armados, contra qualquer violento insulto".[18]

*

Quando as tropas de São Paulo e do Rio de Janeiro chegaram às Minas, Assumar passou a ter à sua disposição cerca de 1.500 homens, entre lanceiros da Companhia dos Dragões, colonos livres, indígenas flecheiros e escravos das milícias dos capitães paulistas. Com tais forças, saiu de Ribeirão do Carmo e entrou em Vila Rica no dia 16 de julho. Tomou a vila e prendeu os líderes da revolta, a começar por Manuel Mosqueira da Rosa e Paschoal da Silva Guimarães, capturados durante a noite.

---

17   Biblioteca Nacional de Lisboa, seção de reservados, Coleção Pombalina, códice 479.
18   Luiz Gonzaga da Silva Leme, *Genealogia paulistana*, op. cit.

De acordo com o "Discurso", após a prisão de seus líderes, a tropa dos "mascarados" revidou, descendo do arraial do Ouro Podre em direção à vila, invadindo casas, incluindo a do vigário Antônio de Pina, obrigado a abrir a igreja matriz, que foi vandalizada. Avisaram que a rebelião continuaria, caso os amotinados não fossem libertados.

Em vez disso, o governador mandou pagar os "profanadores de casas e templos" na mesma moeda. Deu ordem de "demolir e assolar as casas de Paschoal da Silva [Guimarães], e todas as mais dos seus aderentes" a um grupo de dragões, sob o comando do capitão João de Almeida e Vasconcelos. Diante da dificuldade e da demora de uma demolição, o corpo de guarda tocou fogo no casario. O incêndio acabou se alastrando, e só não foi maior, ainda segundo o "Discurso", porque o próprio "capitão com os dragões e ordenanças" tiveram no fim mais trabalho em salvar "as casas livres que em destruir as culpadas".

O arraial do Ouro Podre, ou morro do Paschoal, onde ficavam as lavras de Silva Guimarães, passou a ser conhecido como o "Morro da Queimada". Um século e meio depois, ao passar por Vila Rica, em 1881, o imperador do Brasil, Pedro II, descreveu assim o cenário deixado pelo incêndio: "passei pela antiga Vila Rica, muralhas arruinadas que me lembram Pompeia" – a cidade calcinada pelo Vesúvio, vulcão ativo na Itália.[19]

*

Da cadeia, Silva Guimarães escreveu um bilhete ao filho, pedindo que levasse seus escravos e armas para o distrito de Cachoeira do Campo, em Vila Rica, onde pretendia reunir até 2 mil homens, incluindo os de Manuel Nunes Viana. A situação de Assumar ainda era crítica. O governador usou novamente de violência para mostrar até onde se dispunha a ir para sufocar a revolta.

---

19 *Viagem a Minas Gerais: diário de D. Pedro II*, Museu Imperial de Petrópolis.

Dois dias depois da prisão dos líderes da sedição, Filipe dos Santos, tropeiro que integrava a milícia de Silva Guimarães, e por quem se dizia ter sido incumbido de assassinar o governador, fez um discurso em frente à igreja de Cachoeira do Campo. Por essa razão, Assumar aplicou-lhe a lei castrense: foi sumariamente executado no largo da Câmara, esquartejado por quatro cavalos que lhe arrastaram pernas e braços, "mais para terror que para castigo", segundo o "Discurso". "Os homens de natureza dos destas Minas, que ordinariamente são bárbaros e insolentes, mais temem, como disse o imperador Maximiliano, as circunstâncias e o gênero de morte que a mesma morte."[20]

No "Discurso", justifica-se a execução sem julgamento, tal como na guerra, por "extrema necessidade, para que os braços apartados deste governo não seguissem o partido dos levantados, e a não se lhe acudir a tempo, seria depois quase impossível o remédio". Nas vilas de Pitangui e Mato Dentro, entre outras, de onde os provedores haviam partido dois dias antes com o quinto recolhido, mandavam-se mensageiros para que os tropeiros retrocedessem, "na esperança de que com o motim se deixariam de pagar [os quintos]".[21] O relato indica que o filho de Silva Guimarães já tinha agrupado duzentos homens armados nas vizinhanças de Vila Rica e que outros capitães sublevavam as vilas de São Bartolomeu, Cachoeira, Itaubira e Congonhas. Os amotinados haviam convocado também reforços das minas ao longo do rio das Velhas, onde Silva Guimarães tinha muitos parentes.

Assumar conseguiu fazer a retirada do ouro para a Coroa, mas restava saber o que fazer com os presos, em especial Silva Guimarães. "Todo o fundamento desta política estriba em que os motins, no princípio, ou cobram medo que os reprime, ou tomam ousadia,

---

20 Laura Mello e Souza, *Discurso histórico e político sobre a sublevação, que nas Minas houve no ano de 1720*, op. cit.
21 Laura Mello e Souza, *Discurso histórico e político sobre a sublevação, que nas Minas houve no ano de 1720*, op. cit.

que os adianta", anotou o autor do "Discurso". Agir com dureza extrema em relação aos chefes da sublevação, porém, como fizera com Filipe dos Santos, podia fazer explodir de vez o caldeirão das Minas, bem como causar uma reação contrária da Coroa. Assumar, então, despachou-os a ferros para o Rio de Janeiro, ao mesmo tempo que pedia ao rei que fossem enviados para julgamento em Lisboa. Livrou-se daquela gente indigesta, distanciando-a de seus apoiadores locais e transferindo a decisão sobre eles para a Metrópole.

Assumar deixou o governo em 18 de agosto de 1721, substituído por dom Lourenço de Almeida, que servira na capitania de Pernambuco de 1715 a 1718, e ficou no governo das Minas até 1732. Entre suas primeiras medidas, devolveu a sede do governo de Ribeirão do Carmo para Vila Rica, de forma a aumentar a presença do poder oficial no lugar de maior ebulição. Como ex-governador, Assumar partiu para Lisboa levando do Brasil na bagagem 100 mil moedas de ouro, que resolviam suas dificuldades financeiras, e o "Discurso", como salvaguarda.

O documento descrevia as Minas tal qual lhe ia pela alma. Seria a capitania "habitada de gente intratável"; "parece que evapora tumultos; a água exala motins; o ouro toca desaforos; destilam liberdade os ares; vomitam insolências as nuvens; influem desordens os astros; o clima é tumba da paz e berço da rebelião; a natureza anda inquieta consigo, e amotinada lá por dentro, é como no inferno".[22]

A transferência dos presos do Rio de Janeiro para Lisboa foi autorizada por provisão assinada em 27 de abril de 1722 por dom João V, "conforme o pedido feito pelo governador de Minas".[23] Em Lisboa, Silva Guimarães viveu como um refém do Estado, em garantia de que sua família, com suas tropas, não se levantariam de novo contra a Metrópole no Brasil. Moveu um processo contra Assumar, pedindo uma devassa sobre a fortuna que o governador carregara da

---

22 Laura Mello e Souza, *Discurso histórico e político sobre a sublevação, que nas Minas houve no ano de 1720, op. cit.*
23 Arquivo Ultramarino, Brasil – Rio de Janeiro, cx. 13

colônia, e responsabilizou-o pelo incêndio de Vila Rica. Porém, sua morte, em 1725, encerrou os dois processos: o dele contra Assumar e o de Assumar contra ele.

O Conselho Ultramarino acabou por aprovar a execução sem julgamento de Filipe dos Santos, por dar fim aos "excessivos perdões e seus riscos" no Brasil. Para a Coroa, o governo de Assumar tinha sido um sucesso. Foi sufocada a sublevação e estavam implantadas as Casas de Fundição, que melhoraram a arrecadação do quinto.

Apesar das dúvidas lançadas sobre sua honestidade, depois de um período de ostracismo, Assumar acabou reconhecido e premiado. Entrou para a Academia Real de História, tornou-se consultor de dom João V para o governo das Minas e foi reabilitado como administrador real: tornou-se vice-governador da Índia em 1744. Quatro anos depois, por ter tomado para os portugueses a fortaleza de Alorna, do rajá Bounsoló, recebeu o título de primeiro marquês de Alorna.

*

Mais do que proporcionar um aumento na arrecadação, a efetivação das Casas de Fundição para a cobrança do quinto reafirmou a autoridade real sobre a colônia – desta feita não apenas sobre os mamelucos mas sobre os reinóis, que também já se ressentiam das cobranças da Coroa e criavam obstáculos, a ponto de desmoralizá-la. "Tantas mudanças, desde seu princípio, têm padecido esta cansada e trabalhosa cobrança dos quintos", observou o autor do "Discurso histórico". "Têm-se-lhe assinado tantas formas de os arrecadar que, à vista da sua variedade, assentei por infalível que também acabaria cedo a nova lei. E a razão que tive para o julgar assim foi ver que outras muitas ordens de El-Rei, impugnadas sempre a seu salvo nas Minas, não podiam deixar de tirar muita parte de subsistência e vigor à nova lei, porque nenhuma coisa diminui tanto a autoridade como fazer muitas vezes o que depois se há de mudar, e estabelecer o que não há de consistir."

Numa carta escrita em julho de 1720, Assumar conta qual foi seu artifício para vencer a resistência dos chefes do garimpo, de forma a que aceitassem as Casas de Fundição: mostrou-lhes como também ganhariam com isso. Garantiu-lhes que a Fazenda Real seria paga exclusivamente com ouro, e não com o confisco de bens deixados em garantia, já que o maior temor dos proprietários de glebas no garimpo era, devendo à Coroa, perder suas terras e, com elas, as lavras – sua fonte de renda.

Conforme Assumar explicou em carta ao governador da Bahia, Bartolomeu de Sousa Mexia, "gemiam todos com os efeitos das ditas Casas [...] tão persuadido estava o [povo] comum de que era sem dúvida a sua execução", escreveu. Com as Casas de Fundição, porém, compreenderam que "todas as escrituras de créditos se passavam assim de venda de fazendas [...] à cláusula de ser com ouro quintado, o que bem mostra a conta que todos faziam já de que houvesse casas, onde o ouro se quintasse".[24] Dessa forma, graças a Assumar, a Coroa aumentou o controle e reduziu a resistência à fiscalização sobre a produção de ouro, que vinha aumentando vertiginosamente. De 196 quilos em 1713, cresceu a 946 quilos em 1720 e a 3,4 toneladas em 1725. Com a riqueza crescente, a economia da colônia multiplicou os negócios, gerando uma nova oportunidade de lucro para os portugueses e o Estado.

De modo a favorecer os comerciantes sediados na Metrópole e os controles de arrecadação pela Fazenda Real, em 5 de março de 1725 dom João V assinou uma provisão por meio da qual os contratos de compra e venda de mercadorias, antes arrematados nas Câmaras locais da colônia, passaram a ser realizados em Lisboa. Assim como os senhores de engenho, que já tinham perdido o controle do comércio do açúcar para os mascates portugueses, os comerciantes passaram a protestar de forma geral.

---

24 Carta de dom Pedro de Almeida para Bartolomeu de Souza Mexia, Vila Rica, 31/07/1720, Arquivo Público Mineiro, Secretaria de Governo da Capitania, seção Colonial 11.

Para sugerir que diminuía o impacto da medida, a Coroa manteve os leilões no Brasil, mas também manteve uma segunda hasta pública, em Lisboa, como uma arrematação final. Ficou ainda pior. Os produtos eram vendidos no Brasil por lances muito baixos. Quando a mercadoria – sobretudo açúcar e fumo – era leiloada novamente em Lisboa, depois de cruzar o Atlântico, subia de preço. Os comerciantes portugueses, assim como a Coroa, ficavam com a parte do leão, ao mesmo tempo que agricultores e senhores de engenho da Bahia e de Pernambuco eram levados "ao completo desespero". "Estas determinações régias sobre os contratos [...] causaram notável desgosto, e deram lugar a reclamações muito veementes da parte dos agricultores e do comércio pernambucano; porém, nada conseguiram os primeiros reclamantes", afirmou Fernandes Gama.[25]

O aperto sobre a colônia aumentou por meio de um regimento, assinado em 30 de outubro de 1733, por iniciativa do então homem forte de dom João V no governo, Alexandre de Gusmão. A ordem real obrigava o governador da capitania a informar o número de escravos que trabalhavam nas Minas, visitar as Casas da Moeda, estudar o melhoramento da arrecadação do quinto e ainda reinstituir o sistema da capitação. Já prevendo problemas, mandava transformar o palácio do governo em Vila Rica em uma fortaleza. Assim começou a construção do novo Palácio dos Governadores, com muralhas e guaritas, no alto da atual praça Tiradentes, inaugurado pelo governador Cunha Meneses em 1740 – lá, hoje funciona a Escola Nacional de Minas e Metalurgia da Universidade Federal de Ouro Preto, que abriga um dos maiores museus de mineralogia do mundo, assim como um dos mais antigos observatórios astronômicos do país.

A capitação, tomada como "injusta e desigual",[26] aumentava o risco dos garimpeiros, que compravam escravos para explorar o garimpo e tinham que pagar imposto sobre eles, ainda que não

---

25 Jozé Bernardo Fernandes Gama, *Memórias históricas da província de Pernambuco*, op. cit.
26 Francisco Adolfo de Varnhagen, *História geral do Brasil*, op. cit.

achassem ouro – um considerável aumento do prejuízo. Ainda assim, o sistema permaneceu.

Em 1735, a Coroa refundiu as capitanias de São Paulo e Minas, colocando-as sob o governo de Antônio Gomes Freire de Andrade, que acumulava ainda as comarcas de Goiás e Mato Grosso. Nascido em Juromenha, em 1685, Freire de Andrade era um militar condecorado por sua participação na guerra de sucessão da Espanha, como general da divisão portuguesa, pelo que havia recebido o título de marquês de Bobadela. Em 1736, ele instituiu as Intendências do Ouro, que dinamizaram a fiscalização da cobrança do quinto, sediadas nos grandes centros de garimpo: Cuiabá, Goiás, Paranaguá, Paranapanema, Rio das Mortes, Sabará, Serro Frio, Vila Rica e Minas do Aracuã. Eram compostas de intendente, fiscal, escrivão, tesoureiro, meirinho e ajudante de escrivão. Baniu estrangeiros (não portugueses) das Minas e também os frades, de forma preventiva, como medida contra o contrabando.

Para suspender a capitação, fonte de permanente reclamação dos garimpeiros, a Coroa aumentou para cem arrobas de ouro a cota mínima garantida para a Fazenda Real. Apesar disso, na época ninguém ainda pensava que fosse difícil entregar essa quantidade de ouro, equivalente a 1,5 tonelada, peso de um hipopótamo. Conforme registro da Câmara de Vila Rica, a arrecadação do quinto saltou de 35 arrobas anuais (ou 560 quilos), em 1731, para 137 arrobas (mais de duas toneladas) em 1735. Nesse período, com a abundância de ouro, não houve maiores dificuldades na arrecadação. Até 1751, foram recolhidas em média 125 arrobas de ouro ao ano para a Fazenda Real – 25 arrobas acima do mínimo estabelecido.

O aumento da produção – e da arrecadação da Fazenda Real – não se deu somente pelo rendimento das minas, como também pela descoberta de novas zonas auríferas no sertão mais profundo, que passou a ser ocupado sobretudo pelos paulistas desgostosos com a Guerra dos Emboabas, e que foram tentar a sorte em outros lugares. Passaram a explorar uma vasta área do continente, da qual se tinha apenas uma vaga ideia, envolvida pelas lendas dos pioneiros, que ampliou a área de garimpo – e abriu uma fase de expansão e consolidação do território brasileiro, de tal forma que, em meados do século XVIII, 80% do atual território do Brasil se encontrava sob a influência direta de São Paulo.

CAPÍTULO 5

O sertão dos Anhangueras

Nascido provavelmente em Santana de Parnaíba, base dos mamelucos paulistas que pelo rio Tietê-Anhembi alcançavam o Paraná e o desciam até a região do Guaíra para escravizar os indígenas missioneiros, Bartolomeu Bueno da Silva partiu em 1682 à frente de uma bandeira que se tornou legendária. Ao alcançar o rio Paraná, em vez de descer no sentido do Guaíra, para onde iam os caçadores de escravos indígenas, navegou contra o sentido da corrente, para o norte, até chegar às nascentes do rio Tocantins, na boca da selva amazônica. Dez anos antes, Pascoal Pais de Araújo e Sebastião Pais de Barros haviam trilhado a região, refazendo o primeiro trecho do trajeto percorrido pela chamada Bandeira dos Limites, realizada entre 1648 e 1651 por Antônio Raposo Tavares, que alcançou o rio Tocantins, voltado para o norte, e assim chegou até a foz do rio Amazonas.

Bueno da Silva não caçava escravos: procurava ouro. Ao alcançar o rio Araguaia, vislumbrou apenas as belezas da Amazônia. No retorno, porém, na terra dos Goiá, encontrou mulheres que se adornavam com pingentes dourados. Para convencer os nativos a revelar a origem daquelas pepitas, ameaçou incendiar a água dos rios.

Como prova de que era capaz disso, ateou fogo em uma cuia, com um líquido transparente, tirado do alforje. Era cachaça, com álcool, portanto inflamável, mas seus interlocutores não sabiam disso.

Os indígenas, que colocavam nomes anímicos nos portugueses, de forma a representar seu portador, passaram a chamar Bueno da Silva de *añãgwea* – anhangá, ou "diabo velho" em tupi. A expedição do Anhanguera, o termo aportuguesado, não encontrou ouro. Porém, o bandeirante que incendiava água virou mito entre os indígenas e passou a ser considerado, pelos portugueses, um pioneiro daquele mar verde ainda por explorar.

O filho de Bueno da Silva, que tinha o mesmo nome do pai, participou daquela expedição quando ainda era um menino. Tornou-se bandeirante, como o pai e o sogro, Domingos Rodrigues do Prado. Garimpou ouro em Sabará, São João do Pará e Pitangui. Como outros paulistas, acabou expelido do sertão mineiro na Guerra dos Emboabas e retornou a Santana de Parnaíba, sua cidade natal. Frustradas as expectativas de reaver suas lavras nas Minas, reuniu recursos e homens para seguir as pistas de Antonio Pires de Campos. "O Velho", como era conhecido, também desiludido com as Minas, em 1716 havia procurado a serra dos Martírios – assim chamada por João Peres Cafiamares, ex-administrador da missão jesuíta de Barueri. Em expedição no início da década de 1660, divergindo do sertão de Cataguases, Cafiamares teria encontrado ouro em um rio, junto a uma pedra alta, onde, segundo ele contava, a natureza esculpira em cristais a coroa, a lança e os cravos da paixão de Jesus Cristo.

Em 1717, um ano após Pires de Campos, o "segundo Anhanguera" – como foi chamado Bueno da Silva, o filho – também saiu em busca da Serra dos Martírios. Ao passar pelo sertão dos Goiá, encontrou ouro no rio das Almas. Como os Goiá eram uma etnia indígena de grande porte físico, temíveis guerreiros, que não se deixavam escravizar, o segundo Anhanguera mandou trazer escravos negros para trabalhar no garimpo – uma viagem de três meses, desde o Rio de Janeiro. Ali surgiu o arraial das Minas de Nossa Senhora do Rosário da Meia Ponte, hoje Pirenópolis. Da região saía ouro em baús "do tamanho de caixas de banana", segundo conta Amilton Pereira de Siqueira, cuja família adquiriu a propriedade de terras à margem do rio das Almas em 1975 e criou ali o Museu das Lavras de Pirenópolis.

O garimpo em Meia Ponte perdurou por um século, mas o segundo Anhanguera, tendo encontrado ouro na região onde seu pai ganhara fama e o nome indígena, queria ir mais fundo no sertão. Pediu a dom João V uma licença especial para atravessar a imprecisa linha imaginária de Tordesilhas, entrando em território espanhol, até a selva inóspita vislumbrada em sua infância, ao lado do pai. Em troca de descobertas para Portugal, além da propriedade das benfeitorias que fizesse, solicitou do soberano o direito de cobrar taxas sobre a passagem dos rios no caminho que abria.

Por ter participado do levante de Pitangui, seu sogro, Rodrigues do Prado, teve a participação vetada pela Coroa. No mais, a bandeira foi aprovada por Carta Régia, datada de 14 de fevereiro de 1721. Quarenta anos depois do pai, em 3 de julho de 1722, o segundo Anhanguera, agora com cinquenta anos de idade, saiu da vila de São Paulo com 150 homens, muitos dos quais seus parentes, vinte indígenas para a condução das cargas em 39 cavalos e três padres – dois beneditinos, os freis Antônio da Conceição e Luiz de Sant'Anna, e um franciscano, o frei Cosme de Santo André. Estava disposto a "descobrir o que buscava ou morrer na empresa", de acordo com uma carta ao rei, escrita pelo governador de São Paulo, dom Rodrigo César de Meneses, em 24 de abril de 1725.[1]

A bandeira fez escala no arraial de Mogi Mirim e seguiu para Goiás, usando o arraial da Meia Ponte como base de apoio. Durante três anos, o segundo Anhanguera esquadrinhou uma vasta área, em busca da Serra dos Martírios. Fez dessa bandeira um desbravamento

---

[1] Francisco de Assis Carvalho Franco, *Bandeiras e bandeirantes de São Paulo*, Companhia Editora Nacional, 1940.

do Brasil, base dos atuais estados de Goiás, Mato Grosso e Mato Grosso do Sul.

Era tarefa hercúlea. Em dezembro de 1725, João Leite da Silva Ortiz, genro de Bueno da Silva, escreveu ao governador de São Paulo requisitando reforços. A bandeira tinha perdido quase toda a tropa e "a maior parte dos seus escravos", por conta da "esterilidade do dito sertão, como pelo dano recebido do gentio bárbaro, que lhe matara homens de sua companhia".[2]

Na estrada de Goiás, que a bandeira abriu atravessando os rios Atibaia, Jaguari, Mogi, Pardo e Sapucaí, até o rio Grande, estabeleceram-se trinta pousos de tropeiros até 1728. Subindo o chapadão da margem direita do rio das Velhas, a coluna seguiu pelo planalto central, até as cabeceiras do rio das Pedras; dali, Bueno da Silva apontou na direção do porto do Parnaíba, hoje Porto Velho, capital do estado de Rondônia. Seu primo, João Leite Bueno, fez um percurso diverso, guiado por uma indígena escravizada, e alcançou os sertões do rio Negro, hoje região de Dourados, em Mato Grosso do Sul.

Dessa forma, descobriram ao menos cinco minas de ouro – e desbravaram um sertão inteiramente novo, sem, no entanto, ter encontrado a rota de Cuiabá, que dava na serra dos Martírios, sua intenção inicial. Bueno da Silva destacou bandeiras menores para ampliar seu raio de ação, que formaram os distritos de Rio Bonito, Rio Claro e Rio Verde, no atual estado de Goiás.

Fundador do Curral del-Rey, origem de Belo Horizonte, João Leite da Silva Ortiz, genro de Bueno da Silva, encontrou ouro no rio dos Pilões. Outro braço da bandeira colheu pepitas no rio Claro. Para o segundo Anhanguera, porém, não era suficiente. Manteve sua marcha pelos sertões obstinadamente, a ponto de exaurir seus homens. "Vendo os meus companheiros cada dia morrerem três ou quatro de fome, depois de terem comido todos os cachorros e alguns cavalos, principiei a pregar e fiz trinta e cinco sermões sem mudar de

---

2 Francisco de Assis Carvalho Franco, *Bandeiras e bandeirantes de São Paulo*, op. cit.

tema, animando a todos que não esmorecessem, certificando-lhes para diante rios de muito peixe, campos de muitos veados, matas de muita caça, mel e gabirobas", escreveu Urbano do Couto e Menezes, praça da expedição, quando se encontravam nas proximidades do rio Maranhão. "Perguntavam os miseráveis: quando? Respondia-lhes então: nestes dias."[3]

Os relatos da bandeira davam conta de que Bueno da Silva se tornou chefe de disciplina férrea, ríspido e intratável. À frente de sua coluna, com setenta remanescentes após três anos de perambulações pelo sertão, explorou o rio Tocantins. Com um grupo de seis ou sete homens, descendo o Tocantins, alcançou Belém, capital do Pará. No retorno, sem desistir de encontrar a serra do Martírios, na região dos Ferreiros, andou pelo rio Vermelho e pelo ribeirão das Cabrinhas, a quatro léguas da atual cidade de Goiânia, onde a garimpagem dos rios revelou ouro abundante.

Bueno da Silva assegurou então a seu irmão, Simão Bueno, que reconhecia a paragem vista por João Peres Cafiamares, com os Martírios de Cristo esculpidos numa pedra alta, e encerrou sua missão. Em carta ao rei, datada de 27 de outubro de 1725, dom Rodrigo César de Meneses deu notícia do descobrimento de ouro naquela região. Obteve mais recursos, dessa vez para sua exploração. Em maio de 1726, o segundo Anhanguera se estabeleceu nas novas minas, no posto de regente e capitão-mor. Além de receber a concessão das sesmarias de forma permanente, ganhou do rei o direito de cobrar pedágio pela passagem nos rios que levavam às minas goianas por cem anos. Isso lhe deu riquezas, mas gerou também desavenças. À medida que se organizava a administração estatal, Bueno da Silva tinha sua autoridade limitada pelos delegados régios, que passaram a investigá-lo por denúncias de contrabando e sonegação de impostos.

---

3 Francisco de Assis Carvalho Franco, *Bandeiras e bandeirantes de São Paulo*, op. cit.

Com o enfraquecimento da produção das Minas, outros paulistas passaram a seguir a rota de Goiás e de Mato Grosso. Foi uma nova fase do bandeirantismo: a das "monções", de caráter mais comercial e colonizador. As caravanas desciam o curso do Tietê-Anhembi até as bacias dos rios Paraná e Paraguai e seguiam para o norte, pelo meio do Pantanal mato-grossense, na esteira de Raposo Tavares e dos dois Anhangueras. Outras bandeiras foram ainda mais para o noroeste, em terra sob litígio com a Espanha. A partir de Cuiabá, subiam os rios da bacia do Guaporé, atual divisa com a Bolívia, com o objetivo de garimpar ouro nas terras dos indígenas Parecis.

A presença de bandeirantes na região era proibida, não somente por estar no lado espanhol da divisa como por uma lei portuguesa, de 30 de outubro de 1733, que, entre outras coisas, não autorizava a busca de caminhos novos – medida que buscava evitar desvios de ouro de quaisquer minas estabelecidas. Por conta disso, foram presos e enviados a Lisboa para julgamento Manuel Félix e Manuel Machado, líderes de uma bandeira que desceu o rio Guaporé e prosseguiu viagem pelo rio Madeira, no coração da Amazônia.

Em 1734, uma expedição liderada pelos irmãos Fernando e Arthur Pais de Barros encontrou ouro entre os rios Sararé e Galera, assim como nas nascentes dos rios Guaporé e Juruena, na base da chapada de São Francisco Xavier, atual chapada dos Parecis. Os bandeirantes estavam indo longe demais, e Bueno da Silva perdeu nesse ano a superintendência de Sant'Anna, que foi reunida com a de Meia Ponte sob o comando de Gregório Dias da Silva, ouvidor-geral de São Paulo. Em 1738, a Ouvidoria investigou suas atividades e Bueno da Silva teve seus privilégios cassados pelo governador, Caldeira Pimentel, com permissão da Coroa.

Depois de empenhar seus recursos pessoais na ocupação de Goiás, e de ter confiscadas concessões de exploração de vias que iam até o Maranhão, Bueno da Silva ficou na miséria. O novo governador da capitania de São Paulo, dom Luiz de Mascarenhas, que assumiu o posto em 1739, mandou lhe dar, como compensação, uma arroba de ouro do Fisco. A Corte, porém, não só anulou o gesto como lançou a ajuda recebida na conta de suas dívidas.

Em 25 de julho de 1739, a principal povoação de onde partiam suas bandeiras foi elevada a vila, por Carta Régia, com o nome de Vila Boa de Goiás – hoje Goiás Velho. Bueno da Silva morreu nela, em 19 de setembro de 1740. A ocupação pelos bandeirantes paulistas do Centro-Oeste, porém, seguiu. Implantaram na região atividades econômicas como a agricultura, a pesca e a criação de gado, de forma a abastecer os mineradores, distantes de centros produtores. Passaram a navegar regularmente o rio Guaporé, como na expedição de 1742, realizada por seis bandeirantes paulistas e quatro portugueses, entre eles Tristão da Cunha Gago e João de Borba Gato, sobrinho de Manuel de Borba Gato. Pretendiam comerciar com as missões jesuíticas nos "Llanos de Mojos", criadoras de gado na extensa região dos pampas ocidentais ao norte, ao longo do rio Mamoré.

Entre 1743 e 1752, os bandeirantes promoveram ao menos sete expedições entre o atual estado de Mato Grosso e o do Pará, como a de Barbosa de Sá e Francisco Leme do Prado (1743), pelo rio Guaporé; Miguel da Silva e Gaspar Barboza Lima (1744), José de Souza Azevedo (1746), José Leme do Prado e Francisco Xavier de Abreu (1747), que desceram o rio Tapajós até o Pará, a norte; João de Souza Azevedo (1749), que fez o contrário: subiu o Tapajós com mercadorias do Pará rumo às minas de Mato Grosso, ao sul; José Gonçalves da Fonseca, ex-secretário da capitania do Grão-Pará, que saiu de Belém do Pará para mapear a navegação do rio Madeira e seus afluentes (1749).

Em 1748, foi fundada a capitania do Mato Grosso, com a reunião dos distritos do Mato Grosso e de Cuiabá, cujo primeiro governador, dom Antônio Rolim de Moura Tavares, recebeu a missão oficial de combater os Paiaguás e Caiapós e proteger o garimpo nos Parecis. Devia ainda fundar missões ou aldeias administrativas para os nativos considerados "mansos", de forma a torná-los vassalos do rei. Em 12 de março de 1752, foi fundada a Vila Bela da Santíssima Trindade, no rio Guaporé, perto da atual fronteira com a Bolívia.

Assim, os paulistas passaram a ter presença desde o sul da bacia amazônica até Belém do Pará, na porta do oceano Atlântico. Por força das bandeiras, apareceu uma economia extrativista e agrícola nos atuais estados do Pará e do Maranhão. No Pará, os bandeirantes abriram na mata fazendas de algodão, arroz e cacau, geradoras de grande prosperidade na segunda metade do século, com o desabastecimento do mercado internacional decorrente das guerras de Independência dos Estados Unidos e, depois, das guerras napoleônicas.

A descoberta de ouro e a produção agrícola reforçaram a vontade da Coroa portuguesa de consolidar a posse do continente interior. Essa riqueza, que levou o Brasil colonial a sua maior expansão, porém, também despertou a cobiça de outras nações. Tanto as que queriam apenas pilhá-la como as que queriam tomar também a terra para si – início de conflitos que não deram trégua e pagaram seu preço em sangue.

CAPÍTULO 6

Um corsário humilha um reino

No início do século XVIII, os conflitos que ficaram conhecidos como a Guerra dos Emboabas e a Guerra dos Mascates se somaram a conflitos externos, que punham em risco a própria existência do império e aumentavam a exigência da Coroa portuguesa por recursos. Quando apenas começava a pacificação do sul pela criação da nova capitania de São Paulo, Rio de Janeiro e das Minas Gerais, o governador Antônio de Albuquerque Coelho de Carvalho recebeu em Sabará, onde se encontrava, um pedido de socorro contra uma invasão francesa do Rio de Janeiro – resultado da situação de Portugal no cenário europeu e que o obrigava a enviar auxílio urgente, caso não quisesse perder uma vila com um porto capital.

Encerrava-se um período de trinta e cinco anos em que Portugal navegara em mares de relativa tranquilidade na Europa, recuperando-se aos poucos da desgastante Guerra da Restauração (1641-1668), para separar-se da Espanha. Por conta de sua história, assim como de sua conformação de país-porto, Portugal carregava uma grande diversidade de influências. Cerca de um terço da população da Metrópole tinha origem árabe, herança dos tempos da longa hegemonia otomana, e conservava alguns de seus hábitos.

"As mulheres dos nobres adotavam liberdades ocidentais, mas recebiam visitantes sentadas com as pernas cruzadas [...] e as de classe média viviam em reclusão oriental, saindo apenas aos domingos para a missa", relatou o historiador econômico Alan Davis Francis, da Universidade de Cambridge.[1] "D. Pedro (II) era um pachá com as mulheres e preferia fazer suas refeições sentado num tapete."

Muitas palavras do vocabulário português têm origem árabe: arroz (*ar-ruzz*), azulejo (*al-zuleif*), almoxarifado (*al-muxarif*), papagaio (*babaga*), açúcar (*as-sukar*), alfaiate (*al-khayyât*), alcateia (*al-kataia*). Os portugueses usavam também conceitos árabes, como o do "mameluco", utilizado para designar os chefes guerreiros mestiços que mesclavam a bravura com o conhecimento do território colonial, estendido no Brasil a todos os filhos de europeus com indígenas. A palavra "mulato" também entrou na língua portuguesa pelo árabe *mowallad*, ou *muladi*, pessoa nascida de pai árabe e mãe estrangeira, passando a designar o mestiço, mais especialmente de branco com negro.

País feito da guerra, como uma nova cruzada, e de aspirações que vinham dos tempos do império romano, de quem herdara a ambição e a organização militar, Portugal dependia essencialmente das riquezas trazidas de suas colônias. A Metrópole tinha agricultores, fazendeiros e comerciantes, mas não conseguia competir com a Inglaterra, a França e os Países Baixos, nem na atividade comercial nem na produção, sobretudo depois do início da mecanização que caracterizou a era industrial.

Mesmo dentro da Metrópole, no continente europeu, os portugueses sempre competiram com os estrangeiros, atraídos pelos portos livres. "Embora Portugal ainda fosse amante de um império, satisfazia-se em permitir que estrangeiros conduzissem seu comércio, prosperassem em suas cidades, mesmo sem ter poucas relações com a população local", acrescentou Francis. "Aos portugueses

---

[1] Alan Davis Francis, *The Methuens and Portugal*, Cambridge at The University Press, 1966.

parecia que todos os lucros ficavam no bolso dos mercadores estrangeiros, que sem dúvida viviam melhor."²

O império português tinha sido restabelecido a partir da libertação da Coroa espanhola e da recuperação de seus territórios coloniais, mas suas finanças ainda andavam combalidas pelos esforços militares da Guerra da Restauração e a dependência extrema do comércio exterior. O Estado falhava no pagamento do soldo e as tropas viviam insatisfeitas e indisciplinadas.

Apesar da bravura de sua gente, cantada epicamente em *Os lusíadas*, de Luís Vaz de Camões, o serviço militar nessa época era evitado. Para fugir do alistamento, os portugueses alegavam tudo, de imunidade eclesiástica à condição de arrimo de família ou de doente contagioso. "Recrutas chegavam a se automutilar para pedir dispensa", observou Francis. A Marinha andava desfalcada de equipamento e pessoal experimentado. Faltavam marinheiros até mesmo para guardar as duas ou três naus que saíam anualmente de Lisboa com destino a Goa, ou para proteger os cargueiros vindos do Brasil.

A Coroa portuguesa equilibrava pratos tanto para evitar que as milícias locais da colônia se virassem contra ela quanto para proteger-se de inimigos na Europa, numa fase em que as monarquias absolutistas entravam em declínio e antigos aliados se transformavam em inimigos, e vice-versa. Mesmo após o fim da Guerra da Restauração, a paz com os vizinhos mais próximos ficou ameaçada com a eclosão da guerra espanhola de sucessão, que abriu a possibilidade de surgimento de um inimigo poderoso – e cheio de ambição.

Entre 1701 e 1714, como ocorrido com Portugal com a morte de dom Sebastião I, foi a vez de a Espanha ficar sem sucessor, após a morte aos 39 anos de Carlos II, último descendente dos Habsburgos. Descrito desde criança como uma figura raquítica, de rosto disforme (chamavam o prognatismo de "lábio Habsburgo") e coberto de pústulas, com dificuldades motoras e mentais, o rei era

---

2 Alan Davis Francis, *The Methuens and Portugal*, op. cit.

conhecido popularmente como "O Enfeitiçado", epíteto que o associava a alguma maldição. Seus dois irmãos também faleceram cedo, aos quatro e aos dezessete anos, e ele não possuía herdeiros – não teve filhos com sua primeira mulher, Maria Luísa d'Orleans, que morreu em 1689, nem com a segunda, Maria Ana de Neuburgo. Por testamento, Carlos II deixou o trono espanhol a seu sobrinho-neto, Felipe D'Anjou, o duque D'Anjou, neto do imperador francês Luís XIV.

Entronizado como Filipe V, um francês iniciou a dinastia Bourbon na Coroa espanhola. A possibilidade da união entre França e Espanha, apesar de uma determinação deixada em testamento por Carlos II contra essa junção, colocou em alerta as nações europeias, que temiam o surgimento de um império franco-espanhol. Com isso, o imperador Leopoldo I da Áustria, do clã dos Habsburgos, casado com uma irmã de Carlos II, Margarida Teresa, e neto de Filipe II da Espanha, também reivindicou o trono para seu filho, o arquiduque Carlos da Áustria, futuro Carlos VI do Império Romano-Germânico. Recebeu para isso o apoio da Grã-Bretanha.

A disputa, que colocou frente a frente França e Grã-Bretanha, criou um dilema para dom Pedro II, que não podia ter nenhum dos dois países como adversário. A competição pelo mercado internacional para os produtos portugueses era uma guerra de influência transformada em rivalidades nacionais, e tomar qualquer partido podia ser fatal. "O povo comum não via com simpatia aquela guerra, pois ainda não se haviam restabelecido dos sacrifícios impostos pelas longas lutas com a Espanha e com a Holanda", assinalou Boxer.[3] A neutralidade era a melhor solução, mas a pressão dos governos envolvidos demandava uma opção.

O confronto com a França trazia conflitos à divisa da colônia brasileira, onde ao norte Luís XIV reivindicava que seu território colonial fosse até o "Paru" – atual ilha de Marajó. Em 27 de setembro de 1699, dom Pedro II já havia escrito um "memorial", reclamando

---

3 Charles R. Boxer, *A Idade de Ouro do Brasil: 1695-1750*, op. cit.

da transgressão de limites por parte da França na divisa com a Guiana. Depois de reafirmar a "inseparável união que desde os princípios teve a Coroa de Portugal com a França", lembrava que os monarcas franceses "se obrigaram a não se intrometer nas nossas conquistas do Brasil".[4]

Ao tempo do governador Antônio de Albuquerque Coelho de Carvalho, foram levantadas fortalezas em Macapá e nos rios Negro, Pauxis e Tapajós para defender a fronteira de ataques a partir de Caiena. Em 4 de março de 1700, foi assinado um tratado "provisional e suspensivo", cessando hostilidades até que fossem dirimidas "as diferenças a respeito dos direitos que cada uma das Coroas pudesse ter às terras situadas entre Caiena e as margens do Amazonas", segundo Varnhagen.[5]

"Duvidando da proteção da Inglaterra", dom Pedro II aceitou a aliança francesa, oferecida por Luís XIV, assinando em 15 de junho de 1701 o Tratado Franco-Português, que consolidava o acordo anterior e oferecia a cooperação marítima comercial e militar entre os dois impérios.[6] Porém a pressão do lado britânico logo o fez se arrepender da decisão. Em setembro de 1702, o tratado foi desfeito e Portugal foi intimado a tomar partido da Grande Aliança – formada pela Grã-Bretanha, os Países Baixos, a Áustria e a Prússia – contra o império franco-espanhol, na guerra iniciada naquele ano.

Depois de sete meses de negociações, conduzidas em Lisboa pelo embaixador extraordinário inglês John Methuen, dom Pedro II firmou em 16 de maio de 1703 dois tratados com a Grande Aliança, com o objetivo de desalojar Filipe d'Anjou da Espanha e colocar em seu lugar o arquiduque Carlos da Áustria. O rei português pediu seu preço pela adesão. Além de reforçar Portugal com tropas, o

---

4 *Memória histórico-política que tem o rei de Portugal contra as colônias que na terra firme da América intenta estabelecer o rei francês em dano de limites setentrionais do estado do Brasil*, Arquivo Histórico Ultramarino, AHU-Brasil-Limites, cx. 1, doc. 3.
5 Francisco Adolfo de Varnhagen, *História geral do Brasil, op. cit.*, v. 2.
6 Francisco Adolfo de Varnhagen, *História geral do Brasil, op. cit.*

arquiduque acedeu à exigência de, uma vez vencida a união franco-
-espanhola, entregar Badajoz, na Extremadura, que ficava do lado
espanhol do rio Guadiana, além de outras cidades na fronteira. Reivindicou, ainda, o reconhecimento da posse por Portugal de Sacramento, na margem esquerda da foz do Prata. Cobiçada desde
o início da colonização, era estrategicamente importante por ser,
assim como Buenos Aires para a Espanha, a principal porta de entrada fluvial para o interior do continente.

Os tratados de maio de 1703 foram completados em 27 de dezembro pelo Tratado de Panos e Vinhos, ou Tratado de Methuen, acordo
comercial com a Grã-Bretanha. "Portugal era um país pobre, ne-
cessitando importar milho para sua subsistência e, desde o último
quarto do século XVII, procurava meios de salvar seu comércio exterior", escreveu Alan David Francis. "Essa necessidade cresceu com
o declínio no mercado do açúcar brasileiro, em competição com o
açúcar das Índias ocidentais francesas e inglesas."[7]

O acordo foi negociado do lado inglês por John Methuen, e do
português por dom Nuno Álvares Pereira de Melo, duque de Cadaval,
com Manuel Teles da Silva, marquês de Alegrete. Desde 1677 estava
proibida a importação de manufaturas de lã em Portugal – lanifica-
dores ingleses tinham sido levados para auxiliar na montagem de
tecelagens locais, para estimular a indústria. Pelos termos do novo
tratado, ficava livre a entrada dos artigos de lã ingleses em território
português, mas, por outro lado, reduzia-se a tarifa sobre a importação inglesa de vinhos portugueses, o que os colocava em vantagem
com relação aos produtores franceses. Era um negócio que benefi-
ciava ambos os países e, em particular, seus articuladores: o pai de
John Methuen, Paul Methuen, era industrial da tecelagem; Cadaval e Alegrete eram ambos proprietários de vinícolas em Portugal.

---

7 Alan David Francis, John Methuen and the Anglo-Portuguese treaties of 1703, *The Historical Journal*, Cambridge University Press, n. 2, 1960.

Como retaliação a esses acordos políticos e comerciais, em 30 de abril de 1704 o rei da Espanha, Filipe V, declarou guerra a Portugal. Em 1705, o governador do Prata, Alonso Juan de Valdez e Inclán, partindo de Buenos Aires, retomou Sacramento, cuja fortaleza tinha sido reforçada pelos portugueses no ano anterior. O governador de Sacramento, Sebastião Veiga Cabral, abandonou sua posição com a guarnição portuguesa do forte e toda a população, depois de um cerco de seis meses e meio. Embarcaram em navios enviados para resgatá-los, rumo ao Rio de Janeiro.

Com a guerra, começaram as escaramuças em toda parte. Corsários franceses saquearam a ilha do Príncipe, colônia britânica do arquipélago de São Tomé e Príncipe, no golfo da Guiné, em 1706, e passaram a perseguir naus portuguesas no Oriente, entre Moçambique e Macau. Após combates contra forças enviadas de Quito, o governador do Pará, Cristóvão da Costa Freire, prendeu o padre espanhol João Batista Sana, que atuava na região dos Omágua, no rio Negro, em 1709, e expulsou de lá os jesuítas por ele liderados.

Na Europa, o conflito pendeu para o lado franco-espanhol. Os aliados conseguiram entrar em Madri duas vezes, mas a vitória foi de curta duração, com as tropas sendo repelidas. Após a Batalha de Almansa, em 25 de abril de 1707, a Espanha retomou o controle da maior parte de seu território, com exceção da Catalunha e das ilhas Baleares, que se mantinham ao lado do arquiduque Carlos. Desde então, a Inglaterra e o próprio arquiduque perderam o interesse pela disputa, decidida em favor de Filipe V. Portugal se viu sozinho e agora vizinho de inimigos poderosos.

As forças franco-espanholas passaram a fustigar o território português, tanto na Europa quanto em suas colônias, onde o principal alvo era o Brasil. Mais precisamente, a cidade que mais crescia, por onde passava agora a maior parte da riqueza da colônia e que a França, um século antes, na experiência da França Antártica, já havia tentado ocupar sem sucesso – uma "*folle équipée*" (uma loucura armada), como a definiu o historiador francês Charles de La Roncière.[8]

*

Depois de um longo período estagnado, desde sua fundação, o Rio de Janeiro se transformou durante o ciclo do ouro em importante porto, por onde escoava a maior parte da produção vinda dos garimpos das Minas, primeiro como escala do transporte iniciado no porto de Paraty, depois diretamente, quando foi aberto o Caminho Novo. Do Rio, o ouro era embarcado para Lisboa e dali seguia para pagar por alimentos e produtos manufaturados, dos quais Portugal não tinha produção própria.

Assim, das vilas brasileiras, o Rio de Janeiro era o alvo mais atraente para os corsários, piratas que atuavam com apoio, inclusive financeiro, das Coroas inimigas. O primeiro ataque a seu porto, em 1710, quase teve sucesso, apesar da improvisação. Seis naus, levando cerca de 1.200 homens, partiram de Brest, na França, armadas por uma companhia corsária sob o comando de Jean-François Duclerc, recém-promovido a capitão. Natural de Guadalupe, era um *criollo*, como se chamavam os descendentes de espanhóis nascidos nas colônias da América. Por conta da cor de sua pele, contudo, foi tomado no Brasil como um "príncipe índio", isto é, das Índias Orientais.[9]

A defesa do Rio de Janeiro não tinha a melhor das reputações, como se depreende das impressões do cronista de uma expedição francesa que passou por ali em 1695, sob o comando de Jean-Baptiste de Gennes, a bordo do vaso *Le Faucon Anglais*. "É bem sabido que eles não são corajosos a não ser sobre seu próprio monte de esterco, e que, conforme a ocasião, recorrem mais depressa ao seu rosário do que à sua coragem", escreveu o cronista

---

8   Charles de La Roncière, *Histoire de la Marine Française*, Paris, 1932, v. 1.
9   Charles de La Roncière, *Histoire de la Marine Française*, op. cit.

François Froger, que não gostou também do clima: "Um calor insuportável, que ferve até a água".[10]

Isso explica o excesso de confiança com que Duclerc entrou no Rio de Janeiro na manhã de 17 de agosto de 1710. Hasteou bandeiras inglesas, como se fosse aliado, para se aproximar das fortalezas na entrada da baía de Guanabara sem levar fogo, mas, diante de disparos de advertência, afastou-se, navegando para o sul, até a ilha Grande, como fizera a expedição de Gennes. Nos dias seguintes, tentou várias incursões em terra, em busca de água e víveres, mas encontrou a resistência de milicianos da fortaleza local.

Sob a orientação de quatro escravos negros foragidos do engenho do emboaba Bento do Amaral Coutinho, em ilha Grande, Duclerc desembarcou com sua tropa na praia de Guaratiba, em 11 de setembro. Com seus guias, embrenhou-se na mata fechada da serra dos Órgãos, até alcançar um engenho jesuíta, já nas proximidades do Rio de Janeiro, no dia 18 de setembro.

Embora pudesse ter interceptado os franceses, o governador da capitania, Francisco de Castro Morais, em vez de localizar o inimigo enfiado na mata, concentrou seus 15 mil homens, entre milicianos e escravos, nas linhas de defesa. Na manhã de 19 de setembro, Duclerc atacou, mas não por onde Castro Morais esperava. À frente de seus homens, passou longe de duas linhas entrincheiradas onde se encontrava a maior parte da defesa e entrou combatendo pelas ruas, até chegar ao centro da cidade, onde enfrentou a milícia local, liderada por Bento do Amaral Coutinho e pelo frei Francisco de Meneses. Os estudantes e professores do Colégio dos Jesuítas, ao soar dos sinos, juntaram-se à defesa do Palácio do Governador, alvo principal do ataque.

A proteção da cidade, entregue a um padre e a estudantes, foi mais tarde alvo de chacota na Metrópole portuguesa. "Primeira

---

10 François Froger, *Relation d'un voyage fait en 1695, 1696 & 1697 aux Côtes d'Afrique, Détroit de Magellan, Brésil, Cayenne et Isles Antilles, par une escadre des vaisseaux du Roi, commandée par M. de Gennes*, Biblioteca Nacional Digital.

invasão que os franceses fizeram no Rio de Janeiro, onde bastaram os estudantes e os pretos a destruí-los, porque o terço de infantaria que lá se achava estava no campo, a pé, no tempo em que o inimigo entra pela cidade", escreveu o satirista Tomás Pinto Brandão, em 1732.[11]

Os estudantes defenderam o palácio até que chegou a tropa. No combate, o coronel Gregório Castro Morais, irmão do governador, ferido de morte, gritou aos combatentes que avançassem mesmo sem ele, porque "um homem não fazia falta".[12] Já reduzidas quase à metade, as tropas francesas recuaram para um trapiche, onde contavam ser resgatadas pelas naus, que, no entanto, não vieram em seu socorro. Cercado, Duclerc rendeu-se. Varnhagen afirma que se estimaram os mortos no combate em quatrocentos franceses e cinquenta luso-brasileiros; outras fontes apontam que foram feitos seiscentos prisioneiros franceses, metade dos quais se encontrava ferida, muitos com gravidade. O casario também tinha suas baixas. "Arderam nesse dia o palácio do governador, a alfândega e umas casas de Gaspar Soares, vizinhas do Trapiche", relatou Varnhagen.[13]

A cadeia não comportava tantos prisioneiros. Duclerc e seus oficiais mais próximos foram encarcerados no Colégio da Companhia de Jesus e no convento dos franciscanos, enquanto os soldados ficaram nos armazéns da Casa da Moeda. Três dos escravos foragidos da fazenda de Bento do Amaral, aprisionados com os franceses, foram torturados e executados. Outro escapou. Em Guaratiba, onde ainda se encontrava a frota francesa, deu-se a notícia do resultado da invasão. Dois dias depois, três naus francesas entraram na baía de Guanabara e trocaram tiros com o forte Santa Cruz.

Por meio de um cessar-fogo, Duclerc obteve licença do governador para enviar mensagem a seus comandantes, pedindo roupas e cirurgiões. Relatos posteriores deram conta de que os médicos,

---

11 Thomas Pinto Brandão, *Pinto renascido, empenado e desempenado*, Lisboa, 1732.
12 Charles R. Boxer, *A Idade de Ouro do Brasil: 1695-1750*, op. cit.
13 Francisco Adolfo de Varnhagen, *História geral do Brasil*, op. cit.

autorizados a vir a terra, teriam sido assassinados ao desembarcar. A flotilha francesa entregou dois de seus navios menores para que fossem vendidos, de forma a pagar as despesas com os prisioneiros, e partiu em 15 de outubro de volta para a França.

No Rio, Duclerc tornou-se famoso pelas tentativas de fugir, subornando os sentinelas. Reclamava do cárcere no colégio, pois "não nascera para frade". Castro Morais acabou por hospedar o incômodo prisioneiro, vigiado por um destacamento de dez soldados, na casa do ajudante de tenente Thomaz Gomes da Silva. Em 18 de março de 1711, embora mantido sob guarda, o corsário francês foi assassinado em seu quarto por um grupo de mascarados, que entrou e saiu sem resistência.[14] Para uns, Duclerc foi morto por sua habitual insolência; para outros, pela galanteria com que havia tratado a mulher do governador. Segundo Varnhagen, os mascarados entraram "dizendo-lhe um que era desbocado, e outros que requisitava mulheres honradas", antes de matá-lo.

O corpo do corsário foi sepultado na igreja da Candelária. Embora os conselheiros ultramarinos insistissem junto a dom João V para investigar responsabilidades sobre o crime, nada foi esclarecido. Para os franceses, pouco importava quem eram os mascarados. A seu ver, de todo modo, o crime tinha sido "friamente perpetrado [...] com a tácita aprovação do governador, do Ouvidor, dos militares e dos principais habitantes, como isso depois comprovamos", conforme escreveu Louis Chancel de Lagrange, integrante e cronista da expedição punitiva organizada logo a seguir.[15]

O assassinato de Duclerc tornou-se uma afronta, assim como os festejos que seguiram no Rio de Janeiro, nos quais "como troféus, (se) arrastaram bandeiras francesas tintas de sangue pelas ruas, atadas à cauda de cavalos". Estudantes do Colégio da Companhia de Jesus fizeram panfletos para promover uma peça teatral, encenada por

---

14 Francisco Adolfo de Varnhagen, *História geral do Brasil*, op. cit.
15 Louis Chancel de Lagrange, *Minhas viagens: campanha do Brasil contra os portugueses em 1711*, 1740.

eles, com um combate simulado, no qual ao fim o comandante francês caía aprisionado. Como resultado, nas palavras de Lagrange, resolveu "El-Rei [da França, Luís XIV] tirar crua vingança".[16]

Para isso, só precisava do homem certo.

*

Na colônia, bem como na Metrópole, a vitória sobre os franceses serviu de alento, numa época em que só vinham más notícias da guerra na Espanha. Contagiado pelo ufanismo, o governador Castro Morais preferiu não ouvir os conselhos de frei Francisco de Meneses, que recomendou o envio dos prisioneiros para Benguela, Moçambique e Cabo Verde, "terras onde se vive pouco". Preferiu manter os prisioneiros franceses, que, para o frei, eram apenas o chamariz de uma operação de resgate.

Tinha razão.

A pretexto de vingar o ocorrido com Duclerc, e com a perspectiva de grandes lucros, o já célebre corsário bretão René Du Guay-Trouin recebeu autorização, ou um convite, para organizar uma expedição punitiva ao Rio de Janeiro.[17] Nascido em 1673, descendente de comerciantes navais de Saint-Malo, foi instruído para o sacerdócio, mas preferiu entrar para o corso – o negócio da família, que explorava esse tipo de pirataria legalizada no interesse comercial de armadores e do próprio Estado francês, a quem também servia.

Aos dezesseis anos já tripulava um barco da empresa familiar que fazia apresamentos na costa de Spitsbergen, no Ártico norueguês, até o estreito de Gibraltar, entre a Espanha e o norte da África. Tornou-se célebre pela coragem, pelo charme pessoal e pelas táticas de abordagem, com legendário sucesso na pilhagem de embarcações inimigas, sobretudo de ingleses e holandeses.

---

16 Louis Chancel de Lagrange, *Minhas viagens: campanha do Brasil contra os portugueses em 1711*, op. cit.
17 Em documentos portugueses e brasileiros se utiliza a forma Duguay-Trouin; seguimos aqui o original em francês, com a preposição "du", e o nome composto, "Guay-Trouin", como grafado em suas memórias.

Dava a sua própria trajetória a dimensão de um épico grego: "*à la conquête d'un toison d'or sous la conduite d'un nouveau Jason*", escreveu de seus propósitos, em suas memórias.[18] Jasão era o mitológico herói encarregado de trazer o Velocino de Ouro – lã de ouro do carneiro alado Crisómalo, da distante Cólquida. A missão, considerada impossível, tinha-lhe sido confiada pelo tio, o rei Pélias, na esperança de que o sobrinho morresse na empreitada, frustrando a profecia de que o sucederia no trono. Du Guay-Trouin pusera o nome de *Jason* em sua nau capitânia, como sinal de sua ambição – e de sua *panache*.

Esbelto, elegante e galanteador, além de hábil espadachim, Du Guay-Trouin não era um pirata qualquer, brutal e sanguinário. Comportava-se como um cavalheiro – ou, como se dizia, um gentil-homem. Tratava o inimigo de forma digna, dando honras ao capitão vencido, valorizando-o, e, assim, a sua própria vitória. Com esse perfil, propunha-se a dar uma lição exemplar aos luso-brasileiros, definidos por Lagrange como "uns fanfarrões".[19]

Apesar da autoconfiança, Du Guay-Trouin teve em primeiro lugar a inteligência de não subestimar os colonos brasileiros, como fizera o capitão que o antecedeu, com resultado funesto. Já havia experimentado uma de suas poucas derrotas justamente diante de uma escolta da frota do Brasil, que regressava a Portugal, na entrada do Tejo, em maio de 1706, tomando-o de surpresa antes de um ataque e obrigando-o a retirar-se. "Perdi uma das maiores oportunidades de minha vida", escreveu em suas memórias.

No livro, anotou saber que depois da incursão de Duclerc o rei de Portugal havia "aumentado as fortificações" do Rio de Janeiro, além de enviar à colônia brasileira quatro vasos de guerra de 54 a 74 peças de artilharia, com cinco regimentos de infantaria, sob o comando do

---

18 A conquista de um tosão de ouro sob a condução de um novo Jasão, *Mémoires de Monsieur Du Guay-Trouin*, Pierre Mortier, 1730.
19 Louis Chancel de Lagrange, *Minhas viagens: campanha do Brasil contra os portugueses em 1711*, op. cit.

chefe de esquadra dom Gaspar da Costa Ataíde. Apelidado "o Maquinês", era considerado o melhor e mais experimentado comandante de Portugal, tendo servido no Atlântico, no Índico e no Mediterrâneo, onde participou da vitória luso-britânica sobre os franceses na batalha naval de Algeciras, ao sul da Espanha, em março de 1705.

Com tais reforços, Portugal procurava "tornar este importante país intocável", observou Du Guay-Trouin. Porém era o tipo de desafio de que gostava. "Todas as circunstâncias, somadas à esperança de um imenso saque, e tudo pela honra que se podia adquirir num empreendimento tão difícil, fizeram nascer no meu coração o desejo de levar a glória das armas do Rei àqueles climas distantes, para punir ali a desumanidade dos portugueses com a destruição dessa colônia florescente", escreveu.[20]

Armou sua frota *incontinenti*, mas só zarpou dois meses após o apoio formal de Luís XIV, que lhe cedeu embarcações, tropas e o financiamento de uma companhia criada em Saint-Malo com a exclusiva finalidade de sustentar a expedição. De forma a ocultar o tamanho de sua esquadra de espiões ingleses e portugueses, dividiu-a: parte saiu do porto de Saint-Malo; outras naus zarparam de Brest, Rochefort e Dunquerque.

A pedido de "embaixadores portugueses",[21] os britânicos enviaram uma esquadra sob o comando do almirante John Leake para cercar o porto de Brest. Quando Leake surgiu diante da baía, à frente de vinte naus de guerra, de modo a evitar a partida da frota francesa, Du Guay-Trouin não se encontrava mais lá. Havia zarpado dois dias antes, em 3 de junho de 1711. Juntou sua esquadra no porto de La Rochelle, antes de atravessar o Atlântico.

O almirante inglês enviou um navio a Lisboa, com o aviso de que o corsário já se dirigia ao Rio de Janeiro. Como não havia mais ninguém disponível, o próprio Leake foi encarregado de levar a

---

20 *Mémoires de Monsieur Du Guay-Trouin, op. cit.*
21 Francisco Adolfo de Varnhagen, *História geral do Brasil, op. cit.*

notícia ao Brasil – e chegou ao Rio ainda antes dos franceses, em 30 de agosto.

Não havia mais o fator surpresa. O governador ordenou que a guarnição ficasse a postos, mandou abastecer as fortalezas e reuniu as milícias novamente. Recebeu comunicação de que a frota francesa tinha sido avistada em mar alto, na altura de Cabo Frio, navegando para o sul. Preparou a esquadra para receber o inimigo, mas nada aconteceu nos três dias que se seguiram. Concluindo tratar-se de alarme falso, Castro Morais desmobilizou as forças, retornando as naus à ancoragem na baía de Guanabara. Confiava que os vigias nas montanhas poderiam avistar a chegada dos franceses a tempo de colocar a frota de Costa Ataíde de novo em ação.

Du Guay-Trouin esperou até 11 de setembro, quando as tropas de defesa já tinham saído de prontidão. No dia seguinte, aproveitando-se do denso nevoeiro da manhã, com a ajuda dos pilotos que conheciam bem o lugar após a incursão de Duclerc, o *Jason* entrou invisível à frente das naus francesas na baía de Guanabara. Quando a névoa se dissipou, a esquadra francesa, com sete naus de linha, cinco fragatas, uma galeota e três bombardas, encontrava-se diante da baía, disparando sobre os fortes da entrada – o Santa Cruz, com trinta artilheiros e soldados, e o São João, com apenas cinco defensores.

Apanhada desprevenida, a defesa reagiu de forma desordenada. Exposto ao ataque-surpresa, Costa Ataíde levantou âncoras, mas, na pressa de entrar em ação, os navios "encalharam uns na Prainha, outros na ponta da Misericórdia".[22] O próprio comandante mandou incendiá-los, para que não fossem tomados pelo inimigo, assim como os trapiches e armazéns ao longo da praia, junto ao morro de São Bento. "O Maquinês [...] no conflito perdera o juízo, o qual não recobrou mais durante toda a vida", ironizou Varnhagen.[23] Uma sétima nau, a *Nossa Senhora da Barroquinha*, capturada pelos

---

22 Francisco Adolfo de Varnhagen, *História geral do Brasil*, op. cit.
23 Francisco Adolfo de Varnhagen, *História geral do Brasil*, op. cit.

franceses, teve seus canhões de bronze retirados e foi depois também incendiada.

O desastre aumentou depois da explosão acidental de barris de pólvora na fortaleza da ilha de Villegagnon, na entrada da baía, matando ou ferindo cerca de sessenta defensores, incluindo três capitães. Mesmo assim, os disparos vindos dos fortes de defesa na entrada da baía causaram mais de trezentas baixas nas naus francesas. Estas passaram, embora avariadas, e ancoraram dentro da baía, a pouco mais de uma centena de metros do continente, ao largo da fortaleza escarpada da ilha das Cobras – outro ponto estratégico de defesa, cuja pequena guarnição fugiu na madrugada seguinte à da aproximação do inimigo.

Du Guay-Trouin ainda estava longe de tomar e saquear o Rio de Janeiro, mas se encontrava dentro da baía, diante da cidade, e com grande vantagem moral. O governador Castro Morais e o comandante Costa Ataíde acusaram um ao outro pelo fracasso inicial da defesa. Em 14 de setembro, o corsário enviou quatro fragatas para o desembarque de 3.300 homens na ilha do Pina, que dali passaram a uma praia próxima, no continente, cerca de 1,5 quilômetro a noroeste da cidade. Com eles, Du Guay-Trouin enviou quinhentos homens com escorbuto, para a recuperação em terra firme. Na sequência, deu ordem para a invasão.

Os franceses montaram baterias na ilha do Pina, na ilha das Cobras e nas montanhas ao redor da cidade, onde assestaram morteiros e peças de canhão. Dessas posições, começaram a bombardear o Rio de Janeiro. Na defesa, destacaram-se novamente Bento do Amaral Coutinho e o frei Francisco de Meneses, que combatia vestido no hábito da ordem jesuíta e por isso se tornou conhecido entre os franceses como "Frère Jacques".

Militar francês naturalizado português, Gilles L'Hédois du Bocage, capitão de mar e guerra da nau São Boaventura, avô materno do poeta satírico português Manuel Maria Barbosa L'Hédois du Bocage, instalou canhões no dormitório do mosteiro dos beneditinos, transformado em fortaleza. Dali, respondia ao fogo pesado dos sitiantes. Usou de um artifício. Disfarçado de marinheiro francês, e sendo essa sua língua natural, colocou-se como prisioneiro entre batedores franceses capturados, obtendo informações que revelaram as posições do inimigo. Este descobriu a artimanha somente depois. "Fez bem seu personagem", observou Du Guay-Trouin, em suas memórias. "Assim, o inimigo tomou a resolução de atacar nosso acampamento."

O contra-ataque acabou sendo repelido. No dia 19 de setembro, antes do bombardeio e do assalto decisivos, Du Guay-Trouin ofereceu a Castro Morais a oportunidade da rendição. Lembrou o governador do assassinato de Duclerc no cárcere e das "crueldades que fizestes aos prisioneiros do ano passado, e bem informado Sua Majestade [da França] de que, depois de fazerdes assassinar os cirurgiões, a quem havia consentido que desembarcassem dos navios para curar os feridos, os deixastes perecer à fome e à miséria".

Atalhou que pouparia os prisioneiros, por recomendação de Luís XIV, porque um massacre em represália seria "façanha indigna de um rei caridoso". Exigiu, porém, indenização para "satisfazer amplamente Sua Majestade a despesa que fez para este tão respeitável armamento", a libertação imediata dos prisioneiros franceses e a punição dos responsáveis pelo assassinato de Duclerc. "Sua Majestade requer que me nomineis os autores do crime, para que se faça uma justiça exemplar", afirmou. "Se não obedecerem logo à Sua vontade, nem vossos canhões, tropas e barricadas me impedirão de executar as ordens e passar a ferro e fogo todo este país."

Castro Morais rejeitou as exigências, segundo o relato de Du Guay-Trouin. "Vi os motivos que vocês trouxeram da França", respondeu o governador. "O tratamento dado aos prisioneiros foi de acordo com o uso da guerra. A eles nunca faltou pão e outros socorros, apesar de não merecerem, pelo modo como atacaram este país [...]; contudo, poupei a vida a seiscentos homens, como podem certificar os mesmos prisioneiros, que poderiam ter sido passados a fio de espada." Quanto ao assassinato de Duclerc, respondeu que não tinha sido identificado o autor do crime "nas diligências que fizemos, tanto de minha parte, quanto da Justiça". E assegurou que, "se encontrado, será tratado conforme merece". Recusou entregar a cidade, prometendo defendê-la "até a última gota de sangue".

Diante daquilo, no dia seguinte, o bombardeio foi redobrado, tendo como alvo principal o mosteiro dos beneditinos, onde se instalava a artilharia portuguesa. No domingo, 21 de setembro, o governador reuniu seu conselho de guerra. Por maioria, tomou-se a decisão de evacuar o Rio de Janeiro. Segundo Varnhagen, somente o "sargento-mor da colônia a impugnou, dizendo ao governador que tivesse por inimigos quem a aconselhava".[24] Afirmou que havia poucas perdas com o bombardeio francês e que eles deviam permanecer no lugar, à espera de socorro de Minas Gerais, uma vez que já havia partido um correio solicitando reforços junto ao governador Antônio de Albuquerque Coelho de Carvalho.

A junta, porém, manteve a decisão de desertar a cidade. A ideia era enviar um pedido de trégua de três dias. Para uma fuga organizada, dava-se ordem à população de que não tirasse nada de casa, sob "pena de ser tomado por perdido", e que nenhum soldado "se afastasse dez passos do seu posto, sob pena de morte". Assim que a trégua vigorasse, a ordem seria revertida, para que fossem subtraídas munições e mantimentos das fortalezas, e se permitisse aos moradores que "tirassem o seu precioso".[25]

O pedido de trégua, contudo, foi ignorado. Castro Morais deu ordens para que o Terço de Balthazar de Abreu se colocasse do outro lado da baía, de onde esperavam que viesse o ataque francês. Porém, no domingo, em vez de liderar a tropa para a resistência, Balthazar de Abreu se "destacou e fugiu com sua gente". Começou assim uma debandada geral, da qual acabou fazendo parte o próprio

---

24 Francisco Adolfo de Varnhagen, *História geral do Brasil*, op. cit.
25 Francisco Adolfo de Varnhagen, *História geral do Brasil*, op. cit.

governador, "despedindo ordens aos cabos dos postos que se retirassem, porquanto ele o fazia também".

Embora muito do ouro já tivesse sido subtraído dos cofres nos dias anteriores, de forma a ser enviado a lugar mais seguro, as casas foram abandonadas com a maior parte de seus objetos de valor. "Com efeito, pelas onze horas da noite de domingo, 21 de setembro, se largou miseravelmente a cidade e se fez a mais porca fugida que se pode considerar".[26] Em três horas, na madrugada do domingo, o Rio de Janeiro foi abandonado em meio a uma chuva torrencial, que aumentou o pânico e a desordem. Na correria, crianças e mulheres foram atropeladas ou perdidas nas correspondidas formadas pela enchente, que chegavam à altura do peito. "Parecia o espetáculo de um naufrágio", escreveu Varnhagen.

Na manhã seguinte, quando se preparava para enfrentar resistência à invasão da vila, Du Guay-Trouin viu chegar um antigo ajudante de campo de Duclerc, com a notícia de que o Rio de Janeiro se encontrava abandonado. Ficara tão fácil que o corsário desconfiou ser uma armadilha. Sobre esse episódio, Varnhagen comentou, em sua *História geral do Brasil*, de 1877: "parece incrível como em vista de tão ingênua declaração deste herói, os seus panegiristas tenham exaltado tanto a sua proeza no Rio de Janeiro, devida toda ao pânico inexplicável dos defensores".[27]

Quando chegou ao centro do Rio, o corsário viu que os únicos remanescentes eram cerca de trezentos membros da primeira expedição francesa. "Entrando na cidade abandonada, fiquei surpreso de encontrar pelo caminho prisioneiros da derrota do Senhor Duclerc, que, se aproveitando da confusão, abriram as portas da prisão e se espalharam por todos os lados da vila, para pilhar [as casas dos] mais ricos", descreveu o corsário.

---

26 Carta de Manuel Gonçalves Velho a Domingos Francisco da Silva, 07/12/1711, Memórias Históricas de Pizarro, 1, in Francisco Adolfo de Varnhagen, *História geral do Brasil, op. cit.*
27 Francisco Adolfo de Varnhagen, *História geral do Brasil, op. cit.*

Du Guay-Trouin procurou controlar a desordem, impondo drásticas punições contra a pilhagem não autorizada. Mandou prender novamente os homens de Duclerc, dessa vez pelo roubo, encarcerando-os no "forte dos Beneditinos". Segundo seu relato, três quartos das casas da cidade foram arrombados e o comércio saqueado, numa "confusão inexprimível". Mandou executar dezoito homens pelo roubo do tesouro das igrejas – somente do convento de Santo Antônio, Varnhagen afirma que o "esbulho subiu a dois milhões de cruzados em metálico". Com a evacuação da cidade, renderam-se os defensores dos fortes que ainda não tinham caído, na entrada da baía de Guanabara – Santa Cruz, São João e Villegagnon.

O Rio de Janeiro ficou sob bandeira francesa. Na igreja dos jesuítas, no alto da colina, os vitoriosos rezaram missa de ação de graças e cantaram o *Te Deum*, com oboés e trombetas. O produto do saque na vila e nas casas de fazendas próximas foi farto, porém não bastava para pagar o custo da expedição e ressarcir o investimento dos financiadores, entre eles os mesmos que já haviam amargado prejuízos com a empreitada de Duclerc.

O corsário precisava de mais e encontrava-se sem tempo, porque os escravos que lhe serviam como informantes (*"négres déferteurs"*, negros deferentes, como a eles se referiu) davam conta de que se aproximava a força solicitada à capitania de São Paulo e Minas Gerais, tendo à frente Antônio de Albuquerque Coelho de Carvalho, "general de grande renome entre os portugueses". Daquela feita, eram mamelucos bandeirantes, acostumados à luta, e não a tropa insubordinada do governador Castro Morais. "Tive de me precaver contra eles", relatou Du Guay-Trouin.

O corsário francês enviou um ultimato ao governador do Rio de Janeiro, pelo qual exigia um resgate para devolver a cidade, com suas fortalezas, afirmando que, se Castro Morais demorasse, a "meteria em cinzas até as fundações". O governador estava instalado no Engenho dos Padres, em Iguaçu, a dez léguas de distância, enquanto as tropas, que não queriam mais "prestar-lhe obediência", acampavam no Engenho Velho.[28] Diante da perspectiva de receber de volta só terra arrasada, Castro Morais capitulou, sem aguardar a chegada dos reforços. Num encontro no Mangue, intermediado por jesuítas, aceitou pagar o resgate, com 610 mil cruzados em dinheiro, cem caixas de açúcar e duzentas cabeças de gado, de forma a reaver a vila e as fortalezas tal como se encontravam.

O acordo foi assinado em 10 de outubro de 1711. A maior parte do pagamento, feito em quinze dias, mediante a cessão de doze reféns como garantia, foi "tomado da casa da moeda, dos cofres da Fazenda, dos órfãos, dos ausentes, da Companhia [de Jesus], da bula e dos particulares".[29] Moradores mais abastados, que tinham fugido com seu ouro, foram instados a colaborar. O próprio governador foi um dos maiores contribuintes para o resgate da vila. Moradores refugiados na vizinhança puderam entrar no Rio de Janeiro e ainda subir a bordo dos vasos de guerra franceses para recomprar seus próprios bens – "aquilo que lhes convinha, mediante pagamento", segundo Du Guay-Trouin.

Em 4 de novembro, o corsário devolveu a vila e as fortalezas aos portugueses, "com exceção da Ilha das Cabras e Villegagnon, a fim de garantir nossa saída". Destruiu armamentos que não lhe serviam, embora fossem perdas "irreparáveis" aos portugueses que chegavam, e embarcou as tropas. O tratamento cortês dos feridos, prisioneiros e mulheres deixou boa impressão, mesmo nos cidadãos que voltavam aos lares saqueados. Du Guay-Trouin restituiu aos jesuítas, "que me pareceram dignos de confiança", ornamentos e "vasos sagrados" das igrejas, saqueados sem autorização. Libertou uma centena de cristãos-novos, que estavam prestes a ser deportados a Portugal para ser julgados pela Inquisição. Com isso, os últimos dias dos franceses no porto do Rio de Janeiro foram como de "amigos".

---

28 Francisco Adolfo de Varnhagen, *História geral do Brasil*, op. cit.
29 Francisco Adolfo de Varnhagen, *História geral do Brasil*, op. cit.

Du Guay-Trouin zarpou em 13 de novembro com seus homens, "tão enamorados do Rio de Janeiro, que temiam que voltasse para o ano [seguinte]", ironizou Varnhagen.[30] Levava consigo os cristãos-novos portugueses recém-libertados, que assim buscavam asilo nos Países Baixos. Em suas memórias, o corsário narra a história de um deles, João Gomes da Silva, que fugiu com seus filhos. Foi depois "queimado em estátua" no Rio de Janeiro. Sua filha, Catarina Marques, que não quis ir embora com o pai, remetida a Lisboa, permaneceu presa até a morte, cinco décadas mais tarde.

A França recebeu Du Guay-Trouin como herói, apesar de um percalço: tempestades desfalcaram a frota no trajeto de retorno – "como se a Providência quisesse castigar o que os nossos deixaram impunes", observou Varnhagen. Antônio de Albuquerque Coelho de Carvalho, à frente das tropas de socorro, chegou ao Rio de Janeiro em 16 de novembro, três dias depois da partida dos franceses. Tinha 6 mil homens de infantaria e cavalaria, entre paulistas e emboabas – partidos que tinham acabado de se digladiar, apenas dezoito meses antes. Alegou ter sido atrasado pelo caminho, apanhado por pesadas chuvas, que tornavam as trilhas das montanhas intransitáveis e os rios intransponíveis.

Varnhagen, que escreveu sua *História geral do Brasil* menos de dois séculos após a invasão francesa, sugere que o capitão de São Paulo e das Minas poderia ter chegado à região vinte dias antes da partida de Du Guay-Trouin. Teria retardado a marcha de propósito, por conveniência. "Pela mente lhe passou segundo parece a ideia de atacá-los [aos franceses]; porém, encontrou-se falto de munições – de balas especialmente." O historiador ressaltou, contudo, que Coelho de Carvalho tinha mais que o dobro do contingente de Du Guay-Trouin e, poderia tê-lo expulsado, ainda que com "armas brancas".

Ao apresentar-se, o governador de São Paulo e Minas deu com a derrota do Rio de Janeiro já consumada. "Esse alívio chegou um

---

30 Francisco Adolfo de Varnhagen, *História geral do Brasil*, op. cit.

pouco tarde", observou Duguay-Trouin, em suas memórias. Coelho de Carvalho recebeu a oferta do conselho da vila para ocupar o lugar do governador local, responsabilizado por todo aquele desastre, acumulando a gestão de ambas as capitanias. Recusou-se a prender Castro Morais, como lhe pedia o Senado da Câmara, que formou uma alçada (comissão) com ouvidores, desembargadores e um magistrado para decidir o que fazer. O governador do Rio de Janeiro foi demitido pela alçada e enviado a Portugal para julgamento. Foi condenado ao exílio perpétuo numa fortaleza portuguesa nas Índias, pena comutada trinta anos depois – faleceu em Chaves, Portugal, em 1738.

Por mais de um ano, Coelho de Carvalho acumulou provisoriamente o governo das capitanias de São Paulo, das Minas e do Rio de Janeiro. De acordo com determinações do Conselho Ultramarino, preocupado com aquele porto, estratégico para a exportação do ouro das Minas, as defesas foram reforçadas, com a construção de uma muralha no espigão dos morros da Conceição e do Castelo, cercando a vila. Porém, não havia disposição para uma retaliação. A Coroa portuguesa resignou-se, já que faltavam forças para reagir. O duque de Cadaval manifestou a opinião de que, se os franceses quisessem ter instalado uma segunda França Antártica, dificilmente seriam desalojados daquela vez. Não seria prudente sequer pedir ajuda dos holandeses e dos ingleses, adversários da França, porque "aceitar tropas dos aliados" seria lhes "entregar o Brasil".[31]

Naquele período, a guerra dos países da Grande Aliança contra a França e a Espanha exigia todas as tropas de que Portugal dispunha na Europa. Estava surgindo, porém, uma esperança, pela via diplomática: um acordo para o fim daquela disputa continental, com grande repercussão nas colônias do Novo Mundo.

---

31 Virgínia Rau e M. F. Gomes da Silva, *Os Manuscritos do Arquivo da Casa de Cadaval respeitantes ao Brasil*, Coimbra, 1956.

CAPÍTULO 7

Alianças e divisas

A partir de 1709, Portugal entrou no esforço diplomático para o fim da guerra de sucessão na Espanha, que dividiu as potências do continente europeu. Em 19 de agosto de 1711, foi assinado um primeiro tratado de cessar-fogo entre Luís XIV e a rainha Ana da Inglaterra. Logo após a invasão do Rio de Janeiro por Du Guay-Trouin, outra trégua foi firmada entre o rei da França e o da Espanha com dom João V, em 7 de novembro de 1711, na cidade de Utrecht, nos Países Baixos. Tinha validade de quatro meses e foi prorrogado por outros quatro meses, em 13 de março de 1713.

Esses acordos iniciais abriram caminho para a assinatura, em 11 de abril de 1713, do primeiro Tratado de Utrecht, que visava encerrar de vez a guerra de sucessão espanhola. Para consolidar-se no trono, superando a oposição de ingleses e austríacos, o rei francês da Espanha, Filipe V, aceitou termos que, na prática, o enfraqueciam. Aos austríacos, entregou os Países Baixos espanhóis. Ao Reino Unido, cedeu o estratégico rochedo de Gibraltar, no estreito que comunica o mar Mediterrâneo com o oceano Atlântico, e a ilha de Menorca, no arquipélago das Baleares, ao largo da costa entre Valência e Barcelona. Deu ainda exclusividade aos ingleses no tráfico de escravos africanos para a América espanhola, concessão que durou até 1740.

Como parte da Grande Aliança, Portugal também foi beneficiado. Os negociadores portugueses obtiveram o reconhecimento do limite setentrional da colônia brasileira, fixada, de comum acordo, no rio Oiapoque, definido como divisa com a Guiana Francesa – e não o Amazonas, como reivindicavam os espanhóis. Com isso, promoveu-se a base para o fim do conflito de fronteiras ao norte da Amazônia.

Estava aberto o caminho para um segundo acordo, assinado também em Utrecht, entre Portugal e Espanha – o "Tratado de Paz e Amizade". Dom João V e Filipe V de Espanha firmaram em 6 de fevereiro de 1715 um documento que devolveu aos portugueses a posse da colônia do Sacramento, na foz do rio da Prata, na margem oposta à de Buenos Aires. No entanto, na prática Sacramento ficou sitiada: pelos termos do acordo, a área portuguesa ao seu redor foi definida pela distância equivalente à de "um tiro de canhão".

O acordo de Utrecht caiu por terra em 1723, quando, ainda interessados em fortalecer sua posição, os portugueses ocuparam um território ao sul de Sacramento, mais abaixo na foz do Prata, por ordem do governador da capitania do Rio de Janeiro, Ayres Saldanha, depois de consultar a Corte. O mestre de campo Manuel de Freitas da Fonseca avançou sobre o território, com apoio naval de uma esquadra capitaneada por dom Manuel Henrique de Noronha, em 22 de junho. Os portugueses abriram ali uma trincheira, mas logo foram desalojados por forças enviadas de Santa Fé e Buenos Aires.

Em dezembro de 1726, os espanhóis fundaram nesse local a fortaleza de São Filipe e São Tiago, na colina que dominava a vista do porto, e nele criaram uma vila, chamada de São Filipe e São Tiago de Montevidéu, onde se instalaram seis famílias oriundas de Buenos Aires. Bruno Mauricio de Zabala, o "Braço de Ferro", vice-rei e governador da província do Prata, pretendia com isso garantir a posse de todo o lado reclamado pelos portugueses e isolar Sacramento de vez.

Em outubro de 1735, o sucessor do Braço de Ferro, dom Miguel de Salcedo, atacou Sacramento, que acabou sitiada. Em 6 de janeiro de 1736, o governador das Minas e São Paulo, Freire de Andrade, que acumulava a administração de todo o sul da colônia, de Santa Catarina até o Rio Grande do Sul, reuniu tropas do Rio de Janeiro, Bahia e Pernambuco para liberar Sacramento, atacando a posição espanhola em Montevidéu. A vila era ocupada em grande parte por indígenas das missões espanholas, sob o comando do padre Thomaz Berly, que morreu no combate. Os sobreviventes recuaram para Buenos Aires, mas a armada espanhola impediu que a posição de Montevidéu fosse ocupada pelos luso-brasileiros.

Portugal se armou para uma guerra em larga escala. A Coroa encarregou o brigadeiro José da Silva Pais, engenheiro lisboeta, de construir fortificações de modo a garantir o território ao sul. Em 1737, Silva Pais levantou um forte na barra do Rio Grande, onde o mar se comunica com a Lagoa dos Patos. Ali foi instalado um regimento de dragões e, a duas léguas da barra, surgiu uma povoação, embrião da vila de Rio Grande de São Pedro, atual cidade de Rio Grande.

Em 2 de setembro de 1737, Portugal e Espanha assinaram um armistício de forma a colocar fim ao sítio de Sacramento. Porém, Portugal continuou fortalecendo o sul, ocupando militarmente a ilha de Santa Catarina. A partir de 11 de agosto de 1738, os territórios meridionais foram desmembrados da capitania de São Paulo e incorporados à do Rio de Janeiro. Foi criada a Capitania Real de São Pedro do Rio Grande, subalterna à do Rio de Janeiro, embrião do futuro estado do Rio Grande do Sul.

O armistício, no entanto, não cessou a tensão militar na região. Era preciso um acordo diplomático mais amplo, com um acordo geral de fronteiras, algo complexo, que demandava o negociador certo.

E ele existia.

*

Nascido em 1695 em Santos, Alexandre Lourenço era o nono filho do médico cirurgião português Francisco Lourenço Rodrigues e da brasileira Maria Álvares. Aos sete anos de idade, foi enviado pelo pai à cidade de Cachoeira, na capitania da Bahia, para estudar no Seminário de Belém, fundado e dirigido pelo padre jesuíta Alexandre de Gusmão. Dos doze irmãos de Alexandre Lourenço, oito adotaram o sacerdócio – e o jesuíta foi como um padrinho para ele e o irmão mais velho, Bartolomeu Lourenço.

Em Cachoeira, Bartolomeu Lourenço desde cedo se destacou por soluções engenhosas, como a criação de um sistema de bombeamento de água para o seminário, mais tarde utilizado para drenar embarcações mecanicamente. Ordenado jesuíta, servindo em Salvador à Companhia de Jesus, com seu sistema de bombeamento de água "a toda distância e altura que se quiser levar", foi o primeiro brasileiro a ter um invento patenteado em Portugal, em 23 de março de 1707, pelo rei dom João V.

Em sua segunda viagem a Portugal, em 1708, levando consigo Alexandre, então com quinze anos, Bartolomeu matriculou-se na Faculdade de Cânones da Universidade de Coimbra. Passados alguns meses, instalou-se em Lisboa, onde foi admitido na corte de dom João V. Passou a trabalhar na patente – na época, "petição de privilégio" – de um "instrumento para se andar pelo ar". Sua invenção – desenhada como uma barca e inspirada no voo dos pássaros, por essa razão chamada de Passarola – deu-lhe ainda mais prestígio. Foi nomeado fidalgo-capelão da Casa Real, ao mesmo tempo que inventava vários protótipos do aeróstato – o futuro balão.

Em 17 de abril de 1709, dom João V emitiu um despacho por meio do qual lhe dava uma renda vitalícia de 600 mil-réis e livre tráfego nas universidades, incluindo a escola de matemática "da minha Universidade de Coimbra".[1] Apresentou seu invento ao monarca no

---

1 Atas das sessões da Academia Real das Ciências de Lisboa, 1709, in Francisco Adolfo de Varnhagen, *História geral do Brasil, op. cit.*

pátio da casa da Índia, em Lisboa, fazendo-o subir até a altura da sala das embaixadas – caiu em seguida. Como os balões eram levados pelo vento sem controle, a invenção era ainda pouco prática – porém lhe valeu o pioneirismo na história da aviação, passando a ser conhecido pelo epíteto de "padre voador".

Assim como o irmão, Alexandre Lourenço jamais retornou ao Brasil. Olhando para os talentos do pupilo, o padre Alexandre de Gusmão primeiro o encaminhou ao Colégio das Artes, tradicional escola para formação em artes e humanidades de Coimbra, fundada no século anterior por dom João III como preparação para a universidade. Lá, Alexandre em três anos completou seus estudos de latim, lógica, metafísica, ética e filosofia. Fez a faculdade de Direito na Universidade de Coimbra e, em 1714, aos 19 anos, ingressou na Corte, onde se destacou na carreira diplomática. Em 1718, como homenagem, tal qual seu irmão Bartolomeu, adotou o sobrenome do padre Alexandre de Gusmão, tornando-se seu homônimo.

Nomeado secretário de Luís Manuel da Câmara, futuro conde da Ribeira Grande, embaixador extraordinário de Portugal em Paris com o fim da guerra de sucessão espanhola, Alexandre de Gusmão frequentou a corte francesa ao tempo do rei Luís XIV – o "Rei Sol", representante do auge do absolutismo na França. Assistiu às grandes mudanças pelas quais passava o país, enquanto se doutorava em direito civil, romano e eclesiástico pela Sorbonne. Foi arrebatado pelas ideias anticlericais e racionalistas dos filósofos franceses, que o afastaram do projeto familiar de ingressar nas ordens religiosas, e que ele levou para a Corte portuguesa.[2]

Ao regressar a Portugal, em 1720, trabalhou na Secretaria de Negócios do Reino, aos 25 anos, antes de ser enviado a Roma, onde viveu de 1721 a 1728. Seu trabalho era melhorar o relacionamento da Coroa portuguesa com o papa. Tornou-se amigo do pontífice:

---

2 Ver Miguel Paranhos de Rio-Branco, *Alexandre de Gusmão e o tratado de 1750*, Fundação Alexandre de Gusmão, 2010.

Benedito XIII quis lhe dar o título dignitário de príncipe romano, que teve de recusar, por determinação de dom João V.

Em 1729, foi enviado para conhecer o Brasil, de onde só tinha referências da infância. Em 1731, de volta a Lisboa, nomeado fidalgo da Casa Real e membro da Academia Real de Ciências de Lisboa, foi encarregado de escrever em latim uma História Ultramarina de Portugal. Em 1733, tornou-se conselheiro e ministro do Conselho Ultramarino, organismo de Estado responsável pela administração das colônias; em 1734, passou a ser o encarregado dos despachos da Secretaria de Estado do Brasil. Passou a tratar mais diretamente de questões como a criação de bispados e o sistema fiscal da colônia, que procurou mudar, utilizando a capitação. Em 1736, escreveu em francês uma dissertação sobre as fronteiras brasileiras, na qual ensaiava uma proposta para a situação da colônia de Sacramento, em permanente disputa com a Espanha.

Dentro do plano de reforçar a posição portuguesa mais ao sul, em 1739 o brigadeiro José da Silva Pais foi nomeado primeiro governador da capitania de Santa Catarina, cargo que ocupou até 1749. Levantou mais quatro fortalezas entre o continente e a ilha de Santa Catarina: São José da Ponta Grossa (1740), Santo Antônio de Ratones (1741) e Anhatomirim (1742), ao norte; e Conceição de Araçatuba (1742), que fechava o canal ao sul.

Em 1740, Gusmão foi nomeado "escrivão da puridade", o secretário particular de dom João V, a quem acompanhou de perto por duas décadas, até a morte do rei. Sua influência cresceu e ele praticamente passou a dirigir a política externa de Portugal. Estudioso da genealogia do povo português, sendo ele brasileiro nato, defendia que não havia gente de sangue puro no reino, dada a longa convivência dos portugueses sobretudo com judeus e mouros, além de mesclados a tantos povos pelo mundo em seu grande império. Tinha nisso apoio real. Sebastião José de Carvalho e Melo, marquês de Pombal, que sucedeu Alexandre de Gusmão no poder, escreveu de seu próprio relacionamento com dom João V que o monarca não distinguia "seus vassalos pela cor", e sim "pela inteligência".

Gusmão propugnava junto ao rei uma aproximação com a França e a Espanha, o que implicava um afastamento da Inglaterra, aliado histórico com quem Portugal havia estreitado ainda mais laços por meio do Tratado de Methuen, e de quem se tornara economicamente dependente. Surgiu um clima mais favorável a um acordo depois que Fernando VI assumiu o trono na Espanha, em 1746. Como diplomata, membro do Conselho Ultramarino e secretário do rei, Gusmão estava em posição de conduzir as negociações para resolver os contenciosos na fronteira entre a colônia portuguesa e a espanhola no Novo Mundo.

Com base em seus estudos de direito romano, realizados na França, pretendia utilizar para isso o *"uti possidetis, ita possideatis"* – princípio segundo o qual "quem possui de fato também deve possuir de direito". Enquanto ainda trabalhava na aprovação dos termos de um futuro tratado, procurou garantir a posse das áreas que interessavam à Coroa para a incorporação definitiva. Os limites da comarca de Santa Catarina foram fixados a norte pelo rio São Francisco do Sul, tomado como divisa da comarca de Paranaguá; a sul pelo rio Cubatão; e a oeste pelo rio Iguaçu.

Em 1748, Gusmão deu início à ocupação da região do atual estado do Rio Grande do Sul, por meio de um projeto de colonização com 4 mil imigrantes açorianos. Para isso, criou um modelo inovador, na época. As famílias produziam para seu próprio consumo em minifúndios distribuídos pela Coroa, sem precisar de escravos, muito antes da abolição da escravatura. Os primeiros sessenta casais açorianos se estabeleceram em 1752 no Porto de Viamão, que cresceu até em 1772 ser reconhecido como freguesia, com o nome de São Francisco do Porto dos Casais, origem da atual cidade de Porto Alegre, capital do Rio Grande do Sul – estado que se desenvolveu em grande parte em função dessa fórmula de divisão minifundiária desde a primeira colonização.

O "Plano do Tratado", que Gusmão enviou a Madri, em 12 de setembro de 1748, seguiu sem grandes modificações até sua assinatura. Pondo termo a questões mal resolvidas desde o final da União Ibérica, mais de cem anos antes, o Tratado de Madri consolidava a posse dos territórios que estivessem efetivamente ocupados por ambos os países. Com seu estudo da história ultramarina de Portugal, desde o início das negociações, Gusmão procurou demonstrar que o desrespeito à linha original de Tordesilhas, assinado em 1494, tinha ocorrido de lado a lado: as invasões portuguesas em parte da Amazônia e do centro-sul eram compensadas pelas da Espanha na Ásia, especialmente com a posse das Filipinas, das ilhas Marianas e das ilhas Molucas. Defendeu que, desde antes do Tratado de Utrecht, os portugueses já povoavam o centro-oeste do continente, bem como larga parte do sul, percorrendo "as campanhas da Colônia até as paragens mais distantes", nas palavras do historiador Jaime Cortesão. Mais, "provou que essas atividades possessórias foram consentidas, durante um certo período, pelo governo de Buenos Aires".[3]

A descoberta do ouro na região dos Goiá reforçava o interesse da Coroa portuguesa no continente central, que podia se tornar outra fonte de riqueza como a das Minas Gerais. Os avanços dos bandeirantes paulistas desde o atual território do Rio Grande do Sul até o alto do atual estado do Tocantins se consolidavam. A expansão continuava, com o estímulo do próprio Gusmão.

A viagem secreta de Raposo Tavares, no século anterior, deixou registros de acidentes geográficos para embasar a proposta da nova fronteira. Antecipando a necessidade de estar em boa posição para futuras negociações, garantia do futuro processo de demarcação, dom João V enviou ao Brasil os padres jesuítas Diogo Soares e Domenico Capacci, cartógrafos e matemáticos, de forma a mapear os domínios por onde os bandeirantes tinham avançado. Desse trabalho surgiu, em 1749, o "Mapa dos confins do Brasil com as terras

---

3   Jaime Cortesão, Alexandre de Gusmão e o Tratado de Madri, *Revista de História*, v. 1, n. 4, 1950.

da Coroa da Espanha na América Meridional", chamado de "Mapa das Cortes", enviado por Gusmão a Madri como base para o acordo final, negociado do lado português pelo visconde de Vila Nova de Cerveira, dom Tomás da Silva Telles e dom José Carvajal y Lancaster.

Em 13 de janeiro de 1750, o Tratado de Madri foi celebrado pelos reis João V, de Portugal, e Fernando VI, da Espanha, que endossaram o Mapa das Cortes, assinando-o no verso. Expressamente, estabelecia "que se assinalassem os limites dos dois Estados, tomando por balizas as paragens mais conhecidas, tais como a origem e os cursos dos rios e dos montes mais notáveis, a fim de que em nenhum tempo se confundissem, nem dessem ensejo a contendas, que cada parte contratante ficasse com o território que no momento possuísse, à exceção das mútuas concessões que nesse pacto se iam fazer e que em seu lugar se diriam".

O documento eliminava a linha imaginária de Tordesilhas e todos os outros acordos anteriores. Ao espelhar a realidade da ocupação, assegurava à Espanha o direito perpétuo às ilhas Filipinas e "adjacentes" (as Marianas e as Molucas, na Ásia), objeto do tratado revisional de Tordesilhas, último a valer antes da União Ibérica. Do outro lado do mundo, em compensação, reconhecia o povoamento de boa parte da Amazônia pelos portugueses até a serra do Pacaraima, atual fronteira norte do Brasil, no estado de Roraima. Garantia-se toda a comunicação fluvial do rio Amazonas para o norte, pelo rio Negro e seu afluente, o rio Branco; abaixo, ficava para Portugal toda a margem oriental do rio Madeira, englobando a atual região do estado de Mato Grosso, e dos rios Iguaçu e do Uruguai, a oeste e depois sudoeste de São Paulo, além de boa parte da região do Guaíra e do Tape – os atuais estados do Paraná, Santa Catarina e Rio Grande do Sul.

Os bandeirantes haviam prevalecido: os espanhóis tinham de retirar-se da região do Guaíra e do Tape, onde ficavam as missões. Cerca de 30 mil indígenas guaranis e missionários jesuítas tinham de evacuar as "povoações da margem oriental do rio Uruguai totalmente" e procurar outras terras no domínio espanhol. "Sairão os missionários com todos os móveis e efeitos levando consigo os indígenas para os aldear em outras terras de Espanha", determinava o tratado, em seu artigo 14. "Os referidos indígenas poderão levar também todos os seus bens móveis e semoventes, e as armas, pólvoras e munições [...] e se entregarão as povoações à Coroa de Portugal com todas as suas casas, igrejas e edifícios, e a propriedade e posse do terreno."

O sentido dessa retirada era o entendimento de que os missionários espanhóis simplesmente não obedeceriam à lei portuguesa, devendo, então, mover-se dali. "A ocupação das missões, mais que a ninguém devia ser, senão prejudicial, pelo menos desagradável aos seus missionários, verdadeiros senhores desses estados, que iam passar efetivamente ao domínio direto do soberano [de Portugal], ou ao menos a ser devassados pela correição que necessariamente neles teriam de fazer os demarcadores", observou Varnhagen.[4]

Ao sul, Portugal entregava à Espanha a colônia do Sacramento, incômodo enclave no território colonial espanhol, "sem tirar dela mais que a artilharia, armas, pólvora e munições, e embarcações do serviço da mesma praça". Era um porto mais movimentado que o de Buenos Aires e Montevidéu, porque dali as naus "tinham mais próxima e fácil saída para o interior do que o porto fronteiro", afirmou Varnhagen.[5] Seus habitantes, incluindo os indígenas, podiam escolher de que lado ficar. Quem quisesse permanecer, porém, passava a obedecer à Espanha. A propriedade privada seria respeitada, e aqueles que saíam tinham o direito de levar ou vender seus bens.

O contrabando entre ambas as nações ficava proibido, assim como a transgressão da fronteira, sob pena de prisão. "Nenhuma pessoa poderá passar do território de uma nação para o da outra por terra, nem por água, nem navegar em todo ou parte dos rios,

---

4 Francisco Adolfo de Varnhagen, *História geral do Brasil*, op. cit.
5 Francisco Adolfo de Varnhagen, *História geral do Brasil*, op. cit.

que não forem privativos da sua nação, ou comuns, com pretexto, nem motivo algum, sem tirar primeiro licença do governador, ou superior do terreno, onde há de ir [...]", determinava o tratado. "A navegação daquela parte dos rios, por onde há de passar a fronteira, será comum às duas nações; e geralmente, onde ambas as margens dos rios pertencerem à mesma Coroa, será privativamente sua a navegação; e o mesmo se entenderá da pesca nos ditos rios, sendo comum às duas nações, onde o for a navegação; e privativa, onde o for a uma delas a dita navegação: e pelo que toca aos cumes da cordilheira, que hão de servir de raia entre o rio das Amazonas e o Orinoco, pertencerão a Espanha todas as vertentes que caírem para o Orinoco, e a Portugal todas as caírem para o rio das Amazonas ou Marañon." Por fim, estava proibida a construção de fortificações na fronteira por ambas as partes, assim como castigar súditos da outra nação, "salvo em caso de indispensável necessidade".

Mesmo com o trabalho dos geógrafos mais notáveis da época, o documento possuía graves imprecisões. Pelo Mapa das Cortes, supunha-se que a antiga linha de Tordesilhas passava no meio do atual estado de Mato Grosso – com os instrumentos de hoje, estaria bem mais próxima do litoral brasileiro. O rio Madeira aparece correndo de noroeste para sudeste, ao contrário de seu verdadeiro curso. Como a Espanha não possuía registro cartográfico que pudesse contestar esses dados, porém, acabou sendo aceito o português. "Deste modo [o tratado] beneficiou Portugal, em detrimento dos direitos espanhóis", observou o geógrafo Jones Muradás, em *A geopolítica e a formação territorial do Sul do Brasil*.[6]

Com a negociação, o território colonial brasileiro ganhou cerca de 5 dos 8,5 milhões de quilômetros quadrados do mapa definitivo do Brasil. Por outro lado, mesmo tendo cedido um imenso

---

6 Jones Muradás, *A geopolítica e a formação territorial do Sul do Brasil*, tese (Doutorado em Geografia) – Programa de Pós-Graduação em Geografia, Universidade Federal do Rio Grande do Sul, Porto Alegre, 2008.

território, a Espanha resolvia um grande embaraço, provocado desde a União Ibérica, definindo a seu favor territórios e cidades onde desde o século anterior havia mais portugueses que espanhóis, como Buenos Aires, Assunção e Lima – a capital da região mais próspera do Novo Mundo.

O Tratado de Madri deixou claro que o sertão brasileiro já interessava mais a Portugal do que o caminho para as minas de Prata em Potosí, obsessão do século anterior. Abria-se mão da colônia de Sacramento, que a Espanha de todo modo jamais deixaria em paz, mas incorporava-se ao território colonial brasileiro, em definitivo, toda a região dos Sete Povos das Missões, do atual Rio Grande do Sul ao Paraná, propícia para a criação de gado.

O governador Freire de Andrade, como capitão do Rio de Janeiro, de São Paulo e das Minas, recebeu a incumbência em 1752 de reorganizar as fronteiras com as colônias espanholas em seu trecho meridional. O trecho norte coube à capitania do Pará, que, para esse fim, foi declarada em 1753, provisoriamente, capitania geral. Mais tarde, essa tarefa passou para o governador da capitania do Mato Grosso, Moura Tavares. Em 1761, para essa missão, ele baseou a sede de seu governo mais perto da nova divisa, em Vila Bela da Santíssima Trindade, 520 quilômetros a oeste de Cuiabá, atual fronteira com a Bolívia.

A diplomacia fez o seu trabalho, mas havia ainda uma grande distância entre o que estava no papel e a realidade. O Tratado de Madri sofreu resistências, a começar dentro da própria Corte portuguesa. Seis meses após sua assinatura, em 31 de julho de 1750, o rei dom João V morreu, com sessenta anos de idade. Ascendeu ao trono seu filho, dom José I, que promoveu mudanças. Preocupado com a estagnação econômica, ao fim de certo período de prosperidade obtida na parceria com a Inglaterra, entregou a Secretaria de Estado do Reino a Sebastião José de Carvalho e Melo, que não apenas ficou no lugar de Alexandre de Gusmão como passou a desfazer a obra de seu antecessor.

Em 1752, já fora do governo, Gusmão ainda defendia publicamente o aumento da guarnição de Belém, defesa da entrada do rio Amazonas, que por sua conexão com o rio Tocantins ele considerava a "coluna vertebral do Brasil, sua linha estratégica central e a melhor via de tráfico e povoamento para o centro-oeste brasileiro".[7] Já Melo e Castro o censurava pela completa cessão aos espanhóis da posição estratégica no Prata. Opunha-se ao artigo XIII do tratado, pelo qual Portugal cedia "para sempre à Coroa de Espanha a Colônia de Sacramento, e todo o território adjacente a ela", referência ao atual território do Uruguai. Pelo Tratado de Madri, Portugal tinha aberto mão também da "navegação do mesmo rio da Prata, a qual pertencerá inteiramente à Coroa da Espanha".

O novo homem forte do governo não tinha interesse em implementar o tratado recém-assinado. Desgosto ainda maior, em 1752, num incêndio que consumiu sua casa, em Lisboa, Gusmão perdeu sua mulher, Isabel Maria Teixeira de Chaves, e os filhos Viriato e Trajano. Faleceu ele mesmo logo depois, em dezembro de 1753, aos 58 anos, "de um ataque de gota", empobrecido e mais respeitado fora que dentro de Portugal. "O reino perdeu talvez seu maior gênio", escreveu sobre sua morte, em 8 de janeiro de 1754, o embaixador da França em Lisboa, François de Baschi, conde de Saint-Estève.[8]

O tempo se encarregou de lhe fazer jus. "O mais avançado espírito do seu tempo", definiu o escritor português Camilo Castelo Branco, autor de *Amor de perdição*. "Foi insuperável na isenção: tanto, que, tendo grossa renda, morreu pobre, não chegando todo o seu espólio a metade do pagamento das suas dívidas", afirmou Francisco Xavier de Mendonça Furtado, governador do Maranhão e do Grão-Pará, em fevereiro de 1756. "A rara capacidade deste homem era inimitável; a sua benigna intenção, e retidão, a mais sincera; foi o maior trabalhador do nosso Século em tudo, quanto foi

---

7 Jaime Cortesão, *Alexandre de Gusmão e o Tratado de Madri*, op. cit.
8 Synesio Sampaio Goes Filho, Alexandre de Gusmão (1695-1753): diplomata e estadista luso-brasileiro, *Negócios Estrangeiros*, n. 21, 2021

conveniente à Monarquia, vencendo as maiores dificuldades com os seus estudos e com a sua prudência."[9]

Para se tornar concreto, o plano original de Gusmão ainda custaria mais meio século de conflitos e acomodações, antes de vingar – e vingou, apesar dos esforços em contrário de seu sucessor.

---

9   Jaime Cortesão, *Alexandre de Gusmão e o Tratado de Madri*, op. cit.

CAPÍTULO 8

A razão e a Inquisição

Novo homem forte da Coroa, Carvalho e Melo tinha família de origem nobre, mas financeiramente decaída. Estudou Direito por um ano na Universidade de Coimbra, não gostou, entrou para o serviço militar como cadete e também não se adaptou. Depois de uma agitada vida de solteiro, casou-se com Teresa de Noronha e Bourbon, dama da rainha Maria Ana da Áustria, esposa de dom João V e mãe de dom José I.

Começou a vida pública aos 39 anos, idade relativamente avançada para uma época em que pouca gente passava do meio século. Foi embaixador na Inglaterra, onde sua mulher faleceu, e na Áustria. Nesse período, seu principal trabalho diplomático foi reconciliar o papa Bento XIV e o imperador austríaco Fernando I. Na Áustria, Carvalho e Melo se casou pela segunda vez, com Leonor Ernestina de Daun.

Em 1750, quando dom José subiu ao trono de Portugal, depois da morte de João V, Carvalho e Melo foi chamado de volta à Corte, em Lisboa. Como secretário de Estado, no lugar de Alexandre de Gusmão, procurou ir além de seu antecessor na imposição do racionalismo e do anticlericalismo, tendência que já apontava a direção do futuro na colonização da América do Norte e colaborou para levar, na Europa, à Revolução Francesa.

Em 1751, eliminou as taxações para todos os serviços eclesiásticos, para coibir o abuso. De forma a evitar que os padres continuassem a garimpar ouro e a usar a batina para fazer contrabando e obter privilégios comerciais, instituiu um salário de 200 mil-réis ao ano para os sacerdotes e determinou que vivessem exclusivamente desse rendimento.[1]

Sob sua influência, dom José I abrandou as proibições sociais de cunho religioso. Por Carta Régia, em "édito perpétuo" de 25 de maio de 1753, o rei aboliu a distinção entre "cristãos-novos" e "cristãos-velhos", que favorecia a perseguição de cristãos supostamente convertidos apenas para escapar à Inquisição. Também proibiu tratar mestiços de portugueses e indígenas como "caboclos", pela conotação pejorativa da expressão.

Por um alvará de 4 de abril de 1755, a Coroa revalidou as leis que garantiam a liberdade de todos os indígenas e legalizou seu casamento com portugueses, antes realizado na colônia de maneira informal, o que contribuía para o fato de que no Brasil grande parte da população fosse constituída de filhos bastardos. Somente em Vila Rica, de 1719 e 1723, os registros das igrejas indicavam que 89,5% das crianças batizadas eram ilegítimas. Na vila de São Paulo, na metade do século XVIII, 40% dos nascimentos ainda eram de filhos sem pai nomeado.[2]

No final de 1755, quando tudo parecia melhorar, ocorreu um desastre literalmente cataclísmico. Em 1º de novembro, Dia de Todos os Santos, o sul de Portugal foi atingido por um grande terremoto. Com dois ou três abalos sísmicos em sete minutos, Lisboa ficou destruída, com focos de incêndio por toda a área urbana. A população,

---

1 Instrução para o visconde de Barbacena, Luís Antônio Furtado de Castro do Rio de Mendonça e Faro, governador e capitão-general da capitania de Minas Gerais, de 29/01/1788, RIHGB 6:3, AMI 3:115, em Autos de Devassa, *op. cit.*, v. 8.
2 Maria Luiza Marcílio, A população do Brasil colonial, in Leslie Bethell (org.), *História da América Latina: a América Latina colonial*, *op. cit.*

que correu buscando segurança na área descoberta à margem do Tejo, viu o mar retroceder e secar o leito do rio, expondo a carcaça de navios naufragados. Quando a água voltou, na forma de um tsunami, a região da Baixa foi arrasada. Em ondas de seis a nove metros, a inundação levou gente e destruiu igrejas e basílicas, especialmente a da Sé. Desapareceu o Palácio Real, com sua preciosa biblioteca e acervo com obras de mestres da pintura como Rubens, Correggio e Ticiano. A estimativa dos mortos, de larga imprecisão, ficou em algo entre 10 e 80 mil, ou quase metade da população da cidade, com cerca de 200 mil pessoas.

Como memorial da tragédia, os portugueses deixaram de reconstruir o Convento do Carmo, que até hoje permanece em ruínas, transformado em museu a céu aberto. Diante de seu império arruinado, dom José I perguntou a seus conselheiros o que fazer. Carvalho e Melo deu uma resposta célebre: "sepultar os mortos, cuidar dos vivos e fechar os portos".

Foi o que fez. Seu trabalho para reerguer o país deu-lhe ainda mais prestígio. A reconstrução de Lisboa foi planejada de forma a suportar melhor outros terremotos no futuro, com novas soluções de engenharia. Conforme o planejamento de dois arquitetos, o português Eugênio dos Santos e o húngaro Carlos Mardel, o engenheiro Manuel da Maia terminou a demolição da Cidade Baixa e usou o entulho para nivelar o solo e alargar as ruas. Levantaram-se edifícios mais baixos, com a técnica da gaiola – travas e vigas de madeira em diagonal, com flexibilidade para absorção de impactos, e que suportariam a estrutura caso o revestimento de alvenaria ruísse.

Carvalho e Melo recebeu o "auxílio indireto dos capitães de ouro do Brasil", que, "convidados" pela Carta Régia de 16 de dezembro de 1755, passaram a fazer um "donativo" de 3 milhões de cruzados em trinta anos, somadas as contribuições de todas as capitanias do Estado colonial para reerguer Portugal.[3] O braço direito de dom José I

---

3   Francisco Adolfo de Varnhagen, *História geral do Brasil*, op. cit.

aproveitou a reforma geral para reestruturar toda a administração do reino, na tentativa de fazer avançar não apenas a economia como a sociedade, resistente a mudanças, por suas raízes e cultura feudais.

Para consolidar o absolutismo como um regime laico, num império cujo rei desde a Reconquista se associava à Igreja e ao espírito missionário das cruzadas, Carvalho e Melo deu impulso a uma educação de cunho iluminista, como contraponto ao obscurantismo religioso em vigor até então. Pretendia com isso colocar Portugal em paridade com as potências emergentes da Europa, sem abrir mão da monarquia. Proibiu o tráfico de escravos para a Metrópole e reformou a tradicionalíssima Universidade de Coimbra, fundada e gerida pelos jesuítas, introduzindo de forma pioneira o estudo de filosofia e matemática, a começar pela sua tradicional Faculdade de Direito.

Reorganizou as finanças do Estado, criou a Imprensa Real e a Escola de Comércio e deu impulso à indústria de manufaturas, com a intenção de tornar Portugal menos dependente da Inglaterra. Para atrair recursos dos banqueiros judeus, de forma a restaurar o país em ruínas, como no século anterior já pregava o padre Antônio Vieira na guerra pela Restauração do trono português, precisava neutralizar a força da Inquisição. A interferência da religião nos negócios de Estado tinha chegado ao auge na Metrópole e na colônia do Brasil.

Varnhagen apontou na virada do século XVII para o XVIII "o furor com que os esbirros da Inquisição começavam a perseguir o povo, especialmente depois da chegada (em 1702) do bispo D. Francisco de São Jerônimo, que acabava de ser qualificador da Inquisição de Évora". Segundo ele, "aí acaso [D. Francisco] tomara o gosto a tão sanguinolentas abominações, que melhor pôde prosseguir no Rio, exercendo mais de uma vez interinamente o cargo de governador". De 1707 a 1711, ainda de acordo com Varnhagen, foram presas 164 pessoas, "às vezes famílias inteiras, sem exceção das crianças".[4]

---

4   Francisco Adolfo de Varnhagen, *História geral do Brasil*, op. cit.

Mais que as prisões em si, a perseguição espalhava um clima de medo generalizado pela sociedade. A maior parte dos processos da Inquisição no Brasil no século XVIII resultou na leitura de sentença em auto de fé em Lisboa, com perda de bens, açoite em praça pública, a prisão no Rocio, o degredo para a África ou a condenação às galés. À fogueira foram condenados os baianos Rodrigo Álvares, 32 anos, farmacêutico, em 1709; Félix Nunes de Miranda, comerciante, 28 anos, em 1731; e Luiz Mendes de Sá, 35 anos, em 1739.

Em 13 de outubro de 1726, foi condenado à fogueira um padre: Manuel Lopes Carvalho. Natural de Salvador, então com 42 anos, era vigário de São Miguel de Cotegipe. Foi considerado culpado por defender que os judeus só erraram em não ter aceitado o Messias, estando certos em cumprir a Lei de Moisés, guardar o sábado, a circuncisão e outros rituais do Antigo Testamento. Elogiava o padre Antônio Vieira, que considerava "a melhor luz de toda a Igreja". Ao final do processo, destruído física e psicologicamente pela tortura e as agruras de anos a fio no cárcere, proclamou-se ele próprio o Messias, acusou o Santo Ofício de judaísmo e tentou atirar-se pela janela da Sala de Audiências do Rocio, chamando a mesa inquisitorial de "tribunal de ladrões".

Ao empoderar o Estado laico, introduzindo as ideias do Iluminismo na Corte, Carvalho e Melo trouxe a gestão de dom José I do absolutismo tradicional, vindo do reinado de seu pai, ao que historicamente se convencionou chamar de "despotismo esclarecido". Para isso, enfrentou inimigos poderosos. Com suas reformas, a começar pela da educação, Carvalho e Melo fez um grande número de adversários, tanto no clero quanto junto à nobreza e aos militares, os setores mais reacionários da sociedade portuguesa.

Para desmantelar o poder da Igreja, o homem forte do rei tinha de neutralizar primeiro a Companhia de Jesus. Instrumento essencial para a expansão de Portugal, levando a bandeira do catolicismo junto com a do Estado para a criação de um Novo Mundo cristão, os jesuítas tinham acumulado imenso cacife político e econômico.

O prepósito-geral da ordem era conhecido como o "Papa Negro", pelo contraste entre a cor de seu hábito e da vestimenta papal, com certo sentido figurado. Rivalizava em riqueza e poder com o próprio sumo pontífice e o Estado português, a quem podia calotear, chantagear ou ameaçar.

Não bastava o que a Coroa portuguesa já fizera na colônia com os paulistas na Guerra dos Emboabas, ou os senhores de engenho pernambucanos, na Guerra dos Mascates, de forma a impor o poder central. Os jesuítas detinham não só a exclusividade do ministério religioso na colônia como um grande poderio político e econômico. A concessão de terras à Igreja, assim como a multiplicação das aldeias indígenas transformadas em missões, fazendas que se tornavam produtivas, estendendo-se de São Paulo à América espanhola, os transformaram nos maiores latifundiários do Brasil e de todo o Novo Mundo.

A Companhia de Jesus era então um empreendimento comercial de larga escala, que monopolizava a mão de obra indígena, guerreando com os bandeirantes paulistas, e se tornou o mais importante agente econômico colonial. As Missões abasteciam de alimentos e animais de carga não somente as minas de prata da província peruana como a própria Espanha. Com tamanho poder, formavam praticamente um Estado paralelo e transnacional, com interesses que ultrapassam fronteiras, fora portanto do alcance dos governantes tanto da Espanha quanto de Portugal.

Tirar dos jesuítas alguns privilégios econômicos era o primeiro passo para asfixiar a Companhia de Jesus, com seu acúmulo de poder e riqueza, bem como sua independência. Com a criação da Companhia de Comércio do Maranhão e Grão-Pará, em 6 de junho de 1755, aniversário de dom José I, Carvalho e Melo trouxe o comércio para mais perto do Estado laico, ao mesmo tempo que apertou a colônia, por meio do monopólio pelos reinóis. Estabeleceu que por trinta anos a companhia não precisaria pagar direitos das madeiras levadas para Lisboa, quando carregadas em navios negreiros, que antes voltavam do Brasil sem carga. A empresa recebia tratamento privilegiado com relação a dívidas e ficava isenta de impostos.

A companhia monopolista concentrava os lucros e o favorecimento dos direitos de exportação nas mãos de alguns mercadores, que passaram a ter força, inclusive, para boicotar o produto das missões jesuíticas, dedicadas a produzir não apenas a subsistência dos indígenas como um excedente de exportação. Os jesuítas diziam em suas prédicas que Carvalho e Melo "queria destruir a religião, reformar o santo tribunal da inquisição".[5] Do púlpito, o padre Manuel Ballester declarou que quem entrasse para a Companhia de Comércio perderia a "companhia de Cristo Redentor". "Neste contrato de sociedade, ou nesta nova companhia, só podem entrar aqueles que enriqueceram por meios ilícitos", afirmou.[6]

Em retaliação, a Igreja bloqueava projetos de Carvalho e Melo, inclusive pessoais, como casar-se com uma protestante, herdeira do duque de Cumberland, e favorecer os judeus, em troca de ajuda financeira na reconstrução de Lisboa após o terremoto. As questões do comércio estavam conectadas com as das fronteiras e as das missões jesuíticas, fazendo divergir os interesses da Corte portuguesa com o poder da Companhia de Jesus.

Na fronteira da colônia do Brasil, os jesuítas espanhóis deviam pelo Tratado de Madri entregar o controle de seus colégios e missões no lado brasileiro desde 1753, mas optaram por apoiar os nativos guaranis, que se puseram em armas, liderados pelo cacique Sepé Tiaraju, chefe da Redução de São Miguel. Sua decisão de resistir às determinações do tratado deu início a uma guerra de fato, tanto contra o Estado português quanto o espanhol, cujos interesses nesse caso se alinhavam, pela assinatura do tratado.

O confronto, chamado de Guerra Guaranítica, ou Guerra dos Sete Povos, começou em 15 de julho de 1753. Após uma reunião na ilha

---

5   Francisco Adolfo de Varnhagen, *História geral do Brasil*, op. cit.
6   João Lúcio de Azevedo, *Os jesuítas no Grão-Pará, suas missões e a colonização*, Lisboa: Tavares Cardoso & Irmão, 1901.

de Martim Garcia, na embocadura do rio da Prata, o governador de Buenos Aires, José Andonaegui, rumou com uma coluna para ocupar militarmente São Borja; o general português, Freire de Andrade, partiu sobre Santo Ângelo. Apesar de sua bravura, os indígenas não conseguiram deter os 3 mil homens dos exércitos combinados de Espanha e Portugal, o dobro do contingente aquartelado nas missões jesuíticas.

Os guaranis ainda contra-atacaram. Em 29 de abril de 1754, tentaram tomar de assalto o forte de Jesus, Maria e José do Rio Pardo, mas foram rechaçados e perseguidos. Dos 53 prisioneiros, 38 foram executados na Lagoa dos Patos – os demais, incluindo Sepé Tiaraju, foram libertados pelo coronel Tomás Luís Osório.

Somente na Batalha de Caiboaté, ocorrida no atual município de São Gabriel, no Rio Grande do Sul, em 10 de fevereiro de 1756, morreram 1.500 guaranis – verdadeiro massacre, ainda mais considerando que nas tropas luso-espanholas contaram-se pouco mais de duas dezenas de mortos e cinquenta feridos, entre eles Luís Osório, que levou duas flechadas nos braços e uma nas costas.

A coligação de aldeias liderada pelo cacique Sepé afinal caiu. Em 16 de maio, as tropas binacionais entraram na povoação de São Miguel. "Antes de um mês, todos os povos estavam submetidos", afirmou Varnhagen.[7] Nas guerras guaraníticas, incluindo conflitos na região "mojeña", foram mortos cerca de 200 mil nativos e 4 mil portugueses, de acordo com a estimativa de Francisco Rodrigues do Prado, membro da Comissão de Limites da América Hispânica, em 1839. A maioria dos sobreviventes da Guerra Guaranítica acabou se refugiando na margem direita do rio Uruguai, o lado espanhol.

Por intermédio do novo governador-geral do Brasil, Mendonça Furtado, seu irmão, Carvalho e Melo tomou providências para assumir o controle da região missioneira. Em nome da liberdade dos indígenas, em 1757 o secretário de Estado tirou o poder temporal

---

[7] Francisco Adolfo de Varnhagen, *História geral do Brasil*, op. cit.

dos eclesiásticos portugueses que permaneceram nas aldeias, instituindo os Diretórios das Missões. Elas passaram a ter governo próprio, com um tutor não religioso, que acumulava todos os poderes, subordinado ao governo da capitania.

As igrejas foram transformadas em paróquias, com seus missionários como párocos. Manteve-se o trabalho obrigatório por parte dos indígenas, em troca de um salário, mas eles passaram a pagar tributo ao Estado, entregando um sexto de sua renda ao diretor.

Além de converter os jesuítas em meros párocos, Carvalho e Melo tirou-lhes também o monopólio como educadores. Para realizar seu projeto, quase de um império próprio, que ultrapassava os limites políticos entre Portugal e Espanha, eles trabalhavam para unificar o Novo Mundo por meio do ensino da religião e da língua – uma adaptação do tupi, difundida pelas escolas da Companhia de Jesus. Aquele tinha sido um dos grandes desafios da catequização para a integração da colônia, num território onde se falavam mais de mil línguas diferentes entre os povos nativos, além do tupi e do guarani. Em seu "Sermão da epifania", o padre Antônio Vieira ressaltava aquela dificuldade, quando morou em Belém. "Na antiga Babel houve setenta e duas línguas; na Babel do rio das Amazonas já se conhecem mais de cento e cinquenta, tão diversas entre si como a nossa e a grega; e assim, quando lá chegamos, todos nós somos mudos e todos eles surdos."

Com o colégio de São Paulo, o padre José de Anchieta fundou uma escola para ensinar a língua não somente aos nativos de outras nações como também aos paulistas e aos próprios jesuítas espanhóis, que ali faziam estágio antes de partir para seu trabalho nas Missões. Especialmente no período da União Ibérica, eles saíam de São Paulo para ir tão longe quanto São Francisco, na América do Norte. Anchieta criou uma grafia para a língua, antes somente falada, com sinais para indicar fonemas inexistentes em português, e elaborou um dicionário completo de forma a implantar o ensino da língua comum na colônia.

O nheengatu ("língua boa", ou "língua geral") dos jesuítas portugueses disseminou-se entre os mamelucos bandeirantes e permitiu o processo colonizatório. Esse tupi adaptado passou a ser falado de forma corrente como primeira língua em todo o grande território sobre o qual São Paulo tinha influência, do planalto de Piratininga até o Maranhão. Deixou marcas importantes no português usado no Brasil, diferenciando-o do idioma em Portugal. Muitas das palavras de origem tupi ainda são de uso corrente no português brasileiro contemporâneo, desde a designação de bichos, como jabuti ("aquele que come pouco"), jararaca ("que tem bote venenoso") e jacaré ("que olha torto") até nomes de estados e acidentes geográficos como Marajó ("procedente do mar"), Paraná ("rio grande como o mar") e Sergipe ("rio dos siris").

Funcionou muito bem para a integração colonial, mas o domínio da língua criou uma nação mais para os jesuítas que para Portugal. Em sua reforma de 1657, Carvalho e Melo tratou de proibir o ensino do tupi nas escolas, bem como seu uso como língua corrente no Brasil. "Sempre foi máxima de todas as nações que conquistaram novos domínios introduzir nos povos conquistados seu próprio idioma", justificou o secretário de dom José I. Nos colégios, incluindo as vinte escolas levantadas pelos jesuítas entre 1550 e 1750, o uso da "língua geral" foi substituído pelo português, "na forma em que Sua Majestade tem recomendado em repetidas ordens que até agora se não observaram, com total ruína espiritual e temporal do Estado".

Carvalho e Melo não somente desmantelava o poder econômico dos jesuítas como suas ferramentas educacionais, base daquele Estado quase independente, com uma língua própria. Não era fácil desfazer aquela estrutura, enraizada no Brasil com o favorecimento do próprio Estado português desde o início da colonização. Além dos interesses em jogo, ele enfrentava também rivalidades pessoais, cevadas nos bastidores da Corte portuguesa.

Porém, surgiu uma oportunidade de quebrar o monopólio econômico-religioso da Companhia de Jesus. Por uma circunstância extraordinária, Carvalho e Melo teve de repente nas mãos poderes totais para impor o Estado laico. Tratou de aproveitá-la, dando plenos poderes à Coroa – e expulsou os jesuítas de Portugal, bem como de todos os seus territórios ultramarinos, incluindo o Brasil: uma saída radical, levada adiante a ferro e fogo.

*

Em 1758, dom José I sofreu em Lisboa um atentado, envolto em circunstâncias misteriosas, do qual saiu ferido. Na noite de 3 de setembro, acompanhado do sargento-mor Pedro Teixeira, que lhe servia de criado, voltou às onze e meia da noite ao Paço da Ajuda, depois de visitar uma amante, na quinta de Belém. No caminho, próximo ao Pátio das Vacas, o boleeiro viu a aproximação de três cavaleiros mascarados e fustigou os cavalos para fugir em direção ao local onde hoje se encontra a igreja da Memória.

Os encapuzados dispararam diversos tiros sobre a carruagem. "O rei ficou muito ferido no ombro e no braço, o boleeiro também, saindo ileso Pedro Teixeira", narrou o historiador português Manuel Benavente Rodrigues.[8]

Dom José I foi levado ao cirurgião da Casa Real, Soares Brandão, no palacete do marquês de Angeja, ou na casa do próprio Brandão, segundo duas versões que constam no inquérito por inconfidência, aberto para apurar as responsabilidades sobre o crime. A investigação foi conduzida pessoalmente por Carvalho e Melo, que instaurou por meio dela um regime de terror. Mais de mil pessoas foram presas. Testemunhas, tanto de defesa como de acusação, incluindo simples opositores que Carvalho e Melo aproveitou para jogar na lista, foram submetidas a tortura.

De acordo com Varnhagen, os responsáveis foram denunciados de forma sigilosa ao próprio dom José I "pela sua favorita" – Teresa

---

[8] Manuel Benavente Rodrigues, *Grandes de Portugal no século XVIII: inventários da casa de Távora, Atouguia e Aveiro (1758-1759)*, Apotec-Lisboa, 2020.

Tomásia, uma jovem da família Távora, a amante daquela noite na quinta de Belém, "na primeira visita que lhe fez, após o atentado".[9] Era nora de José de Mascarenhas da Silva e Lencastre, duque de Aveiro, casado com Leonor Tomásia, marquesa de Távora, por sua vez irmã de dom Francisco de Assis, terceiro marquês de Távora.

Mulher "de grande beleza e caráter", Leonor também foi implicada. Era amiga íntima da rainha Mariana Vitória, esposa de dom José I, e muito próxima dos jesuítas, especialmente do influente padre italiano Gabriel Malagrida, fundador do Recolhimento do Santíssimo Coração de Jesus da Soledade, convento para freiras em Salvador, origem do atual Colégio Soledade.

O relacionamento amoroso com Teresa Tomásia era apenas um dos motivos das restrições que os Távora faziam ao monarca, a quem o duque de Aveiro e a marquesa de Távora tinham acusado de ter lhes ofendido a honra ao requisitar para o leito real também outra de suas filhas, Joana Tomásia. "Os Távora tinham uma velha questão com o rei, devido à relação amorosa que este mantinha com a Marquesa nova, Teresa Tomásia", afirmou Benavente Rodrigues.[10] "Sentiam-se ainda injustiçados pelos brilhantes serviços prestados na Índia e que nem o rei nem Carvalho e Melo quereriam recompensar. Constituíam também sem dúvida a guarda avançada da alta nobreza na proteção à Companhia de Jesus."

Submetidos a tortura, os Távora assumiram a autoria do crime, como mandantes. Em 12 de janeiro de 1759, Silva e Lencastre, dom Francisco de Assis, Leonor Tomásia e outros membros da família foram condenados à morte por crime de "lesa-majestade". No dia seguinte, foram executados num patíbulo público em Belém, diante do rei e de toda a Corte.

---

9 Manuel Benavente Rodrigues, *Grandes de Portugal no século XVIII: inventários da casa de Távora, Atouguia e Aveiro (1758-1759)*, op. cit.

10 Manuel Benavente Rodrigues, *Grandes de Portugal no século XVIII: inventários da casa de Távora, Atouguia e Aveiro (1758-1759)*, op. cit.

Da execução, tornou-se célebre o orgulho levado por Leonor ao cadafalso. Única condenada a não ter sido ouvida no inquérito, nem torturada, quando o carrasco quis lhe tirar o lenço do pescoço para a decapitação, a marquesa de Távora disse-lhe: "Não me descomponhas". Seu marido, Silva e Lencastre, e o irmão, dom Francisco de Assis, tiveram quebrados os ossos dos braços e das pernas e depois do tronco, antes de serem garroteados. Antônio Álvares, acusado de ser um dos atiradores, foi queimado vivo numa fogueira onde todos os corpos acabaram sendo imolados, levantando uma coluna de fumaça que acinzentou o céu de Lisboa e espalhou o odor da morte.

Aquele espetáculo macabro, executado para demonstrar um poder impiedoso, marcou a gestão de Carvalho e Melo, o reinado de dom José I e a memória da princesa real, sua filha, que no período de convalescença do pai governou como regente. A futura rainha dona Maria I nunca se recuperou do episódio, que colaborou para levá-la ao desequilíbrio mental e mais tarde a ser afastada do trono em favor de seu filho, futuro dom João VI.

No período que se seguiu à execução dos Távora, mais tarde chamado por historiadores de "Terror Pombalino", Carvalho e Melo tornou-se um tirano, impondo o silêncio a inimigos e críticos, que temiam ser perseguidos e castigados das piores formas. A máquina da Inquisição, regida em Portugal pelos dominicanos, foi lançada contra os jesuítas, acusados de colaborar com os Távora na conspiração contra a Coroa. Junto a dom José I, Carvalho e Melo saiu fortalecido, tendo ao mesmo tempo solucionado a autoria do atentado e se livrado de seus adversários políticos. Foi premiado pelo rei com a vila e o título de conde de Oeiras – o de marquês de Pombal, com o qual passou para a história, viria mais tarde.

A tentativa de regicídio deu a Carvalho e Melo o pretexto para tirar poderes da nobreza e, por meio de um decreto, assinado em 3 de setembro de 1759, implicar e expulsar também os jesuítas de Portugal, bem como das colônias, confiscando seus bens. Atendia não apenas aos interesses da Coroa como aos anseios dos latifundiários do Brasil, que se queixavam da Companhia de Jesus por sua insubordinação aos governadores, pelos lucros com o monopólio da mão de obra indígena e pela isenção de impostos – além de "tomar vingança dos que se atreviam a falar sobre isto".[11] De uma penada, Carvalho e Melo eliminava o poder paralelo entranhado no Estado português, como ocorreria mais tarde também na Espanha, com suas consequências nas colônias de ambos os impérios no Novo Mundo.

Em 1759, havia 670 jesuítas do Brasil. Foram enviados a Lisboa, sob a acusação de traição, "como se tratasse de revoltosos de mão armada".[12] O padre Manuel Ballester foi preso e desterrado na cidade de Setúbal, mesmo destino de Gabriel Malagrida. O representante das missões na Amazônia, padre Bento da Fonseca, também recebeu a pena do desterro por ter se manifestado contra a fundação da Companhia de Comércio. Alguns enfrentaram a Inquisição. Em 23 de julho de 1761, com mais de setenta anos de idade, após declarar que o terremoto em Portugal "não era mais que um castigo da Providência contra os pecados dos mandatários", Malagrida foi imolado vivo em praça pública.

No Brasil, a expulsão dos jesuítas teve muitos simpatizantes. Os mamelucos paulistas nunca aceitaram as missões, nem a acumulação do poder secular com o laico, que deu força à Companhia de Jesus na colônia desde os tempos do infante-cardeal dom Henrique. Ao desmantelar aquele império paralelo, Carvalho e Melo realizava o que havia muito preconizavam os bandeirantes e chefes colonizadores das demais capitanias, para quem o "monopólio espiritual" dos jesuítas era apenas uma fachada para a exploração da mão de obra indígena de forma análoga à da escravidão. Com a abolição da Companhia de Jesus em Portugal, a Coroa extinguia também uma concorrência econômica desleal.

---

11 Francisco Adolfo de Varnhagen, *História geral do Brasil*, op. cit.
12 Francisco Adolfo de Varnhagen, *História geral do Brasil*, op. cit.

Ao banir os religiosos que encarnavam o tríptico do sacerdote-guerreiro-educador da ordem jesuítica, impondo o domínio civil sobre a administração das Missões, Carvalho e Melo abortou os privilégios que tinham transformado a Companhia de Jesus na maior proprietária individual de terras da colônia. Somente na ilha de Marajó, a ordem possuía 400 mil cabeças de gado. No Maranhão, os jesuítas controlavam 22 aldeias, transformadas em Missões, e 56 fazendas de gado e cana-de-açúcar, que rendiam ao ano 164 mil-réis. Já não estavam sozinhos – os carmelitas dirigiam uma dezena de aldeias e treze fazendas; os capuchinhos (ordem de Santo Antônio) contavam com cinco. Porém, de longe, eram os maiores.

Todo aquele patrimônio imobiliário acumulado foi confiscado e redistribuído pelo Estado português. "A abolição da Companhia foi favorável aos povos, pela desamortização dos seus bens, que, pelos preços baratos com que foram vendidos, serviram como [meio] de indenizar a perda dos braços dos indígenas, então de todo libertados", afirmou Varnhagen.[13] O Colégio dos Jesuítas no Rio foi transformado em residência dos vice-reis e, depois, em hospital militar.

"Primeiro, [a decisão de Carvalho e Melo] derrubou as barreiras opostas à completa subjugação do gentio e sua integração compulsória na nova sociedade como trabalhadores escravos", afirmou Darcy Ribeiro.[14] "Segundo, fortaleceu a camada oligárquica da sociedade cabocla nascente pela distribuição, entre funcionários e comerciantes, das propriedades jesuíticas, com suas casas, lavouras, e rebanhos de gado vacum, além da indiaria."

Os herdeiros privados das antigas posses jesuítas ficaram conhecidos como os "contemplados". Com a venda das propriedades jesuítas aos capitães brasileiros, Melo e Carvalho a um só tempo fez um agrado à elite colonial e capitalizou o Estado português. Esta segunda intenção era a mais importante. Em seguida, reduziu ainda

---

13   Francisco Adolfo de Varnhagen, *História geral do Brasil*, op. cit.
14   Darcy Ribeiro, *O povo brasileiro*, op. cit.

mais a autonomia e influência política dos senhores coloniais, que já vinha sendo liofilizada em favor dos reinóis.

Para aumentar ainda mais o poder central, em 1759 o homem forte do rei reorganizou a administração da colônia. Extinguiu as capitanias hereditárias ainda sob o poder de donatários e passou--as para a administração do Estado. Eram onze: Cametá, Ilha de Joanes, Caité, Cumá, Itamaracá, Recôncavo da Bahia, Itaparica, Ilhéus, Porto Seguro, Campos de Goitacazes e São Vicente. Esta última era a única ainda pertencente aos herdeiros de seu primeiro capitão, Martim Afonso de Sousa, enviado ao Brasil com a missão de demarcar as capitanias, reservando-a para si, em 1533. A partir de então, todas as capitanias passaram a ser dirigidas por administradores portugueses, nomeados diretamente pela Coroa.

Não era simples aumentar a estrutura administrativa para absorver e unificar o comando de toda a colônia, mas era melhor que o antigo sistema, que permitia o fortalecimento daqueles senhores feudais, assim como o surgimento de movimentos libertaristas, como se ensaiou nas guerras dos Mascates e dos Emboabas. "Como aquelas gentes ainda estão com as ideias muito frescas da má criação que tiveram, é necessário, enquanto não passam mais anos, não dar a nenhum deles um poder e autoridade que, enchendo-os de vaidade, possa vir a dar um cuidado que traga consigo maiores consequências", já alertava dom Antonio de Almeida Soares Portugal, marquês do Lavradio, vice-rei do Brasil entre 1749 e 1753, ao deixar o cargo.[15]

Com o controle político e administrativo, a Coroa distribuía diretamente as sesmarias, favorecia quem desejava nos negócios e deixava os colonos trabalharem pelas riquezas, mas dependentes em tudo, de maneira a reforçar sua vassalagem. Tirando do caminho os jesuítas, tanto quanto os capitães-mores, dom José I aplicou novo golpe na elite colonial. Pelo confisco das capitanias, os últimos

---

15 Francisco Adolfo de Varnhagen, *História geral do Brasil, op. cit.*

donatários receberam indenizações na forma de títulos nobiliárquicos e pensões, negociadas caso a caso, mas perderam poder político para a própria Coroa. Esta se fortalecia, inclusive militarmente, para assegurar a taxação e o controle unificado da colônia, num momento crucial para a definição de seus limites – e do futuro de todo o império.

CAPÍTULO 9

A fronteira da guerra

Apesar de manter a maior parte da doutrina política e econômica de Alexandre de Gusmão, Carvalho e Melo entendia que tinha sido um erro de seu antecessor abrir mão de Sacramento, na foz do rio da Prata, na negociação do Tratado de Madri. Durante sua gestão, teve de contornar muitas dificuldades criadas com os termos do tratado, alguns de difícil implementação.

Na região do Guaíra e do Rio Grande do Sul, não apenas os jesuítas espanhóis como também os *criollos*, colonos espanhóis, recusaram-se a abandonar a terra em favor dos portugueses, como mandava o documento assinado pelos monarcas de ambos os impérios. Insurgiram-se também os portugueses que faziam contrabando pelo Prata.

Depois da Guerra Guaranítica, continuaram as escaramuças na fronteira delimitada pelo tratado, dessa feita entre colonos espanhóis e portugueses. Em 21 de fevereiro de 1760, por ordem do governador Moura Tavares, tropas portuguesas ocuparam o lugar onde se encontravam as ruínas da antiga Redução de Santa Rosa I. Ficava próxima do rio Paraná, que, naquela altura, corre em paralelo ao Uruguai, cuja banda oriental a Espanha entendia ser o limite do território brasileiro definido no tratado. Em Santa Rosa I, foi erguida a fortaleza de Nossa Senhora da Conceição, ao lado de um pequeno povoado. Em 21 de março de 1760, Juan de Beingolea, superior das missões de Mojos, enviou a Moura Tavares uma carta de protesto por aquela ocupação. Repetiu a missiva em 11 de junho de 1760, desta vez contra a ocupação da área onde ficava a antiga missão de Santa Rosa II.

Em 26 de agosto, o governador de Santa Cruz de la Sierra, Alonso Berdugo, ao visitar São Pedro, principal Redução dos Llanos Mojeños, encontrou os indígenas missioneiros de Santa Rosa II refugiados ali. Berdugo foi para Santa Rosa II e, em 5 de outubro, enviou um mensageiro a Moura Tavares, dando-lhe três meses de prazo para abandonar a fortificação, levando embora seu arsenal. Vinte dias depois, recebeu "não" como resposta.

A Real Audiência de La Plata, tribunal de Justiça da província colonial espanhola, pediu dinheiro ao vice-rei do Peru, José Manso de Velasco, de forma a montar uma expedição militar e educativa contra o que entendia ser o avanço indevido dos portugueses. Deu instruções ao governador para alistar combatentes nas milícias e retomar a região. Para a guerra, faltava apenas a ordem final, enquanto na Europa as Coroas de Espanha e Portugal procuravam rever o Tratado de Madri. Em janeiro de 1761, chegaram a Buenos Aires ordens do rei Carlos III para obter a restituição da antiga Redução de Santa Rosa II, antes por meios diplomáticos, ou, em caso de insucesso, pela força.

Quando Berdugo recebeu as novas ordens, exigiu outra vez a retirada das tropas portuguesas de Santa Rosa I e II. Em resposta, Moura Tavares afirmou que questões referentes ao Tratado de Madri só poderiam ser resolvidas de comum acordo entre ambas as Coroas.

Aquele impasse levou dom José I de Portugal e dom Carlos III da Espanha a assinarem o Tratado de El Pardo, em 12 de fevereiro de 1761. Com apenas três artigos, El Pardo anulou por inteiro o Tratado de

Madri, com suas demarcações. "Este tratado derrogou a linha fronteiriça ocidental convencionada uma década antes, mas não colocou nada tangível em seu lugar", observou David Block III, historiador da Universidade do Texas, especializado em história latino-americana.[1]

Como desejava Carvalho e Melo, a Espanha devolveu Sacramento a Portugal, que, no entanto, não restituiu os territórios das missões. O descumprimento do acordo de El Pardo colaborou para a Coroa espanhola radicalizar sua posição em todas as fronteiras. Em 15 de agosto de 1761, firmou o terceiro Pacto de Família, série de acordos entre monarcas ligados pelo parentesco na casa de Bourbon, alinhando-se com a França e o reino de Nápoles contra a Grã-Bretanha, para recuperar Gibraltar e Minorca. Começava o conflito que ficaria conhecido como a Guerra dos Sete Anos. Em novembro do mesmo ano, o rei Carlos III, junto com a França, declarou guerra também a Portugal – importante aliado comercial do império britânico, além de vizinho recalcitrante no Novo Mundo.

Em novembro de 1761, a fragata *Victoria*, com 26 canhões, levantou ferros em Cádiz, na Espanha, com destino a Buenos Aires. Seu comandante, o tenente Carlos José de Sarriá, levava ordens para atacar a colônia de Sacramento, dirigidas a dom Pedro Antonio de Cevallos Cortés y Calderón, nobre e militar espanhol, natural de Cádiz, governador e capitão-geral das províncias do Rio da Prata. Ao receber a missão, o governador reuniu um exército de 6 mil homens e fortaleceu suas posições em Maldonado, Montevidéu e Buenos Aires, antes de avançar sobre seu alvo.

A aliança britânico-portuguesa também fazia preparativos de guerra. Contava com Sacramento como base de operações na bacia do Prata. O plano foi desenvolvido por Carvalho e Melo com o primeiro-ministro britânico, Thomas Pelham-Holles, ambos assessorados pela Companhia Britânica das Índias Orientais. Por acordo entre ambos os governos, Portugal tomaria para si toda a margem

---

1 David Block, *La cultura reduccional de los llanos de Mojo*, Sucre: Historia Boliviana, 1997.

oriental do rio da Prata, onde estava Sacramento; a ocidental, hoje a Argentina, ficaria para os britânicos.

Em 9 de maio de 1762, a Espanha invadiu o território português na Europa. Já se previa que faria o mesmo no lado português do Prata. "A praça de Colônia [de Sacramento] é o osso e grande cuidado deste governo", garantiu o governador Freire de Andrade, em carta ao secretário real, Carvalho e Melo, no dia 28 daquele mês.[2] O governador do Rio de Janeiro, Minas, Mato Grosso, Goiás e das antigas capitanias do sul tinha enviado em 14 de fevereiro um novo comandante para Sacramento, Vicente da Silva da Fonseca, com munição, suprimentos e instruções de como atuar.

Logo depois, chegou às mãos de Freire de Andrade uma carta, esta de Cortés y Calderón, assinada em 15 de julho de 1762. O governador de Buenos Aires pedia a devolução dos territórios espanhóis ocupados pelos portugueses, com a volta dos indígenas às Missões, além da desocupação de Sacramento. Intimava o governador português também a evacuar imediatamente as ilhas Martin Garcia e Duas Irmãs, no rio da Prata.

A resposta vinha sendo preparada. Para o esforço de guerra, a Companhia Britânica das Índias Orientais tinha comprado da marinha britânica em janeiro de 1762 o navio *HMS Kingston*, com sessenta canhões, rebatizado como *Lord Clive*, sob o comando do corsário britânico John Macnamara. O *Lord Clive* zarpou da Inglaterra em julho de 1762, com setecentos marinheiros a bordo, acompanhado pela fragata *Ambuscade*, de quarenta canhões. Depois de uma escala em Lisboa, Macnamara aportou no Rio de Janeiro. Ali, a frota foi reforçada por Freire de Andrade com a fragata *Nossa Senhora da Glória*, de 38 canhões, além de oito brigues para o transporte de seiscentos homens, sob o comando do tenente-coronel Vasco Fernandes Pinto Alpoim. Na sequência, rumou para Sacramento.

---

2   Carta n. 14 ao conde de Oeiras, Arquivo Ultramarino, in Francisco Adolfo de Varnhagen, *História geral do Brasil, op. cit.*

Por seu lado, Cortés y Calderón despachou para Sacramento em setembro de 1762 uma esquadra liderada pela fragata *Victoria*, com mais quatro navios de guerra, doze lanchas armadas e quinze embarcações de transporte com 2.700 soldados. A armada espanhola cruzou o rio da Prata e desembarcou do lado português entre 7 e 14 de setembro, reforçada com a artilharia trazida de Montevidéu e 1.200 indígenas missionários por infantaria. Em 5 de outubro, Sacramento estava cercada por terra e, com a frota naval, também pelo rio.

Nas forças espanholas, havia rivalidades e, com elas, desentendimentos. Cortés y Calderón comandava a operação militar e estava à frente do exército, mas Sarriá liderava a frota, e partiu sem autorização com dezesseis navios, a maior parte da armada espanhola, para a enseada de Barragán. Isto deu oportunidade aos portugueses de escapar de Sacramento em brigues, levando seus pertences. Três das embarcações ainda puderam retornar, trazendo suprimentos para a cidadela sitiada.

Apesar disso, sem esperar por reforços, diante das linhas oponentes, em 31 de outubro o governador português Vicente da Silva da Fonseca rendeu-se. Além de Sacramento, foram ocupadas pelos espanhóis as ilhas de Martim Garcia e São Gabriel. Aos portugueses foi dada a opção de seguir em naus próprias para o Rio de Janeiro ou ser transferidos para Cuyo, região das atuais províncias argentinas de Mendoza, San Juan e San Luis.

A capitulação de Sacramento pegou de surpresa a armada anglo-portuguesa, que vinha em auxílio dos defensores da fortaleza e ao chegar encontrou-a em poder de Cortés y Calderón. Bombardeado pelos canhões da fortaleza que julgava do seu lado, o *Lord Clive* pegou fogo e afundou, levando junto seu capitão. Macnamara morreu afogado com outros 272 tripulantes. Os sobreviventes não tiveram melhor sorte: depois de nadar até a margem, foram aprisionados, julgados e enforcados pelos espanhóis.

Com a foz do Prata tomada pelos espanhóis, o que restou da armada teve de recuar. De acordo com Varnhagen, Freire de Andrade ficou doente de desgosto com todo aquele desastre, do qual tinha de prestar contas ao rei, com suas consequências políticas e econômicas. Assim, "entre delírios de dor pela perda da dita praça, veio a falecer em 1º de janeiro de 1763, pelas dez horas da manhã".[3] Deixou de receber ao menos uma boa notícia. No mesmo dia de sua morte, tropas sob o comando do capitão Francisco Pinto Bandeira, com alguns dragões e duzentos paulistas, obtiveram retumbante vitória em Monte Grande, nas proximidades da atual Santa Maria.

A vergonha que liquidou Freire de Andrade não embaçou sua longa biografia de serviços prestados à Coroa, que lhe renderam a dedicatória do poema "Vila Rica", de Cláudio Manuel da Costa, dez anos mais tarde, bem como foram cantados no épico *O Uraguai*, de outro poeta arcadiano, Basílio da Gama, publicado em 1769 – e que se refere ao marquês de Bobadela como "o grande Andrade". Seu irmão, José Antônio Freire de Andrade, segundo marquês de Bobadela, que ele havia colocado como capitão das Minas Gerais entre 1752 e 1758, serviu ainda como governador das províncias da Beira e do Minho, em Portugal.

Com seu mais duro oponente fulminado pelo desgosto, Cortés y Calderón saiu de Sacramento com trezentos soldados, em 19 de março de 1763. No dia 8 de abril, a partir de Maldonado, atacou com duas colunas a fortaleza de Santa Teresa, que ainda se encontrava em construção, a 33 quilômetros da atual divisa brasileira com o Uruguai, no Chuí. Por falta de informações e em função de ordens superiores desencontradas, que classificou de "infernais", o comandante da praça, coronel Tomás Luís Osório, perdeu o momento de uma retirada organizada. Decidiu resistir, mas a maior parte de sua guarnição, em pânico, desertou na madrugada de 19 de abril. Nesse mesmo dia, a fortaleza se rendeu.

Cortés y Calderón seguiu adiante. Conquistou o forte de São Miguel e, em 24 de abril de 1763, ocupou a vila de Rio Grande, que já

---

3   Francisco Adolfo de Varnhagen, *História geral do Brasil, op. cit.*

tinha sido abandonada pelo governador Eloy Madureira. A fortaleza de São José do Norte, na margem oposta do rio Grande, também foi encontrada de portão aberto. Os colonos portugueses que não fugiram para Porto de Viamão foram transferidos por Cortés y Calderón para Maldonado, dando origem ao povoado de San Carlos.

A tomada de todo o sul da colônia brasileira foi vista como uma humilhação para Portugal, empanando as conquistas anteriores. Posteriormente, foi aberta uma investigação para apurar as responsabilidades do governador Eloy Madureira, já falecido, e do coronel Tomás Luís Osório, herói da Guerra Guaranítica, feito prisioneiro pelos espanhóis, com mais 25 oficiais remanescentes na fortaleza de Santa Teresa. Solto em Sacramento, em função do armistício celebrado pelas duas Coroas, acabou preso novamente, desta feita no Rio de Janeiro.

Ficou numa cela da fortaleza de São José, na ilha das Cobras, até o fim da devassa sobre os militares desertores. Liberado, retirou-se para as Minas Gerais. Acabou ainda envolvido numa intriga, por correspondências trocadas com jesuítas, das quais se apreendeu um suposto apoio à Companhia de Jesus, inimiga de Carvalho e Melo, o que lhe valeu nova ordem de prisão. Enviado a Lisboa, foi condenado e imediatamente enforcado em 21 de abril de 1768 na Cruz dos Quatro Caminhos – um terreno baldio considerado mal-assombrado pelos lisboetas, onde Carvalho e Melo, desde o terremoto, para coibir os furtos na cidade em penúria, mandava executar os ladrões.

*

A Guerra dos Sete Anos também teve seus efeitos na disputa pelo centro-oeste do continente. O vice-rei do Peru, Manuel Amat y Junyent, nomeou o então presidente da Audiência de la Plata, Juan de Pestaña, comandante das forças militares, para expelir os portugueses da antiga Redução de Santa Rosa II, transformada na fortaleza de Nossa Senhora da Conceição, e de duas vilas da capitania do Mato Grosso: Vila Bela da Santíssima Trindade e Vila Real do

Cuiabá. Para isso, Pestaña construiu dois fortes: um na margem oposta à da Missão jesuítica de San Miguel II, entre os rios Guaporé e Magdalena, e outro no Mamoré, perto da Missão de Exaltação. Tinham o objetivo de cortar a comunicação e o suporte vindos do Grão-Pará pelo rio Guaporé e do Maranhão pelo Mamoré.

Os espanhóis plantaram uma bateria de artilharia em frente à fortaleza de Nossa Senhora da Conceição. Em março de 1763, o furriel [do francês *fourier*, forrador, encarregado do alojamento e alimentação da tropa] Paulo José Corrêa foi enviado com um pequeno destacamento para subir o rio Itonomas, onde roubou gado das reduções jesuíticas, de maneira a furar o cerco espanhol. Ocorreram três expedições desse tipo, bem-sucedidas. Porém, no dia 12 de abril de 1763, a quarta expedição foi emboscada por tropas espanholas, que capturaram o furriel e destruíram as embarcações. Parte dos expedicionários conseguiu escapar a nado e retornou à fortaleza de Nossa Senhora da Conceição quatro dias depois da partida.

Depois disso, Moura Tavares organizou um ataque contra o forte espanhol e a Missão de San Miguel II. Morreram 37 combatentes portugueses e doze espanhóis. A redução foi completamente destruída, com a prisão dos indígenas e dos dois padres que a dirigiam: Juan Rodriguez e Francisco Espí. As escaramuças se multiplicavam quando chegou a notícia de um acordo de paz que se estendia às colônias de ambas as monarquias no Novo Mundo.

Por meio do Tratado de Paris, assinado em 27 de dezembro de 1763, Reino Unido, França, Portugal e Espanha puseram termo à Guerra dos Sete Anos. Após uma desgastante disputa pela posse do território do Canadá, franceses e britânicos aceitaram uma redistribuição de territórios coloniais. O Reino Unido ficou com o território francês a leste do rio Mississippi, além das ilhas de São Vicente, Dominica, Tobago, Granada e Minorca. A Espanha manteve Cuba, importante entreposto para o Novo Mundo; ganhou a Louisiana, que estava com a França, e recuperou Manila e as Filipinas. Em troca, entregou aos ingleses a Flórida, na costa continental norte-americana. Do que antes pertencia ao império britânico, a França de Luís XV ficou com as colônias da Índia, embora proibida de ali construir fortalezas, além de territórios da África e do Caribe, grande produtor de açúcar.

Pelo Tratado de Paris, ficavam com a Espanha as fortalezas de Santa Teresa e a cidade de Rio Grande de São Pedro, além de San Miguel II, o que acabou por frustrar os colonos luso-brasileiros envolvidos no conflito. Em contrapartida, garantiram-se Sacramento e a ilha de São Gabriel para Portugal.

As hostilidades na fronteira foram temporariamente suspensas. O avanço de Cortés y Calderón pelo interior do Rio Grande foi interrompido. Os espanhóis cessaram também o bloqueio dos rios Guaporé e Mamoré e organizou-se uma troca de prisioneiros. "As tropas de ambas as Coroas padeciam ainda de inúmeras enfermidades que o clima em Mojos propiciava a quem não era natural daquele espaço, contribuindo assim para que houvesse uma grande quantidade de deserções e um número reduzido de soldados combatentes", escreveu a pesquisadora Ione Aparecida Martins Castilho Pereira, da Pontifícia Universidade Católica do Rio Grande do Sul.[4]

Alonso Berdugo solicitou a libertação dos padres Juan Rodriguez e Francisco Espí, além da restituição da Missão de San Miguel II e da permissão para suas tropas voltarem à Nova Redução de Santa Rosa II sem conflito. Pelo lado português, Moura Tavares pediu de volta o furriel Paulo José Corrêa, assim como outros militares capturados na emboscada de 12 de abril. As trocas foram feitas em 1764, ano em que San Miguel II foi restituída aos espanhóis, com autorização de dom José I. Somente Espí não voltou: faleceu ainda na prisão.

---

4 Ione Aparecida Martins Castilho Pereira, Guerra nas missões de Mojos: uma análise do conflito luso-espanhol pela posse da antiga missão jesuítica de Santa Rosa de Mojos no rio Guaporé (1760-1764), *Memoria Americana*, Ciudad Autónoma de Buenos Aires, v. 25, n. 2, 2017.

Antes de devolver aos portugueses a ilha de São Gabriel e a colônia de Sacramento, conforme o Tratado, Cortés y Calderón tomou os canhões e demoliu as muralhas das fortalezas. Passou a povoar as vilas próximas, para vigiar e prevenir o contrabando. Estava celebrada a paz, mas naquela parte do continente, dali em diante, paz passou a ser apenas sinônimo de uma guerra não declarada.

*

O descontentamento dos luso-brasileiros com os termos do Tratado de Paris levava a incursões frequentes sobre o território espanhol, como tinham feito os bandeirantes no século anterior. Aproximavam-se de Sacramento, uma posição ainda muito frágil. Depois de muito protestar, o novo governador de Buenos Aires, Juan José de Vértiz e Salcedo, substituto de Cortés y Calderón, saiu de Montevidéu, no final de 1773, com um exército de 1.014 homens. Na serra Geral, construiu no início de 1774 o forte de Santa Tecla, onde deixou uma guarnição com cinquenta soldados.

Em 2 de janeiro de 1774, os portugueses de Rio Pardo, sob o comando de Rafael Pinto Bandeira, atacaram o forte de Santa Bárbara, defendido pelos espanhóis com quatrocentos indígenas formados nas Missões. Fizeram oitenta prisioneiros, entre eles o capitão Antonio Gómez de Velasco, e se apoderaram de 1.200 cavalos, trezentas mulas, cem bois e munição. Tomaram conhecimento dos planos de invasão de Vértiz e Salcedo. Graças a isso, em 14 de janeiro de 1774, emboscaram e derrotaram as forças espanholas no Combate de Tabatingaí.

Vértiz e Salcedo foi obrigado a recuar para o Rio Grande e, depois, mais ainda para o sul. Pediu por reforços e foi atendido. Em dezembro de 1774, chegou a Montevidéu uma frota vinda da Espanha, sob o comando do capitão Martín Lastarria, reforçada por dois batalhões do Regimento de Infantaria da Galiza. Reforçou posições espanholas no forte de São Miguel e na fortaleza de Santa Teresa, em 1775, endurecendo o bloqueio à colônia do Sacramento.

A disposição para a luta de Vértiz e Salcedo fez Portugal perceber que também teria de "reforçar o Rio Grande quanto lhe fosse possível".[5] Em Lisboa, Carvalho e Melo entregou o comando unificado do exército ao tenente-general João Henrique Böhn, militar alemão, inspetor-geral do Exército colonial e braço direito do conde de Lippe.

Frederico Guilherme Ernesto de Schaumburg-Lippe, o conde de Lippe, célebre estrategista alemão que começou sua carreira na Marinha britânica, notabilizou-se à frente de um exército mercenário a serviço da Prússia na Guerra dos Sete anos. Foi contratado em 1762 para reestruturar o Exército e a Marinha portugueses. Com Lippe, Carvalho e Melo enviou ao Brasil "regimentos inteiros de Portugal", de forma a garantir a segurança na colônia. Böhn organizou companhias de dragões em Minas, São Paulo e no Rio Grande, não somente para reforçar a posição nas fronteiras em conflito como garantir o poder do Estado colonial e assegurar a fidelidade dos próprios vassalos.

Na fronteira ao sul, Carvalho e Melo pediu a Böhn para estudar o terreno, ocupá-lo e manter a paz, se possível. "Do contrário, atacar sem descanso, até não existir um castelhano no Rio Grande", escreveu. Com esse propósito, Böhn começou a agir.

*

A guerra não declarada após o Tratado de Paris se transformou em guerra aberta. Tropas vindas do Rio de Janeiro, de Pernambuco, de Portugal e até de Angola desembarcaram em Laguna a partir do final de 1774, de maneira a reforçar a posição luso-brasileira no sul. De Laguna, marchavam por terra até São José do Norte, na estreita faixa de terra entre a Lagoa dos Patos e o oceano, posição que permitia manobrar embarcações de ambos os lados, escolhida por Böhn como base. Dali, ele comandou uma força que chegou a

---

5 Francisco Adolfo de Varnhagen, *História geral do Brasil*, op. cit.

ter 3 mil homens. Os portugueses contavam com duas esquadras navais: uma comandada por Robert MacDouall, irlandês que servia Portugal, com nove naus, outra do britânico George Hardcastle, com seis embarcações.

Miravam três bases estratégicas espanholas: o forte de São Martinho, o forte Santa Tecla e a vila de Rio Grande, na barra da Lagoa dos Patos, utilizada pelos espanhóis para atacar Porto Alegre, defendida por regimentos vindos de Santos e Laguna. Partindo de São José do Norte, o comandante alemão atacou e arrasou o forte de São Martinho, com 205 dragões e guerrilheiros do Rio Pardo, comandados por Rafael Pinto Bandeira, em 31 de outubro de 1775. Em fevereiro de 1776, falhou a tentativa do capitão MacDouall de destruir a esquadra espanhola que defendia a vila de Rio Grande, de forma a tirar o apoio marítimo das tropas em terra. Perdeu no combate três embarcações e 45 homens. Refez as forças com a segunda esquadra, e ficou com doze embarcações, além de treze jangadas, construídas por artesãos de Pernambuco.

O passo seguinte foi o ataque a Santa Tecla, próxima de Bagé, defendida por 250 homens apoiados em oito canhões de trinta libras, com destacamento de segurança externa, água e charque em provisão para um cerco prolongado. Sitiada por Rafael Pinto Bandeira, a fortaleza resistiu por 26 dias, até render-se, em 25 de março de 1776. No dia seguinte, seus defensores saíram pelo portão dos fundos, tomando o rumo de Montevidéu.

Faltava a reconquista da vila de Rio Grande. Novo ataque foi marcado para as três horas da manhã de 1º de abril de 1776, dia seguinte ao aniversário da rainha Mariana Vitória, festejado ruidosamente com salvas de tiros e embandeiramentos pela infantaria em terra e nas naus ao largo da costa, de forma a distrair os espanhóis. Dois destacamentos saíram de São José do Norte para atacar os fortes espanhóis do Mosquito e de Trindade. O primeiro destacamento ficou sob as ordens do major Soares Coimbra, com duzentos granadeiros do 1º regimento do Rio de Janeiro, além do regimento de Estremoz. Usando lanchas, barcos mercantes e jangadas no desembarque, em uma hora e meia conquistou o forte do Mosquito, deixando sete espanhóis mortos.

O segundo destacamento incumbiu-se do ataque principal. Guiado pelo tenente Manoel Marques de Souza, ajudante de ordens do general Böhn, tentou se aproximar da esquadra inimiga, ancorada junto aos fortes de Trindade e de Mangueira, sem ser percebido, de forma a afundar com granadas as naus espanholas ao amanhecer e atacar as guarnições em terra. Ao se aproximar da praia, o grupamento foi avistado da nau *Santa Mathilde*, que abriu fogo. Isso obrigou Marques de Souza a desembarcar a tropa com água pela cintura, espada presa aos dentes, levando as bolsas de granadas na cabeça. Apesar de frustrada a surpresa, o general Böhn conquistou ambas as fortalezas. Tomando seus canhões, passou a disparar contra a esquadra espanhola que antes as defendia. Para fugir aos disparos, os espanhóis tiveram de levantar âncora, rumando na direção da barra do rio da Prata.

Às oito horas da manhã, a esquadra em fuga teve de manobrar para escapar dos disparos vindos do forte de São Pedro da Barra, e três naus ficaram encalhadas. De noite, seguiu para o sul com apenas três embarcações restantes, das oito que havia. A vila de Rio Grande se rendeu naquela noite. Na manhã seguinte, foi ocupada pelas tropas de Böhn.

Tinha sido um sucesso, mas toda aquela manobra serviu para que a Coroa espanhola reagisse com uma investida de grandes proporções. Havia pouca probabilidade de o Reino Unido vir em socorro de Portugal, porque naquela altura os britânicos se encontravam mais ocupados com a Guerra de Independência dos Estados Unidos. O rei Carlos III convocou novamente dom Pedro Antonio de Cevallos Cortés y Calderón, que já havia conquistado a colônia do Sacramento e o Rio Grande uma vez. Nomeou-o vice-rei do Rio da

Prata e lhe deu 21 mil soldados em duas dezenas de embarcações de guerra, de acordo com Varnhagen.[6]

Cortés y Calderón partiu do porto de Cádiz em 12 de outubro de 1776, chegou a Montevidéu em 21 de abril de 1777 e, no mesmo dia, avançou sobre Sacramento. Lá, encontrou a frota portuguesa, comandada pelo inglês MacDouall, que era menor e bateu em retirada. As forças espanholas instalaram suas baterias em trincheiras ao redor da fortaleza de Sacramento, que ficou sitiada. O governador português, Francisco José da Rocha, rendeu-se após treze dias. Em 5 de junho, os espanhóis puseram o forte abaixo e levaram seus canhões e a munição. À saída, Cortés y Calderón demoliu até mesmo as fundações da fortaleza e com as pedras mandou "cegar" o porto, entulhando sua entrada, para inutilizá-lo.

O vice-rei seguiu adiante. Enviou uma frota ao norte, para tomar a ilha de Santa Catarina, onde se encontra hoje a parte insular da cidade de Florianópolis. A ilha se encontrava guarnecida por quase 2 mil homens da milícia local, com reforços do Rio de Janeiro e de Portugal. Quando viram o desembarque dos espanhóis, contudo, as tropas luso-brasileiras bateram em retirada para o continente, sem resistência.

Com o tenente-coronel espanhol Juan Roca nomeado governador, ficou na ilha uma tropa de soldados catalães, comandada pelo brigadeiro Juan Waughan. Cortés y Calderón enviou três navios à Espanha para informar que Santa Catarina era novamente espanhola. Marchou com suas tropas em direção à capitania de Rio Grande de São Pedro, para retomar a vila de Rio Grande, juntando no caminho forças com Vértiz e Salcedo, aquarteladas na fortaleza de Santa Teresa. Porém, foi obrigado a interromper seu avanço assim que soube de novas negociações de paz iniciadas entre Espanha e Portugal.

Em 11 de junho de 1777, o rei Carlos III lhe escreveu:

---

6   Francisco Adolfo de Varnhagen, *História geral do Brasil*, op. cit.

Eu já concordei com a Rainha Fidelíssima, minha querida sobrinha, em todo um cessar-fogo que se inicia, é claro, desde a hora em que for recebida esta minha real correspondência. As hostilidades e todo derramamento de sangue estão absolutamente acabados por agora e no futuro.

A Rainha Fidelíssima, cujo parentesco com o monarca espanhol ele propositadamente lembrava, era dona Maria, filha de dom José I.

*

Ao longo do reinado de dom José I, o poder de Carvalho e Melo só cresceu. Em 1770, o até então conde de Oeiras ganhou o título de marquês de Pombal, com o qual passou para a história. Governou o império de forma inquestionável até o dia 24 de fevereiro de 1777, quando o rei faleceu. "Flagelado pela Providência com um terremoto, acometido por um atentado de alguns de seus vassalos, palpado pela guerra estrangeira, nada abalou o seu grande ânimo para deixar de conservar à frente da administração o homem que, em meio de seus defeitos, desejava a todo custo despertar a Nação da apatia, restaurando a sua dignidade e independência", escreveu Varnhagen sobre dom José I e seu braço direito no governo.

A troca de cabeças na Coroa, porém, decretou o súbito fim do governo de Pombal. A filha e sucessora de dom José I, que assumiu o trono como dona Maria I, dispensou Carvalho e Melo *incontinenti*. Como primeiro-ministro, empossou um rival do marquês: dom Martinho de Melo e Castro, até então secretário da Marinha e Ultramar, que Pombal vinha designando para missões longe da Metrópole, justamente para afastar sua influência e manter o poder indisputado.

Muitos portugueses, sobretudo os nobres e os representantes do clero, não gostavam das reformas pombalinas porque reduziam seus privilégios. Além disso, havia a arbitrariedade inquisitorial, que instalara o clima de terror, desde o caso dos Távora. "Desde 1758 que se asfixiava [a elite], numa atmosfera de espionagem, de delação, de arbitrariedades cometidas em nome do Estado, com a sociedade portuguesa reduzida à condição de bando submisso, sem garantias, sem iniciativa e sem caráter", descreveu o jornalista e historiador português Caetano Beirão.[7]

Dona Maria I, particularmente, detestava Carvalho e Melo pela violência, ou falta de misericórdia, demonstrada no caso dos Távora. Assim que começou seu reinado, mandou libertar oitocentas pessoas que se encontravam ainda presas por conta da perseguição de Pombal, a pretexto do atentado contra seu pai.

Em 1779, dois anos depois de destituir Pombal, dona Maria I o condenou ao exílio por corrupção. Conhecido pela vida austera, "servindo-se ele e seus irmãos da mesma cozinha", e tendo usado por mais de vinte anos a mesma carruagem, Carvalho e Melo quis se defender, mas não foi ouvido.[8] Só não foi executado por ser considerado já um condenado à morte iminente por seus 78 anos de idade. A rainha depois reviu sua decisão, dizendo que perdoava o marquês por seus crimes, e, como era idoso e estava doente, permitiu que ficasse no país. Pombal viveu seus últimos dias no ostracismo, desgostoso, até morrer, aos 83 anos, em 1782.

Sem Pombal, a política externa mudou. Permitiu uma distensão nos conflitos com a Espanha, que também vinha mudando, depois de uma revolta popular contra a miséria – o Motim de Esquilache. Mirava inicialmente o primeiro-ministro Leopoldo de Gregório, marquês de Esquilache, cuja casa foi invadida por madrilenhos enfurecidos, em 1766. A rebelião espalhou-se por toda a Espanha, levando o rei Carlos III a fazer uma série de reformas.

Em 1767, como ocorrera em Portugal, expulsou de seus domínios a Companhia de Jesus, que se opunha ao Estado e aos próprios cânones da Igreja Católica. Com essa manobra, tomou também o sistema de produção dos jesuítas na colônia, do qual dependia o abastecimento de alimentos do reino. O monarca remeteu um

---

7 Caetano Beirão, *D. Maria I, 1777-1792: subsídios para a revisão histórica do seu reinado*, Empresa Nacional de Publicidade, 1934.
8 Francisco Adolfo de Varnhagen, *História geral do Brasil*, op. cit.

inquisidor-geral, Francisco Antônio de Lorenzana, para fazer cumprir a lei e promover uma reforma do ensino nos colégios jesuíticos do Novo Mundo.

Faltava resolver os conflitos de fronteira com Portugal. Havia outros interesses nessa aproximação – em especial da França, que apoiara a guerra de independência da colônia norte-americana contra o Reino Unido, inclusive militarmente. "[A França] fez todo o possível para restabelecer a paz entre as duas potências da península, a fim de melhor reduzir a Espanha a empenhar-se em favorecer a nova nacionalidade anglo-saxã da América, que pela sua parte favoreceu diretamente", observou Varnhagen.[9]

Em 1º de outubro de 1777, Espanha e Portugal assinaram o Tratado de Santo Ildefonso, pelo qual foi devolvida a Portugal a ilha de Santa Catarina, ocupada por tropas espanholas desde fevereiro daquele ano. Cortés y Calderón tinha ganhado aquela guerra, mas teve de devolver outra vez seu troféu, voltando para casa. A Espanha também reconheceu como território português o limite definido na revisão do Tratado de Tordesilhas até o rio Grande de São Pedro.

Em contrapartida, grande parte da capitania do Rio Grande do Sul, na região das Missões, voltou para o lado espanhol, assim como toda a lagoa Mirim, ao sul da Lagoa dos Patos, que pelo Tratado de Madri pertencia a Portugal. Ficou para a Espanha ainda a colônia de Sacramento e toda a planície da banda oriental do Prata. Era uma importante zona produtiva, graças ao pasto das "vacarias" – os rebanhos na região –, mais tarde dividida entre três países: o Brasil, o Uruguai e a Argentina. Logo em seguida, pelo segundo e novo Tratado de El Pardo, de 11 de março de 1778, a Espanha ficou ainda com a Guiné Equatorial (Guiné Espanhola), possessão africana incorporada ao governo da província de Buenos Aires, à qual prestou contas até 1810, com a Revolução de Maio – quando a Argentina proclamou

---

9   Francisco Adolfo de Varnhagen, *História geral do Brasil*, op. cit.

a independência em relação à Espanha e se transformou em República, 79 anos antes do Brasil.

Os acordos de Ildefonso se deveram em grande parte à exigência de neutralidade dos portugueses na Guerra de Independência dos Estados Unidos, que se transformou num conflito global com a entrada dos franceses, em 1778, e dos espanhóis, em 1779. Como parte dos tratados, tanto Portugal como Espanha se comprometeram a ficar de fora do conflito. Ligados aos britânicos, que ainda procuravam preservar sua antiga colônia na América, os portugueses ficaram dessa forma sem apoio, inclusive no contencioso das fronteiras coloniais. Pior, passaram a ter que se defender dos ataques de corsários britânicos. Com esse fim, juntaram-se em 1781 à Primeira Liga da Neutralidade Armada, criada para proteger navios cargueiros de países neutros.

A Guerra de Independência americana deu início a uma onda de desejo por liberdade que se espalhou pelo mundo, como reação às monarquias absolutistas. O Brasil sofria as consequências econômicas e geopolíticas do extremo centralismo político-administrativo de Portugal, que dificultava o progresso. Os filhos de portugueses radicados na colônia, segunda geração após a grande migração do ciclo do ouro, começavam também a ressentir-se das políticas adotadas a partir de Alexandre de Gusmão, sobretudo quando a produção de ouro começou a declinar, a partir da década de 1750, ao mesmo tempo que a pressão dos impostos não diminuiu – ao contrário.

Era de se esperar uma nova rebelião no epicentro da riqueza da colônia, dentro e nas cercanias de uma determinada vila de Minas Gerais, onde meros insatisfeitos com os impostos se juntaram a um grupo progressista que sonhava com o republicanismo. Para eles, não o Brasil, mas aquela faixa do continente que lhes interessava, estendida até o Rio de Janeiro, podia muito bem ser independente, avançar como ocorria nos Estados Unidos e na França e ser – quem sabe – uma potência do futuro.

CAPÍTULO 10

Os poetas e os endividados

Com suas igrejas sobre os morros, ladeiras estreitas e o casario senhorial, Vila Rica era uma cidade improvável, num local de difícil acesso, encravada na encosta das montanhas bem no meio da serra do Espinhaço, a mais de quatrocentos quilômetros de distância do porto do Rio de Janeiro. Tivesse sido criada por um povo pré-colombiano, poderia ter permanecido oculta como Machu Picchu, no Peru. Somente a descoberta de ouro explicava o surgimento, ali, de uma povoação – e seu extraordinário florescimento, mesmo isolada.

No auge do garimpo, em meados do século, era a vila de renda mais alta e a mais populosa da colônia brasileira. Tinha 79 mil habitantes, sem contar os indígenas, de acordo com as estimativas da época. A segunda maior vila era Salvador, primeira capital colonial, com 46 mil pessoas; o Rio de Janeiro tinha 39 mil habitantes. As três vilas eram maiores que Nova York, na época com 33 mil habitantes.[1]

Nas serras circundantes, foram escavadas cerca de 2 mil minas subterrâneas, muitas das quais acabaram ficando debaixo da cidade

---

1 Ver Lucas Figueiredo, *O Tiradentes: uma biografia de Joaquim José da Silva Xavier*, São Paulo: Companhia das Letras, 2018.

a partir do século XIX, quando sua zona urbana se expandiu. A prospecção seguia as formações de quartzo, ao qual o ouro se misturava. As galerias eram abertas com ponteiras, pregos de ferro batidos com o martelo na rocha molhada. Formavam túneis baixos, escavados em forma de arco, para a sustentação do teto – técnica trazida pelos portugueses com os escravos da Costa da Mina, ou Costa do Ouro, hoje Guiné. Para o trabalho nas galerias, por conta da altura, usavam-se crianças, cuja expectativa de vida em geral não passava dos vinte anos de idade, e adultos de menor estatura, cruzados entre si para produzirem filhos também mais baixos e, assim, adequados àquele trabalho.

Nas galerias, os escravos cavavam canaletas no chão para o escoamento da água e nichos onde luzeiros queimavam óleo, produzindo fumaça. Para saber se o ar estava irrespirável, os escravos mineiros levavam passarinhos em gaiolas para dentro dos túneis. Em Ouro Preto, guias das oito minas abertas à visitação do público em 2024 atribuíam a isto o uso corrente no Brasil da expressão "olha o passarinho!", usada comumente ainda hoje, quando se pede um sorriso na hora das fotografias, como sinal de que está tudo bem.

Quebrando o material retirado dos túneis em plataformas de pedra – "almoxarifes" –, de modo a separar o pó de ouro do quartzo, os mineiros retiravam em Vila Rica cerca de 5 gramas do metal por tonelada. Pode parecer pouco, mas era bem mais que em minas mecanizadas da era contemporânea. Nas minas de Paracatu, a noroeste de Minas Gerais, por exemplo, na década de 1980 eram processados 19,3 milhões toneladas de matéria bruta por ano, com uma produção de 0,43 grama de ouro por tonelada.[2]

A produção de ouro se tornou a nova força econômica do império português. Em 1763, a Coroa promoveu a colônia a vice-reino e

---

[2] Reginaldo Antonio Rugolo Filho, *Mineralização aurífera da mina Morro do Ouro Paracatu-MG*, Centro de Ciências Matemáticas e da Natureza Departamento de Geociências – Geologia, Universidade Federal do Rio de Janeiro, [s. d.].

transferiu a capital colonial do Brasil de Salvador para o Rio de Janeiro, por seu crescimento como porto de escoamento do ouro das Minas Gerais, posição que lhe dava também importância estratégica, tanto do ponto de vista econômico como do político e militar.

As vilas da capitania do Rio de Janeiro e das Minas Gerais cresceram. Como maior centro de produção do ouro, multiplicaram-se em Vila Rica os casarões dos mais abastados, e casas substituíram as antigas choupanas dos primeiros garimpeiros. Tinham janelas retangulares, como em Lisboa, com a diferença de que se substituíram as esquadrias de pedra portuguesa, inexistente no Brasil, por toras maciças de madeira de lei, trazidas da mata por alimárias. Destacavam-se as igrejas pontificando o alto dos morros e a Torre do Relógio ("quase os céus provoca soberba torre, em que demarca o dia", como a descreveu o poeta Cláudio Manuel da Costa no poema "Vila Rica").

Iniciados em 1744, o calçamento e a construção de nove pontes facilitaram o trânsito na vila, antes ainda mais difícil, por conta dos córregos que cortavam o caminho entre os morros. Essas pontes funcionavam também como ponto de encontro, servindo ao convívio social, assim como as praças e os chafarizes de pedra entalhada com leões e motivos marinhos.

O enriquecimento rápido estimulou a elite colonial a mimetizar a Corte francesa, cujo esbanjamento na era dos luíses se tornou célebre. Nas ruas das vilas mineiras, as mulheres eram levadas em liteiras carregadas por escravos, com cortinas para preservar sua privacidade. A roupa seguia padrões europeus, mesmo no calor tropical. Os homens andavam com lenços de renda, perucas ou cabelos com rabicho. Os militares usavam o chapéu tricórnio, ou "à Frederica", fardas desabotoadas, redondas nas abas, calças com fivelas, sapatos com polainas e camisas com babados. Na Ópera, a fina flor da sociedade vila-riquense assistia aos espetáculos dividida pelo sexo: os camarotes eram reservados para as mulheres, os homens ficavam na plateia. Vila Rica ganhou fama nessa época também por suas "casas de alcouce", lupanares onde se bebia, jogavam-se cartas e se desfrutava da companhia feminina de ocasião – as "michelas", eufemismo em voga para as prostitutas.

A riqueza extravagante se manifestava também nos edifícios públicos, que refletiam a magnificência da era dourada brasileira. As ladeiras vertiginosas convergiam para o alto do morro de Santa Quitéria, atual praça Tiradentes, centro político da vila onde se construiu o Palácio dos Governadores, que serviu de residência e ao mesmo tempo fortaleza para os governantes da província de Minas Gerais de 1740 até 1898. Do lado oposto ficava a Casa da Câmara e Cadeia, hoje o Museu da Inconfidência. O conjunto inspirava-se no projeto de Michelangelo Buonarroti para o Capitólio, o alto da colina onde se sediava o poder de Roma.

As igrejas expressavam o fausto da época, tanto na matéria-prima como na elaboração artística. Enquanto a igreja da Sé de Olinda levava a marca da austeridade senhorial da elite latifundiária predominante no século anterior, ao estilo clássico português, com paredes caiadas de branco, colunas de pedra e azulejos nas paredes, as igrejas mineiras abundavam na quantidade de ouro e na própria arte, em estilo rococó – o barroco levado ao extremo do rebuscamento.

Foram empregados 482 quilos de ouro na decoração da Matriz de Santo Antônio, em São José do Rio das Mortes, hoje Tiradentes, construída em 1710. A igreja Matriz de Vila Rica, dedicada a Nossa Senhora do Pilar, inaugurada em 1733, tem 400 quilos do metal. Ambas as igrejas ficavam atrás somente dos 800 quilos de ouro da igreja do convento de São Francisco da Penitência, no Pelourinho, em Salvador, que levou meio século para ser concluída, em obras que foram de 1723 a 1782.

Celebrizaram-se artífices da região das Minas, como o pintor Manuel da Costa Ataíde (1762-1830), o "Mestre Ataíde", fundador de uma escola de arte que influenciou muitos alunos e seguidores. Outro foi Antônio Francisco Lisboa (1738-1814). Filho bastardo do mestre de carpintaria português Manuel Francisco Lisboa com uma escrava chamada Isabel, projetou igrejas e esculpiu altares, ornamentos e imagens sacras, como os célebres profetas de pedra-sabão no adro do Santuário de Bom Jesus de Matosinhos, em Congonhas.

Tornou-se tão famoso pela obra como por sua torturada vida pessoal, por conta de uma moléstia de natureza indeterminada, pela qual a partir de 1777, quando tinha 39 anos, perdeu progressivamente os dedos dos pés e das mãos, que conservaram apenas "os polegares e os índices". Desfigurado a ponto de tornar-se "asqueroso e medonho" e tomado pelas dores, que o faziam automutilar-se, passou a trabalhar de joelhos e com o cinzel amarrado às mãos, até a morte, em 1814, aos 76 anos de idade.[3] Com Ataíde, trabalhou em muitas obras-primas arquitetônicas mineiras. Na igreja de São Francisco de Assis, talvez a de maior beleza, concluída em 1766, em Vila Rica, dele foram o projeto do conjunto e os desenhos da fachada, do retábulo, dos púlpitos laterais e do lavabo da sacristia. Ataíde pintou o forro da nave central e os painéis do altar-mor.

A opulência do século XVIII não se restringiu à casta de fazendeiros e senhores de engenho do século anterior. Além dos exploradores de lavras, havia negociantes que vendiam açúcar, fumo e ouro no mercado internacional e traziam produtos manufaturados. "Encontramos no Brasil, desde os primeiros anos, uma classe dominante partida em dois corpos, o patronal e o patricial, o primeiro deles dividido, por sua vez, em empresários produtores e negociantes parasitários", definiu Darcy Ribeiro.[4]

A esses empreendedores juntou-se também uma casta formada por padres, militares e servidores da administração colonial, que eram ou se tornaram também senhores de terras e lavras. Os vereadores, juízes e administradores públicos eram em sua maioria agentes privados que atuavam no lugar do Estado, por delegação da Metrópole. Disputavam os contratos de exploração de serviços

---

[3] Rodrigo Ferreira Bretas, *Passos da paixão: o Aleijadinho*, 1858.
[4] Darcy Ribeiro, *O povo brasileiro*, op. cit.

públicos, além da construção de edificações, vias urbanas e estradas, explorando depois o pedágio. A Coroa fazia a concessão da coleta de impostos por meio de contratos de três anos, oferecidos em leilões. O vencedor pagava um valor anual fixo, como mínimo garantido, previamente estipulado no contrato – e ficava com o restante recolhido.

Era terceirizado pela Coroa até mesmo o trabalho de polícia, exercido pelas milícias privadas, armadas por fazendeiros. Muitos integrantes dessas milícias, e mesmo do corpo permanente da guarda real, tinham outras ocupações, ganhando um dinheiro extra ao do soldo. Dessa forma, comerciantes, artesãos e trabalhadores braçais também se tornavam militares. As milícias particulares eram reforçadas em função do fato de que, tanto quanto a riqueza, multiplicava-se a pobreza e o crime. Por conta dos bandoleiros, assim como dos garimpeiros dispostos a tudo por ouro, o sistema penal era inclemente. A Cadeia, junto à Câmara, possuía além das celas as salas de "segredo", onde os presos eram mantidos em isolamento e frequentemente torturados, e os "oratórios", câmaras destinadas aos condenados à pena capital, que, segundo a prática do sistema judiciário português, era usualmente a forca.

A maioria da população era analfabeta e estava proibida a publicação de livros e jornais. A educação superior somente era possível aos mais endinheirados. Num tempo em que não havia universidades no Brasil, em função da política régia, os filhos dos barões do ouro estudavam na Europa, especialmente na Universidade de Coimbra, fundada pelos jesuítas dentro do projeto de dominação da civilização portuguesa concebido por dom João V, que era, antes de mais nada, cultural.

Dado o monopólio da educação pela Metrópole, o Brasil não teve ensino de nível superior por longo tempo. A primeira universidade da América, a de Santo Domingo, na atual República Dominicana, foi fundada em 1538. A segunda, em 1551, foi a Universidad Mayor de San Marcos, de Lima, no Peru. Em 1636, ano de criação da Universidade de Harvard, na América britânica, já havia dezesseis escolas de ensino superior na América espanhola, incluindo no Chile e no México, e nenhuma no Brasil. No período colonial brasileiro, elas formaram cerca de 150 mil universitários, enquanto os 2.500 graduados do Brasil estudaram em Coimbra.

As primeiras faculdades brasileiras foram criadas somente em 1827, já durante o império de dom Pedro I: as escolas de Direito de Olinda e do Convento de São Francisco, em São Paulo. A primeira instituição de ensino superior, a Universidade do Brasil, depois Universidade do Rio de Janeiro, uma reunião das faculdades de Direito, Medicina e da escola Politécnica, surgiu apenas em 1920, com o Decreto 14.343. Não havia razões educacionais: serviu para que o presidente Epitácio Pessoa pudesse conceder o título de doutor *honoris causa* ao rei Alberto I, da Bélgica, em visita ao país, junto com outras 21 personalidades brasileiras.[5]

No século XVIII, os portugueses tinham receio do efeito que a educação poderia causar em territórios ultramarinos. "É preciso ter um grandíssimo cuidado em não consentir que para ali se vão estabelecer letrados, rábulas ou outras pessoas de espíritos inquietos; porque, como aqueles povos tiveram uma má criação, em aparecendo lá um desses, que falando-lhes uma linguagem mais agradável ao seu paladar, convidando-os para alguma insolência, eles prontamente se esquecem do que devem, e seguem as bandeiras daqueles", afirmava dom Antonio de Almeida Soares Portugal, marquês do Lavradio, ao deixar o vice-reinado do Brasil, em 1753.[6]

Esse esforço de preservar a ignorância, assim como de controlar os que tinham condições de fazer o curso superior enviando-os a Portugal, onde podiam ser doutrinados, era a contracorrente de um tempo em que o Iluminismo se disseminava e passava do campo

---

5   Maria de Lourdes de A. Fávero, *O título de Doutor Honoris Causa ao rei dos belgas e a criação da URJ*. PROEDES/FE/UFRJ, 2000.
6   Francisco Adolfo de Varnhagen, *História geral do Brasil, op. cit.*, v. 2.

das ideias para o da ação. Havia uma revolução econômica, social e política em pleno curso. Com a morte de seus maiores representantes – especialmente Luís XIV, o Rei Sol, falecido em 1715 na França, e Pedro, o Grande, czar da Rússia, em 1725 –, desintegrava-se o modelo das monarquias absolutistas, fundadoras dos Estados nacionais europeus, transformados em grandes impérios intercontinentais.

A extrema dependência em relação ao poder central em vastos domínios emperrava as decisões, que demoravam não apenas por conta do tempo da travessia oceânica como em função da burocracia estatal, da qual dependiam as mais simples e rotineiras decisões. Além da inoperância, a arbitrariedade e o fausto da corte, que contrastavam com a miséria da população, favoreciam a revolta contra as monarquias e, em seus potentados, contra a submissão colonial.

Sobre as bases do pensamento cartesiano, plantado no século anterior, prosperaram ideias voltadas para a construção de regimes laicos, com maior liberdade, mais afeitos ao desenvolvimento econômico na era industrial e capazes de atender a novas necessidades sociais. Em 1762, o francês Jean-Jacques Rousseau publicou na França *O contrato social*, prenúncio das ideias que contribuíram para o Iluminismo e a Revolução Francesa. Na construção do despotismo esclarecido, Carvalho e Melo procurou aproveitar dessas ideias apenas o que convinha – especialmente a necessidade do Estado laico, porém não como forma de extinguir o absolutismo, mas de fortalecê-lo, concentrando ainda mais o poder no monarca.

O Iluminismo trazia no seu bojo uma mudança ampla do pensamento, como produto e ao mesmo tempo motor de uma profunda transformação econômica e social. Em sua obra, Rousseau sustentava um discurso para a época revolucionário, segundo o qual as leis deveriam ser definidas com base no princípio da igualdade. Diferenciava o direito individual (a vontade particular, com suas variações) e o direito do cidadão – o indivíduo social e político, integrado à sociedade, com normas visando ao bem comum. Para ele, a justiça e a paz igualavam o poderoso e o fraco. Suas ideias atacavam as bases fundiárias da antiga sociedade feudal, sobre as quais se apoiavam as velhas monarquias. Rousseau afirmava que a propriedade privada era a origem da desigualdade entre os homens, uma vez que a propriedade de uns se dava pela usurpação da propriedade de outros – causa da maldade e da guerra.

Impulsionado pela indústria do açúcar, como produto seriado, com cotação no mercado internacional, o capitalismo ganhou velocidade com a mecanização, que permitiu a produção de artigos em maior quantidade e a preços mais baixos. Surgia no século XVIII uma nova economia em que o maior capital, como meio de produção, era a máquina – e não mais a propriedade agrícola. Mudava de mãos o poder econômico, cujos interesses pendiam para o fim dos impérios monárquicos, a independência das colônias e a libertação do escravo da gleba, substituído progressivamente pelo cidadão livre, trabalhador assalariado e consumidor.

A promulgação em 4 de julho de 1776 da Declaração da Independência das Treze Colônias norte-americanas, que deu início à guerra contra o império britânico, colocou em prática os princípios antimonárquicos nascidos no Iluminismo francês, pilares do sistema democrático republicano a partir do século XVIII. Esse sistema mudava o conceito de governo, que passava a ser uma representação e uma delegação do povo, e não mero exercício da vontade de um soberano todo-poderoso, com direito ao trono por concessão divina e hereditária, da mesma forma que se transmitia a propriedade. Dessa forma, os donos de terras viviam em simbiose com a monarquia para o autofavorecimento e resistiam a mudanças.

Tais eram as ideias que fervilhavam na cabeça dos revolucionários republicanistas. Os luso-brasileiros que tinham contato com esse movimento na Europa, contudo, eram a minoria da minoria – e só encontraram algum espaço para a revolta, ao retornar ao Brasil, associados a outro tipo de agentes políticos, mais fortes e numerosos, e menos preocupados com a mudança do regime e o desenvolvimento econômico e social. Seu objetivo era simplesmente colocar o sistema outra vez a seu favor – especialmente aqueles que queriam salvar-se das dívidas com a Fazenda Real.

*

Alguns "rábulas", ou "espíritos inquietos" – como os definia o marquês do Lavradio –, surgiram no coração das Minas Gerais, não por acaso, já que ali se encontravam alguns dos mais diletos integrantes da elite colonial, com riqueza proporcional ao tamanho da dependência de seus interesses junto ao aparelho de Estado português. Assim, por vezes se confrontavam com governantes indicados pela Metrópole, quando estes não os favoreciam.

Por seu preparo intelectual e posição, o principal deles foi o desembargador Tomás Antônio Gonzaga. Nascido em 1744 na cidade do Porto, vinha de uma família já tradicional no Direito. Era filho do desembargador João Bernardo Gonzaga, brasileiro que foi a Portugal trabalhar no Serviço Real, e da portuguesa Tomásia Isabel Clark, que faleceu quando o filho tinha um ano de idade. Antônio Gonzaga veio ao Brasil em 1752, estudou no colégio de jesuítas da Bahia e, em 1761, voltou a Portugal para estudar Direito em Coimbra. Foi juiz de fora em Beja, até ser nomeado ouvidor-geral de Vila Rica, em 1782.

Como ouvidor, Antônio Gonzaga era o segundo homem mais poderoso da capitania – encarregado inclusive de fiscalizar o governador. Era tamanho o poder do ouvidor que funcionava como uma eminência parda. Assim como no sistema tributário, Portugal criou um eficiente sistema judiciário por meio do qual, entre outras medidas, instituiu-se a "residência". Os ouvidores eram deslocados temporariamente, podendo ouvir as queixas da população após a saída de um governador – daí o termo, "ouvidor". Como o governador não se encontrava mais ali para retaliar qualquer denúncia, facilitava-se a delação de falhas, como o atraso na execução de ordens régias, a obstrução da justiça, a corrupção e outras arbitrariedades.

A Ouvidoria evitava abusos preventivamente, pois o governador sabia que, após sua saída, haveria um inquérito sobre sua administração. Não podia, portanto, fazer o que bem entendesse – embora, ainda assim, por vezes fizesse. "Tantas peias tinham os governadores pela lei, que acaso algumas vezes não poderiam eles ter a necessária autoridade para governar na distância a que se achavam da Metrópole, se as tendências naturais do instinto de conservação e de mando lhes não fizessem propender para o arbítrio", afirmou Varnhagen.[7]

Um caso de exorbitância do poder do ouvidor foi a criação da comarca de Alagoas do Sul, ao sul da capitania de Pernambuco, em 9 de outubro de 1710, com a instalação de um ouvidor local. Distante do poder central, em Olinda, a Ouvidoria passou a funcionar na prática como um governo regional, tomando decisões típicas do governador. "A criação da comarca delimitou o espaço geográfico e fundou no extremo sul do território pernambucano uma capitania dentro de outra", apontou o historiador Arthur Curvelo.[8] Essa relativa autonomia durou até 1815, quando dom João VI criou a província de Alagoas, separando-a oficialmente de Pernambuco.

Em Vila Rica, o ouvidor Antônio Gonzaga aproximou-se por afinidade do advogado Cláudio Manuel da Costa, então juiz medidor de terras na Câmara de Vila Rica, e do coronel Inácio José de Alvarenga Peixoto, de cujo filho tornou-se padrinho. Formado em Direito em Coimbra, ex-juiz em Sintra, Peixoto foi ouvidor em Rio das Mortes e possuía lavras, engenho de açúcar, moinhos e gado. Recebeu a patente de coronel, como muitos senhores abastados da época, para ter mais prestígio e institucionalizar sua milícia pessoal, recebendo recursos para mantê-la à disposição da guarda imperial.

O posto militar e o exército pessoal, porém, não eram tão distintivos da riqueza quanto o refinamento cultural, privilégio de muito poucos, e ao qual os três se dedicavam, como amantes da poesia. Mais que um ato confessional, a poesia na época se associava à

---

7 Francisco Adolfo de Varnhagen, *História geral do Brasil*, op. cit.
8 Arthur Curvelo, *A Câmara Municipal de Alagoas do Sul: governança e poderes locais no sul de Pernambuco (1654-1754)*, Universidade Federal de Pernambuco, 2014.

educação, novo símbolo de ascensão social, bem como uma tentativa de sintonia com o que ocorria na Europa, por meio das artes. Ao descrever a vida da colônia, especialmente o bucolismo do campo, seguindo o movimento literário europeu, os poetas mineiros contrapunham-se ao rebuscamento do Barroco, o que lhes valeu na historiografia brasileira o nome de "Arcadismo" – conferido *a posteriori* pela tradição acadêmica, que lhes pregou a imagem de tudo o que a poesia árcade na realidade não era: um movimento de dissociação político-cultural do Antigo Regime.

Essa não era a intenção de seus integrantes, ao menos no início. "Frequentemente despreza-se o fato de que os súditos não eram sujeitos revoltosos – como foram pintados ao final do Oitocentos –, dotados de concepção burguesa e individualista; tampouco os versos que produziram expressariam o *éthos* aguerrido dos 'inconfidentes'", afirmou o professor de cultura e literatura brasileira Jean Pierre Chauvin, da Universidade de São Paulo. Chauvin apontou que os autores de quase todos os manuais e antologias se referem às práticas letradas, que circularam entre os séculos XVI e XVII, como "manifestações, produtos, registros ou obras constitutivas da 'nossa cultura', da 'nossa' literatura, da 'nossa' identidade nacional", quando ainda não havia propriamente o Brasil, nem o que se entende hoje como o sentimento nacionalista.[9]

Os poetas da "Colônia Ultramarina", como eles mesmos se identificavam, não representavam uma corrente libertária, seja no desejo do separatismo ou na poesia. Escrever poesia, segundo os cânones gregos, como norma culta ou erudição, conferia prestígio e distinção – ainda mais numa colônia de analfabetos. Nesse objetivo, os poetas mineiros se assemelhavam a seus pares da Metrópole, os poetas portugueses seus contemporâneos, como Pedro Antônio Correia Garção, Filinto Elísio e Manuel Maria Barbosa du Bocage.

---

9   Jean Pierre Chauvin, *Pedra, penha, penhasco: a invenção do arcadismo brasileiro*, São Carlos: Pedro & João Editores, 2023.

CADERNO DE IMAGENS

O mapa de Guillaume Delisle da América do Sul em 1700 (David Rumsey Collection) mostra a colônia portuguesa descendo até a Foz do Rio da Prata e representa com razoável precisão o curso do rio Paraguai, cuja cabeceira encontra o início dos rios da bacia amazônica, que correm para o norte. Foi a trajetória de Raposo Tavares de São Paulo até a foz do Amazonas, na chamada Bandeira dos Limites, por onde seguiu também o legendário Anhanguera e seu filho, protagonista da ocupação de toda a região Centro-Oeste pelos bandeirantes paulistas, expulsos das Minas após a Guerra dos Emboabas, na segunda fase do ciclo do ouro. Biblioteca Nacional da França, Paris, França.

O Morro da Queimada, antigo Arraial do Ouro Podre, onde ficavam as lavras de Paschoal da Silva Guimarães, líder da Revolta de Vila Rica, avistado do centro de Ouro Preto. Foi incendiado em 1720 pelos dragões, a mando do governador, conde de Assumar, em represália à vandalização de casas e igrejas pelos rebeldes mascarados. O fogo se alastrou e os próprios dragões tiveram de contê-lo. Ao passar por Vila Rica, em 1881, o imperador do Brasil, Pedro II, comparou-o com as "muralhas arruinadas" de Pompeia, cidade incinerada pelo Vesúvio, vulcão na Itália. Ane Souz / Fotoarena.

Mina do Bijoca, uma das 2 mil galerias subterrâneas da mineração em Ouro Preto. Elas eram escavadas em arco, como estrutura de sustentação, por ponteiras de ferro marteladas na rocha molhada. A técnica foi trazida com africanos escravizados da Costa da Mina, hoje Guiné. Por causa da altura dos túneis, iluminados com a queima de óleo, utilizavam-se os escravos mais baixos e crianças, cuja expectativa de vida não ultrapassava os vinte anos. Caio Pederneiras / Shutterstock.

O ouro em pó vindo do garimpo era depositado nas Casas de Fundição e transformado em lingotes. No processo, já era separado o quinto – 20% do ouro, como pagamento do imposto, a ser remetido à Fazenda Real, no Rio de Janeiro. O "ouro quintado" – isto é, com o selo real, que comprovava já ter sido pago o imposto – podia então passar pelos postos de controle do Caminho Novo. Romuldo Fialdini, Tempo Composto. Museu Histórico Nacional, Rio de Janeiro, Brasil.

O Mapa das Cortes, utilizado pelo brasileiro Alexandre de Gusmão para definir a fronteira entre as colônias portuguesa e espanhola no Tratado de Madri, em 1749 (Biblioteca Nacional). Feito pelos padres jesuítas Diogo Soares e Domenico Capacci a partir dos registros feitos um século antes pelos bandeirantes, foi assinado no verso pelos reis da Espanha e de Portugal. Estabelecia "os limites dos dois Estados, tomando por balizas as paragens mais conhecidas, tais como a origem e os cursos dos rios e dos montes mais notáveis". Abandonado pela difícil implantação, não evitou um século de conflitos – mas, por seu engenho, foi celebrado mais tarde como um marco da diplomacia brasileira. Fundação Biblioteca Nacional, Rio de Janeiro, Brasil.

Retrato do marquês de Pombal, obra de autor desconhecido, acervo do Museu Nacional Soares dos Reis, em Portugal. Sebastião José de Carvalho Melo (1699-1782), secretário do Estado do Reino durante o reinado de D. José I, instalou em Portugal o "absolutismo esclarecido", com a implantação de uma reforma educacional e financeira com fundamentos iluministas, porém garantida pela execução e prisão de inimigos políticos, a expulsão dos jesuítas de Portugal e um controle férreo das colônias. Delas, sobretudo o Brasil, vinham os recursos para a Metrópole, ainda mais necessários depois do terremoto que abalou Portugal em 1755. Bridgeman Images, Fotoarena. Arquivo Nacional Torre do Tombo, Lisboa, Portugal.

O ataque da Nova Colônia no Rio Prata em 1763, sob o comando do Capitão John Macnamara (1791), do pintor William Elliott, Coleção de Arte do Governo Britânico. Corsário britânico, Macnamara foi contratado para reforçar a armada portuguesa em Sacramento, no estuário do Rio da Prata. Ao chegar, porém, a armada anglo-portuguesa foi surpreendida. A guarnição local havia capitulado e a frota foi bombardeada da fortaleza ocupada pelo inimigo espanhol. Macnamara morreu afogado na batalha, com o naufrágio da nau capitânia, o *Lord Clive*. Government Art Collection.

Casa de Tomás Antônio Gonzaga, ex-Ouvidor de Vila Rica, onde morava e foi preso, em Ouro Preto. Tomado nos Autos de Devassa como o principal líder da Inconfidência, escreveu parte do seu poema "Marília de Dirceu" na prisão, na fortaleza da Ilha das Cobras, no Rio de Janeiro, onde também se encontrava Tiradentes. Condenado ao degredo em Moçambique, tornou-se advogado de traficantes de escravos, casou-se e se tornou ainda em vida o segundo poeta mais lido em língua portuguesa, depois de Camões. Acervo pessoal do autor.

Casa do Contrato, ou a Casa dos Contos, em Ouro Preto, onde se registravam documentos, um dos negócios de João Rodrigues de Macedo, uma das maiores fortunas da capitania – e também um dos maiores devedores da Fazenda Real. Macedo morava no segundo andar, onde promovia bailes, saraus, sessões de carteado – e a rebelião. Havia movimento "todo o dia e noite", segundo Alvarenga Peixoto, frequentemente "até às três da manhã". Quando caíram os inconfidentes, Macedo escapou da acusação – e ainda recebia pelo aluguel do casarão, transformado em quartel e prisão. Pedro Vilela, MTur/Flickr.

Retrato de D. Maria I (1734-1816), atribuído a João Lopes Maciel, acervo do Museu da Inconfidência. Filha de D. José I, viveu perturbada com uma suposta maldição sobre a família, por conta da brutal execução dos acusados de um atentado que quase tirou a vida de seu pai. No trono, destituiu do governo o marquês de Pombal, que instaurara um regime de terror contra os opositores, e apertou o Pacto Colonial, proibindo todo tipo de indústria no Brasil. Foi afastada em favor do filho, príncipe regente e futuro D. João VI, depois de entrar em processo de demência, que a tornou conhecida nos anais da história como "D. Maria, a Louca". Museu da Inconfidência, Ouro Preto, Minas Gerais, Brasil.

Igreja de São Francisco de Assis, em Ouro Preto, joia do Barroco, expressão da superlativa riqueza nas Minas. Concluída em 1766, seu projeto e o desenho da fachada, do retábulo, dos púlpitos laterais e do lavabo da sacristia são de Aleijadinho. De Manuel da Costa Ataíde são a pintura do forro da nave central e os painéis do altar-mor. T photography / Shutterstock.

Leitura da sentença de Tiradentes, de Leopoldino Faria (1836–1911), acervo do Museu da Inconfidência, Ouro Preto. O relato dos franciscanos desse momento dá conta de que Tiradentes disse que daria "dez vidas", se tivesse, aos outros dez condenados à morte, seus companheiros de conspiração. Mais tarde, depois do fracasso das apelações do advogado, receberam a notícia de que a pena dos dez estava comutada em degredo pela rainha D. Maria I. A frase do alferes se transformava em profecia. Museu Histórico Nacional, Rio de Janeiro, Brasil.

Em 1942, por iniciativa do presidente Getúlio Vargas, foram repatriados os restos mortais que puderam ser encontrados dos inconfidentes mortos no degredo. Voltaram ao Brasil dessa forma, *post mortem*, dezesseis inconfidentes, entre eles Antônio Gonzaga, Alvarenga Peixoto e Álvares Maciel. Estão sob lápides em granito num panteão adornado ao fundo pelo "altar da Pátria", no Museu da Inconfidência, ao lado do pátio onde os presos da antiga cadeia tomavam sol. Acervo pessoal do autor.

Praça Tiradentes, em Ouro Preto, com o atual Museu da Inconfidência ao fundo. Trazida do Rio de Janeiro pelo carrasco Capitania, a cabeça de Tiradentes ficou exposta ali, no mesmo lugar onde o alferes prometera exibir a cabeça cortada do governador, visconde de Barbacena, de modo a conquistar apoio popular para o movimento, que morreu antes de ser conflagrado. Diego Grandi / Shutterstock.

Restos da forca de Tiradentes, no acervo do Museu da Inconfidência Ouro Preto. O alferes foi executado no Largo da Lampadosa, Rio de Janeiro, onde foi preso e julgado. Como era costume, ao se dirigir ao cadafalso, beijou os pés do carrasco, com o pedido de que fosse misericordioso, apressando sua morte – o que ele podia fazer, colocando seu peso sobre os ombros do enforcado, quando este caía no alçapão, para uma agonia mais rápida. Enquanto o corpo era retirado, o frei Anunciação Penaforte recitou sobre o patíbulo um trecho do Eclesiastes: "Nem por pensamentos traia a teu rei, nem tampouco no mais interior da tua recâmara amaldiçoes ao rico". Sandra Moraes / Shutterstock.

Os poetas da época, como os pintores e escultores, não se furtavam à tarefa de emprestar sua arte à elite monarquista. Alvarenga Peixoto, Basílio da Gama e Silva Alvarenga compuseram odes em celebração à inauguração em 1775 da estátua equestre de dom José I, na praça do Comércio, em Lisboa, como parte do projeto de restauração da Baixa após o grande terremoto, vinte anos antes.

Ligado aos jesuítas, a quem devia a educação no colégio do Rio de Janeiro, o interesse pela vida eclesiástica e o ingresso na Arcádia Romana, Basílio da Gama tinha tudo para cair em desgraça quando Carvalho e Melo assumiu o poder e perseguiu os membros e apoiadores da Companhia de Jesus. No entanto, o poeta não apenas se safou como se tornou secretário pessoal do braço direito do rei dom José I, depois de lhe escrever um epitalâmio – um hino para celebrar o casamento da sua filha. Em *O Uraguai*, exaltou o heroísmo indígena, mas reservou aos jesuítas o papel de vilões, servindo ao "terror pombalino" e sua campanha contra a Companhia de Jesus.

Poetas eram convocados desde sempre para adular poderosos com suas odes e versos encomiásticos – isto é, laudatórios –, a exemplo de Luís Vaz de Camões. Em seu poema-prefácio ao *Tratado da Terra do Brasil*, de Pero de Magalhães Gândavo, Camões exaltava as qualidades de um nobre a quem a Coroa procurava interessar para arriscar-se como empreendedor no Brasil: dom Lionis Pereira, ex--governador da Malaca Portuguesa, nas Índias Orientais. Era o que faziam também os "arcadianos", como Manuel da Costa, que escreveu o poema "Vila Rica" com a intenção de restaurar o prestígio do mameluco Borba Gato, que passou de procurado da Justiça a superintendente da Minas. Teve o cuidado de dedicar o poema a Freire de Andrade, marquês de Bobadela, um governador reinol.

Para os poetas mineiros, o Brasil era um misto da antiga com a nova civilização, combinação indispensável para o sucesso da grandiosa empreitada colonizadora. "[Para ele], a colônia é bárbara terra, mas abençoada, e seus filhos também são bárbaros, mas, ao mesmo tempo, deixam entrever uma raça de heróis", afirmou Luís André

Nepomuceno, a propósito da obra de Alvarenga Peixoto, que contrapunha o "primitivismo instituído e a civilização anunciada".[10]

Se havia espírito crítico por parte dos poetas mineiros, não era exatamente contra o imperialismo português, ou a monarquia absolutista. Eles defendiam os interesses da elite local em relação aos reinóis, ou por vezes os interesses dos próprios reinóis contra os governantes atrabiliários e os abusos do sistema. Para isso, ajudava a prática árcade de usar pseudônimos, tomados em obras de Horácio, Homero e Virgílio, não apenas pela inspiração daquela era pastoral greco-romana como pela utilidade de ocultar seus verdadeiros nomes e assim criticar publicamente o poder constituído, do qual faziam parte. Era, portanto, menos oposição ou o surgimento de um "patriotismo brasileiro", como se forçou a afirmar entre os fazedores da história literária a partir do Primeiro Império, e mais uma forma de atacar publicamente autoridades e seus abusos – o que podia ser tomado como crime de traição à Coroa, cuja pena era a morte.

Não havia ainda o sentimento do surgimento de uma nação brasileira. "Os habitantes da Capitania, desde que brancos e livres, sentiam-se diferentes de todos os súditos portugueses, também dos que viviam nas outras partes da América, o que não conflitava em nada com sua total adesão ao Estado português", afirmou a historiadora Roberta Stumpf. "Às suas especificidades, é preciso rastrear na condição de vassalos, e não somente colonos, já que a identidade mais genérica que portavam não era definida em função da naturalidade (das Minas, americana) e sim do sistema político que definia seu estar no mundo, e que era o da monarquia portuguesa."[11]

Se havia uma identidade própria dos poetas mineiros, não era com a ideia de um Brasil independente, e sim com seu local de nascimento. "Não se falava ali em 'nação', mas em pátria e em patriotas,

---

10 Luís André Nepomuceno, *A musa desnuda e o poeta tímido: o petrarquismo na Arcádia brasileira*, Annablume/Unipam, 2022.
11 Roberta Giannubilo Stumpf, *Filhos das Minas, americanos e portugueses: identidades coletivas na capitania de Minas Gerais (1763-1792)*, São Paulo: Hucitec, 2009.

conceito que embora tivesse recebido na França revolucionária conotação nacional, ainda continha na Europa do Antigo Regime, inclusive nos seus prolongamentos americanos, o significado inofensivo do apego à terra ou ao lugar onde se nasceu", afirmou Evaldo Cabral de Mello.[12]

A identificação dos poetas mineiros ainda era com Portugal, até porque alguns deles, como Antônio Gonzaga, nascido em Miragaia, eram reinóis. Para Manuel da Costa, que inaugurou o Arcadismo com suas *Obras poéticas*, de 1768, a "pátria" era Mariana – onde nasceu, e que considerava um prolongamento natural de Portugal, cuja distância lamentava. "A desconsolação de não poder estabelecer aqui as delícias do Tejo, do Lima e do Mondego, me fez entorpecer o engenho dentro do berço, mas nada me bastou para deixar de confessar a seu respeito a maior paixão", escreveu, no prólogo de apresentação das *Obras*. "Esta me persuadiu a invocar muitas vezes e a escrever a Fábula do Ribeirão Rio do Carmo, rio mais rico destas capitanias; que corre, e dava o nome à Cidade Mariana, minha Pátria, quando era Vila."

No Brasil, não havia grande influência republicanista no questionamento do sistema colonialista e da monarquia absolutista, como concedente de toda riqueza. Quando escreviam criticamente, os poetas mineiros destilavam mais "certo mordente satírico em relação aos abusos dos tiranetes, aos juízes venais, ao clero fanático", nas palavras de Alfredo Bosi.[13]

Dessa forma, a Inconfidência Mineira não teria passado de um exercício literário de bacharéis lustrados pela poesia, caso não fosse encampada por membros de outros segmentos da elite colonial, para quem o reinado de dom José I não vinha sendo favorável. Havia integrantes do empresariado local, afastados do poder pela Coroa em favor dos reinóis, e que lamentavam a crescente perda de

---

12 Evaldo Cabral de Mello, *A fronda dos mazombos: nobres contra mascates, Pernambuco, 1666-1715, op. cit.*
13 Alfredo Bosi, *História concisa da literatura brasileira*, 1970.

prestígio. Havia reinóis, endividados com o Fisco depois que a produção de ouro deixou de ser suficiente para pagar os contratos com a Metrópole. Havia ainda sacerdotes, proibidos na reforma pombalina de cobrar pelos serviços religiosos e de fazer negócios, reduzindo-se ao salário pago pelo Estado, assim como militares de carreira, com promoções suspensas e soldos reduzidos.

Favorecia a rebelião o comportamento atrabiliário dos mandatários designados pela Coroa, nem sempre de boa qualidade e reputação. Em seu poema "Vila Rica", Manuel da Costa escrevia que com as obras públicas infladas pela corrupção "se há de esgotar tantos erários".[14] As *Cartas chilenas*, escritas de forma anônima num período estimado entre 1786 e 1789, eram um ataque direto às autoridades e à sociedade de Vila Rica. A análise de estilos indica que Antônio Gonzaga, sob o pseudônimo de Critilo, era o autor de "cartas" ao amigo Doroteu (Manuel da Costa). Escrevia sobre o "Chile" (Vila Rica) e denunciava os desmandos de "Fanfarrão Minésio" – o governador Luís da Cunha Meneses, responsável maior pelos "crimes e as desordens aos milhares".[15]

A indignação dos poetas, que começou a se manifestar pela poesia satírica, estendia-se aos luso-brasileiros que voltavam dos estudos na Europa, sob a influência do Iluminismo. Estes compreendiam as mudanças estruturais e questionavam o regime colonialista, como José Álvares Maciel, estudante de Filosofia Natural na Universidade de Coimbra e de Mineralogia em Birmingham, na Inglaterra, filho do ex-capitão-mor de Vila Rica José Alves de Maciel.

Esses jovens filhos de senhores locais refletiam sobre os contrastes entre a colônia, produtora da riqueza, e a Metrópole, que dela desfrutava. Criticavam o regime de exploração, fonte da exaustão da colônia, que apertava a fiscalização ainda mais, para manter o nível de arrecadação mesmo com a queda na produção de ouro, a

---

14 Cláudio Manuel da Costa, *Vila Rica, op. cit.*
15 Tomás Antônio Gonzaga, *Cartas chilenas*, Eduardo & Henrique Laemmert, 1863.

ponto de se tornar asfixiante. Ao mesmo tempo, crescia a indignação com as exigências de uma Corte que, em vez de austeridade em tempos difíceis, tinha se acostumado a uma vida nababesca, crítica que se fazia não apenas na colônia, como em Lisboa.

O aparato monárquico esbanjava riqueza, num contraste ultrajante com a pobreza geral da população da Metrópole. A Corte portuguesa, que substituiu a prataria do serviço de mesa por aparelhos de ouro brasileiro, não adotava a parcimônia recomendável para tempos de reconstrução. Ao ser coroada, em 1777, com as tarefas de um reino onde tudo dependia de quem ocupava o trono, a rainha dona Maria I herdou do pai, dom José I, também as dívidas vindas desde o terremoto. Porém não perdia a pompa.

A festa de sua posse foi adiada porque ela se encontrava doente de sarampo, como boa parte da Corte em Lisboa, então assolada pela miséria, a insalubridade e a peste. Quando realizada, em maio de 1777, a aclamação consumiu boa parte da carga de quatro toneladas de ouro descarregada do Brasil no ano anterior. O tributo da colônia serviu para decorar de ouro a varanda do palácio no Paço da Ribeira; fios dourados adornavam as cortinas sobre o trono e o manto real, com uma cauda de cinco metros, arrastada no chão por dona Maria I em sua passagem.

A indignação com o comportamento da realeza aumentou depois da posse. Ao assumir o trono, aos 42 anos, dona Maria I já sofria de depressão e entrava no princípio de um processo de demência que a levou à interdição. Despreparada para empunhar o cetro, sofria com a falta de confiança.

Pouca ajuda vinha do marido, apesar de mais velho – dom Pedro III era seu tio. Governante desequilibrada, cercada por uma Corte isolacionista, faltava-lhe perspicácia para acompanhar os acontecimentos pelo mundo. Em 5 de julho de 1776, um dia após a Declaração da Independência dos Estados Unidos da América, Portugal mandou fechar seus portos ao comércio com as ex-colônias britânicas, em retaliação. Reabriu os portos sete anos depois, para atender a própria Coroa britânica, mas marcava sua posição de defender o atraso, em um mundo que rapidamente se movia adiante.

Em Vila Rica, os poetas e recém-chegados dos estudos em Portugal faziam a crítica daquela sociedade refratária a mudanças e corrompida pela cobiça, como acusa Critilo, ou Antônio Gonzaga, nas *Cartas chilenas*. "Que império pode um povo sustentar, que só se forma de nobres sem ofícios?", escreveu. Olhava acidamente para a própria formação colonial brasileira, devida às gerações anteriores, quando os luso-brasileiros tinham enriquecido por meio do extermínio do indígena, genocídio cujo sangue ainda estava nas mãos dos descendentes dos primeiros colonizadores:

> Talvez, prezado amigo, que nós hoje
> Sintamos os castigos dos insultos
> Que nossos pais fizeram: estes campos
> Estão cobertos de insepultos ossos
> De inumeráveis homens que mataram
> Aqui os Europeus se divertiam
> Em andarem à caça dos Gentios
> Como à caça das feras, pelos matos
> Havia tal que dava aos seus cachorros
> Por diário sustento, humana carne
> Querendo desculpar tão grave culpa
> Com dizer que os Gentios, bem que tenham
> A nossa semelhança, enquanto aos corpos
> Não eram como nós, enquanto às almas.[16]

O afluxo de ouro acostumou Portugal à riqueza, baseada na exploração humana e da terra, e a seus desvios. Para quem arcava com a conta, era exasperante. E a conta se tornava cada vez maior.

---

16 Tomás Antônio Gonzaga, *Cartas chilenas*, op. cit.

*

Para garantir a arrecadação de pagamento mínimo do quinto de cem arrobas de ouro, a partir de um alvará assinado em 3 de dezembro de 1750, os intendentes-gerais do ouro passaram a inspecionar diretamente as Casas de Fundição, sinal do início de um período de dificuldades da arrecadação, como não havia desde sua instituição pelo conde de Assumar, garantindo que dívidas seriam cobradas somente na forma do metal. Com a queda da produção de ouro, dado o esgotamento dos garimpos, muitos mineiros passaram a dever. Em 1752, a coroa portuguesa criou a Lei da Trintena, que visava ajudar os garimpeiros em dificuldades financeiras. Pela lei, tornava-se mais difícil executar as dívidas de donos de lavras com mais de trinta escravos. Somente um terço do lucro no garimpo podia ser cobrado para a sua quitação.

Ainda assim, o peso da mão do Estado absolutista não diminuiu. A produção de ouro continuou caindo – e a Coroa, no reinado de dom José I, não abriu mão da cobrança. Além de obrigar a colônia ao "donativo", ou "subsídio voluntário", eufemismos para o aumento de impostos que cobriam os grandes gastos da reconstrução de Lisboa e do sul de Portugal a partir de 1755, cobravam-se também as "entradas" – um quinto extra sobre o preço dos produtos vendidos nas Minas, incluindo gêneros alimentícios.

Quando a arrecadação caiu abaixo do valor mínimo, a partir de 1759, a província das Minas passou a deixar anualmente um saldo, a ser pago coletivamente pelas Câmaras Municipais. Como as fazendas e propriedades dos mineiros não podiam ser executadas como garantia do pagamento do quinto, a diferença devida em ouro no fim do ano ficava pendurada para o ano seguinte. E assim, ano a ano, aquela dívida coletiva ia se acumulando.[17]

---

17 Ver Virgílio Noya Pinto, *O ouro brasileiro e o comércio anglo-português: uma contribuição aos estudos de economia atlântica no século XVIII*, Ed. Nacional, 1979.

Mesmo com a queda da produção de ouro, a Fazenda Real não reduziu a cobrança. Alegava que ainda havia muito contrabando e, portanto, margem para cobrar, por meio do endurecimento na fiscalização. "Após 1760, com o declínio da extração de metais, somado à redução das rendas régias em vários setores da economia colonial, a tônica centralista foi ampliada e se intentou uma racionalização administrativa mais eficaz, como alternativa para viabilizar a continuidade das práticas mercantilistas na Colônia, registra *Fiscais e meirinhos: a administração no Brasil colonial*, trabalho coordenado pela historiadora Graça Salgado.[18]

No Nordeste, a pressão do Estado sobre a produção não era menor. O monopólio do comércio em favor dos reinóis e a realização dos leilões na Metrópole, que reduziram a margem dos senhores de engenho por quase três décadas, esgotavam os produtores e comerciantes coloniais. Para evitar uma nova rebelião, dessa feita com a participação também dos mascates, a Carta Régia de 18 de julho de 1760 revogou a Provisão de 1725, mandando que os leilões dos contratos, realizados em Lisboa, voltassem à praça de Pernambuco.

Nas Minas Gerais, o saldo a pagar do mínimo de ouro garantido anualmente subia. Em 1763, faltaram 250 quilos de ouro para o preenchimento da cota mínima. Nesse ano, a Coroa ameaçou pela primeira vez executar as dívidas dos colonos mais graúdos junto à Fazenda Real. De 1763 a 1773, a capitania passou a dever à Coroa 2,2 toneladas de ouro acumuladas. Em 1785, a dívida já era de 5,6 toneladas.

Depois da preferência e do poder que haviam recebido, os antigos emboabas endividavam-se e entravam também em conflito com a Metrópole. "Esta elite mineradora que se consolida reforçando o poder régio na região [permaneceu] acomodada, controlando a instituição e se contentando com uma autonomia muito limitada até sentir os primeiros sinais da decadência da economia mineradora",

---

18 Graça Salgado (coord.), Carmen L. de Azevedo, Edgar Pêcego, Paulo F. Vianna, Regina Hippolito e Zélia M. Barreto, *Fiscais e meirinhos: a administração no Brasil colonial*, op. cit.

afirmou o historiador Luiz Alberto Ornellas Rezende, da Universidade de São Paulo.[19]

A Coroa executava somente as dívidas dos menores devedores, com menos influência junto ao poder, como ressaltavam as *Cartas chilenas*, na voz de Critilo, dirigindo-se ao governador:

> O pobre, porque é pobre, pague tudo,
> E o rico, porque é rico, vai pagando
> Sem soldados à porta, com sossego!
> Não era menos torpe, e mais prudente
> Que os devedores todos se igualassem?

Em 1788, o Conselho Ultramarino resolveu apertar a cobrança para todos, inclusive os devedores de peso. Instalado em Salvaterra de Magos, no Alentejo, o secretário de Estado, Martinho de Melo e Castro, calculou que a dívida dos mineiros com a Coroa ao longo do tempo somava 582 arrobas, quarenta marcos, 54 grãos e um quinto de ouro, o equivalente a cerca de 8,6 toneladas do metal. Decidiu trocar o capitão das Minas e dar a seu substituto poderes plenipotenciários para que as dívidas fossem executadas.

Escolheu para isso Luís Antônio Furtado de Castro do Rio de Mendonça e Faro, visconde de Barbacena, um dos fundadores da Academia Real de Ciências de Lisboa, sobrinho do vice-rei do Brasil, dom Luís de Vasconcelos e Sousa, e primo da esposa de Melo e Castro. "Que se tomem as cautelas que forem praticáveis para se evitarem os contrabandos e descaminhos", recomendou o secretário de Estado ao nomeado. Outras prioridades eram conservar a "disciplina" das tropas e, por último, porém não menos importante, "que, enfim, haja o muito cuidado e vigilância na boa e exata administração e arrecadação da Real Fazenda".

---

19 Luiz Alberto Ornellas Rezende, *A Câmara Municipal de Vila Rica e a consolidação das elites locais, 1711-1736, op. cit.*

Em suas instruções ao novo governador das Minas Gerais, Melo e Castro descreveu a longa história da cobrança do quinto sobre o ouro no Brasil, lamentou o contrabando como prática contumaz dos vassalos de Sua Majestade e lembrou que, de todos os povos das capitanias do Brasil, "nenhuns talvez custaram mais a sujeitar e reduzir à devida obediência e submissão de vassalos ao seu Soberano, como foram os de Minas Gerais".[20]

Na visão de Melo e Castro, dada a inclinação da vassalagem para o esbulho, a capitação havia demonstrado maior eficiência como sistema de arrecadação. Tanto que havia subido de 35 arrobas anuais em 1731 para 137 arrobas de ouro em 1735, "sem ser preciso alguma derrama". Ele reafirmou ainda a necessidade de cumprimento do decreto de 1750, pelo qual, "obrigando-se nele a segurar à Fazenda Real, como rendimento do quinto, cem arrobas de ouro pagas nas mesmas Casas de Fundição, livres de despesas e seguras de tal sorte que, não chegando o produto do quinto às ditas cem arrobas, se inteiraria esta quantia pelos povos por via de derrama; e excedendo, seria o acréscimo para a Real Fazenda", escreveu.

Com tais bases, Barbacena devia cobrar não apenas o valor mínimo anual, como a diferença dos anos anteriores. Recebia autoridade até mesmo para cobrar todas as dívidas de uma única vez, incluindo as dos grandes contratadores dos serviços públicos. Com isso, Melo e Castro riscava o fósforo perto de um barril de pólvora.

O aperto do Fisco sobre os grandes contratadores deu o motivo que faltava a uma rebelião, chamada de Inconfidência Mineira ainda aos tempos do colonialismo português, e depois de Conjuração Mineira. Juntando-se aos poetas indignados com a corrupção e aos idealistas revolucionários, a fração mais endividada da elite colonial, assim como funcionários públicos, militares e membros do clero

---

20 Instrução para o visconde de Barbacena, Luís Antônio Furtado de Castro do Rio de Mendonça e Faro, governador e capitão-general da capitania de Minas Gerais, de 29/01/1788, REF: RIHGB 6:3, AMI 3:115, em Autos de Devassa, *op. cit.*, v. 8.

insatisfeitos, viu na derrama um golpe de morte em seus negócios e tomou a frente do movimento, dando-lhe corpo.

Precisavam, para isso, fomentar uma onda de insatisfação popular capaz de ameaçar a Coroa com a separação das capitanias de Minas e do Rio de Janeiro do controle imperial – e assim, separando-se ou não, livrar-se das dívidas que os punham diante da bancarrota iminente.

*

Um dos capítulos mais bem documentados da história do Brasil, a Inconfidência Mineira é recheada de mentiras, intrigas, acusações e mistérios. Com o cruzamento de informações, pode-se extrair com grande riqueza de detalhes o que de fato aconteceu. A investigação sobre a conspiração se encontra nos autos de um exaustivo inquérito policial, com documentos e depoimentos colhidos ao longo de três anos, a contar da prisão de seus principais integrantes. Foram ouvidas testemunhas, os próprios acusados e autoridades, além de recolhidas provas documentais, com datas e detalhes minuciosos.

O acesso a esse farto material foi facilitado com a publicação no Brasil da edição completa em 11 volumes dos Autos de Devassa da Inconfidência Mineira pela Assembleia Legislativa de Minas Gerais, assim como a digitalização dos documentos da Torre do Tombo, cujo nome vem da torre que caiu no terremoto de 1755, com acervo recuperado e transferido até repousar no edifício monumental, guardado por gárgulas de concreto, que faz parte do complexo do campus da Universidade de Lisboa.

Também foram digitalizados os documentos do Arquivo Histórico Ultramarino, antes reservados a quem requisitava os originais no palacete de paredes descascadas da rua da Calçada da Boa Hora, número 30, onde fica a sede da instituição, em Lisboa. Biblioteca onde repousa a maior parte dos registros de Portugal sobre suas colônias, das Índias Ocidentais às Orientais, seu acervo foi em parte reproduzido pela Biblioteca Nacional no Projeto Resgate – Biblioteca

Luso-Brasileira, que em 2024 contava com 1,34 milhão de páginas de documentos.

Desse material, depreende-se que houve uma tentativa de levante popular, que morreu no meio do caminho. O apoio internacional foi frustrante, assim como o aliciamento de apoiadores no Rio de Janeiro, sede do vice-reinado. Seus principais líderes desistiram na última hora, abandonando o responsável pela difusão da revolta à própria sorte. Acabaram também presos e julgados no inquérito por "inconfidência", como era tipificado no código português o crime de conspiração, tentativa de golpe que bastava para caracterizar a traição à Coroa, isto é, à Pátria portuguesa, a quem todos os colonos deviam fidelidade absoluta.

O movimento formou-se em torno de Tomás Antônio Gonzaga e Cláudio Manuel da Costa, os dois integrantes mais preparados para elaborar o arcabouço teórico-legal de uma república independente, agregando grandes devedores da Fazenda Real, garimpeiros ilegais ou "capangueiros" – traficantes de ouro e pedras preciosas –, além de alguns jovens estudantes idealistas, recém-vindos de Portugal. Entre os grandes devedores estava Alvarenga Peixoto, que passou para a história como "pindárico vate", nas palavras de Varnhagen, mas era fazendeiro na comarca de Rio das Mortes.[21]

Entre os mais proeminentes "capangueiros" estavam dois padres: Carlos Correia de Toledo e Melo, também grande proprietário de terras, e José da Silva e Oliveira e Rolim. Filho de José da Silva e Oliveira, primeiro caixa dos diamantes, contratador que cuidava do recolhimento das pedras preciosas em nome da Fazenda Real, o padre Oliveira e Rolim era acusado de contrabandeá-las na rota para Amsterdã, além de falsificar moedas, subornar autoridades civis e eclesiásticas e praticar uma série de pecados capitais, entre os quais não faltavam o da usura, emprestando dinheiro a juros escorchantes, e o da luxúria.

---

21 Francisco Adolfo de Varnhagen, *História geral do Brasil*, op. cit.

Em sua denúncia, registrada nos Autos de Devassa, o delator Joaquim Silvério dos Reis registrou que o padre Oliveira e Rolim contava com uma "larga história de crimes, insultos e desordens": teria se ordenado padre para "se evadir às penas do crime que resultou de uma morte que fez; deflorou uma irmã do tenente-coronel Simão Pires Sardinha, filha de Francisca da Silva e Oliveira, e, casando-a com um homem branco, quis depois continuar com ela a mesma desordem".[22]

Entre os militares inconfidentes estavam oficiais de alta patente, como o tenente-coronel Francisco de Paula Freire de Andrade, comandante do regimento de dragões de Vila Rica, mais graduado militar da comarca, chefe hierárquico do alferes Joaquim da Silva Xavier, que se tornou o integrante mais ativo – e visível – do movimento. Como o tenente-coronel Freire de Andrade, alinhavam-se entre os conspiradores outros militares de alta patente, como Francisco Antônio de Oliveira Lopes, coronel do Regimento de Cavalaria Auxiliar da vila de São João del-Rei. Com o ouvidor Tomás Antônio Gonzaga, davam peso à conspiração.

Esse grupo pretendia transformar a insatisfação geral em revolta, dada a presença opressiva do Estado português na vida cotidiana, onde tudo dependia de aprovação real. Sem o jamegão da rainha, nenhum papel andava, em lugar nenhum do reino – da concessão de uma gleba para a mineração de ouro à movimentação corriqueira de agentes nos cargos públicos. O alferes Silva Xavier, por exemplo, foi nomeado ao cargo por autorização direta de dona Maria I. Precisou da assinatura real até para licenciar-se da guarda e passar um período no Rio de Janeiro, pedido feito sob a alegação de estabelecer negócios na vila, que também dependiam da mesma aprovação.

O poder totalitário da monarquia absolutista portuguesa e suas ferramentas abusivas ajudaram a trazer para a trama gente tão diferente como o professor de filosofia do Seminário de Mariana, cônego

---

22 Testemunha 1ª, Joaquim Silvério dos Reis, em *Autos de Devassa, op. cit.* v. 4.

Carlos Correia de Toledo e Melo, vigário da vila de São José das Mortes, e seu sobrinho Claro José da Mota e Toledo; os médicos José Vieira Couto e Domingos Vidal de Barbosa Lage; o engenheiro militar Joaquim José da Rocha; o filósofo e mineralogista José Álvares Maciel, cunhado do tenente-coronel Freire de Andrade, ligado a armadores britânicos, interessados no fim do monopólio português dos portos brasileiros.[23]

Depois de formar-se mineralogista em Birmingham, Álvares Maciel voltou ao Rio de Janeiro na mesma nau *Nossa Senhora de Belém* que trazia o visconde de Barbacena, recém-nomeado governador das Minas Gerais pelo Conselho Ultramarino, a caminho de tomar posse do cargo. No trajeto, Barbacena entusiasmou-se com o jovem recém-formado e o convidou não só a participar das pesquisas mineralógicas com o fim de voltar a aumentar a produção de ouro do Brasil como a morar com ele no Palácio dos Governadores, em Vila Rica, de forma a tutelar seus quatro filhos.[24]

Dessa forma, Álvares Maciel podia abastecer os conspiradores com informações de dentro do palácio. As reuniões se davam nas casas dos principais articuladores do movimento, incluindo o mais vistoso casarão de Vila Rica, com sete portas de entrada, 42 janelas e teto decorado por pinturas do mestre barroco Manuel da Costa Ataíde. Ali, seu proprietário, o negociante português João Rodrigues de Macedo, promovia no segundo andar bailes, saraus, sessões de carteado – e a rebelião. Havia movimento "todo o dia e noite", segundo Alvarenga Peixoto, frequentemente "até às três da manhã".[25]

Rodrigues de Macedo tinha comércio em Vila Rica, Sabará e São João del-Rei. Credor de pessoas influentes e autoridades, negociava açúcar, animais de carga e, como contratador, fazia também a coleta de impostos. No piso inferior do casarão, onde morava seu caixa,

---

23 José Álvares Maciel, 1ª inquirição, 26/11/1789, em *Autos de Devassa, op. cit.*, v. 5.
24 Carta para a cidade do Porto relatando notícias da repressão à Inconfidência Mineira, 30/10/1789, Biblioteca do Porto, em *Autos de Devassa, op. cit.*, v. 9.
25 Inácio José de Alvarenga Peixoto, 2ª Inquirição, 14/01/1790, em *Autos de Devassa, op. cit.*, v. 5.

Vicente Vieira da Mota, ficava o escritório de administração das Entradas e Dízimos – o que o tornou conhecido como a Casa do Contrato, ou a Casa dos Contos. Ali se registrava todo tipo de documento: contratos, certidões, procurações, propriedades de sesmarias, licenças de mineração, heranças, certificados do Real Erário, correios, dízimos, registros para o exercício da medicina e até para a catequese dos indígenas. Também na Casa dos Contos se fazia o pagamento dos salários – civis, militares e eclesiásticos.

Como ponto de convergência, a Casa dos Contos se tornava também uma central de informações. Para seus frequentadores, tomados pela indignação com os objetivos da chegada ao Brasil do governador Barbacena, a ideia da execução da derrama das derramas, cobrando todas as dívidas acumuladas de uma vez, era uma oportunidade de transformar uma ameaça em livramento – para os mais exaltados, não só da Fazenda Real como da Coroa portuguesa, com seus esbanjamentos e arbitrariedades.

Para isso, seria preciso ganhar apoio popular. Com tal fim, os próprios inconfidentes disseminaram o boato de que a derrama era iminente e seu ônus seria repartido entre toda a população. Com a onda de insatisfação, mais o apoio militar, proclamariam a independência da capitania de Minas Gerais e do Rio de Janeiro – importante não apenas por ser a capital do vice-reino como por ser lugar estratégico, tanto do ponto de vista comercial como militar. O porto por onde escoava a produção de ouro seria o primeiro local a ser defendido, no caso do envio de forças pela Coroa para o restabelecimento da ordem na colônia.

A conjuração tinha a aspiração de, no limite, instalar uma república com autonomia política, econômica e administrativa em relação a Portugal. Antônio Gonzaga seria o primeiro presidente, ou chefe de uma junta governativa, junto com Alvarenga Peixoto, durante os dois ou três anos que os conspiradores estimavam durar o conflito com Portugal. Em testemunho, o alferes Silva Xavier, responsável pelo patrulhamento e fiscalização do Caminho Novo, entre

Vila Rica e o porto do Rio de Janeiro, afirmou que Alvarenga Peixoto era quem defendia a junta, porque a república devia ter "várias cabeças, e um só corpo". Na república, o padre Toledo Melo seria o bispo.

Era uma inusitada combinação: ele, um militar, era o propagandista da insubordinação; três poetas (Antônio Gonzaga, Manuel da Costa e Alvarenga Peixoto) governariam; apesar da presença de militares na conspiração, um eclesiástico (o cônego Luís Vieira da Silva) era o estrategista militar. Para defender a futura república, Vieira da Silva propunha a guerrilha como a forma de defesa mais adequada nas inóspitas montanhas ao redor de Vila Rica.

Apesar da bandeira da igualdade, pilar das ideias revolucionárias na França e nos Estados Unidos, na república dos trópicos não se falava em libertação dos escravos, ainda a base do processo produtivo da economia local, no que não diferia da independência norte-americana, também escravagista. Os documentos relativos à Inconfidência Mineira indicam que Tomás Antônio Gonzaga e Cláudio Manuel da Costa, como advogados e líderes intelectuais da conspiração, seriam os responsáveis por escrever a Constituição.

Tinham como modelo o *Recueil des Loix Constitutives des Colonies Angloises Confédérées sous la Dénomination d'États-Unis de l'Amérique Septentrionale*,[26] compêndio traduzido para o francês com o texto da Declaração da Independência escrito por Thomas Jefferson e a Constituição de cada um dos treze estados norte-americanos. Não se sabe ao certo quem trouxe ao Brasil o livro, que cabe na palma da mão, e cuja história é tão misteriosa quanto a da própria conspiração à qual serviu. Pelos Autos de Devassa, informa-se que dois exemplares chegaram às Minas, o primeiro provavelmente no bolso de Álvares Maciel, no navio que o trouxera ao Brasil e no qual se aproximou do governador Barbacena. Álvares Maciel estudara em Portugal e desde então mantinha contato com o estudante de

---

26 *Recueil des Loix Constitutives des Colonies Angloises Confédérées sous la Dénomination d'États-Unis de l'Amérique Septentrionale*, Les Libraires Associés, 1778.

medicina fluminense José Joaquim da Maia e Barbalho – seu contemporâneo na Universidade em Coimbra, antes de transferir-se para a Universidade de Montpellier, na França.

Álvares Maciel conheceu Silva Xavier entre agosto e setembro de 1788, ao voltar de Portugal. Em seu primeiro depoimento, na prisão Villegagnon, na ilha das Cobras, disse que o alferes lhe pediu ajuda técnica e financeira para a construção de um trapiche e um sistema de águas na vila do Rio de Janeiro. Ambos eram próximos do tenente-coronel Freire de Andrade, cunhado de Álvares Maciel e comandante do corpo de cavalaria onde o alferes servia. O comandante patrocinava em sua casa "conventículos" (pequenos encontros) onde, segundo o próprio Álvares Maciel, falava-se sobre a revolução.[27]

Um segundo exemplar do *Recueil*, trazido por José Pereira Ribeiro, teria sido destruído antes das prisões. Já o de Álvares Maciel foi repassado por Silva Xavier, assim como um dicionário de francês, a várias pessoas – a última delas, o médico Salvador Carvalho do Amaral Gurgel, cirurgião de 27 anos nascido em Paraty, um dos integrantes da conspiração, que tinha a patente militar de tenente-coronel e, em seu depoimento, afirmou que havia tomado ambos os livros "emprestados" do alferes. O exemplar restante do *Recueil* foi devolvido a Amaral Gurgel por Simão Pires Sardinha, no Rio de Janeiro, dez dias antes de ser preso. Apreendido pela Justiça entre seus pertences, o livro passou para o rol dos documentos do inquérito como prova material.

Publicado já de forma clandestina na França ainda monarquista, em 1778, por uma casa editorial de nome fictício ("Livreiros Associados"), no Brasil o livro era duplamente proibido: primeiro porque não podiam circular livros na colônia, segundo por seu teor, considerado subversivo. Sua simples posse era "crime de primeira cabeça", isto é, de lesa-majestade, como eram os de conjuração, inconfidência e toda forma de insurreição. Pertenciam a essa categoria

---

27 Primeiro e segundo depoimentos de José Álvares Maciel, *Autos de Devassa*, op. cit., v. 5.

também o crime de traição, o atentado contra o rei, sua família ou seus acompanhantes, assim como atingir imagens, armas ou símbolos representativos do rei e da Casa Real. A simples posse do livro podia, portanto, configurar conspiração contra a Coroa, para o que a sentença era de morte.

Em 1860, o historiador Alexandre José de Mello Moraes, no Rio de Janeiro, onde correu o processo, examinou os Autos de Devassa originais, aos quais o livro se encontrava anexado como prova documental de número 26, conforme anotado na própria obra pelo escrivão da Alçada, desembargador Francisco Luís Álvares da Rocha. Foi juntado ao processo pelo ouvidor de Sabará, José Caetano César Manitti, escrivão da Devassa no Rio de Janeiro, junto com o depoimento feito em 2 de julho de 1789 por Manoel da Costa em Vila Rica, dois dias antes de ser encontrado morto.

Setenta e um anos depois da abertura do inquérito, Mello Moraes separou o livro dos autos e o repassou como "preciosidade" à Biblioteca Pública de Santa Catarina. Na primeira página em branco, a bico de pena, anotou: "Suponho que este código pertenceu ao desembargador Tomás Antônio Gonzaga (o autor de *Marília de Dirceu*) ou ao dr. Cláudio Manuel da Costa". Não mencionou, porém, o único homem que, caso a conspiração fosse descoberta, não tinha como escapar da responsabilização.

CAPÍTULO 11

O arauto da revolta

O poeta arcadiano, coronel de milícia, fazendeiro e conspirador Alvarenga Peixoto descreveu-o simplesmente como um "oficial feio".[1] Vinha de uma família modesta. Seu pai, Domingos da Silva dos Santos, nascido no Minho, como outros portugueses, deixou Portugal para tentar a sorte na corrida do ouro no Brasil, radicando-se primeiro no vale do rio das Mortes. Silva dos Santos casou-se com Antônia da Encarnação Xavier, brasileira, filha de mãe açoriana. Comprou uma pequena fazenda, chamada Pombal, entre São João e São José del-Rei, as duas vilas mais importantes do rio das Mortes, onde garimpava ouro e criava gado. Em 1746 tornou-se almotacé, fiscal do gado destinado aos açougues, posição oferecida somente a "homens bons", proprietários de terra com direito a voto.

Quarto dos sete filhos de Silva dos Santos, Silva Xavier nasceu no auge da produção de ouro e, como descendente de um português em primeiro grau, estava apto a obter posições de prestígio. Contudo, a família não tinha muitos recursos: o pai viu sua mina minguar e tinha dívidas até mesmo com capitães do mato – caçadores

---

[1] Inácio José de Alvarenga Peixoto, 2ª inquirição, 14/01/1790, *Autos de Devassa, op. cit.*, v. 5.

de escravos foragidos. Beneficiou-se da lei que impedia a tomada de propriedades de quem fosse senhor de escravos, em pagamento das dívidas – ele possuía 36 "peças" como escravaria. Mesmo assim, não conseguia se reerguer.

Depois de entrarem em dificuldades financeiras, os pais de Silva Xavier faleceram: ele ficou órfão aos onze anos. Aos vinte, escreveu à rainha pedindo emancipação, de forma a cuidar da fazenda deixada pelos pais, já que dois de seus irmãos mais velhos tornaram-se sacerdotes – o que não os impedia de exercer outras atividades. O irmão mais velho, Domingos, identificava-se como "presbítero do hábito de São Pedro" em carta de junho de 1780, na qual pedia à Ouvidoria de Sabará, na falta de advogados formados em Pitangui, "provisão para poder advogar nas auditorias desta vila, com a cláusula de dar fiança leiga, e de ser examinado perante o D. Ouvidor da Comarca".[2]

O irmão mais velho viveu por sete anos em Cuiabá com um nome falso, ocultando sua condição de religioso, para fazer negócios, dada a proibição desde dom José I do comércio pelos sacerdotes. Em 1791, quando Joaquim se encontrava encarcerado na ilha das Cobras, Domingos Xavier foi preso, despido, surrado e levado pelos esbirros para a cadeia de Cuiabá, por conta da denúncia de testemunhas em um inquérito por contrabando de diamantes – exploração reservada exclusivamente à Coroa.

Muito embora não se tivesse achado prova do crime, e a população da vila viesse em sua defesa, alegando que se tratava de vingança por conta de dívidas contraídas em seus negócios, ele teve de revelar sua verdadeira identidade para não ficar no cárcere – a condição de religioso garantia um regime de prisão especial. Viveu em "prisão relaxada" até 1799, quando foi inocentado e teve seus bens restituídos. Ao ficar enfim livre, contava 61 anos de idade e estava envelhecido e adoentado.[3]

---

2 Arquivo Ultramarino, cx. 116, doc. 32.
3 Evandro Gabriel Cegati, *Proibição e extração de diamantes na capitania de Mato Grosso,*

O irmão mais novo, cujas futuras agruras nas mãos da Justiça portuguesa se tornaram bem mais conhecidas, começou a ganhar a vida como uma espécie de dentista itinerante. Como a extração de dentes naquele tempo era realizada nas barbearias, passou a atender em domicílio, sem nenhuma formação, adquirindo experiência com a prática, levando em suas viagens o boticão e outros instrumentos. Em Vila Rica, fazia também remédios com ervas medicinais, que vendia aos pacientes. Depois de atender clientes oriundos do Rio de Janeiro e de Minas Novas, passou a viajar a essas cidades – aproveitava para comprar e vender produtos, ganhando também como mascate.

Requisitado por onde passava, angariava simpatizantes, graças ao alívio de uma dor frequentemente torturante. Nas pousadas e estalagens, como a de João da Costa Rodrigues, tocava violão e cantava modinhas para atrair a clientela: militares, comerciantes, escravos, quilombolas e salteadores das estradas. "Senhor de variadas aptidões: um tanto cirurgião e tira-dentes, entendedor de ervas para curar chagas e febres, perito em calçadas, pontes, moinhos e encanamentos, além de conhecer, como a palma da mão, aquelas grotas e serras e bem assim distinguir pelos respectivos nomes e apelidos todos os seus habitantes", escreveu de Silva Xavier o capitão José de Souza Coelho, vereador da Câmara da vila de Pitangui.[4]

Silva Xavier viu uma oportunidade quando o império abriu vagas para o ingresso no corpo de dragões da capitania das Minas Gerais. Na constituição do novo Regimento Regular de Cavalaria de Minas, em 1775, o efetivo da guarda imperial passou de 242 para seiscentos homens, metade dos quais encarregada do patrulhamento das estradas. Os dragões levavam má fama – dizia-se que de militares

---

dissertação (Mestrado em História) – Departamento de História, Faculdade de Ciências Humanas da Universidade Federal da Grande Dourados, Dourados, 2017.
4   Lucas Figueiredo, *O Tiradentes: uma biografia de Joaquim José da Silva Xavier*, op. cit.

não tinham mais que o nome –, mas era um bom emprego, por receberem um dinheiro fixo.⁵

O soldo era pago trimestralmente e havia ainda uma cota anual de farinha e azeite que complementava a renda. Por conta do custo de vida na região do garimpo, além de receber a farda e o equipamento, os dragões da capitania ganhavam 50% mais que no restante da colônia. Com o aumento do contingente, contudo, tal extra foi cortado.

Além de desestimulante, a medida não favorecia o patrulhamento – tornava os recrutas mais suscetíveis a propinas e à leniência. "Vossa excelência sabe melhor do que eu que a tropa, quando não anda satisfeita, todo o serviço que faz é violento e forçado e muito poucas vezes se consegue dela bons efeitos", escreveu um dos predecessores de Barbacena no governo das Minas, dom Antônio de Noronha, ele próprio militar, com a patente de coronel. O destinatário da carta era Martinho de Melo e Castro, que, então secretário da Marinha e Ultramar, era responsável pelo pagamento da tropa nas colônias.⁶

Melo e Castro foi quem orientou o governador de Minas a utilizar o aumento do contingente para caçar sonegadores, em instrução assinada em 24 de janeiro de 1775. Os dragões, porém, especialmente os que acabavam de entrar na corporação para executar aquela tarefa, sabiam que a sonegação e o roubo se davam também por necessidade. Tinham amigos e parentes submetidos a um sistema considerado injusto. Alguns deles, como o próprio Silva Xavier, eram proprietários de lavras. Com o rebaixamento salarial, os próprios militares sofriam com a carestia.

Aos 29 anos, Silva Xavier foi aceito na carreira militar e integrado à sexta companhia, das oito que constituíam o novo Regimento,

---

5 *Instrução para o Visconde de Barbacena*, op. cit.
6 Carta de D. Antônio de Noronha, governador de Minas, informando Melo e Castro, entre outros assuntos, sobre a necessidade que há em se confirmar nos seus postos os oficiais por si providos, Arquivo Histórico Ultramarino, 9/1/1778, AHU/CU/BR-MG, cx. 112.

no posto de alferes – um oficial subalterno, o mais baixo degrau na escala do oficialato, equivalente ao cabo na hierarquia militar contemporânea. No passado, distinguia-se no batalhão por ser o porta-estandarte. A primeira função de Silva Xavier, porém, foi burocrática: cuidava da gestão financeira e do abastecimento e conferia a compra de alimentos e munição para a artilharia. Somente em 1778 saiu do escritório para o campo.

O Rio de Janeiro, que já tinha enfrentado as invasões francesas em 1710 e 1711, estava sob a ameaça de nova incursão inimiga, desta feita pela Espanha. Em 1776, dom Luís de Almeida Portugal, segundo marquês do Lavradio, filho de dom Antônio de Almeida Soares Portugal, colocado também no posto de vice-rei do Brasil, escreveu ao governador Noronha pedindo 4 mil homens das Minas para ajudarem a defender a vila. Isso incluía todos os homens do Regimento de Cavalaria, mais os corpos auxiliares. Conseguiu apenas 241 dragões e 928 milicianos do contingente de reserva.[7]

As tropas permaneceram aquarteladas numa praia afastada, ao sul da vila do Rio de Janeiro, denominada "Copa Cabana". Não houve a guerra e o alferes Silva Xavier conheceu a vila, que contava então com 6 mil residências e uma população de cerca de 30 mil pessoas, metade do que tinha Vila Rica. A construção da catedral, que devia ter sido finalizada em oito anos, arrastava-se por mais de três décadas, devido à falta de verbas. Feita com candeeiros de azeite, a iluminação noturna era precária e as ruas, de terra, cobriam-se de lixo. A população era dizimada por epidemias de sarampo, varíola, sífilis e tuberculose. Ao chegarem ao porto, antes de serem trazidos para serem vendidos no mercado da rua Direita, célebre pelo odor de excremento, os escravos vindos da África tinham de passar por um período de quarentena para não proliferar doenças contagiosas.

---

7 Christiane Figueiredo Pagano de Mello, *Desassossego das Minas: a guerra e o sertão. A situação militar na capitania durante o governo de dom Antônio de Noronha, 1775-1779*, Universidade Federal de Ouro Preto, 2004.

De volta a Vila Rica, Silva Xavier foi promovido em 22 de abril de 1780 a "alferes comandante do sertão", lotado em Sete Lagoas, cargo que lhe deu mais responsabilidades, mas não melhor remuneração. A principal função da tropa ali era garantir a boa execução do trabalho do fiscal de registros, que cobrava o imposto sobre a "entrada" das mercadorias e víveres provenientes da Bahia.

Em 1784, assumiu o governo da capitania um administrador mais jovem e brando, dom Rodrigo José de Meneses e Castro, nascido em Lisboa. Aos 34 anos, dom Rodrigo definiu a capitania que encontrou para governar como "cadavérica". A proibição de qualquer indústria relegava a economia da colônia à dependência e à mera exploração extrativista, já que se tinha de importar todos os produtos manufaturados de Portugal.

Contra aquela determinação, Meneses e Castro propunha a implantação de uma fundição de ferro. Experiências semelhantes não tinham sido bem recebidas. Em carta de 1778, o secretário da Marinha e Ultramar, Melo e Castro, mencionava ao governador de Minas Gerais, Antônio de Noronha, o estabelecimento no Rio de Janeiro de um engenho para exportar a Lisboa arroz já descascado. "Foram, porém, tais as violências que aqui [em Lisboa] se praticaram contra os ditos navios, e depois com os proprietários e interessados no sobredito engenho por conta de dívidas, bem ou mal fundadas, que aquele útil ramo do comércio se suspendeu", escreveu.[8]

A implantação de uma fábrica era caso de polícia, representada pelo intendente-geral Diogo Inácio de Pina Manique, administrador da alfândega, célebre por seu trabalho de espionagem. Em 1784, Manique denunciava ao Conselho Ultramarino "duas fábricas de galão de prata e ouro no Rio de Janeiro", com base em investigações que lhe davam "toda a certeza". Afirmava ainda que "nas Minas Gerais há também alguns teares de algodão e outros de algodão e seda que vão se multiplicando cada dia mais, pois já os há nas ilhas de Cabo

---

8 *Revista IHG*, v. VI, in Francisco Adolfo de Varnhagen, *História geral do Brasil, op. cit.*

Verde. [...] Deixo à ponderação de Vossa Excelência as tristes consequências que se seguem destes estabelecimentos em uma colônia", afirmou.[9]

No ano seguinte, 1785, em função das notícias recebidas, um alvará foi assinado no Palácio de Nossa Senhora da Ajuda pela rainha dona Maria I, reafirmando e tornando o Pacto Colonial mais duro e específico. Proibia terminantemente no Brasil qualquer indústria, "salvo panos grossos de algodão para uso de escravos e fardos". Justificava a medida pelo fato de que a indústria tirava mão de obra da lavoura e da mineração:

> Sendo-me presente o grande número de fábricas e manufaturas que, de alguns anos a esta parte, se têm difundido em diferentes Capitanias do Brasil com grande prejuízo da cultura e da lavoura e da exploração das terras minerais daquele vasto continente, porque havendo nele uma grande e conhecida falta de população, é evidente que, quanto mais se multiplicar o número dos fabricantes, mais diminuirá o dos cultivadores e menos braços haverá que se possam empregar no descobrimento e rompimento de uma grande parte daqueles extensos Domínios que ainda se acha inculta e desconhecida.[10]

A rainha proibia expressamente a produção "de veludos, brilhantes, cetins, tafetás, ou de outra qualquer qualidade de seda [...] excetuando tão somente aqueles dos ditos teares e manufaturas em que se tecem ou manufaturam fazendas grossas de algodão, que servem para o uso e vestuário dos negros, para enfardar ou empacotar fazendas, e para outros ministérios semelhantes; todas as mais sejam extintas e abolidas em qualquer parte onde se acharem nos meus

---

[9] Ofício do intendente-geral de Polícia, Diogo I. Pina Manique, em que denunciava ao ministro Martinho de Melo e Castro sobre indústrias no Brasil e Cabo Verde, *Autos de Devassa, op. cit.*, v. 8.
[10] Alvará (dona Maria I): proíbe fábricas de tecidos no Brasil, salvo de panos grossos para uso de escravos e fardos, *Autos de Devassa, op. cit.*, v. 8.

Domínios do Brasil". Instituía a "pena de perdimento em tresdobro[11] do valor de cada uma das ditas manufaturas ou teares".

Na prática, aquele decreto equivalia a uma sentença de perpetuação do atraso, numa época em que a indústria justamente começava a se tornar o motor da prosperidade – o processo que levava, na esfera política, ao fortalecimento e à autonomia dos povos contra os monarcas absolutistas. "Era talvez o ato mais arbitrário e opressivo da Metrópole contra o Brasil, desde o princípio do reinado anterior, e houvera justificado qualquer oposição ou rebeldia que a ele apresentassem os povos", afirmou Varnhagen.[12] Marco na política colonial portuguesa, o decreto de dona Maria I trouxe graves repercussões para o futuro, considerados os "efeitos do referido ato para a economia brasileira", como apontou Fernando Novais.[13]

Não bastava coibir a indústria: era importante também deter o contrabando e o comércio ilegítimo, associado ao "pensamento reformista, crítico do antigo regime", conforme Novais. Acreditava a Coroa que "o surto manufatureiro, encarnando possibilidades, embora precárias, de desenvolvimento autônomo da economia brasileira, poderia servir de suporte material às ideias separatistas".

O governador Meneses e Castro buscava um ponto de equilíbrio: criar alguma indústria, ao mesmo tempo que agia também na mesma linha de interesse da Coroa, de coibir o comércio ilegal. Aberto a sugestões, aprovou a de Silva Xavier de transferir o posto fiscal de Venda Nova para 250 quilômetro adiante, em Barreiro Grande, nas proximidades do rio São Francisco, por onde passavam tropeiros e contrabandistas.[14] A atuação do alferes em Venda Nova deu-lhe uma segunda promoção, assinada pela rainha: tornou-se

---

11 O triplo.
12 Francisco Adolfo de Varnhagen, *História geral do Brasil*, op. cit.
13 Fernando Novais, A proibição das manufaturas no Brasil e a política econômica portuguesa do fim do século XVIII, *Revista de História*, op. cit.
14 Exposição do governador D. Rodrigo José de Meneses sobre o estado de decadência da capitania das Minas Gerais, in Lucas Figueiredo, *O Tiradentes: uma biografia de Joaquim José da Silva Xavier*, op. cit.

comandante do destacamento do Caminho Novo, que garantia a segurança das caravanas de tropeiros no transporte do ouro ao Rio de Janeiro e de mercadorias às minas, no trajeto oposto.

Como responsável pelo policiamento da principal rota da colônia, Silva Xavier tinha a tarefa de evitar o contrabando e garantir a arrecadação. Na prática, esse trabalho o aproximou dos endividados com a Coroa, tropeiros e negociantes que estavam sempre na estrada. Dessa forma, mesmo sem pertencer à cúpula mais graduada da conjuração, destacou-se pela tarefa de fazer sua propaganda, por onde passava – o que fez dele, depois, o maior alvo da Justiça portuguesa, uma vez debelada a conspiração.

*

Em seu novo posto como chefe da patrulha do Caminho Novo, Silva Xavier recebeu a incumbência de garantir a construção de uma nova estrada na serra da Mantiqueira, divisa de Minas Gerais com o Rio de Janeiro, que encurtava a viagem por uma área habitada somente por foragidos da Justiça. O empreiteiro responsável pela obra, em troca da futura cobrança de pedágio, era o fazendeiro Manuel do Vale Amado, amigo de Rodrigues de Macedo, anfitrião dos conspiradores em sua Casa dos Contos. O alferes conhecia Rodrigues de Macedo porque, além de responsável pela coleta dos impostos, o contratador era também o agente da Coroa em Vila Rica que pagava o soldo dos militares.

Silva Xavier trabalhou na obra da estrada em fins de 1781 e, por sua solicitação, em setembro daquele ano recebeu da Coroa 43 datas para explorar ouro às margens da nova via, em Córrego da Vargem, nas proximidades da localidade onde pretendia construir um quartel e um porto fluvial. Passou a morar em Córrego da Vargem, onde tentou aumentar seus rendimentos com a mineração, a pecuária e a agricultura. Não estava satisfeito. A propriedade, batizada de Rocinha Negra, com uma casa e a senzala para uma dúzia de escravos, mal dava para o sustento.

Os dragões lhe aumentavam as responsabilidades: Silva Xavier estava no mesmo cargo e ganhava o mesmo soldo com que havia entrado na corporação. Pior, o pagamento passou a atrasar – por vezes, tinha de arcar com os salários de sua companhia com dinheiro do próprio bolso como um coronel de milícia, para não ficar sem tropa. Ao término do mandato no comando do destacamento, voltou a Vila Rica como simples alferes e sem perspectivas. O cenário piorava, para todos e para ele, em particular.

Tinha razões para sentir-se passado para trás. Com a saída em 1783 de Meneses e Castro, transferido em agosto para a Bahia, assumiu o governo das Minas Luís da Cunha Meneses, que se notabilizou na vida privada pela luxúria e na pública pela incúria. Nas *Cartas chilenas*, durante a gestão de Fanfarrão Minésio (Cunha Meneses), o narrador Critilo (Antônio Gonzaga) denuncia a promoção de corrompidos e apadrinhados, inclusive entre os militares. Aponta em especial a rápida ascensão de Lobésio (o tenente José de Sousa Lobo e Melo): "Tu foste a capitão e tu passaste ao posto de major em breves meses. Quais são os teus serviços? Quais?".

Aos 40 anos, já de cabelos grisalhos, Silva Xavier passou a morar em uma casa alugada na rua São José, em Vila Rica, vizinha da Casa dos Contos. Engravidou Antônia Maria do Espírito Santo, filha menor de idade de um colega militar, que "principiou a aliciar [...] debaixo da palavra de honra e promessas esponsalícias", segundo os registros de um processo que ela moveu em 1789, quando pleiteou reaver a posse de uma escrava, Maria, que lhe teria sido deixada por Silva Xavier, assim como seus bens confiscados pela Justiça, enquanto ele se encontrava preso na ilha das Cobras. Alegava que, mesmo sem terem se casado, tinham vivido "em sociedade por causa daquela promessa".[15]

---

15 Justificação – Suplicante: Antônia Maria do Espírito Santo; Ré: Real Fazenda, sendo promotor do Fisco ad hoc o dr. Paulo José de Lana Costa e Dantas, pelo confiscado Joaquim José da Silva Xavier, 05/11/1789, *Autos de Devassa, op. cit.*, v. 9.

Mesmo como militar, Silva Xavier continuou a extrair dentes. Fazia próteses com dentes de animais num laboratório doméstico. Na estrada, aliciava adeptos da revolta, falando abertamente sobre suas ideias, enquanto a maioria dos ouvintes silenciava. Mais tarde, na devassa da sedição, tais pessoas tornaram-se testemunhas contra ele – como o ex-praça Severino Francisco Pacheco, que relatou que Silva Xavier, publicamente, tocava violão, cantava e "falava com muita liberdade".[16]

Enviou ao visconde de Barbacena pedido de licença de dois meses para ir à vila do Rio de Janeiro, concedida em 2 de março de 1787. Com nova solicitação, o período foi prorrogado por mais dois meses.[17] Em 27 de agosto, um dia antes de se apresentar de volta à corporação em Vila Rica, o alferes pediu licença real para abrir na cidade moinhos com água corrente dos ribeirões das Laranjeiras, Catete e Andaraí – chamado originalmente pelos indígenas de Maracanã.[18] Pretendia levar água ao centro, construir armazéns e transportar passageiros em barcas na baía de Guanabara – o projeto para o qual teria procurado Álvares Maciel.

Em setembro de 1787, pediu licença ao Conselho Ultramarino para ausentar-se da corporação, no que foi atendido, sem vencimentos, pelo prazo de um ano. No mesmo documento, solicitava viajar a Portugal – o que, à luz do que se soube mais tarde na devassa, poderia ter como objetivo participar dos contatos repassados por Álvares Maciel na Europa, por meio dos quais os conspiradores procuravam obter apoio internacional para o movimento.[19]

Permaneceu um ano no Rio de Janeiro, longe da Rocinha Negra, de seu posto militar, da noiva adolescente e da filha recém-nascida.

---

16 XXIV.1 — Parte de Basílio de Brito Malheiro do Lago, de 08/05/1789, *Autos de Devassa, op. cit.*, v. 2.
17 Anexo 2 – Certidão das licenças concedidas ao alferes Joaquim José da Silva Xavier para viagens ao Rio, 10/10/1789, *Autos de Devassa, op. cit.*, v. 1.
18 Arquivo Histórico Ultramarino, AHU_CU_Rio de Janeiro, cx. 130, D. 10370.
19 Requerimento do alferes Joaquim José da Silva Xavier ao Conselho Ultramarino, para viajar ao Reino, *Autos de Devassa, op. cit.*, v. 8.

Em 18 de agosto de 1788, solicitou a posse de um terreno na orla, entre a ponte da Alfândega e o trapiche das Caixas, para erigir armazéns de trigo e outros gêneros, "bem como a construção de residências para os feitores e administradores do dito armazém".[20] No mesmo dia, em outro requerimento, solicitou "fechar os edifícios na praia dos mineiros, onde se arrecadavam as maquinarias utilizadas no embarque de animais quadrúpedes, bem como uma outra parte, a fim de aquartelar sua escravatura".[21]

Um dia depois, em 19 de agosto de 1788, pediu a dona Maria I a renovação de sua licença para viajar a Lisboa.[22] Tal requerimento sugeriu mais tarde aos inquisidores, no processo judicial da Inconfidência, que ainda tinha a intenção de encontrar apoio para o levante na França, onde se fazia a conexão para pedir apoio dos Estados Unidos, por via de Thomas Jefferson – e que o fracasso desse entendimento com Jefferson teria frustrado sua intenção de viajar.

Futuro presidente dos Estados Unidos, Jefferson naquela época tinha 43 anos de idade; havia dois anos servia em Paris como embaixador para negociações de tratados de amizade e comércio, por delegação do Congresso americano, posto no qual sucedeu Benjamin Franklin. O amigo de Álvares Maciel, José Joaquim da Maia e Barbalho, então na Universidade de Montpellier, tinha escrito uma primeira carta a Jefferson dois anos antes, em 2 de outubro de 1786. Foi levada por Joseph-Marie Joachim Vigarous, professor na Escola Real de Cirurgia de Montpellier – "irmão" do então congressista americano na Loja Maçônica de Paris.

A existência da missiva foi detectada em depoimento durante a devassa, de modo que o visconde de Barbacena pediu ao intendente-geral Diogo Manique que apurasse tudo a seu respeito.[23] Ela teria

---

20 Arquivo Histórico Ultramarino, AHU_CU_Rio de Janeiro, cx. 132, D. 10497.
21 Arquivo Histórico Ultramarino, AHU_CU_Rio de Janeiro, cx. 132, D. 10496.
22 Requerimento do alferes Joaquim José da Silva Xavier ao Conselho Ultramarino, para revalidação da licença de ir ao Reino, Arquivo Histórico Ultramarino, *Autos de Devassa, op. cit.*, v. 8.
23 II.5.2 – Portaria do visconde de Barbacena, Vila Rica, 30/06/1789, em *Autos de Devassa, op. cit.*, v. 2.

sido assinada por Maia e Barbalho com o pseudônimo Vendek, ou Van-Deck, provável referência a José Rolleen Van-Deck, capitão de mar e guerra, chefe da missão diplomática para a paz no Marrocos no século XVIII, que deixou sua coleção particular para o museu de História Natural da Universidade de Coimbra.

Em uma segunda carta, em 21 de novembro de 1786, Maia e Barbalho pediu um encontro pessoal com Jefferson para falar do Brasil. "Minha desgraçada pátria geme em atroz escravidão", escreveu.[24] Explicou que pertencia a um movimento na Europa associado a insurgentes no Brasil, com a finalidade de "seguir o admirável exemplo" americano. Prometeu inclusive "todo o dinheiro que for necessário e a manifestar a todo tempo nossa gratidão para com nossos benfeitores".

Um dos fundadores da democracia norte-americana, autor do texto original da Declaração da Independência dos Estados Unidos da América, base da Constituição, Jefferson recebeu a correspondência em Paris e respondeu logo em seguida, em 26 de dezembro. Marcaram um encontro, em Nîmes, a 60 quilômetros de Montpellier, que Jefferson incluiu no roteiro de uma viagem de férias até Aix-en-Provence, onde pretendia conhecer seus sítios arqueológicos, como o aqueduto Pont Gard e o templo de Diana. Em 19 de março de 1787, seis meses antes de Silva Xavier pedir sua autorização para viajar ao reino, Jefferson enviou mensagem para receber Maia e Barbalho, já em Nîmes. "Aqui estou eu, apreciando cavalos na *maison carrée* como um amante aprecia a mulher que corteja", escreveu desse dia.[25]

Maia e Barbalho apresentou o cenário político da colônia, em que apontava os líderes do movimento ("homens de letras"); explicou que as capitanias do Rio de Janeiro e da Bahia, depois de Minas

---

24 Segunda carta de Vendek (José Joaquim da Maia e Barbalho) a Thomas Jefferson, resposta à deste de 16/10/1768 escrita de Paris, Biblioteca Nacional do Rio de Janeiro, *Autos de Devassa*, op. cit., v. 8.
25 *Autos de Devassa*, op. cit., v. 8

Gerais, eram as mais importantes da colônia, política e economicamente; garantiu que ambas se juntariam à sedição. Havia, também, o apoio dos militares. Segundo ele, os fazendeiros teriam ainda seus escravos para o combate; os indígenas ficariam neutros. Pedia armas, homens e navios. Seria o nascimento de uma república iluminista na América do Sul.

Jefferson respondeu que não tinha poderes para falar pelo Congresso dos Estados Unidos, independentes havia menos de uma década. Ponderou que seu país não tinha condições de colaborar em outra guerra, depois da que tinham feito contra a Inglaterra pela independência, iniciada em 1755 e só concluída quatro anos antes, em 1783. Assim como a Inglaterra, Portugal lhes havia reaberto seus portos ao comércio, suspendendo o boicote. Apesar dos ideais republicanos dos sediciosos, a prioridade do adido americano na Europa era fechar um tratado comercial com Portugal que reputava como "vantajoso". Não queria arriscá-lo com a aventura de uma empresa de resultado bastante incerto no Brasil.

De todo modo, Jefferson estimulou os sediciosos a seguir adiante, por conta própria. "Uma revolução bem-sucedida no Brasil não podia deixar de nos interessar", afirmou. Sugeriu mandar ao Brasil "excelentes mercenários" – isto é, um exército pago – e acenou com futuros acordos comerciais. Como o Brasil importava todos os manufaturados de que necessitava, pela proibição de uma indústria própria, os Estados Unidos se ofereciam para abastecer a nova república, assim que terminasse o monopólio português.

Não era o que o emissário da sedição estava esperando. Logo após seu encontro com Jefferson, Maia e Barbalho morreu de uma doença respiratória, pneumonia ou mais provavelmente tuberculose, em 1788. Sem apoio internacional, a revolta perdeu um impulso importante – e manteve a viagem de Silva Xavier à corte em suspense, até perder sua razão.

*

Nenhum dos projetos que serviram de pretexto a Silva Xavier para ficar no Rio de Janeiro foi adiante. Mais tarde, serviram apenas para reclamar estar sendo boicotado, ou passado para trás nas promoções de carreira, conforme expressou depois, em seu quarto depoimento à Justiça portuguesa, na fortaleza da ilha das Cobras.[26]

Sua frustração era a mesma de outros que buscavam empreender na terra das oportunidades, porém reservadas aos preferidos da Coroa. A substituição do governador Meneses e Castro por Barbacena apenas aumentou o clima de opressão e exclusão reinante na capitania. Para os inconfidentes, as Minas eram um país, com "todas as riquezas em si", segundo o tenente-coronel Freire de Andrade.[27] Porém, essa riqueza claramente não era para todos.

Os conspiradores que defendiam a ideia do separatismo cultivavam certo espírito renascentista, tanto na prosperidade como nas artes. A riqueza das minas deveria ser desfrutada por quem a produziu, tendo sido conquistada sem a ajuda da Coroa, inclusive por paulistas que fugiram da Justiça portuguesa, como Borba Gato, e que foram desfavorecidos na Guerra dos Emboabas – uma traição da Metrópole aos pioneiros daquela exploração.

Portugal tinha pouco interesse no fortalecimento da colônia, tratando-a como fonte de riquezas naturais, drenando seus recursos, sem preocupação com seu desenvolvimento, da mesma forma que os Países Baixos, como constatou Maurício de Nassau, ao decidir deixar a administração da Nova Holanda. A maior parte da população era analfabeta e os educadores de base – os jesuítas – tinham sido expulsos na reforma pombalina. Além de não existirem universidades, no Brasil mantinha-se proibida a impressão e a difusão de livros. Com a instrução de dona Maria I de erradicar qualquer indústria, todo produto manufaturado tinha de ser importado de Portugal. Aquela política tirava a colônia da corrente do capitalismo

---

26 Joaquim José da Silva Xavier, 4ª inquirição, 18/01/1790, *Autos de devassa*, op. cit., v. 4.
27 Francisco de Paula Freire de Andrade, 2ª inquirição, Rio, Fortaleza da Ilha das Cobras, 25/01/1790, *Autos de Devassa, op. cit.*, v. 5.

industrial – e obliterava qualquer perspectiva de progresso. Era uma condenação ao atraso.

Em vez de abrandar controles, o secretário da Marinha e Ultramar, Martinho de Melo e Castro, apertou o monopólio do comércio português, vedado aos luso-brasileiros, e passou a retirá-los também da administração pública. Por meio de uma instrução, anulou todos os contratos e bloqueou a entrada da elite local na administração régia, reservada a portugueses. Para completar, com o envio do governador Barbacena, ameaçava a derrama, exigindo das Minas o pagamento acumulado dos impostos devidos sobre o mínimo de cem arrobas de ouro ao ano.

A instrução, a ser cumprida por Barbacena, fez os sediciosos –, que antes tanto reclamavam da gestão corrupta do governador dom Luís da Cunha e Meneses – perceberem que as coisas podiam piorar ainda mais. "A inflexibilidade das autoridades em levar as propostas dos habitantes em consideração foi paulatinamente se acentuando, notadamente após 1777, quando Martinho de Melo e Castro sucedeu a Pombal no Ministério do Ultramar", escreveu a historiadora Roberta Stumpf, da Universidade de São Paulo, que registrou as decorrentes "expressões de profundo desagrado" da elite colonial.[28]

A insatisfação não aumentava somente entre donos de lavras e contratadores, mas também entre aqueles que dependiam do desenvolvimento econômico de alguma forma, como advogados, médicos, funcionários públicos, donos de teares e outras fábricas – operando na clandestinidade –, além dos militares. No Rio de Janeiro, ricos mercadores, como Francisco de Araújo Pereira, interessavam-se por quebrar o monopólio do comércio internacional por parte de portugueses e viam a rebelião com bons olhos. Isso significava, porém, que desejavam cortar as amarras impostas pela Coroa, e não necessariamente que se dispunham a uma revolta independentista de verdade.

---

28 Roberta Giannubilo Stumpf, *Filhos das Minas, americanos e portugueses: identidades coletivas na capitania de Minas Gerais (1763-1792), op. cit.*

Apesar do invólucro idealista, de inspiração na Revolução Francesa e na Independência norte-americana, os líderes da conspiração eram os que tinham interesses mais urgentes e vitais para agir. Rodrigues de Macedo possuía lojas em Vila Rica e Sabará e negociava gado e escravos. Seu principal negócio, porém, eram os contratos feitos com a Coroa. Como ocorria no pagamento do quinto sobre o ouro, tinha de arcar com o valor mínimo anual dos contratos feitos para agir em nome do Estado português – e suas dívidas se acumulavam ano após ano.

Em janeiro de 1786, conforme relatório entregue ao governador de Minas, Rodrigues de Macedo estava devendo à Fazenda Real "mais de um milhão e meio", isto é, 1.500 contos de réis. Desse ano para o outro, passou a dever 1.750 contos de réis.[29] Isso era mais do que ele poderia pagar, mesmo vendendo seu patrimônio pessoal – isto é, caso o governo aplicasse a derrama, ficaria insolvente.

O mesmo ocorria com outros devedores, como Alvarenga Peixoto. Em São João del-Rei, ele investiu em maquinaria e na compra de escravos, muitas vezes fiado, para melhorar a produção de ouro e tentar assim liquidar suas dívidas com a Fazenda Real. Contudo, a produção não cresceu e as dívidas só aumentaram: em 1788, atingiram 31 contos e 717 mil-réis. Para ele também não havia saída, em caso de derrama, senão o golpe.

De acordo com o planejamento, a sedição começaria com uma rebelião em Vila Rica, em fevereiro de 1789, mês em que os conspiradores calculavam que a derrama entraria em vigor. A impopularidade daquele choque fiscal serviria de estopim para estender a rebelião a toda a capitania das Minas Gerais, com a ajuda de sediciosos do Rio de Janeiro, de onde viria apoio financeiro e também de logística.

---

29 Anexo 22 – Relação dos contratos que se acham por pagar e pertencentes a esta capitania de Minas Gerais, cujos restos de cada um deles se verificam feitas as contas no dia 22 de setembro de 1786, AMI, 1953, ano 2, in Lucas Figueiredo, *O Tiradentes: uma biografia de Joaquim José da Silva Xavier*, op. cit.

Os detalhes foram depois minuciosamente relatados por seus participantes, ao depor na devassa. Pelos autos do inquérito, sabe-se, por exemplo, da reunião do grupo em 26 de dezembro de 1788, na casa do tenente-coronel Freire de Andrade. Encontravam-se Antônio Gonzaga, Silva Xavier, o padre Toledo Melo, Álvares Maciel e o capitão de cavalaria Maximiano de Oliveira Leite. Chovia desde a manhã, e Alvarenga Peixoto, que se encontrava na Casa dos Contos, com Rodrigues de Macedo, chegou atrasado, depois de ser lembrado do compromisso com um bilhete levado por um mensageiro.

"Estamos juntos, e venha vossa mercê já", escreveu o padre Toledo Melo. Em seu terceiro depoimento, Silva Xavier refere-se a essa reunião, na qual se tratava de buscar apoio do Rio de Janeiro para a sublevação:

> O coronel Inácio José de Alvarenga, que suposto não estivesse desde o princípio presente a esta conversa, contudo foi chamado por um escrito, e lhe escreveu o Vigário da Vila de S. José [...], e vindo, foi-lhe recontada toda a conversação, e acrescentou que primeiro que tudo se devia fazer o levante em Minas Gerais e depois procurarem-se os socorros do Rio de Janeiro.[30]

Havia grande preocupação com o sigilo, menos por parte de Silva Xavier, que não apenas procurava fazer proselitismo como já contava vantagem por antecipação. Entre as testemunhas ouvidas na devassa estava Caetana Francisca de Moura, que se apresentou como tendo o ofício de "costuras", e cuja mãe, Maria Rosa da Silva, teria pedido por seu intermédio que ele interferisse, solicitando ao capitão José Vicente de Morais Sarmento a promoção na cavalaria de seu irmão, Serafim. Silva Xavier teria então prometido à mãe,

---

30 Joaquim José da Silva Xavier, 4ª inquirição, em *Autos de Devassa, op. cit.*, v. 5.

"pondo-lhe a mão no ombro – 'deixe estar, minha camarada, que ninguém há de sentar praça a seu filho, senão eu' [mesmo]".[31]

Outra testemunha, o capitão João Dias da Mota, contou que ouvira do afilador Joaquim José dos Passos o relato de um batizado, celebrado pelo padre Toledo Melo em sua casa. Nesse dia, durante a festa, teria ouvido dos sediciosos que, após a revolução, "o dito vigário havia de ser bispo". E seu irmão, o sargento-mor Luiz Vaz de Toledo Piza, "proferiu que, com o fagote que trazia à cinta, havia de cortar a cabeça ao general [o visconde de Barbacena]. E que tudo [todos] quanto estava ali assim o ouviu, até os músicos". Joaquim José dos Passos, também ouvido, em juízo negou ter feito tal declaração.[32]

Os sediciosos procuravam recrutar colaboradores entre os que sabiam mais insatisfeitos. Altamente endividado com o Fisco português, Joaquim Silvério dos Reis, português de Leiria, fazendeiro, contratador e coronel de milícias, logo foi visto como um interessado potencial no separatismo. Como primeira testemunha nos Autos de Devassa, mais tarde, contou ter sido abordado pelos inconfidentes pela primeira vez por meio do sargento-mor da vila de São João del-Rei, Luiz Vaz de Toledo Piza, na casa do capitão José de Resende Costa.

Toledo Piza o teria procurado em seu quarto, "a horas já incompetentes da noite", para dizer que sabia de seu "desgosto" com o desmantelamento de seu regimento, por conta de suas dívidas com a Coroa, de mais de 400 mil cruzados. Informou-o da sublevação e de que, caso a apoiasse, com seu regimento de cavalaria, "ficava livre do que devia à Fazenda Real" – e ainda "podia fazer grande figura na Capitania de Minas Gerais" na nova gestão. Toledo Piza lhe teria afirmado ainda que Tomás Antônio Gonzaga, recém-saído do cargo

---

31 Testemunha 18ª, Caetana Francisca de Moura, 27/06/1789, *Autos de Devassa*, op. cit., v. 1.
32 João Dias da Mota, confrontação com Joaquim José dos Passos, 07/07/1789, *Autos de Devassa*, op. cit., v. 2.

de ouvidor em Vila Rica, estava atrasando sua designação para novo desembargador na Relação da Bahia de forma a organizar a revolta.[33]

Em sua carta-denúncia a Vasconcelos e Sousa, datada de 5 de maio de 1789, utilizada nas iniciais dos autos da devassa, Silvério dos Reis escreveu que Toledo Piza lhe disse estar tudo planejado para o desfecho do golpe. Segundo ele, Antônio Gonzaga "se achava há muitos meses trabalhando em uma sublevação, para a qual já tinha muita escrita feita para a nova forma das leis, em tudo favoráveis aos povos, levantando-lhes os tributos".[34]

Segundo ele, a mesma proposta foi feita a Alvarenga Peixoto, que contava com "duzentos homens, chamados pés-rapados, prontos e armados", em sua fazenda no arraial da Campanha; do mesmo número de milicianos, dispunha o padre Oliveira e Rolim. Como especialista em mineração, Álvares Maciel era o responsável pela produção da pólvora que abasteceria as forças sublevadas. Prosseguiu o delator, dizendo que tais forças pretendiam dirigir-se separadamente para os "subúrbios de Vila Rica", de forma a não chamar tanta atenção. A senha para o ataque à vila seria a distribuição de uma carta com a frase "a tal dia e tal hora é o meu batizado", frase que apareceu também no depoimento de Cláudio Manuel da Costa.[35]

Acrescentou Silvério dos Reis: "depois se cortaria a cabeça do Ouvidor atual, Pedro José Araújo (de Saldanha), seguindo-se a do escrivão da Junta Carlos José da Silva e a do Ajudante de Ordens Antônio Xavier de Resende, e que, se o Intendente Francisco Gregório Pires Bandeira não os quisesse seguir, que também se lhe cortaria a cabeça, sem embargo de ser ele, dito Antônio Gonzaga, muito amigo do dito Bandeira".[36] Eliminada a resistência, a capital da futura república, de acordo com o que ouviu Silvério dos Reis, seria instalada não em Vila Rica, mas em São João del-Rei.

---

33 Testemunha 1ª, Joaquim Silvério dos Reis, *Autos de Devassa, op. cit.*, v. 4.
34 Carta-denúncia de Joaquim Silvério dos Reis, 05/05/1789, *Autos de Devassa, op. cit.*, v. 4.
35 Auto das perguntas feitas ao dr. Cláudio Manuel da Costa, *Autos de Devassa, op. cit.*, v. 2.
36 Testemunha 1ª, Joaquim Silvério dos Reis, *Autos de Devassa, op. cit.*, v. 4.

Silvério dos Reis até então apenas ouvira falar da participação de Silva Xavier na conspiração, como alguém de quem o padre Toledo Melo "se havia valido para trabalhar em reduzir (aliciar) certos sujeitos de Minas; e que este alferes havia já reduzido na comarca do Rio das Mortes sessenta homens e alguns de dinheiro avultado; e que estes ofereciam para esta ação até o último real; e que cedo vinha o alferes a esta cidade a ver o séquito que podia ter e ver se poderia cortar a cabeça de V. Exa. [o governador Barbacena] e fazer-se a mesma sublevação".

O que aconteceria depois da revolta também tinha sido debatido pelos conspiradores. A derrota do grande império britânico era um exemplo inspirador: fazia acreditar que uma colônia podia sustentar a guerra mesmo contra uma Metrópole poderosa. O sistema de governo também seguia o modelo norte-americano. A república teria espírito confederado, com relativa autonomia das vilas. Havia até mesmo um estudo para a bandeira da futura nação independente, idealizada por Silva Xavier, com três triângulos vermelhos enlaçados, "em comemoração da Santíssima Trindade", conforme apontou em seu segundo depoimento Alvarenga Peixoto. Deu ele mesmo, Alvarenga Peixoto, uma sugestão de inspiração árcade: colocar na bandeira, como um dístico, a frase "liberdade ainda que tardia", extraída da primeira *Écloga* do poeta romano Virgílio, que achava "muito bonito".[37, 38]

Ninguém duvidava de que Portugal faria uma guerra para recuperar o território perdido – daí a preocupação dos integrantes no Rio de Janeiro de acobertar sua participação no conluio. Os caminhos de Minas até as vilas mais importantes, já difíceis em tempos normais, podiam ser facilmente bloqueados – uma grande vantagem militar. O porto, porém, era de fácil acesso. Os conspiradores contavam com o enfraquecimento da Metrópole e do poder imperial, sem os

---

37 *"Libertas, quæ sera tamen, respexit inertem"*, no original em latim.
38 Inácio José de Alvarenga Peixoto, 2ª inquirição, 14/01/1790, *Autos de Devassa, op. cit.*, v. 5.

recursos da capitania a sua disposição, para enfraquecer qualquer tentativa prolongada de recuperar o território colonial.

Enquanto os membros mais importantes na orquestração da revolta se mantinham nas sombras, Silva Xavier incumbia-se da tarefa mais arriscada, que era aliciar apoio, o que o levava à exposição. Chegou a abordar homens da guarda pessoal de Barbacena, tanto quanto gente que encontrava nos afamados prostíbulos de Vila Rica. A todos, falava das riquezas de Minas e da ideia de proclamação da República, seguindo os Estados Unidos, que, segundo dizia, cedo ou tarde apoiariam a rebelião. Ao mesmo tempo, espalhava o terror, alegando que a cobrança da derrama seria proporcional aos bens de cada morador de Vila Rica – uma notícia falsa, de execução inviável, pela dificuldade de se estabelecer com quanto cada cidadão teria de arcar.[39]

A desenvoltura do alferes ao arregimentar apoio causava preocupação. Em seu depoimento, na prisão da fortaleza da ilha das Cobras, Silvério dos Reis afirmou que Silva Xavier, certa vez, foi à casa de Manuel da Costa. Cliente de Manuel da Costa, que era seu advogado, o delator teria ouvido que este levou o alferes para outro lugar, nessa ocasião, e lhe disse que "não tornasse mais à sua casa, pois pela soltura, lassidão e falta de cautela com que falava na pretendida sedição havia de deitar a perder tudo".[40]

O próprio Silvério dos Reis relatou ter estranhado Silva Xavier, quando o encontrou pela primeira vez na estrada, casualmente, em Engenho do Campo, ocasião em que o alferes teria demonstrado fazer parte da sedição:

> A situação do encontro não deu lugar a que se alargasse na conversa; só me disse que, se (eu) levasse dinheiro para (pagar) a Fazenda Real, que não fosse tolo e que não o metesse; e, na despedida disse em voz

---

39 Testemunha 13ª, João Dias da Mota, 26/06/1789, *Autos de Devassa*, op. cit., v. 1.
40 1ª testemunha, Joaquim Silvério dos Reis, *Autos de Devassa*, op. cit., v. 4.

alta, que muito bem presenciaram dois oficiais militares que iam comigo [o capitão José Lourenço Ferreira e o capitão Patrício Pereira, ordenanças da comarca do Rio das Mortes]: 'cá vou trabalhar para si' [de maneira que não precise pagar a dívida].[41]

De acordo com Silvério dos Reis, Silva Xavier tinha entrado para a conspiração a convite do sargento-mor Luiz Vaz de Toledo, que também lhe fizera a mesma proposta, e queixava-se da "frouxidão" do tenente-coronel Freire de Andrade – razão pela qual ainda não estava "tudo executado", como desejavam. Ele mesmo, Silva Xavier, referia-se a Freire de Andrade, seu superior hierárquico, como "um banana". Para o padre Oliveira e Rolim, o tenente-coronel era "um mole". Segundo o delator, para vencer hesitações, o alferes se ofereceu para liderar pessoalmente um grupo que roubaria em Vila Rica os quintos recolhidos para envio a Portugal, e, como Antônio Gonzaga, afirmou que Barbacena seria o primeiro a ser executado na sedição.[42]

O mesmo foi narrado por Alvarenga Peixoto, que em conversas com os demais teria ouvido deles a descrição da "depravada cena" na qual, "em havendo notícias do movimento no Rio de Janeiro, e a publicação da derrama, se esperaria a consternação geral do povo com o peso do tributo, e em uma noite sairia o dito alferes Joaquim da Silva Xavier com uns poucos de companheiros, gritando pelas ruas de Vila Rica – viva a liberdade!". Segundo ele, enquanto o tenente-coronel Freire de Andrade enfrentava as tropas legalistas na cidade, o alferes iria "com seus infames [...] à Cachoeira, onde se achava o Ilmo. e Exmo. Visconde General [Barbacena] e o conduziria com toda a sua Exma. Família até a serra, onde lhes diria que fizessem muito boa jornada". De acordo com Alvarenga Peixoto, alternativamente, "conduziria sua cabeça a Vila Rica, para com ela impor ao

---

41 Carta-denúncia do coronel Joaquim Silvério dos Reis, 05/05/1789, *Autos de Devassa, op. cit.*, v. 4.
42 1ª testemunha, Joaquim Silvério dos Reis, 18/05/1789, *Autos de Devassa, op. cit.*, v. 4.

povo o respeito pela sua nova e imaginada República [...] que depois de estar aí a tal cabeça, não era necessária mais fala alguma [...]".[43]

Todos viam em Silva Xavier, mesmo subordinado de Freire de Andrade, o homem capaz de levar adiante a sublevação. "Aquele rapaz é um herói, que se lhe não dava morrer na ação, contanto que ela se fizesse", disse o padre Oliveira e Rolim a Alvarenga Peixoto, garantindo que o alferes colocaria o Rio de Janeiro a apoiar o levante – do que Alvarenga Peixoto duvidava.

A grande dificuldade era mobilizar a população para apoiar o golpe. Para os mais pobres, que nem tinham dinheiro para pagar impostos, a derrama era uma ameaça bem mais distante que para os ricos. Como as reuniões dos conspiradores eram frequentemente regadas a vinho, estes se exaltavam, sem que se pudesse saber se falavam a sério ou desfiavam meras bravatas. Alvarenga Peixoto e Antônio Gonzaga teriam sido os que concordavam com Silva Xavier que era preciso um ato dramático para marcar a mudança. "Enquanto ao general [Barbacena], cabecinha fora, cabecinha fora" – teriam dito, referindo-se à exibição do troféu macabro, depois da decapitação do governador, segundo Domingos de Abreu Vieira, participante das reuniões dos conjurados.[44] Relato semelhante apareceu no depoimento do tenente-coronel Freire de Andrade.[45]

Com tudo isso, faltava apenas a execução da derrama para a deflagração da revolta. O que, contudo, não aconteceu – graças à falta de condições para sua execução, no plano geral, e, no particular, pela ação do delator.

---

43 Inácio José de Alvarenga Peixoto, 2ª inquirição, 14/01/1790, *Autos de Devassa, op. cit.*, v. 5.
44 Domingos de Abreu Vieira, 16/06/1789, *Autos de Devassa, op. cit.*, v. 1.
45 Francisco de Paula Freire de Andrade, 2ª inquirição, 25/01/1790, *Autos de Devassa, op. cit.*, v. 5; registro na sentença dos réus – Acórdão dos Juízes da Devassa, 18/04/1792, *Autos de Devassa, op. cit.*, v. 7.

CAPÍTULO 12

Traição e queda

Arregimentado para colaborar com a sublevação, Silvério dos Reis viu uma oportunidade de livrar-se de suas dívidas com a Fazenda Real em troca da delação dos conspiradores. Pediu uma audiência com o visconde de Barbacena, que havia trocado o Palácio dos Governadores de Vila Rica pela mais aprazível fazenda em Cachoeira do Campo, a 22 quilômetros de distância. Foi recebido no dia 15 de março, um domingo. Na conversa com o governador, Silvério dos Reis salientou o fato de ser o primeiro a contar o que sabia, de modo a garantir as vantagens pretendidas.

Convalescendo de uma queda, da qual sentia "ainda os efeitos", o governador pareceu não lhe dar grandes ouvidos. Silvério dos Reis já não tinha boa fama ("homem de mau coração e capaz de usar, para a sua conveniência, meios violentos"), queria "se mostrar importante e benemérito" com aquela denúncia, e Barbacena se mostrou pouco preocupado com o assunto.[1] Recusou a oferta do delator de lhe fornecer homens e armas para sufocar a revolta. Sem demonstrar

---

1 Carta do visconde de Barbacena ao vice-rei Luís de Vasconcelos e Sousa, relatando a denúncia recebida de Joaquim Silvério dos Reis, 25/03/1789, *Autos de Devassa, op. cit.*, v. 8.

se já tinha ou não informações sobre o que ocorria, mandou-o para casa, dizendo que o chamaria, com algum outro pretexto, para não causar alarde.

O governador dispensou o delator, mas levou a denúncia em consideração. Em carta ao vice-rei, seu tio, datada de 25 de março de 1789, Barbacena descreveu a visita de Silvério dos Reis, "cheio de susto e cautelas", para dizer "que estava tramada uma forte e ampla conjuração e sublevação entre os poderosos e magnatas do país, entrando também os desta Capital, para o subtrair ao domínio e senhorio de Sua Majestade".

Prosseguiu Barbacena dizendo que o movimento visava reduzir as Minas "à independência de um Estado livre e absoluto, cuja cabeça e legislador era Tomás Antônio Gonzaga, Ouvidor que foi desta comarca e Desembargador que está para ser na Relação da Bahia". Reproduziu detalhes narrados por Silvério dos Reis, como o de que a nova Constituição já estava sendo escrita e que o movimento seria lançado com a proclamação da derrama, a partir da senha com o dia do "batizado". Relatou ainda que Silvério dos Reis encontrara o alferes Silva Xavier na estrada e este lhe dissera para não pagar suas dívidas, pois elas seriam extintas.

Na carta ao tio, Barbacena afirmou que a conspiração descrita por Silvério dos Reis fazia sentido, primeiro por julgá-lo intelectualmente incapaz de inventá-la, segundo porque os citados como os cabeças do movimento (Gonzaga, Peixoto, Toledo, Rolim) lhe pareciam "os mais capazes e próprios que aqui conheço para tão grande maldade. E têm relações que fazem muito crível este conceito".[2]

Observou ainda a demora de Antônio Gonzaga para assumir na Bahia o posto para o qual tinha sido designado, segundo Barbacena a "pretexto" de que iria se casar. O poeta e desembargador estava noivo de Maria Doroteia Joaquina de Seixas Brandão, filha do

---

2 Carta do visconde de Barbacena ao vice-rei Luís Vasconcelos e Sousa, relatando a denúncia recebida de Joaquim Silvério dos Reis, 25/03/1789, *Autos de Devassa*, op. cit., v. 8.

capitão Baltasar João Mairinque, a quem havia defendido, após seu afastamento do comando do destacamento de Itacambiruçu, acusado por crime de tolerância ao contrabando. O governador preocupava-se com a denúncia, por parte do delator, da presença na conspiração de oficiais do "único regimento" de guardas que tinha, mais o fato de que Alvarenga Peixoto e o padre Oliveira e Rolim possuíam milícias bem armadas sob seu comando.

Lembrou ter aprovado os pedidos de Silva Xavier para ir ao Rio de Janeiro e, depois, Lisboa. Corroborando a denúncia de Silvério dos Reis, restava ainda o fato de que "as pessoas de alguma importância, ou maior representação nesta Capitania, são quase devedoras de tudo quanto possuem a S. Majestade; e só uma revolução destas pode ajustar as contas (no conceito delas), além da vaidade e liberdade, que é também a mania de quase todos".[3] Por fim, Barbacena anunciou ao tio e vice-rei sua decisão de protelar a derrama, que já vinha sendo adiada pela Junta da Fazenda, enquanto esperava a resposta dele e meditava sobre o que fazer.

Ao saber do adiamento da derrama, Antônio Gonzaga foi à casa do governador, oficialmente para cumprimentá-lo pela decisão. Não podendo fiar-se em seus próprios oficiais, pois o tenente-coronel Freire de Andrade se encontrava implicado, de acordo com a denúncia de Silvério dos Reis, apoiou-se no tenente-coronel Francisco Antônio Rebelo, seu ajudante de ordens, que chamou para testemunhar a conversa. Segundo Barbacena relatou depois ao vice-rei, Antônio Gonzaga lhe teria dito que a população "estava na maior satisfação [com a suspensão da cobrança] e que até, se lhe fosse possível, me levantaria uma estátua".

O governador, no entanto, observou o incômodo que a presença do ajudante de ordens causava em seu interlocutor. "Pela sua demora (na conversa), suspeitei que queria dizer-me alguma coisa em

---

3   Carta do visconde de Barbacena ao vice-rei Luís de Vasconcelos e Sousa, relatando a denúncia recebida de Joaquim Silvério dos Reis, 25/03/1789, *Autos de Devassa*, op. cit., v. 8.

particular", relatou Barbacena na carta ao vice-rei. Perguntou a Antônio Gonzaga se Antônio Rebelo, que estava tomando chá, deveria sair. Antônio Gonzaga respondeu que não, mas só teria ficado mais à vontade, segundo Barbacena, quando o oficial saiu.

A conversa então mudou. Nesse momento, de acordo com Barbacena, o desembargador teria dito considerar "a Capitania em tais circunstâncias que só lhe faltavam duas cabeças" – como a sugerir que podiam dividir o poder, na separação de Portugal. "Tornou ainda depois a procurar ocasião e dizer-me que esta Capitania devia estar na menina dos olhos do Ministério, porque era a que mais facilmente se podia levantar, ainda sem dependência de outras, tanto pela sua situação e defesa natural, como pelas suas produções e riqueza de letras", escreveu o governador ao vice-rei. Com a volta de Antônio Rebelo, que entrou novamente na sala, e como "fosse já tarde", Antônio Gonzaga teria então se despedido.[4]

Antônio Gonzaga jamais deu sua versão sobre aquele encontro, mesmo em juízo. Seu silêncio, contudo, pode ter colaborado para um destino diferente do de Manuel da Costa, assassinado quando se encontrava sob custódia da Justiça na Casa dos Contos, em Vila Rica. Recaíram suspeitas sobre Barbacena, decorrentes daquela conversa, a começar pelo fato de o governador ter deixado Antônio Gonzaga sair dela, em vez de mandar imediatamente prendê-lo. A demora de Barbacena em tomar providências contra a sublevação em curso sugeriu aos inquisidores, mais tarde, que por algum tempo ele teria flertado com a proposta do ex-ouvidor.

Para Barbacena, tinha sido mera precaução. Posteriormente, em seu relatório ao Conselho Ultramarino, explicou ter procurado lidar naquela situação com "toda a arte", para "não mostrar qualquer reserva ou disfarce que me fizesse suspeitoso, nem receio que o animasse [a Antônio Gonzaga], nem dar ao mesmo tempo a confiança

---

4 Carta do visconde de Barbacena ao vice-rei Luís de Vasconcelos e Sousa, relatando a denúncia recebida de Joaquim Silvério dos Reis, 25/03/1789, *Autos de Devassa, op. cit.*, v. 8.

e ocasião que lhe facilitasse algum novo atentado, o que poderia precipitar o rompimento, em prejuízo da apreensão dos outros réus e talvez da segurança e tranquilidade do Estado".[5]

Quando escreveu ao vice-rei, ao mesmo tempo que dava conta dos acontecimentos, o governador requisitou tropas – "gente escolhida e os oficiais de confiança (ainda que por todo não chegue a um Regimento), e que venham logo municiados, porque S. Majestade não tem aqui de seu um só barril de pólvora". Sugeriu ainda ao tio que mandasse prender o alferes Silva Xavier sob um pretexto qualquer, como "uma fingida desordem", para tirá-lo de circulação.[6]

A essa altura, não estava claro que José Álvares Maciel, homem de confiança e morador do Palácio da Cachoeira, era um dos conspiradores. No ofício de 5 de maio de 1789 ao vice-rei, o governador falava do tutor de seus filhos como assunto alheio às investigações: "[Álvares Maciel,] que se acha comigo nesta residência, tem dobrado de ardor e diligência, desde certo tempo, na indagação das minas (especialmente de cobre e de ferro, que ensaia repetidas vezes, por sua curiosidade e até com despesa própria".[7]

O governador e o vice-rei precisavam justificar à Corte a suspensão da derrama. De Vila Rica, a Junta da Real Fazenda de Minas Gerais fez um relatório ao Conselho Ultramarino, no qual lembrava que o pagamento não se dava desde 1771, com "a maior decadência do país e a impossibilidade de se cobrar por junto uma dívida que [acumulada] tem chegado a uma tão exorbitante quantia de quinhentas e oitenta e duas arrobas, quarenta marcos, cinquenta e quatro grãos e um quinto" – isto é, quase seis vezes o valor anual estipulado.

---

5 Relatório do visconde de Barbacena a Martinho de Melo e Castro, secretário da Marinha e Ultramar, sobre a Inconfidência Mineira, 11/07/1789, *Autos de Devassa, op. cit.*, v. 8.
6 Carta do visconde de Barbacena ao vice-rei, dom Luís de Vasconcelos e Sousa, relatando a denúncia recebida de Joaquim Silvério dos Reis, 25/03/1789, em *Autos de Devassa, op. cit.*, v. 8.
7 Ofício do visconde de Barbacena a Luís de Vasconcelos e Sousa, vice-rei, confirmando ofício da mesma data e referindo-se ao dr. José Álvares Maciel, 06/05/1789, *Autos de Devassa, op. cit.*, v. 8.

O relatório observava que as condições da produção das minas tinham mudado desde a implantação da cota mínima. "O método da derrama foi aprovado por Vossa Majestade em tempo em que esta Capitania se achava florescente pela riqueza das minas que estavam descobertas e pela frequência dos novos descobertos que todos os dias se faziam", expunha o relatório; "mas esta Capitania chegou ao estado da sua total decadência, [a ponto de] não poderem as Casas de Intendência render as cem arrobas, nem os povos responder pela diminuição na forma do seu ajuste".[8]

O arrazoado, de natureza mais econômica que política, não mencionava nenhuma das suspeitas e investigações sobre a conspiração. Sinal de que Barbacena, se não via com simpatia a rebelião que o convidava para ser uma de suas "cabeças", tratava de desarmar a situação explosiva sem um confronto direto com os revoltosos, cujo poder receava ou ainda não sabia dimensionar.

Um mês depois de ter estado com Silvério dos Reis pela primeira vez, chamou-o de forma discreta, como tinham combinado. "Este me fez ver algumas provas que havia descoberto, por onde se fazia certo o intento daqueles homens, passando ao desacordo daquele Desembargador Tomás Antônio Gonzaga procurar, em uma noite, o Exmo. Meu General e armar uma conversa tão venenosa nesta mesma matéria, que deu todas as provas ao meu Exmo. General do seu malvado intento", afirmou o delator, mais tarde, sobre o encontro de Barbacena com Antônio Gonzaga.

Nessa conversa com o delator, o governador instou Silvério dos Reis a escrever uma carta-denúncia ao vice-rei, na qual reforçaria o pedido para a prisão de Silva Xavier. A carta dava a "sublevação com todo acerto, com os seus parciais; e, quando não, que [Silva Xavier] fugia e que, chegando a Minas fugitivo, a primeira pessoa que matava era o Exmo. Meu General (Barbacena) – ainda que lhe custasse

---

8 Ofício da Junta da Real Fazenda de Minas Gerais ao Conselho Ultramarino sobre as razões da suspensão da derrama na capitania, 02/05/1789, *Autos de Devassa, op. cit.*, v. 8.

a própria vida". O governador despachou a carta-denúncia assinada por Silvério dos Reis ao vice-rei, junto com um ofício próprio, requisitando a prisão do alferes no Rio de Janeiro.[9]

Barbacena orientou o delator a continuar trafegando normalmente entre os conspiradores, como um espião, de maneira a reunir mais informação e mantê-lo a par do que ocorria. Deu-lhe também ordem de ir ao Rio de Janeiro, "com o fim, principalmente, de servir (a V. Exa. Luís de Vasconcelos) para o exame do alferes Joaquim José da Silva Xavier [...] e averiguação dos sócios que tem nessa cidade".

*

Na segunda-feira seguinte ao encontro com Silvério dos Reis, Barbacena enviou oficialmente à Câmara de Vila Rica sua já conhecida decisão de suspender a derrama. Tinha data retroativa, de 14 de março, um dia antes da primeira conversa com o delator, de forma a dissociar ambas as coisas, como se a decisão não tivesse sido tomada em função da denúncia. Justificou a medida como um ato de bom senso de sua gestão, dada a "considerável diminuição que tem tido a quota das cem arrobas de ouro que esta Capitania paga anualmente de quinto à Sua Majestade, e conhecendo eu as diversas circunstâncias em que hoje se acha a Capitania, e que este ramo da Real Fazenda é suscetível de melhoramento".

Contudo, não deixou de lembrar aos membros da Câmara que deveriam ajudá-lo a resolver o déficit de ouro a ser enviado à Coroa, "tanto assim pelo reconhecimento a que ficam obrigados [da dívida], como por conveniência para o descobrimento e extirpação dos contrabandistas e extraviadores, que são e têm sido a principal causa da referida diminuição na arrecadação".[10]

---

9 1.3.1 – Ofício – Cachoeira do Campo, 11/05/1789, do visconde de Barbacena ao vice-rei Luís de Vasconcelos e Sousa, *Autos de Devassa*, op. cit., v. 4.
10 Ofício-circular do Visconde de Barbacena às Câmaras participando a suspensão da derrama, 14/03/1789.

Três meses mais tarde, em 11 de julho de 1789, Barbacena enviou direto ao ministro Melo e Castro um relatório com detalhes de toda a conspiração, mais a justificativa política para a decisão de cancelar a cobrança das dívidas, principal missão que lhe tinha sido confiada. "Considero provado que o lançamento da derrama, que esperavam com brevidade, era o apoio principal do seu atrevimento (dos conspiradores) e o tempo designado para a revolução projetada", explicou. "Para que ela tivesse melhor efeito, antecipavam-se em espalhar ao povo certeza e a injustiça da mesma derrama, pintada com cores feias e sobre outras inventadas ou exageradas vexações. [...] [O cancelamento da Derrama serviu] do melhor modo que me pareceu ao intento de que me propus, aproveitando-me, contra os meus inimigos e os do Estado, das mesmas armas com que eles tinham contado atacar-me."[11]

Com a concordância de Melo e Castro, Barbacena publicou um édito para o cancelamento final da cobrança dos impostos atrasados, em 20 de agosto de 1789. Vila Rica foi tomada pelo júbilo, desarmando as expectativas restantes das lideranças da rebelião. Reunida, a cúpula da conspiração, Antônio Gonzaga à frente, avaliou que o levante havia se inviabilizado e decidiu cancelá-lo.

Nesse momento, Silva Xavier já havia viajado ao Rio de Janeiro, acompanhado de Matias Sanches Brandão, seu ajudante surdo, com a missão de sedimentar o apoio à revolta. Portanto, não sabia da oficialização da suspensão da derrama, nem que a cúpula da sedição estava cancelando a revolta. No caminho, longa jornada durante a qual dormia ao relento, apenas sem as botas, sobre uma esteira no chão, ainda tentava aliciar tropeiros, estalajadeiros e outras pessoas que encontrava nas estradas e povoações.

Uma das pessoas que Silva Xavier convidou para a sublevação foi o sargento Manuel Luís Pereira, do Regimento de Artilharia do

---

11 Relatório do Visconde de Barbacena a Martinho de Melo e Castro, Secretário da Marinha e Ultramar, *op. cit.*

Rio de Janeiro. Ao passar por Cebolas, Silva Xavier teria falado "com largueza" do levante, nas palavras de Silvério dos Reis, a ele e outros militares estacionados naquela praça.[12]

O desinteresse de Luís Pereira pela revolução fez Silva Xavier zombar do colega de farda, dizendo que tinha medo do "bacalhau" – chicote de couro cru com o qual se açoitavam os escravos. Dois meses depois, o sargento relatou essa conversa ao testemunhar contra Silva Xavier na devassa.[13]

No Rio, Silva Xavier ficou exposto, organizando a sedição da qual seus próprios parceiros já tinham desistido. A investigação sobre a conspiração e suas atividades na capital colonial já estava em curso. O vice-rei colocou-o sob vigilância, logo percebida. O ourives Simão Pires Sardinha, ao cruzar na rua com Francisco Xavier Machado, porta-estandarte do Regimento de Cavalaria paga da guarnição de Vila Rica, que se encontrava no Rio, pediu que avisasse Silva Xavier de que era "espionado por duas sentinelas [...] de dia e de noite".

O alferes já andava desconfiado de dois encapotados, "soldados granadeiros que, para se disfarçarem melhor, [tinham] cortado os bigodes", segundo Xavier Machado. De acordo com seu depoimento na devassa, Silva Xavier estava "determinado a encaminhar-se para uma parte mais deserta e partir eles com a espada, e fazê-los em quartos; e, conhecendo ele, testemunha, o desembaraço e péssima conduta do dito alferes, julgando capaz de fazer [o que prometia], devia reflexionar que aqueles homens talvez fossem mandados pelo senhor Vice-Rei [...] e que pensasse bem, para não amontoar delitos".[14]

Antes de fugir, Silva Xavier fez algo ainda mais ousado: pediu uma audiência com o vice-rei, com o pretexto de saber de seus projetos de infraestrutura na cidade, para sondá-lo. Foi recebido. Pediu a renovação de sua licença do Regimento de Cavalaria. Vasconcelos e Sousa disse que esperasse, até que os projetos fossem sancionados.

---

12 Carta-denúncia de Joaquim Silvério dos Reis, *Autos de Devassa*, op. cit., v. 4.
13 Testemunha 4ª, Manuel Luís Pereira, 20/05/1789, *Autos de Devassa*, op. cit., v. 1.
14 Testemunha 65ª, Francisco Xavier Machado, 26/02/1790, *Autos de Devassa*, op. cit., v. 1.

"Na realidade eram aquelas as intenções do mesmo alferes (encobertas com a dependência de uns requerimentos seus que me tinham vindo informar do Conselho Ultramarino), o qual desenganado de não achar disposições nos povos desta capitania para semelhante maldade, já intentava retirar-se para sua praça a continuar sua comissão, sem lhe importar a mesma informação dos seus requerimentos que tanto solicitava", escreveu o vice-rei ao secretário da Marinha e Ultramar, Melo e Castro. "Procurei entretê-lo, para continuar a seguir os seus passos e certificar-me mais e mais da falta de sócios nesta cidade, o que muito me importava saber, até que ele mesmo se deu de todo a conhecer, pretendendo fugir e passar à sua Capitania sem despacho e por caminhos ocultos."[15]

Sem licença para voltar a Minas, Silva Xavier encontrou-se já virtualmente preso no Rio de Janeiro. Encontrou-se com Silvério dos Reis, sem saber que estava na vila com ordem de Barbacena para vigiá-lo. "Meio espantado, disse-me que julgava que o Sr. Vice-Rei teria alguma notícia de seu intento, porque para onde quer que virava se via cercado de sentinelas de noite e de dia", relatou, conforme carta mais tarde anexada ao inquérito.[16] Avaliou ainda que Silva Xavier se encontrava desiludido sobre a possibilidade de sublevar o Rio de Janeiro. "Nesta cidade não tem partido, contava com eles na primeira viagem que cá esteve, [...] porém temem o Vice-Rei."

Segundo Silvério dos Reis, Silva Xavier chegou a confessar-lhe que imaginava ter sido traído, sem saber por quem. Suspeitava do ajudante de artilharia João José Nunes Carneiro, a quem se referiu como um "cachorro" – isto é, um delator.[17] "A solução, a seu ver, seria fugir para Minas e matar o governador (Barbacena)."

---

15 Rio de Janeiro, 16/07/1789, ofício do vice-rei a Martinho de Melo e Castro, secretário da Marinha e Ultramar, dando-lhe conta da sublevação que se premeditava na capitania de Minas Gerais e da prisão de Tiradentes no Rio de Janeiro, *Autos de Devassa, op. cit.*, v. 4.
16 Carta de Joaquim Silvério dos Reis contra Tiradentes, Rio de Janeiro, 05/05/1789, *Autos de Devassa, op. cit.*, v. 2.
17 Joaquim José da Silva Xavier, 3ª inquirição, 30/05/1789, Autos de Devassa, v. 5; e 3.1.1. Testemunha 1ª, Joaquim Silvério dos Reis, 18/05/1789, *Autos de Devassa, op. cit.*, v. 4.

A espionagem de Barbacena funcionou. Silvério dos Reis avisou o vice-rei dos planos de Silva Xavier para fugir. No mesmo dia, Vasconcelos e Sousa deu ordem para a prisão do alferes. No primeiro momento, foi frustrado: na hospedaria onde ele estava, na rua da Alfândega, encontraram somente um escravo mulato do alferes, já vendido ao sargento Manuel Caetano, a quem devia ser entregue quatro dias depois.[18]

Silva Xavier estava na oficina que servia ao mesmo tempo como residência de um torneiro, Domingos Fernandes, paulista de Mogi das Cruzes, com 64 anos. Morava sozinho e aceitou acoitar o alferes para atender a um pedido de sua comadre, a viúva Inácia Gertrudes de Almeida. Era grata a Silva Xavier por ter tratado sua filha de uma ferida em um pé, dois anos antes. Silva Xavier a procurou "julgando que ela lhe estaria obrigada por este motivo", segundo narrou em seu sexto depoimento na devassa.[19] Disse à viúva que estava sendo acusado de uma morte em Minas Gerais e precisava se esconder.

Silva Xavier pretendia voltar a Minas por picadas pelo mato, evitando a estrada principal. Por intermédio de Domingos Fernandes, chamou o padre Inácio Nogueira Lima, sobrinho de Inácia, com quem ela morava. Pediu ao padre que procurasse por Silvério dos Reis, de modo que o ajudasse com mais dinheiro.[20] O acordo de Barbacena com o delator funcionou mais uma vez. Ao receber Nogueira Lima, em vez de ajudar Silva Xavier, como este lhe pedia, Silvério dos Reis contou à guarnição que o padre sabia qual o paradeiro do fugitivo. Preso, ameaçado de tortura pelo próprio vice-rei, o religioso revelou o esconderijo de Silva Xavier.

No dia 10 de maio de 1789, soldados entraram na oficina da rua dos Latoeiros, localizada a não mais que seiscentos metros do palácio do governador. Passaram por um depósito atulhado de tralhas:

---

18 Joaquim José da Silva Xavier, 1ª inquirição, Rio, Fortaleza da Ilha das Cobras, 22/05/1789, *Autos de Devassa, op. cit.*, v. 5.
19 Joaquim José da Silva Xavier, 6ª inquirição, 14/04/1971, *Autos de Devassa, op. cit.*, v. 5.
20 Joaquim José da Silva Xavier, 3ª inquirição, 30/05/1789, *Autos de Devassa, op. cit.*, v. 5.

castiçais, crucifixos, espadas, couros de veado, roupas femininas e uma imagem de Santo Antônio com a cabeça quebrada. No sótão, encontraram o homem mais procurado do Rio de Janeiro, entrincheirado atrás de uma cama, com um "pequeno bacamarte carregado" nas mãos, segundo Vasconcelos e Sousa. O alferes, porém, rendeu-se sem atirar.[21]

Silvério dos Reis foi o segundo a ser preso, logo após Silva Xavier, para ser questionado ou para acobertar a própria delação, recebendo o mesmo tratamento do delatado. "Para mas dar [informação] com mais individuação, o mandei na mesma ocasião pôr em custódia incomunicável na dita Fortaleza [da ilha das Cobras]", relatou o vice-rei a Melo e Castro. "Não só porque me pareceu conveniente a bem da mesma diligência e mistérios de segredo com que deve ser tratada, mas porque, sendo ele um dos mais descontentes daquela Capitania, pela grande soma que deve à Fazenda Real, procedida do tempo em que foi Contratador do Contrato das Entradas, pela qual se via muito apertado, da qual só por alguma indústria pode livrar os seus bens, de modo que mesmo todos não chegarão a pagar a mesma soma."[22]

Na carta, Vasconcelos e Sousa reconheceu que Silvério dos Reis tinha sido "autor das primeiras notícias" enviadas a ele pelo visconde de Barbacena, mas não se fiava muito no que dizia. "Tendo um caráter disposto para qualquer maldade que o conduzisse àquele fim [de sanar suas dívidas com a Fazenda Real], é bem de presumir que fosse talvez a origem daqueles mesmos horrorosos projetos de que agora se faz denunciante", acrescentou o vice-rei.

As prisões foram feitas em sigilo – tanto quanto possível. Silva Xavier e Silvério dos Reis foram colocados em celas na fortaleza da

---

21 Rio de Janeiro, 16/07/1789, ofício do vice-rei a Martinho de Melo e Castro, secretário da Marinha e Ultramar, dando-lhe conta da sublevação que se premeditava na capitania de Minas Gerais e da prisão de Tiradentes no Rio de Janeiro, *Autos de Devassa, op. cit.*, v. 4.
22 Ofício do vice-rei a Martinho de Melo e Castro, secretário da Marinha e Ultramar, dando-lhe conta da sublevação que se premeditava na capitania de Minas Gerais e da prisão de Tiradentes no Rio de Janeiro, 16/07/1789, *Autos de Devassa, op. cit.*, v. 4.

ilha das Cobras, onde os prisioneiros eram mantidos em condições desumanas, num espaço de não mais que quatro metros quadrados, com um buraco no chão como latrina. Dali, sairiam somente para prestar testemunho.

Faltava prender os demais amotinados. Vasconcelos e Sousa mandou um mensageiro a Vila Rica, avisando Barbacena de que Silva Xavier e Reis estavam presos e de que estava enviando tropas a Minas Gerais, conforme seu pedido. Ao receber a mensagem, o governador da capitania devia dar ordem de prisão aos conspiradores, que nada deviam saber ainda sobre o encarceramento de Silvério dos Reis e Silva Xavier.

Alguém, contudo, os avisou.

CAPÍTULO 13

O suicídio conveniente

Na madrugada de 18 de maio de 1789, um desconhecido, "vulto que não se distinguiu se era homem ou mulher por vir rebuçado e com chapéu desabado na cabeça, carregado sobre os olhos", identificado mais tarde nos Autos de Devassa apenas como "O Embuçado", conforme a descrição de Antônia, escrava de Tomás Antônio Gonzaga, bateu de porta em porta durante a madrugada na casa dos conspiradores.[1]

Durante o inquérito, o desembargador Pedro José de Araújo de Saldanha, ouvidor-geral e corregedor de Minas Gerais, tentou apurar sem sucesso a identidade do homem que correu casas de Vila Rica, avisando que Silva Xavier e Silvério dos Reis estavam presos no Rio de Janeiro.

O primeiro a ser alertado, no sobrado entre as ladeiras do Ouvidor e de São Francisco de Assis, foi Cláudio Manuel da Costa. Conforme relato de Diogo Pereira Ribeiro de Vasconcelos, que ouviu a história do próprio Manuel da Costa, alguém bateu em sua janela, de madrugada. "Saindo a ela o dito Cláudio, aquele embuçado o

---

[1] Antônia da Costa, *Autos de Devassa, op. cit.*, v. 2.

avisara de que 'certamente o prendiam, pelo que se acautelasse e fugisse'".[2] Recebeu ainda o advogado o conselho de queimar seus papéis, antes de escapar.

Depois, o Embuçado seguiu para dar o alerta em outra casa, a cem passos de distância ladeira acima, onde morava Antônio Gonzaga, numa casa de cujo salão no piso superior se avistava pelas janelas do outro lado de um largo a igreja de São Francisco de Assis. O morador, porém, não estava lá. O mensageiro deixou o recado com a escrava Antônia. Errou a casa do tenente-coronel Domingos de Abreu Vieira, compadre de Silva Xavier, contratador dos dízimos da Coroa no triênio terminado em 1789. Entrou em um vizinho, por uma porta entreaberta. Ao descobrir o engano, desapareceu, sem deixar pistas sobre sua identidade.

Manuel da Costa, então com 60 anos, sofria de reumatismo e relutou em fugir. Antônio Gonzaga, alegando não ter motivos para agir como criminoso, também. Outra testemunha, José Veríssimo da Fonseca, afirmou nos Autos de Devassa ter perguntado a Antônio Gonzaga se sabia quem era o "Embuçado". O desembargador respondeu que não, imaginando ser "aviso de algum inimigo que queria que ele fugisse só para o fazer culpado de crime que não tinha".[3]

Antônio Gonzaga se casaria na semana seguinte com Maria Doroteia. Naquela noite, conforme seu próprio depoimento à Justiça, ainda recebeu em sua casa um grupo de convidados, entre os quais se encontravam Manuel da Costa; Francisco Gregório Pires Monteiro, intendente de Vila Rica; e José Caetano César Manitti, ouvidor de Sabará, nomeado para o cargo no mesmo dia que ele, em Vila Rica – e que viria a ser escrivão da devassa, encarregado de tomar o depoimento dos presos, muitos deles seus amigos, e que portanto conhecia muito bem.

---

2 Sumário de testemunhas, Casa do Ouvidor, 11/01/1790 (Caso do Embuçado), *Autos de Devassa, op. cit.*, v. 2.
3 José Veríssimo da Fonseca, XI.3.2, *Autos de Devassa, op. cit.*, v. 2.

Naquela noite, Manuel da Costa se queixou de ter sido mencionado em uma "denúncia do Coronel Inácio José de Alvarenga e do Cônego Luiz Vieira da Silva". Antônio Gonzaga tomou sobre tudo aquilo "menos preço, e, dando as razões por que parecia isto impossível, concluiu dizendo que quando eles saíssem, ia fazer uma ode, que tão sossegado ficava no seu espírito", conforme ele mesmo narrou, ao depor no inquérito.[4]

No dia seguinte, 23 de maio, pela manhã, Antônio Gonzaga foi acordado com a guarda à sua porta. Ali perto, uma centena de passos abaixo na ladeira de Ouro Preto que hoje leva seu nome, Manuel da Costa também foi tirado da cama pelos esbirros. Os demais conspiradores foram apanhados em seguida. O padre Toledo Melo foi preso pela tropa enviada por Barbacena quando se encontrava no arraial da Laje. Chamado ao quartel de São João del-Rei, Alvarenga Peixoto apresentou-se ao tenente Antônio José Dias Coelho. Este informou que iria levá-lo ao Rio de Janeiro, para tratar de "matéria muito delicada", pelo que ficou entendendo que "daqui nascia também a causa de sua prisão".[5]

Alvarenga Peixoto entregou-lhe *incontinenti* a chave de sua caixa de documentos. Ali, havia plantado uma ode – um poema laudatório – a Barbacena. A bajulação, no entanto, não o salvou. Outro documento – uma carta escrita pelo padre Toledo Melo – ajudou a incriminá-lo. Seu sobrinho, Claro José da Mota e Toledo, foi o único envolvido a escapar da série de prisões. O inquérito colheu evidências de que passou algum tempo em Taubaté, sua cidade natal, antes de desaparecer por completo.[6]

Com o desenrolar dos depoimentos, foram presos outros conspiradores. Colaborava com o trabalho o tenente Malheiro do Lago, que "depois [da sua delação inicial] continuou a ser um exato e zeloso

---

4 Tomás Antônio Gonzaga, 1ª inquirição, 17/11/1789, *Autos de Devassa, op. cit.*
5 Inácio José de Alvarenga Peixoto, 1ª inquirição, 11/11/1789, *Autos de Devassa, op. cit.*, v. 5.
6 São Paulo, 11/07/1789, ofício do governador da capitania de São Paulo ao governador da capitania de Minas Gerais, visconde de Barbacena, *Autos de Devassa, op. cit.*, v. 4.

pesquisador a bem do mesmo negócio" –, isto é, assim como Silvério dos Reis, trabalhou como espião.⁷ Investigava as atividades dos conspiradores, interrogava pessoas e visitava estabelecimentos, como as estalagens do Caminho Novo, prestando contas do que ouvia a Barbacena.⁸

No início de setembro de 1789, "em consequência das diligências" em Vila Rica, Barbacena deu notícia ao vice-rei da prisão do tenente-coronel Paula Freire, de Álvares Maciel e do cônego Luís Vieira, que estavam sendo enviados à ilha das Cobras. Eram prisões delicadas: a primeira de um chefe do estado-maior do regimento da capitania, no comando das tropas imperiais de Minas Gerais, que a ele deviam obediência; o segundo, por privar da intimidade do próprio governador; o terceiro, um sacerdote.⁹

Para efetuar a prisão de Freire de Andrade, Barbacena enviou uma carta, pedindo ao militar para em três dias se aprontar com a família e apresentar-se no Rio de Janeiro ao vice-rei. Dessa forma, procurou primeiro separá-lo de suas tropas. Freire de Andrade, porém, foi só – ficando a mulher e os filhos em casa. Causou impacto também a prisão de Álvares Maciel, cunhado de Freire de Andrade, que dois meses antes o próprio Barbacena elogiava em carta ao vice-rei como alguém da sua intimidade, que viera com ele desde Lisboa e que ele fizera preceptor de seus próprios filhos. Um conspirador morando com o governador só sugeria duas coisas: ou Barbacena tinha sido leniente, procurando acobertar alguém próximo, ou incompetente, por não detectar o perigo debaixo do próprio nariz.¹⁰

---

7   Relação, pelo visconde de Barbacena, de propostos a agraciamento, anexa ao ofício anterior, com despachos marginais, em Lisboa, de Martinho de Melo e Castro, secretário da Marinha e Ultramar, REF.: AMI 2:83, *Autos de Devassa, op. cit.*, v. 8.
8   Nota de Tarquínio José Barbosa de Oliveira ao cônego Luís Vieira da Silva, 3ª inquirição, Casa do Contrato, 23/07/1789, *Autos de Devassa, op. cit.*, v. 2.
9   Ofício do visconde de Barbacena a Luís de Vasconcelos e Sousa, 09/09/1789, *Autos de Devassa, op. cit.*, v. 8.
10   Carta para a cidade do Porto relatando notícias da repressão à Inconfidência Mineira, 30/10/1789, *Autos de Devassa, op. cit.*, v. 9.

Como as celas da vila não bastavam para todos os amotinados, eles foram acomodados no porão da Casa dos Contos, o solar do contratador João Rodrigues de Macedo, mesmo lugar onde antes se reuniam os conspiradores, que passaram do salão de chá ao qual estavam habituados, no segundo andar, para a antiga senzala, como prisão. Sob o casarão, fechado sobre a rocha nua com grades de ferro que davam para o córrego do Traipu, o alojamento dos escravos foi transformado em masmorra. Apesar de sua evidente participação no conluio, Rodrigues de Macedo foi deixado livre por Barbacena – e ainda recebeu o dinheiro do aluguel pelo uso do porão e da área onde ficava a Casa dos Reais Contratos, também utilizada como cadeia provisória.

Dali, Barbacena selecionava quem enviava ao Rio de Janeiro. Em 20 de maio de 1789, comunicou que estava despachando o padre Toledo Melo, Alvarenga Peixoto e Toledo Piza, "por falta de prisões suficientes e outros motivos".[11] No dia seguinte, novo ofício dava o mesmo encaminhamento a Antônio Gonzaga, conduzido pelo tenente-coronel Francisco Antônio Rebelo.[12] O governador dava conta ainda de não ter oficialmente iniciado uma devassa, "na inteligência" de não "espalhar o pânico na Capitania".

Outros conspiradores foram presos mais tarde, como o padre José da Silva e Oliveira Rolim, que fugiu e revezava diversos endereços – incluindo sua própria casa, onde acreditava que não iriam procurá-lo, pelo tamanho da ousadia. Ficou por algum tempo numa tapera construída por escravos num sítio de seu pai, em Itambé, esperando crescer o cabelo na cabeça tonsurada, para descaracterizar-se. Foi encontrado somente no final de 1789.

Um mês após as primeiras prisões, chegaram a Vila Rica duas Companhias de Infantaria, com quinhentos homens da tropa do Rio de Janeiro e dos regimentos portugueses de Moura e Bragança,

---

11 Ofício do visconde de Barbacena, 20/05/1789, *Autos de Devassa, op. cit.*, v. 8.
12 Ofício do visconde de Barbacena, 21/05/1789, *Autos de Devassa, op. cit.*, v. 8.

enviados pelo vice-rei a pedido de Barbacena, de forma a assegurar o controle da situação. As tropas instalaram-se na Casa dos Contos, que, além de cárcere improvisado, transformou-se em caserna provisória. A tropa utilizava a grande cozinha dos escravos, com um forno semelhante a uma enorme lareira e uma rampa que despejava o lixo no Traipu. Ficava separada do porão por uma escada que dava também na latrina do casarão – buraco na alvenaria por onde se descarregava o conteúdo dos penicos diretamente sobre o córrego.

Com aqueles reforços, o governador mandou abrir a devassa, em 12 de junho, conforme registrado pelo ouvidor José Caetano César Manitti dois dias depois, em 14 de junho de 1789. Inquérito policial não muito diferente dos contemporâneos, no "Auto do Corpo de Delito" – as iniciais do processo –, o governador apresentou uma lista de testemunhas, por meio de cartas-denúncia, que ele mesmo fizera escrever, de modo a embasar a abertura do inquérito.

Além de Silvério dos Reis, que fazia questão de lembrar ter sido o primeiro delator, Barbacena apresentou depoimentos por escrito de Basílio de Brito Malheiro do Lago, tenente-coronel de Infantaria auxiliar de Paracatu; do mestre de campo Inácio Correia; do tenente-coronel Freire de Andrade; do coronel Francisco Antônio de Oliveira Lopes e do tenente-coronel Domingos de Abreu Vieira. "[As cartas] manifestam e denunciam o plano de uma sublevação que se pretendia concitar nesta Capitania, indicando-se juntamente nelas alguns dos cúmplices que intervinham da referida confederação; as quais cartas e mais papéis juntos ficam servindo de corpo de delito."

Começou, então, a fase da oitiva de acusados e testemunhas, penosa para os presos, com todos os elementos do drama, reviravoltas inesperadas e um desfecho trágico.

*

Para o vice-rei, desde o início da devassa, já estava clara a conspiração. "A principal cabeça desta abominável maldade é Tomás Antônio Gonzaga, que acabou de exercer o cargo de Ouvidor de Vila

Rica e se achava despachado para a Relação da Bahia, unido a seus grandes amigos Inácio José de Alvarenga [Peixoto], que tendo sido Ouvidor em Rio das Mortes, é coronel de Auxiliares e grande devedor à Fazenda Real; e Carlos Correia de Toledo, vigário da Vila de São José del-Rei", escreveu ao Conselho Ultramarino.[13]

O vice-rei não menciona o nome de Manuel da Costa – nem ele chegou ao Rio de Janeiro. Uma semana depois de ter sido encarcerado "em segredo", como se denominavam as prisões com isolamento do preso, o poeta e advogado foi interrogado num salão com janela para a rua São José, improvisada como cela na Casa dos Contos. O depoimento, datado de 2 de julho de 1789, desapareceu. Foi recuperado por fonte não identificada e publicado em 1903, portanto 114 anos depois, pela editora Garnier, junto com sua obra poética.

No depoimento, afirmou não ter participado do conluio, chamando seus integrantes de "loucos"; confirmava ser amigo de Tomás Antônio Gonzaga, que sabia já ter sido preso – "e, como o dito Des. Gonzaga tinha alguns inimigos bastante poderosos – e este eram também os dele, Respondente, por consequência de amizade – era infalivelmente certo tentarem para logo compreendê-lo por sócio aprovador ou consentidor daquele atentado [...]".[14]

Apontou os principais participantes do levante, a começar por Antônio Gonzaga, em casa de quem já tinha ouvido "conversar sobre a dita matéria". Sabia que a conspiração havia sido tratada em casa do padre Toledo Melo e Freire de Andrade. Mencionou ainda outros nomes, como o do padre Oliveira e Rolim e o de Álvares Maciel, "sem embargo de que nada disto se manifestava [publicamente] por algum sinal exterior e preparativo; e somente pelo rumor que já havia excitado um alferes, por alcunha o Tiradentes, andando em casa de várias pessoas a falar desta matéria". Afirmou ter colocado

---

13 Ofício do vice-rei a Martinho de Melo e Castro, secretário da Marinha e Ultramar, dando-lhe conta da sublevação que se premeditava na capitania de Minas Gerais e da prisão de Tiradentes no Rio de Janeiro, 16/07/1789, *Autos de Devassa, op. cit.*

14 Auto das perguntas feitas ao dr. Cláudio Manuel da Costa, Apenso IV,IV.1 – inquirição, Casa do Contrato, 02/07/1789, *Autos de Devassa, op. cit.*, v. 2.

para fora várias vezes o "mulato" por meio do qual Silva Xavier lhe mandava recados e que "um homem daqueles podia fazer muito mal à gente pelo seu fanatismo"; mas que considerava tudo aquilo "ridículo e digno de mofa [...] pois jamais pensou que [os indiciados] houvessem de sair à luz e produzir tão escandalosos efeitos".

Em seu depoimento, registrado pelo ouvidor de Sabará, José Caetano César Manitti, Manuel da Costa sugere estar em confronto direto com o governador, "pelas imensas intrigas e calúnias com que se acha denegrido na presença do Exmo. Sr. Visconde [de Barbacena]". E protestava "que nunca em seu ânimo procurou ou desejou levissimamente ofender a sua respeitável pessoa – e que só pelo gênio gracejador que tinha, poderia deslizar em algum dito menos decoroso, não desconfiando daqueles mesmos que teriam dito – em igual ocasião – outras iguais gravidades".

As declarações do advogado, especialmente no que se referia a Barbacena, eram melífluas. Tinha de fato feito inimigos, como José de Vasconcelos Parada e Sousa, satirizado nas *Cartas chilenas*, com o pseudônimo de Padela, de quem se denunciavam "abusos e traficâncias".[15] Preocupava-se com a reação do governador porque, apesar de ter sempre se mostrado contrário à violência embutida no plano da conspiração, sabia de uma intriga contra ele, feita por Basílio de Brito Malheiro do Lago, mencionada pelos esbirros que o levaram preso à Casa dos Contos.

Tinham esses soldados revelado a Manuel da Costa o desagrado dentro do Regimento de Vila Rica, por um comentário feito por ele segundo o qual as tropas da cidade eram "responsáveis, senão coniventes, pois ouviram os ditos de Tiradentes e não tomaram quaisquer providências".[16] Com isso, Manuel da Costa associava os militares – e o próprio governador, como seu chefe maior – à

---

15 Nota do advogado paulista, historiador e pesquisador da Inconfidência Tarquínio José Barbosa de Oliveira, do Instituto Histórico e Geográfico Brasileiro, no auto de perguntas a Nicolau Jorge, *Autos de Devassa*, op. cit., v. 2.
16 Nota de Tarquínio José Barbosa de Oliveira no auto das perguntas feitas ao dr. Cláudio Manuel da Costa, Apenso IV, *Autos de Devassa*, op. cit., v. 2.

conspiração. O advogado teria dito ainda a Antônio Gonzaga que Barbacena fizera bem em trazer a família toda ao Brasil, para que ela não sofresse retaliações por conta de seus atos em Portugal, depois de juntar-se à sublevação.

Seu testemunho foi juridicamente invalidado, sob a alegação de inadequações processuais, como a falta, no interrogatório, da formalidade dos juramentos aos "Santos Evangelhos" – e um segundo juramento "em presença de um tabelião".[17] Essa tecnicidade que anulou o depoimento de Manuel da Costa, seguida por sua subtração do inquérito, contribuiu para aliviar a pena de Antônio Gonzaga, tanto quanto as suspeitas que recaíram sobre Barbacena.

Não houve uma segunda oportunidade para a validação formal e a confirmação daquelas declarações. Dois dias depois de depor, na manhã do dia 4 de julho de 1789, um sábado, Manuel da Costa foi encontrado morto no salão da ala esquerda do piso térreo da Casa dos Contos, onde foi deixado para interrogatório, separado dos demais presos, que se encontravam no porão. Conforme descrito pelos legistas, o corpo do advogado e poeta foi achado no salão, fechado a chave, "encostado em uma prateleira, com um joelho firme em uma tábua dela, com o braço direito fazendo força em outra tábua na qual se achava passada em torno uma liga de cadarço encarnado, atada à dita tábua; e a outra ponta com uma laçada; e nó corrediço, deitado o pescoço do dito cadáver, que o tinha esganado e sufocado por haver lhe inteiramente impedido a respiração por efeito do grande aperto que lhe fez, com a força e a gravidade do corpo". Os legistas observaram do lado direito da cabeça outra contusão, que teria sido feita "pelo mesmo laço, quando correu".[18]

As circunstâncias lembram as da morte do jornalista Vladimir Herzog, morto nos porões do DOI-CODI, no quartel-general do II

---

17 Nota do pesquisador Tarquínio José Barbosa de Oliveira ao auto das perguntas feitas ao dr. Cláudio Manuel da Costa, Apenso IV, *Autos de Devassa, op. cit.*, v. 2.
18 Auto de corpo de delito e exame feito no corpo do dr. Cláudio Manuel da Costa, Casa do Contrato, 04/07/1789, *Autos de Devassa, op. cit.*, v. 2.

Exército, em 1975, pendurado pelo pescoço numa altura em que seus joelhos ficavam dobrados, de maneira que seria impossível ter-se enforcado. Aquela encenação, porém, bastou para o laudo confirmando a morte de Manuel da Costa por suicídio, "como denotava a figura e posição em que o dito cadáver se achava", de acordo com o legista.[19]

Havia outros sinais de que Barbacena sabia da conspiração havia muito tempo – e de que ele mesmo tinha sido no mínimo sondado a participar dela por Antônio Gonzaga. A ideia dos conspiradores, ao mantê-lo no governo, seria facilitar a adesão à sedição das tropas oficiais, que deviam obediência ao governador. Francisco Antônio Rebelo e João Carlos Xavier da Silva Ferrão, ajudantes de ordens de Barbacena, tinham presenciado o próprio Silvério dos Reis dizer em público que havia uma conspiração correndo, antes de fazer a delação, sem que nenhuma investigação fosse aberta, ou providência tomada.

A exposição do flerte do governador com os conspiradores, possivelmente como uma chantagem, sugerindo que podia denunciá-lo caso fosse implicado, foi a mais provável causa da morte de Manuel da Costa. Tomada como suicídio, e diluída nas investigações sobre os conspiradores, era uma morte conveniente, fato que não deixou de ser notado pelo vice-rei. Desde o início Vasconcelos e Sousa observou que Barbacena tinha poupado figuras proeminentes da conjuração que lhe eram mais próximas, como o contratador Rodrigues de Macedo, nem sequer preso e interrogado. Dois réus próximos do governador – o tenente-coronel Freire de Andrade e Álvares Maciel – somente foram presos depois que condutores da devassa enviados do Rio de Janeiro estranharam que ainda estivessem em liberdade.

O vice-rei passou a queixar-se ao Conselho Ultramarino dos "embaraços opostos à sua atividade" pelo sobrinho, dificultando o

---

19 Auto de corpo de delito e exame feito no corpo do dr. Cláudio Manuel da Costa, Casa do Contrato, 04/07/1789, *Autos de Devassa, op. cit.*, v. 2.

trabalho dos "ministros" enviados por ele para acompanhar e fiscalizar a investigação (o desembargador José Pedro Machado Coelho Torres e o ouvidor Marcelino Pereira Cleto). Reclamava também do atraso no envio de informações. "O governador de Minas, longe de concorrer para o acerto da diligência, com sinceridade usou de toda a indústria para demorar o mesmo Ministro (Torres) inutilmente e não lhe restou quaisquer auxílios e instruções que se podiam e que deviam prestar, ainda que não pedissem", escreveu. Receou pela segurança dos outros presos em Vila Rica, que poderiam ter "a mesma triste consequência a respeito deles, que teve em Minas a respeito do réu Cláudio Manuel da Costa, de modo que nem pude, nem posso deixar de persuadir-me que semelhantes perguntas se não deviam fazer sem a possível instrução de Minas, nem com elas se deviam demorar".[20]

No dia 20 de setembro, ao ver que a devassa seguiria no Rio de Janeiro, Barbacena reabriu o inquérito em Vila Rica, de maneira a concorrer com o outro. Mostrava à Coroa disposição de apurar os crimes, por um lado, e, por outro, mantinha um inquérito sob seu poder de influência, de forma a poder confrontar o segundo, conduzido pelo vice-rei, caso necessário. Recusou entregar os autos do processo mineiro à devassa do Rio de Janeiro, sob a alegação de que a remeteria diretamente a Melo e Castro, no Conselho Ultramarino.

As duas devassas – a do visconde de Barbacena e a conduzida sob as ordens do vice-rei, que desconfiava da primeira – seguiram em paralelo. Barbacena procurava tirar a credibilidade do processo conduzido no Rio de Janeiro pelo tio, "por ter consistido na repetição das mesmas inquirições e exames que se achavam feitos, e sobretudo porque notei na referida devassa algumas circunstâncias que deixaram de examinar-se", escreveu.[21]

---

20 Ofício do vice-rei a Martinho de Melo e Castro relatando o trabalho dos desembargadores mandados à capitania de Minas Gerais e queixando-se dos embaraços opostos à atividade pelo visconde de Barbacena, Rio de Janeiro, 08/01/1790, *Autos de Devassa*, op. cit., v. 4.
21 Ofício do visconde de Barbacena ao desembargador Pedro José de Araújo de Saldanha sobre as duas devassas, a de Minas e a do Rio, 20/09/1789 (Anexo), *Autos de Devassa*, op. cit., v. 4.

Com sua figura pendendo entre o palácio e a masmorra, Barbacena procurava se proteger, ao mesmo tempo que as responsabilidades recaíam sobre quem menos tinha como defender-se.

*

Na ilha das Cobras, onde se encontrava a maior parte das lideranças da conspiração, o inquérito andou rápido. Depois do protocolo inicial, em que o depoente declinava nome e filiação, e o escrivão verificava se era tonsurado – pois eclesiásticos tinham foro especial –, começavam as perguntas. Em seu primeiro depoimento, em 22 de maio de 1789, Silva Xavier afirmou ter conversado sobre o "pouco que os povos de Minas estavam satisfeitos com a derrama, que se dizia, se lançava, e que era impossível a eles pagá-la, de sorte que ou haviam de fugir, ou ficarem sem nada, entregando tudo o que tivessem". Porém, negou ter conhecimento de qualquer conspiração e debochou de ter participado de algo assim, dizendo que seria algo de "bêbado ou doido".[22]

Desdenhou também de sua capacidade de convencer alguém. Os inquisidores fizeram entrar então o ajudante de artilharia João José Nunes Carneiro, de quem Silva Xavier desconfiava, acreditando ter sido seu delator. Nunes Carneiro afirmou ter ouvido do alferes a defesa da "mesma resolução" dos "americanos ingleses [...] se quisessem a liberdade". Foi trazido também para a acareação Silvério dos Reis. Agora na presença de Silva Xavier, o contratador reafirmou as denúncias que vinha fazendo. Silva Xavier respondeu apenas que "eram coisas que lhe andavam armando".[23] Saiu do depoimento sabendo quem era, na realidade, o "cachorro".

O depoimento de Silva Xavier se dava ao mesmo tempo que em Vila Rica os esbirros reviravam o pouco que restava da sua vida. No dia 25, o tabelião Francisco Xavier da Fonseca registrou nos autos o

---

[22] Joaquim José da Silva Xavier, 1ª inquirição, 30/05/1789, *Autos de Devassa*, op. cit., v. 5.
[23] Joaquim José da Silva Xavier, 1ª inquirição, 22/05/1789, *Autos de Devassa*, op. cit., v. 5.

traslado do sequestro de seus bens, encontrados em duas canastras de couro preto, que estavam na casa do padre Francisco Ferreira da Cunha. Foi confiscada também sua escrava Maria, "da nação Angola, com uma cria de dois anos por nome Jerônimo". Vasculharam a casa alugada da rua São José, "de que ficou de posse o cadete Francisco Antônio Roquete, e que não sabia de mais coisa alguma pertencente ao dito Alferes". Nas canastras, foram encontradas roupas e fardamento dos dragões. Mais tarde, em junho, foi confiscada e vasculhada também a Rocinha Negra, com "casas de vivendas, senzalas e monjolo, tudo coberto de capim". Os três escravos de Silva Xavier que moravam na propriedade – "por nomes Francisco Caetano, Banguelas e João Camundongo" – foram presos para futuro leilão.

O alferes permaneceu na fortaleza da ilha das Cobras, incomunicável, saindo de sua cela apenas para depor. Na segunda inquirição, cinco dias depois da primeira, em 27 de maio, afirmou que todas as pessoas em Minas "diziam que, se pusesse a derrama, não a pagavam", e que, se parecia radical quando se referia ao assunto diante de outras pessoas, foi "por encarecer o seu ânimo, e por bazófia". Foram chamados outros dois presos, Valentim Lopes da Cunha e Jerônimo Castro e Sousa, para quem Silva Xavier teria dito que os cariocas eram "vis e fracos, podendo viver livres do jugo da Europa". Respondeu o alferes que não se lembrava de ter dito aquilo e que, se o tivesse dito, "não era com o mau ânimo que se presume".[24]

Perguntado se sabia quem eram os líderes das conspiração, respondeu que Silvério dos Reis é que teria lhe dito serem "principalmente os que deviam à Fazenda Real, e [...] que os mais levantados eram o desembargador Tomás Antônio Gonzaga, o coronel Inácio José de Alvarenga, o Vigário de São José, padre Carlos", além de outros dos quais não se lembrava. No terceiro depoimento, em 30 de maio de 1790, confirmou a participação de outras nove pessoas na conspiração, como o padrinho de sua filha, Domingos de Abreu

---

24 2ª inquirição, 27/05/1789, *Autos de Devassa*, op. cit., v. 5.

Vieira, Alvarenga Peixoto e os padres Rolim e Toledo. Mencionou ainda Rodrigues de Macedo e outras pessoas com quem havia conversado na estrada, de menor importância.

Antônio Gonzaga se encontrava em uma cela próxima, na ilha das Cobras. Contudo, depôs pela primeira vez somente em novembro; levado a interrogatório "livre de ferros", disse que não sabia de conspiração alguma e atribuía sua prisão a uma falsa denúncia, que cogitava ter sido perpetrada por um desafeto, Basílio de Brito, "homem de muito má conduta". Seria vingança, por tê-lo mandado prender pela falta de pagamento de um precatório. Basílio de Brito estaria aliado a seu maior inimigo, o sargento-mor José de Vasconcelos Parada, contra quem Antônio Gonzaga advogara, na defesa de um cadete – razão pela qual este teria jurado persegui-lo "até as portas da morte".[25]

Afirmou que não se arriscaria numa sublevação daquele gênero, ainda mais às vésperas de ser despachado como novo desembargador na Bahia, acrescentando "ser filho do Reino, não ter bens nenhuns, nem préstimo militar, com os que pudesse ajudar"; e, "estando justo a casar, não ia querer (se) expor a uma guerra civil". Explicou que o casamento estava "contratado" havia mais de dois anos, como prova de que não fora arranjado "de pretexto para encobrir o feito presente".

Negou estar fazendo as leis da futura república e acrescentou que não podia responder melhor sem saber que inimigo o teria denunciado, ou as "razões em que se funda" a acusação. Para completar, lhe pediram que declinasse o nome de bacharéis e homens de letras com capacidade de redigir uma Constituição em Vila Rica, como se bastasse isso para torná-los suspeitos. Não se furtou a fazer tal lista, na qual incluiu seu amigo pessoal, Cláudio Manuel da Costa, ressalvando que "da potência para o ato vai uma grande diferença". Não sabia que Manuel da Costa estava morto havia mais de quatro meses.

---

25 Tomás Antônio Gonzaga, 1ª inquirição, 17/11/1789, *Autos de Devassa, op. cit.*

A prisão lhe frustrou o casamento e, na solitária, passava as horas escrevendo versos para a noiva, que viriam a ser incluídos no poema lírico "Marília de Dirceu", publicado em diversas línguas e países, celebrizado ainda em seu tempo. Dividido em três partes (Lira, Prisão e Exílio), a segunda delas escrita na masmorra, a obra reflete o estado de espírito do poeta, para quem a lembrança da amada Maria Doroteia (a Marília do poema) é o único lenimento, no cárcere da ilha das Cobras:

>Nesta cruel masmorra tenebrosa
>Ainda vendo estou teus olhos belos,
>A testa formosa,
>Os dentes nevados,
>Os negros cabelos.
>
>Vejo, Marília, sim, e vejo ainda
>A chusma dos Cupidos, que pendentes
>Dessa boca linda,
>Nos ares espalham
>Suspiros ardentes

*

Antônio Gonzaga somente voltou a depor dois meses depois, em 3 de fevereiro de 1790, em acareação com Alvarenga Peixoto. Admitiu que havia reuniões em sua casa, com o próprio Alvarenga Peixoto, Manuel da Costa e o padre Toledo Melo, entre outros. Nas tertúlias com os amigos poetas, afirmou discutir a quantia que a Fazenda Real impunha como pagamento mínimo e a realização da derrama. Por conseguinte, avaliava que a suspensão daquela cobrança "era muito útil ao sossego público".

Para ele, essa preocupação fazia dele não um conspirador, e sim "um ministro zeloso e que tem uma grande parte na Administração da Real Fazenda", assegurou. No mais, garantiu que perdia boa parte das conversas, porque estava "entretido a bordar um vestido" para seu casamento.[26] Em seu terceiro depoimento, manteve a posição, dizendo que as conversas sobre um levante eram meramente hipotéticas; e que, caso passassem disso, ele as "denunciaria".[27]

Em seu primeiro depoimento, em novembro de 1789, Alvarenga Peixoto disse que havia somente encontrado o coronel José Aires Gomes "nas casas de João Rodrigues de Macedo em Vila Rica, no princípio do mês de janeiro". Dele, teria ouvido que "um oficial, vindo do Rio de Janeiro, lhe tinha contado que nesta cidade falavam em pretender a sua liberdade por socorros de França e de outras potências estrangeiras".[28]

Corria na França a Revolução Francesa, deflagrada quatro meses antes, em 14 de julho de 1789, quando uma prisão semelhante à da ilha das Cobras – a Bastilha, em Paris – foi invadida para a libertação de sete presos. A população parisiense saiu em festa pela rua, levando as cabeças do diretor e dos guardas do presídio espetadas na ponta de chuços. Um mês e meio depois, em 26 de agosto de 1789, a Assembleia Nacional Constituinte francesa aprovou a Declaração dos Direitos do Homem e do Cidadão, na qual se estabeleciam o direito à propriedade e os princípios revolucionários da liberdade, da igualdade e da fraternidade. Era o dístico da nova monarquia constitucional, que acabava com o absolutismo, prenúncio da proclamação da República e uma referência para a era contemporânea.

Na ilha das Cobras, nada.

*

Com sua própria devassa em andamento, o visconde de Barbacena fazia do atraso no envio de prisioneiros ao Rio de Janeiro, assim como da falta de informação, um meio para proteger alguns dos

---

26 Tomás Antônio Gonzaga, 2ª inquirição – acareação com cônego Luís Vieira da Silva, coronel Inácio José de Alvarenga Peixoto e padre Carlos Correia de Toledo e Melo, 03/02/1790, *Autos de Devassa*, op. cit., v. 5.
27 Tomás Antônio Gonzaga, 3ª inquirição, 01/08/1791, *Autos de Devassa*, op. cit., v. 5.
28 Inácio José de Alvarenga Peixoto, 1ª inquirição, 11/11/1789, *Autos de Devassa*, op. cit., v. 5.

acusados, a começar pelo contratador Rodrigues de Macedo. Na ilha das Cobras, Silvério dos Reis acabou solto, depois de seis meses no calabouço, tendo sido proibido, todavia, de sair do Rio de Janeiro.

"Ultimamente, como está apurado pela mesma devassa que o Cel. de Auxiliares Joaquim Silvério dos Reis foi o primeiro denunciante, e que por isso, ainda quando tardasse em o ser, merece atenção, me resolvo a mandá-lo pôr em liberdade", escreveu o vice-rei, Vasconcelos e Sousa, ao Conselho Ultramarino. Justificou ainda que a prisão serviu "para evitar que em casos semelhantes fujam de os denunciar os que o souberem, temendo não serem bem tratados [...]".[29]

Dez dias após a libertação de Silvério dos Reis, Silva Xavier deu seu quarto depoimento, na ilha das Cobras. Dessa vez, talvez por perceber que nada mudaria sua sentença, ou quebrado pela falta de perspectivas, depois de quase oito meses na solitária, afirmou que negara até ali ter conhecimento de uma conspiração – mas que, em vista das "fortíssimas instâncias" com que se via "atacado", dispunha-se a dizer a verdade.

A partir de então, passou a trazer a responsabilidade do levante para si – e seguiu dessa forma até o fim do inquérito. "Confessa ter sido quem ideou tudo, sem que nenhuma outra pessoa o movesse, nem lhe inspirasse coisa alguma, e que tendo projetado o dito levante, o que fizera desesperado, por ter sido preterido quatro vezes [a promoções ao oficialato]", relatou o escrivão. "Parecendo a ele, Respondente, que tinha sido muito exato no serviço, e que achando-o para as diligências mais arriscadas, para as promoções e aumento de postos achavam a outros, que só podiam avançar por mais bonitos, ou por terem comadres [...]"

Como fundamento da sua indignação, Silva Xavier citou outros três alferes, seus contemporâneos na corporação, que tinham

---

29 Ofício do vice-rei a Martinho de Melo e Castro relatando o trabalho dos desembargadores mandados à capitania de Minas Gerais e queixando-se dos embaraços opostos a sua atividade pelo visconde de Barbacena, 08/01/1790, *Autos de Devassa, op. cit.*, v. 4.

recebido promoções, enquanto ele permanecia no mesmo lugar. Lamentou que o visconde de Barbacena não fosse governante ainda pior que Luís da Cunha Meneses, porque "poderia assim suceder que desta terra se fizesse uma República, e ficasse livre dos governos, que só vêm cá ensopar-se em riquezas de três em três anos, e quando eles são desinteressados, sempre têm uns criados, que são uns ladrões, e que as potências estrangeiras se admiravam de que a América portuguesa se não subtraísse da sujeição de Portugal".[30]

O restante do depoimento é um relatório de atividades em que ele é que procurava implicar todos os demais já acusados, narrando reuniões e planos para a deflagração do "motim", incluindo a ideia de encontrar adeptos no Rio de Janeiro. Apontou Álvares Maciel como o primeiro a quem dera a ideia da sublevação, por ter voltado da Inglaterra. Depois, teria falado com seu superior, o tenente-coronel Freire de Andrade.

Negou, todavia, ter dito que decapitava o governador, "não obstante haver alguém que lembrasse que não havia levante sem cabeça fora, que segundo a lembrança dele, Respondente, foi [dito por] José Álvares Maciel ou o padre José da Silva e Oliveira Rolim". Por ele, segundo declarou em juízo, se fosse para matar alguém, seria o ajudante de ordens do governador, Antônio Xavier de Resende, o "Cabeça de Escova", por andar "com setecentos negócios logo que chegou".

Colocava-se como o responsável pela sedição, porém sem livrar os demais conspiradores, com exceção de alguns, que tentou preservar. Afirmou que se recusaram a participar da sedição Cláudio Manuel da Costa e o caixa de Rodrigues de Macedo, o capitão Vicente Vieira da Mota, cujo apoio Silva Xavier teria procurado "por ser este benquisto, e ser devedor de uma grande soma à Fazenda Real, o que bem poderia fazer convir ao intento". Segundo ele, Vieira da Mota

---

30 Joaquim José da Silva Xavier, 4ª inquirição, 18/01/1790, *Autos de Devassa, op. cit.*, v. 4.

não apenas teria se recusado a participar do levante como a levar tal ideia ao seu chefe.

Outro que poupou foi o ex-ouvidor de Vila Rica. "Quanto ao desembargador Tomás Antônio Gonzaga, [...], declara que absolutamente não sabe que ele fosse entrado [na conspiração]", anotou o escrivão, no depoimento. Silva Xavier reforçou ainda que não tinha razões para proteger Antônio Gonzaga, seu "inimigo" por uma queixa que como ouvidor tinha feito dele ao então governador Luís da Cunha Meneses.

Em seu resumo da devassa, como escrivão do inquérito, o ouvidor César Manitti sustentou que as lideranças intelectuais da sublevação, conforme depoimentos testemunhais, já que não havia provas documentais, eram em primeiro lugar Antônio Gonzaga, Alvarenga Peixoto e Manuel da Costa, como autores da "legislação para o regimento da nova República". Detalhou que propunham estabelecer "sete parlamentos; que, passados três anos em que governariam o dito Des. Gonzaga e outros, seriam sucessivamente as eleições anuais; que tudo quanto se devesse à Fazenda Real ficaria perdoado; que o uso de cetins ou sedas seria permitido à ínfima plebe; que se levantaria da Casa da Moeda, pondo-se o ouro a 1.500 réis; que os diamantes [antes comércio exclusivo da Coroa] ficariam francos; que se transferiria a capital para [...] São João del-Rei e que nesta [Vila Rica] se erigiria uma Universidade como em Coimbra".

Mais abaixo, no item IV (Das provas e culpas), César Manitti indicou que o elemento mais atuante na tarefa da sedição, "sem contestação", era "aquele alferes Joaquim José da Silva Xavier", conforme se afigurava tanto nos depoimentos dos réus quanto nos das testemunhas complementares. Em segundo plano, elencou o tenente-coronel Francisco de Paula e o coronel Alvarenga Peixoto.[31]

---

31 Resumo da Devassa-MG (I Parte) por José Caetano César Manitti, escrivão da mesma. REF.: AMI 2:87, 12/02/1790, *Autos de Devassa, op. cit.*, v. 8.

O inquérito foi remetido a Lisboa em 25 de fevereiro de 1790. Logo depois, em 9 de maio de 1790, o vice-rei dom Luís de Vasconcelos e Sousa foi substituído por dom José Luís de Castro, conde de Resende. Em 17 de julho de 1790, Sebastião Xavier de Vasconcelos Coutinho foi nomeado chanceler da Alçada de Minas Gerais, com a missão de concluir o processo.

*

O oitavo e último depoimento de Silva Xavier na ilha das Cobras, em junho de 1791, foi uma acareação com Domingos de Abreu Vieira, Alvarenga Peixoto e Oliveira Lopes. Além de dirimir dúvidas sobre depoimentos anteriores, esses confrontos serviam para estabelecer melhor o papel de cada um na conspiração e levantar mais nomes.

Nessa ocasião, Alvarenga Peixoto declarou que "não acreditara no Respondente [Silva Xavier], quando este garantiu que havia pessoas dispostas para o levante no Rio de Janeiro, já que não pudera nomeá-las". Negou ter aceitado sua oferta de entrar para a conspiração e reforçou que lhe teria dito para não ser "louco", nem "tornasse a falar-lhe em semelhante matéria".[32]

Depois de dois anos na masmorra da fortaleza da ilha das Cobras, Silva Xavier foi transferido para a Cadeia da Relação, no andar inferior do edifício do Senado da Câmara, onde desde 1751 funcionava o Tribunal da Relação – o foro central da capitania, onde se julgava todo tipo de criminoso. Lá, depôs três vezes em seguida. No dia 4 de julho de 1791, participou de uma acareação com o compadre Domingos de Abreu Vieira; no dia 7, com o tenente-coronel Freire de Andrade e o padre Toledo Melo. Ao final, declarou que "podia ser verdade tudo quanto os acareantes diziam" e que não se lembrava de nada.[33]

---

32 Joaquim José da Silva Xavier, 8ª inquirição, *Autos de Devassa, op. cit.*, v. 5.
33 10ª inquirição, 07/07/1791, *Autos de Devassa, op. cit.*, v. 5.

Foi assim também seu décimo primeiro e último depoimento, em 15 de julho de 1791, quando afirmou que era apenas um "tira--dentes" e, com exceção do ajudante de artilharia Nunes Carneiro, jamais falara sobre um levante com ninguém. Dali foi transferido para a prisão do Hospital da Ordem Terceira de Penitência, no largo da Carioca, para aguardar o julgamento.

Alguns historiadores passaram a se referir à Inconfidência como Conjuração. Porém, "Inconfidência" era um crime tipificado dentro da jurisprudência portuguesa, que ainda se baseava nas Ordenações Filipinas, criadas no início da União Ibérica. Diferentemente da Conjuração, algo que foi executado, indicava uma conspiração, isto é, um movimento que não chegou a ser deflagrado.

O fato de a intentona não ter sido deflagrada pouco significava. Como traição à Coroa, no absolutismo monárquico português, a pena para o crime de inconfidência era a morte, o confisco dos bens e a transmissão aos herdeiros da "infâmia" – pecha que os deixava socialmente marcados e oficialmente proibidos de receber benefícios.

No total, 34 réus foram julgados – incluindo três que tiveram sua sentença proclamada *post mortem*. A Alçada – defensoria pública na época – incumbiu a Casa de Misericórdia, instituição que administrava três hospitais e tinha um corpo de voluntários para ajudar "necessitados", a encontrar alguém para defender os presos. Quem assumiu essa tarefa foi José de Oliveira Fagundes, advogado de 40 anos, formado em Coimbra, que atuava em pequenas causas.

Na peça de defesa, que continha frases em latim e versos de Alvarenga Peixoto, Oliveira Fagundes alegou que as reuniões dos inconfidentes tinham existido, mas o que conversavam não passava de um amontoado de bravatas sem maiores consequências. Desqualificou os acusados, afirmando que era gente incapaz de provocar uma revolução. Classificou Silva Xavier, que havia chamado para si a responsabilidade pela organização do levante, como sujeito "sem crédito" de um atentado "imaginário".

Apelou ainda à piedade de dona Maria I, que em Portugal já perdoara criminosos para não aumentar o sentimento de culpa da família, por conta das ações de seu falecido pai. Tinha pesadelos com a sentença aplicada por dom José I aos Távora, nos tempos de Melo e Castro. Atribuía seguidas perdas a uma maldição que teria sido lançada sobre a família. Em 1788, a varíola levou seu filho mais velho, que tinha o nome do avô, José, aos 27 anos. Dois meses depois, morreu sua filha Mariana Vitória, com dezenove anos, e um neto, ainda bebê de colo, na mesma epidemia. A varíola também matou seu genro Gabriel e o tio, Carlos III, monarca espanhol, num período de três anos.

A rainha se inclinava ao perdão, de um lado, mas de outro havia também o medo. O curso dos acontecimentos na França levava os monarcas da Península Ibérica a temerem o laço frouxo, por receio de enfrentar também uma rebelião de verdade. Sob a peia da Constituição, a que tinha de obedecer, Luís XVI se tornou praticamente um prisioneiro dentro do próprio reino. Em 1791, começou a Revolução Haitiana, que aboliu em 1804 a escravidão na ilha de São Domingos, criando o primeiro país livre em uma antiga colônia de população de origem majoritariamente constituída por antigos escravos africanos.

Tudo aquilo contribuía para acelerar o processo de demência que a rainha de Portugal já manifestava, e a levou a ser conhecida na posteridade pela alcunha de dona Maria, a Louca.

CAPÍTULO 14

Os mortos se levantam

"Felizes desgraçados!", escreveu o frei José Carlos de Jesus Maria do Desterro, guardião do Convento de Santo Antônio. Era um dos encarregados de cuidar das almas dos réus da Inconfidência, à espera de julgamento, recolhidos ainda às masmorras do Rio de Janeiro, e deixar um registro da magnânima bondade da realeza no momento da sentença.[1]

Para o padre, até mesmo morrer era uma sorte, se sob a égide da "soberana ofendida" – no caso, a atormentada dona Maria I, para quem o Palácio Real de Queluz já lhe era tão indiferente quanto um sanatório qualquer. "Levantai as mãos ao céu e humilhai os corações aos pés de uma Rainha, que de tal sorte pôs em suas mãos a segurança de seu Reino, que lhe foi tão fácil perdoar-vos", prosseguiu o frei Maria do Desterro, cujo sobrenome já era uma sentença. "O Brasil, gemendo então debaixo do peso de armadas e exércitos inimigos, foi o primeiro dos seus Estados que experimentou as doçuras do seu governo."

---

1 Frei José Carlos de Jesus Maria do Desterro, Guardião do Convento de Santo Antônio, memória do êxito que teve a Conjuração de Minas e dos fatos relativos a ela acontecidos nesta cidade do Rio de Janeiro desde 17 até 26 de abril de 1792, *Autos de Devassa, op. cit.*, v. 9.

Na etapa final do sentenciamento, além dos documentos processuais, juntou-se a pena do representante da piedosa ordem franciscana, encarregada de aliviar o padecimento dos prisioneiros depois de três anos de prisão, período durante o qual só saíram de suas celas para depor, e naquele momento tomados pela expectativa extrema.

Apesar do caráter oficial e bajulatório daquele testemunho, pelo relato do frei Maria do Desterro pode-se ter uma boa ideia do que realmente aconteceu. Em abril de 1792, uma noite de terça-feira, "foram tirados dos seus segredos" os vinte presos que restavam no Rio de Janeiro. Reunidos na Cadeia da Relação, onze deles foram levados à Sala do Oratório, também chamada de Capela de Jesus, "onde os esperava a guarda da cadeia, reforçada com mais de cem homens", de acordo com o frei Raimundo da Anunciação Penaforte, outro franciscano encarregado, como Maria do Desterro, de assistir espiritualmente os acusados.[2]

A sessão para a promulgação da sentença, presidida pelo vice-rei, dom José Luís de Castro, durou dezoito horas. Os réus viam-se pela primeira vez juntos em três anos, embora tivessem encontrado um ou outro, ocasionalmente, nas acareações. Depauperados pelo longo isolamento, mais desfigurados ficaram ao ser colocados diante dos soldados armados, como um pelotão de fuzilamento.

Acorrentados, aguardaram acomodados como puderam até as duas horas da manhã, quando surgiu o escrivão, desembargador Francisco Luís Álvares da Rocha, seguido por onze sacerdotes do convento de Santo Antônio. O escrivão começou então a leitura das sentenças, elaboradas pelos juízes da Alçada com o vice-rei. Avaliaram os magistrados que, sem a delação de Silvério dos Reis, o golpe teria se consumado. Os réus entraram em desespero, à medida que as sentenças iam sendo anunciadas, uma a uma, até o final da leitura, que levou uma hora e meia.

---

2 Raimundo da Anunciação Penaforte, Últimos momentos dos Inconfidentes de 1789, *Autos de Devassa, op. cit.*, v. 9.

Enquanto os demais condenados seriam degredados, entre eles Antônio Gonzaga, os onze ali presentes estavam condenados à forca: Francisco de Paula Freire de Andrade, José Álvares Maciel, Francisco de Oliveira Lopes, Domingos de Abreu Vieira, Luiz Vaz de Toledo Piza, os dois José Resende da Costa (pai e filho), Domingos Vidal Barbosa Lage, Salvador do Amaral Gurgel, Alvarenga Peixoto e Joaquim José da Silva Xavier. Apontado como o líder da rebelião, conforme ele mesmo sustentara ao depor, culpado de "alta traição", Silva Xavier seria também esquartejado. Suas casas seriam demolidas e as terras salgadas – "ainda que para isto se comprassem à custa do confisco", uma vez que a residência em Vila Rica, sendo alugada, não lhe pertencia. Na terra nua, se levantaria "um padrão que perpetuasse a infâmia de seu nome", conforme a sentença. Semelhante aos que os portugueses fincavam em terras descobertas, o "padrão", era o marco de pedra que, nesse caso, sinalizava a infâmia do condenado até o fim dos tempos.

Freire de Andrade também seria decapitado; suas terras seriam salgadas, mas sem o padrão – um patamar abaixo na escala da ignomínia. Dos outros condenados à morte, Alvarenga Peixoto e Álvares Maciel teriam suas cabeças postadas em "madeiros altos fronteando os sítios de suas habitações". Os demais condenados à morte não teriam os cadáveres colocados em exposição.

Quando saiu, após ler as sentenças, o escrivão deixou atrás um cenário de consternação e desespero. "Os presos estavam estendidos por junto das paredes, ora gemendo – ou para melhor dizer, agonizando – ora confessando-se; sempre fazendo tinir ferros", segundo Maria do Desterro. Cercados pelas sentinelas, "com armas prontas, ouviam as portas batendo a cada instante – e sempre com estrondo", narrou o padre. "Sala da morte", resumiu.

De acordo com Maria do Desterro, "entre os horrores dessa cena tão lastimosa, viram-se brilhar alguns atos estimáveis de religião". Junto aos Resende, condenados à morte, tanto o filho como o pai, o frei ouviu: "Meu pai, que é isto? Vamos para o céu, não é tempo de desmaiar".

O padre conta ainda em seu memorial que Silva Xavier disse: "eu sou a causa da morte destes homens; desejaria ter mais dez vidas e podê-las dar por todos eles". Pinçada dos documentos da devassa pelos revisores da história no período republicano, a frase registrada pelo franciscano foi transformada em um dístico da pátria. Sua versão popularizada ("Se dez vidas eu tivesse, dez vidas eu daria") sugere que ele declarava estar disposto a morrer tantas vezes quantas fossem pela independência, ou pela liberdade, heroica hipérbole de amor pela pátria. Conforme o relato original do padre, Silva Xavier na realidade se referia a seus dez companheiros de infortúnio, caídos em desgraça por sua causa, ao espalhar a sedição, segundo ele próprio concluía. "Se Deus me ouvira, eu só morreria, e não eles", disse ainda Silva Xavier, de acordo com o relato de Maria do Desterro.

Não sabia que suas palavras se tornavam profecia.

*

Enquanto os condenados aguardavam novas providências, foi reforçada a guarda da cadeia – formada exclusivamente com a tropa paga pelo Estado, para maior segurança. De forma a dar conta daquela execução coletiva, foram dadas as instruções para o levantamento de "uma nova forca de tão grossos madeiros e de uma altura tão desmarcada, como convinha para indicar a gravidade do crime", instalada "na parte do campo" do largo da Lampadosa.[3]

"De tudo isto resultava um terror universal", descreveu Maria do Desterro. "Posso dizer que a cidade, sem discrepar de seus deveres políticos, não pôde esconder de todo a opressão que sentia." Contou ele que "muitas famílias" retiraram-se para o campo, para fugir àquele clima de pesar; "diminuiu a comunicação"; "as ruas não foram frequentadas por gente mais séria". "Os infelizes estavam já mortos,

---

3 Frei José Carlos de Jesus Maria do Desterro, *Autos de Devassa*, op. cit.

na expectação de todos", relatou. Por outro lado, uma multidão de curiosos passou a cercar a cadeia, à espera do resultado da apelação feita pelo advogado dos agora condenados.

Numa sala anexa ao Oratório, Oliveira Fagundes trabalhou às pressas numa apelação por meio da qual pleiteava a comutação da pena dos condenados à morte também para o degredo. Seu argumento era o de que o degredado recebia um castigo pelo resto da vida, enquanto a morte era um sofrimento instantâneo. "Horrorizado de si próprio, fica (o condenado ao degredo) servindo ao mundo de maior exemplo, que é o primeiro objeto das leis criminais", sustentou.[4]

Na sexta-feira, pela manhã, Oliveira Fagundes apresentou o embargo, que foi negado. Nova petição foi redigida – os "embargos da misericórdia", para serem remetidos à rainha –, dizendo que os condenados poderiam ficar nas prisões "mais pestilentas" e ela, ao mesmo tempo, estaria com a consciência tranquila. Na Sala do Oratório, por volta da uma da tarde, o escrivão reapareceu, para anunciar que a última apelação tinha sido também negada. "Matou, desta vez, a todos", observou o padre Maria do Desterro.

Observou, porém: "tudo o que sucede está sujeito às conjecturas humanas; a minha é que, neste caso, já se dava aos presos um grande anúncio". Mal tinham caído em desesperança, com o fim do último apelo, os condenados ouviram o escrivão ler um novo documento, que teria chegado naquele mesmo dia, segundo afirmou. Era dirigido ao tribunal pela rainha, em carta de próprio punho. Na mensagem, dona Maria I dava nova sentença aos conjurados: dez dos onze condenados à morte teriam sua pena comutada em degredo perpétuo "para os lugares da África".

A tragédia virou júbilo. "Levantaram-se os mortos", escreveu o frei Maria do Desterro. "Tiraram-se os ferros." A notícia atravessou

---

[4] Embargos ao acórdão pelo advogado dos réus inconfidentes, dr. José de Oliveira Fagundes, 20/04/1972, *Autos de Devassa*, op. cit., v. 9.

os corredores e foi para a rua, causando o efeito desejado. De acordo com o padre, ouviram-se do lado de fora da Cadeia da Relação "alegres vivas – que retumbavam no coração de todos com grande gosto".

A rainha, porém, mantinha a execução de Silva Xavier, com aplicação imediata. O motivo era ter sido o alferes o sustentador da sublevação publicamente – pagaria pelo "veneno da sua perfídia".[5] O pedido do alferes a Deus para ser o único condenado à morte realizava-se como vaticínio.

Recebeu seu destino de "ânimo sereno", segundo o frei Maria do Desterro; "de seu lugar, deu os parabéns que pôde" aos demais réus, ainda desarvorados com aquela tempestade de emoções contraditórias. Ao sacerdote, pareceu tomado de uma calma sobrenatural, que podia ser simplesmente estado de choque. Como Jesus entre seus apóstolos, parecia conformado em ser ali o único a ser sacrificado no dia seguinte.

"Não o tocou a inveja, nem o entristeceu neste lance a sua desgraça", escreveu o padre. "Os religiosos que, de propósito, o procuraram, nada tiveram que fazer – e muito que admirar à sua conformidade." Segundo o frei Anunciação Penaforte, quando dele se aproximou, Silva Xavier lhe disse que "agora morreria cheio de prazer, pois não levava após si tantos infelizes a quem contaminara" – e lembrou que "sempre lhes pedira que fizessem dele, só, a vítima da lei".

Naquele momento, ninguém se deu conta de que a carta com o perdão da rainha não poderia ter sido feita após a sentença do tribunal. Datada de 15 de outubro de 1790, ela tinha sido trazida na comitiva do novo vice-rei, dom José Luís de Castro, pelo desembargador do Tribunal da Relação, Sebastião Xavier de Vasconcelos Coutinho, responsável por concluir a devassa, um ano e meio antes. Ficara guardada para ser aberta somente ao final, após a encenação da tragédia, para realçar a misericórdia de Sua Majestade.

---

5 Carta Régia de dona Maria I, de 17/07/1790, *Autos de Devassa*, op. cit., v. 7.

Em uma segunda carta, a rainha deu instruções específicas ao desembargador sobre o caso dos eclesiásticos envolvidos na conspiração, por "não lhes pertencer privilégio algum de isenção nos crimes excetos, dos quais o de lesa-majestade é o primeiro". Ressalvou, contudo, que se mantivesse o segredo sobre a pena dos religiosos e não se desse execução sumária à sentença, "para o caso de ser a pena tal que seja necessário serem os réus degradados das ordens que tiverem, o que só se pode saber depois de proferida a sentença e constar a pena que lhes é imposta".[6]

A "maldição" de dom José I, por conta do suplício dos Távora, ajudava a explicar aquela decisão de comutar a sentença de morte da maioria dos conspiradores, mesmo antes de encerrado o processo. "A nossa Augustíssima Soberana [...] já se tinha dignado perdoar os réus que, não entrando nos perniciosos conventículos, contudo sabendo dele, não o houvessem delatado", apontou Maria do Desterro. "A esse mesmo espírito de clemência se deve atribuir não serem impostas as mesmas penas, que recomendam as leis, para atormentar em vida semelhantes delinquentes e fazer cruel a sua morte."

Pesaram naquela decisão também razões de Estado. Portugal não podia se enfraquecer ainda mais, perseguindo vassalos que ainda respondiam pela grande parte da riqueza produzida no império. O reino andava novamente em rota de decadência. A saída do marquês de Pombal, destituído por dona Maria I, ficou conhecida entre os portugueses como a "Viradeira": os poderes eclesiásticos foram resgatados; foram devolvidos alguns privilégios aos nobres; apesar de muitas iniciativas e políticas pombalinas progressistas serem mantidas, Portugal se manteve à margem da industrialização e voltou à dependência da Inglaterra.

Faltavam naus cargueiras e forças navais para garantir a segurança do comércio marítimo, a começar pela exportação de açúcar

---

6 Carta Régia ao desembargador Sebastião Xavier de Vasconcelos Coutinho, chanceler na Alçada, sobre o julgamento dos eclesiásticos, 01/10/1790, *Autos de Devassa, op. cit.*, v. 8.

brasileiro. "Os ingleses tinham uma cota importante no transporte de mercadorias entre Lisboa e os portos brasileiros, já que Portugal não dispunha de material de navegação próprio que lhe permitisse manter as frotas anuais do Brasil", afirmou Boxer.[7] Os portugueses dependiam do fretamento de barcos estrangeiros também para o comércio de escravos com Angola e a compra de produtos manufaturados ingleses, bem como de artigos chineses e indianos, vindos de Goa para Lisboa.

A força naval britânica, somada a sua produção industrial, opunha o Reino Unido à França, que após o fim da monarquia despontava como a outra potência emergente da Europa. A disputa pela hegemonia do comércio mundial não permitia a Portugal fazer um estrago ainda maior na colônia que era sua salvação econômica. A realidade, bem compreendida na Corte, era que na Inconfidência Mineira se envolvera de uma forma ou outra quase toda a elite da capitania mais rica do império. Seria melhor que o movimento terminasse com o menor estrago possível, sobretudo na produção do garimpo, do qual o reino ainda tanto dependia.

Os traidores eram os mesmos "homens bons" a quem a própria Coroa dera terras, contratos de exploração de negócios e poder, na gestão das câmaras das vilas – e contavam com a simpatia de seus pares. No caso de Antônio Gonzaga, foi relevada até mesmo sua participação na confecção das leis da futura república. A versão final dos julgadores ficou sendo a de que "as leis fundamentais" teriam sido "traçadas pelo infame réu e infeliz suicida Dr. Cláudio Manuel da Costa".

Assim, os que eram para morrer juntaram-se aos demais sentenciados ao degredo perpétuo, em colônias na África, com confisco dos bens, ou multa. Com Antônio Gonzaga, estavam nessa lista Vicente Vieira da Mota, José Aires Gomes, Francisco Antônio de Oliveira Lopes, João Dias da Mota e Vitoriano Gonçalves Veloso. Como

---

7   Charles R. Boxer, *A Idade de Ouro do Brasil: 1695-1750*, op. cit.

"falsos acusadores", Fernando José Ribeiro e José Martins Borges foram condenados ao açoite e a serem levados com a corda ao pescoço pela rua, dando três voltas ao redor do patíbulo; o primeiro depois foi para o degredo perpétuo em Angola, o segundo para as galés.

Foram considerados inocentes, "purificados e livres de culpa e pena", Manuel Joaquim Forte de Sá Pinto Rego, capitão de cavalaria dos voluntários de São Paulo, e Francisco José de Melo, que já tinham morrido; Faustino Soares de Araújo – "solto e livre por haver descoberto a conjuração ao Deputado Secretário Real da Junta"; o sapateiro Manuel da Costa Capanema; Manuel José de Miranda; João Francisco das Chagas e Alexandre, escravo do padre José da Silva.[8]

Conforme as ordens da rainha, os cinco sacerdotes envolvidos na conspiração tiveram a sentença mantida sob sigilo. "Retidos em prisões fortes", foram enviados a Lisboa, onde "esperariam sua última e real determinação", conforme o frei Anunciação Penaforte.[9]

A Coroa manteve a execução de Silva Xavier como forma de reafirmar a autoridade portuguesa, mas ao mesmo tempo acenava com uma trégua, pela leniência com os demais conspiradores. Alguns permaneceram de fora da devassa, como Rodrigues de Macedo. Outros, que sabiam da conspiração sem tê-la denunciado, a começar pelo governador Barbacena, também saíram livres. Assim, com o sacrifício de alguns, o restante da elite colonial brasileira escapava ilesa e podia seguir em frente, tendo conquistado o que realmente lhe interessava: a suspensão da cobrança das dívidas fiscais, ainda que de forma temporária.

*

Em 1792, Silva Xavier tinha 46 anos de idade. A ideia da Coroa era tornar sua morte um exemplo de penitência, tanto criminal como

---

8 Últimos momentos dos Inconfidentes de 1789, *Autos de Devassa*, op. cit., v. 9.
9 Últimos momentos dos Inconfidentes de 1789, *Autos de Devassa*, op. cit., v. 9.

espiritual. Assim, os franciscanos foram encarregados de todos os detalhes da cerimônia de execução, desde a preparação do condenado até a procissão que transformou a sentença judicial em sacrifício religioso. "Este homem indigno é de nossas memórias, mas, se ficar de todo no esquecimento, nenhum fruto tiraremos de seu exemplar castigo", anotou o frei Maria do Desterro.

Não contavam que essa punição publicitária podia ter o efeito contrário. Diante de um governo arbitrário, que cobrava impostos escorchantes e mandava ao cadafalso um defensor da liberdade, a condenação de Silva Xavier podia transformar um homem comum em herói, criando na sociedade colonial da época uma onda de simpatia. A morte em praça pública de um único condenado, cercando-o com a mística do sacrifício, o promovia a mártir.

No dia 21 de abril de 1792, data marcada para a execução, após nova leitura da sentença, entrou no Oratório da Cadeia da Relação o carrasco, negro conhecido como Capitania.[10] "Vendo que o carrasco entrava a pôr-lhe as cordas [o laço para o enforcamento], assim que o conheceu [Silva Xavier] lhe beijou os pés com tanta humildade que, sendo aquele dos que afetam dureza e crueldade, chegou a comover-se e deixou escapar uma lágrima", descreveu o frei Maria do Desterro. Ao ser despido para envergar a túnica branca com que subiria ao cadafalso, Silva Xavier disse, conforme o testemunho do frei Anunciação Penaforte: "Nosso Senhor morreu nu por meus pecados".[11]

Por volta das oito e meia da manhã, quando ele saiu, estava tomado pela multidão todo o caminho que levava da Cadeia da Relação ao campo da Lampadosa, com esse nome desde 1747, por conta da construção no local da Capela de Nossa Senhora da Lampadosa. Para lá seguiu o condenado, na procissão inspirada na via-crúcis de Jesus, até a chegada ao Gólgota.

---

10 Nota de Tarquínio de Oliveira, *Autos de Devassa, op. cit.*, v. 9.
11 Raimundo da Anunciação Penaforte, Últimos momentos dos Inconfidentes de 1789, *Autos de Devassa, op. cit.*, v. 9.

Silva Xavier cumpriu a pé o trajeto, com o laço da execução ao pescoço, levando um crucifixo nas mãos atadas em frente ao corpo. Para escoltar sua passagem, foram mobilizados três regimentos da guarda imperial, incluindo o Esquadrão de Cavalaria, que seguiu a marcha até o final, cercando o sentenciado, os meirinhos e os magistrados, montados em cavalos com arreios reluzentes. Soavam os tambores da milícia e os cânticos de nove franciscanos, que pediram a Silva Xavier para andar mais devagar – "se lhe dizia que aquele era o tempo precioso e os bons instantes necessários para amar a Deus". Assim, um trajeto de vinte minutos demorou cerca de duas horas. Ao final da marcha, "vinha o carretão – que traria os quartos, depois de feita a execução".[12]

Chegaram ao local da execução às onze horas da manhã. As tropas continham a multidão, formando um triângulo de campo aberto, com a forca ao centro. Perante a plateia, trajado como para uma missa, Maria do Desterro fez uma oração, utilizando o patíbulo como púlpito. Como era costume, ao se dirigir ao cadafalso, Silva Xavier beijou novamente os pés do executor, com o pedido de que fosse misericordioso, apressando sua morte – o que o carrasco podia fazer, colocando seu peso sobre os ombros do enforcado, quando ele caía no alçapão, para uma agonia mais rápida.

Concluída a execução, Maria do Desterro conta que Anunciação Penaforte recitou para o público um trecho do Eclesiastes, capítulo 10, versículo 20: "Nem por pensamentos traia a teu rei, nem tampouco no mais interior da tua recâmara amaldiçoes ao rico; porque as aves dos céus levarão a voz e manifestarão teus juízos". E apontou no "louco desejo de liberdade" a causa do crime.

A cerimônia foi encerrada com um discurso do brigadeiro Pedro Álvares de Andrade, chefe das tropas de segurança naquela operação, com três vivas à rainha – no que foi acompanhado pelos

---

12 Raimundo da Anunciação Penaforte, Últimos momentos dos Inconfidentes de 1789, *Autos de Devassa, op. cit.*, v. 9.

"regimentos e o imenso povo que presente estava". Enquanto isso, o cadáver era recolhido até a Casa do Trem, um depósito da artilharia, para ser esquartejado pelo carrasco.

Naquela noite, "os moradores desta cidade se vestiram de gala e houve ópera em demonstração de alegria pelo desagravo da traição", escreveu um missivista, cuja identidade permaneceu desconhecida.[13]

Por decreto, seguiram-se no Rio de Janeiro três dias de "luminárias" – num tempo em que não havia iluminação pública, a população acendia velas de sebo e gordura nos dias de festas e procissões. Na igreja dos Terceiros Carmelitas, foi rezada uma missa de ação de graças.

Consumava-se a morte de Joaquim José da Silva Xavier e começava a mistificação do Tiradentes.

*

As execuções brutais eram comuns na sociedade oriunda do período medieval. A Igreja mandava para a fogueira judeus e suspeitos de judaísmo, assim como os cristãos-novos, considerados judeus quando tinham pelo menos um oitavo de sangue judaico (um bisavô). Na colônia brasileira, o último a ser condenado à fogueira foi Manoel de Abreu, da vila de Campos, na Bahia, que tinha ascendência de cristão-novo, e foi, no entanto, incinerado simbolicamente, em 1769, porque já havia morrido no cárcere.

O fato de o corpo de Tiradentes ter sido esquartejado e salgado foi comumente associado a uma suposta crueldade adicional. A Justiça portuguesa, que usava de forma costumeira a sentença de morte pela forca, sentenciava o esquartejamento e a exposição pública das peças humanas mais frequentemente de escravos. No caso de um militar, filho de portugueses, o esquartejamento simbolizava desonra, porque se morria como um escravo. Já o salgamento da carne se fazia para a conservação das peças, evitando a putrefação

---

13 Carta a destinatário ignorado relatando sentença da Alçada e respectiva execução de Tiradentes, 23/04/1789, *Autos de Devassa, op. cit.*, v. 9.

– como os portugueses faziam, e ainda se faz, com a carne de bacalhau –, de maneira que pudessem ficar mais tempo em exposição, de forma exemplar.

À frente de um grupo de sete homens, o carrasco Capitania levou as peças salgadas, acomodadas em surrões, distribuindo-as para exibição pública ao longo do Caminho Novo, onde Tiradentes trabalhava. A primeira foi pendurada em Cebolas, a uma centena de quilômetros do Rio de Janeiro, um dos lugares onde o alferes havia feito suas pregações conspiratórias; outras se expuseram em Varginha e Carijós. O dinheiro do carrasco acabou no meio da viagem, de maneira que Capitania teve de esmolar para chegar a Vila Rica e concluir a tarefa.

Última peça a ser exposta, a cabeça de Silva Xavier foi empalada no largo diante do Palácio dos Governadores. Não era um espetáculo novo, já que assim se fazia ali com todos os condenados. Não deixava de ser uma crueldade do destino, porém, que terminasse daquela forma o homem que prometera exibir a cabeça do governador, naquele mesmo lugar.

O fim da conspiração foi comemorado em Vila Rica com uma missa na matriz de Nossa Senhora do Pilar e três dias de festa, para os quais as janelas das casas foram enfeitadas de tecidos. Na igreja Matriz de Nossa Senhora do Pilar de Ouro Preto, foi cantado o *Te Deum Laudamus* e rezada uma missa "pela felicidade do Estado, como pela vida e saúde de Sua Majestade".[14]

Na cerimônia de encerramento das festividades, na Câmara Municipal, o discurso principal foi do vereador Diogo Pereira Ribeiro de Vasconcelos, que depusera na devassa e escapara por pouco ele mesmo da acusação. Saudou o desfecho do inquérito, o que, para bons entendedores, soou como ironia. Disse que "as grandes revoluções são acompanhadas de funestos desastres". Exaltou as glórias

---

14 Carta ao secretário da Marinha e Ultramar, Martinho de Melo e Castro, relatando os festejos pelo fracasso da Inconfidência, 02/07/1792, *Autos de Devassa, op. cit.*, v 9.

da colonização e "as delícias da subserviência". "Brasileiros, vós sois dóceis, são inteligentes", afirmou. "Homens tais obram sempre o que é justo, ainda que a lei não o declare [...]." Lembrou ainda quem havia defendido a colônia das invasões que poderiam ter feito o Brasil ser dividido entre a França e a Holanda. "Foram os brasileiros os que resgataram o Rio de Janeiro conquistado, [e também] os que, vencendo um povo forte e atrevido em defesa da Bahia, ganharam perpétua vida", declarou.[15]

Cumprindo as determinações da Justiça, Barbacena mandou derrubar a casa onde Tiradentes morava, na rua São José, salgar o terreno, para que ali não brotasse mais mato, e plantou nela o marco de pedra como memória do ocorrido. Na Casa dos Contos foi registrado o serviço, feito de encomenda pelo mestre pedreiro José Ribeiro de Carvalhais, que gastou dois dias na demolição da casa, com 21 homens, antes de instalar o padrão "da infâmia do réu".[16] A Fazenda Real teve de pagar uma indenização ao padre Joaquim de Pereira Magalhães, proprietário do imóvel, alugado ao alferes.[17]

Lendas locais sugeriram que a cabeça de Tiradentes teria sido roubada na primeira noite e enterrada em local desconhecido, mas não há nenhum registro oficial de que isso realmente ocorreu. O mais provável é que ela ainda estava lá, na ocasião da cerimônia de encerramento dos festejos pelo fim da sublevação, um mês após sua morte. Sinal disso, no discurso na Câmara, Ribeiro de Vasconcelos apontou para fora, em direção à praça, declarando: "deixemos esse desgraçado servir ao exemplo da futura idade, quem dele não se lembrará sem formar ideia da sua ingratidão, de seu opróbrio e suplício".

---

15 Câmara – Sessão solene: Fala do vereador dr. Diogo Pereira Ribeiro de Vasconcelos, de gratidão à rainha e regozijo pelo fracasso da Inconfidência, 22/05/1792, *Autos de Devassa, op. cit.*, v. 9.
16 Vila Rica, 15/05/1792, em *Autos de Devassa, op. cit.* v. 2.
17 Padre Joaquim Pereira de Magalhães, petição de pagamento da indenização devida pela casa em que morou Tiradentes, demolida e arrasada por ordem da Justiça, 20/10/1792, *Autos de Devassa, op. cit.*

Da mesma forma que o destino da sua cabeça, boa parte da história de Silva Xavier acabou sendo fabulada, na transmissão oral, ou envolvida em mistério pela crendice popular. Com a santificação ou canonização informal do condenado, se a Inconfidência não passara até então de defesa de interesses do grupo que a organizara, o movimento ganhou enfim a simpatia e o apoio popular que o alferes não teve em vida. Tudo o que os inconfidentes precisavam era de um mártir. Com sua morte, Tiradentes triunfava.

CAPÍTULO 15

Os raios de Vulcano

Liberado nove meses depois de sua prisão, Silvério dos Reis tratou de cobrar as promessas do governador Barbacena. O período no calabouço complicara ainda mais seus negócios. Pediu que lhe devolvessem suas três fazendas – Ressaquinha, Caveira e Trapironga –, ressarcimento pelos prejuízos da temporada na prisão e preferência nos contratos com terceiros dos quais era credor. Foi atendido. Em Portugal, recebeu de dom João, que governava como regente após o afastamento de dona Maria I, a comenda da Ordem de Cristo e um prêmio de 200 mil-réis.

Logo, porém, queixou-se de ser esquecido. "Aquele mesmo Vice-Rei, o Ilustríssimo e Excelentíssimo Luís de Vasconcelos e Sousa, que me teve preso enquanto julgou necessário, contribuiu sempre para a minha satisfação, porque conhecendo a minha lealdade e zelo pelo real serviço, me tratou sempre com muita amizade e obséquio", escreveu. "Porém, mudado o governo, mudei de fortuna."

Já não sendo bem-visto antes da delação, depois dela tornou-se um proscrito no meio da sociedade colonial. Nunca mais voltou a Minas, por motivo de segurança. Sofreu um atentado a tiros, do qual "só por milagre escapei com vida; deram-se à minha porta umas cutiladas a outro, cuidando que se davam em mim, por este levar um capote irmão do que [eu] costumava usar de noite". Sua casa no Rio de Janeiro foi incendiada por alguém, com "uma mecha de pano de linho com azeite e fogo. "Como me vejo cercado de inimigos, sempre vivo em aflição e desconfiança; entrou todo este povo a ultrajar-me, a desatender-me por todos os modos, não havia rua desta cidade por onde pudesse passar sem que ouvisse as maiores injúrias e desatenções."

A leniência da Fazenda Real com os devedores após a anunciada desistência da derrama durou pouco – cobraram-se os impostos devidos, inclusive de Silvério dos Reis, de maneira que ele perdeu novamente praticamente tudo o que possuía. Em agosto de 1791, ele pediu novamente o perdão das dívidas e licença para exilar-se na Corte, com passagem paga para Lisboa e dinheiro de arrimo, de forma a que "se assegure a vida daqueles que se arriscaram por bem do Estado".[1]

Pedido negado, passou o resto da vida solicitando pensões e benefícios, sempre alegando que a Coroa tinha para com ele uma eterna dívida. Estabeleceu-se por fim no Maranhão, onde morreu aos 63 anos, em 1819, sendo sepultado na igreja de São Batista, com honras de coronel e cavaleiro.

*

Em ofício ao governador Barbacena, como uma alternativa à derrama, que havia sido cancelada, a Câmara de Vila Rica propôs uma reforma tributária, de forma a resolver os problemas da Fazenda Real, que ainda tinha de solucionar o problema de arrecadação para Portugal. Dando a decadência da mineração como fato consumado, os chefes coloniais concluíam que "nada mais resta do que cortar

---

[1] Joaquim Silvério dos Reis, exposição ao secretário da Marinha e Ultramar, Martinho de Melo e Castro, reiterando pedido de se mudar para o Reino com toda a sua família, pelos riscos de permanecer no Brasil, 15/03/1791, *Autos de Devassa, op. cit.*, v. 9.

tudo pela raiz, mudando-se inteiramente o sistema de percepção deste rendimento real, reduzindo-se o ouro ao seu justo valor [...]".[2]

Propunham mudar a "pensão" a fim de que ela recaísse sobre "muitos outros artigos", de forma que a Coroa seria compensada por "soltar" o ouro, com mais perspectivas de crescimento na arrecadação de outras fontes. "O que lembra em primeiro lugar é o aumento do direito das entradas dos gêneros e escravos", propugnava o relatório. No caso dos gêneros, tinham em vista sobretudo "as aguardentes e as carnes".

Sugeriram também a volta da capitação, "moderada e pessoal", que lhes pareceu "admissível". Estimando o número de escravos na colônia em 350 mil, os membros da Câmara de Vila Rica propunham uma taxação de 400 réis ao ano por cabeça. Cogitavam também a taxação de heranças e da venda de imóveis, que eram frequentes, dadas as muitas "emigrações – que não se efetuam sem que os emigrantes disponham do que possuem".[3]

*

Ao contrário do que se poderia imaginar, o degredo dos condenados não era uma pena leve, ou apenas uma forma de afastá-los da política local. Além de terem seus bens expropriados, as colônias para onde eram enviados tinham baixa expectativa de vida – e para alguns dos inconfidentes, de fato, a vida no exílio foi de curta duração.

Embarcados entre maio e junho de 1792, foram distribuídos 22 degredados entre Moçambique, Angola, Cabo Verde e Guiné-Bissau. Alvarenga Peixoto foi para Angola. Seu segundo depoimento à devassa, em 14 de janeiro de 1790, louvando Barbacena em latim e comparando-o com Júpiter, deus grego supremo, tinha beirado a galhofa.

---

2 Ofício da Câmara de Vila Rica aos visconde de Barbacena sobre a suspensão da derrama, 15/08/1789, REF.: APM, Seção Colonial, Registro Geral da Câmara de Vila Rica, *Autos de Devassa, op. cit.*, v. 8.
3 Ofício da Câmara de Vila Rica ao visconde de Barbacena sobre a suspensão da derrama, 15/08/1789, REF.: APM, Seção Colonial, Registro Geral da Câmara de Vila Rica, *Autos de Devassa, op. cit.*, v. 8.

"Quem se atreveria a proferir semelhante proposição [a Inconfidência] sem que temesse ser imediatamente fulminado por quantos raios pode forjar Vulcano, por quantos pode disparar a mão de Jove", disse aos interrogadores.[4]

No degredo, sentiu o efeito do raio. Com os bens confiscados, junto com parte de sua obra poética, que se perdeu, já chegou debilitado a Luanda, de onde foi para Ambaca, na província de Cuanza do Norte, onde permaneceu encarcerado. Quando foi preso, tinha 45 anos. Morreu aos cinquenta, logo depois da chegada a Ambaca, em 1792, vitimado por uma febre e pela amargura, refletida nos sonetos escritos ainda na ilha das Cobras, como este:

Eu não lastimo o próximo perigo,
Nem a escura prisão estreita e forte;
Lastimo os caros filhos e a consorte,
A perda irreparável de um amigo

A prisão não lastimo, outra vez digo,
Nem ver iminente o duro corte;
É ventura também achar a morte
Quando a vida só serve de castigo

Ah! quão depressa então acabar vira
Este sonho, este enredo, esta quimera,
Que passa por verdade e é mentira.

Se filhos e consorte não tivera,
E do amigo as virtudes possuíra,
Só de vida um momento não quisera

---

4   Inácio José de Alvarenga Peixoto, 2ª inquirição, 14/01/1790, *Autos de Devassa, op. cit.*, v. 5.

Ou este versos, endereçados a sua mulher, a também poeta Bárbara Heliodora:

Tu, entre os braços, ternos abraços
Da filha amada podes gozar;
Priva-me a estrela de ti e dela,
Busca dois modos de me matar!

Depois da prisão do marido, Heliodora alegou estar casada em comunhão de bens, com o que conseguiu salvar do confisco uma parte do patrimônio do casal. Em uma carta de 18 de fevereiro de 1795, assinada em São João del-Rei, pediu ao contratador Rodrigues de Macedo, a quem tratava por "compadre", que arrematasse em leilão a parte restante, correspondente à de Alvarenga Peixoto. "Vou de novo a rogar-lhe, com lágrimas, que queria agora fazer o maior [favor] de todos, que é o de ser meu sócio, porque só assim me desviará do grande mal que me ameaça de um estranho arrematar, que abuse da minha desgraça e da falta de inteligência e forças", escreveu ela.

Dois anos após a morte de Tiradentes, Rodrigues de Macedo arrematou também em leilão suas terras da Rocinha Negra. Seus bens estavam avaliados num total de 797 mil-réis, dos quais foram arrematados 376 mil-réis, de acordo com o registro do escrivão da Ouvidoria, José Veríssimo da Fonseca, em 9 de abril de 1791. A venda em leilão explica como alguns de seus bens foram parar em mãos de particulares, como seu relógio inglês de algibeira, adquirido em 1953 pelo então presidente da República Juscelino Kubitschek, que o doou ao acervo do Museu da Inconfidência.

*

Rodrigues de Macedo se encontrou a salvo não apenas da investigação feita pela devassa como também da execução de suas dívidas com a Coroa – ao menos enquanto durou o governo do visconde de Barbacena. Este manteve o contratador e sobretudo a si mesmo fora dos inquéritos, tanto o que colocou em curso em Vila Rica quanto o do Rio de Janeiro, conduzido pelo vice-rei. Nas duas inquirições feitas nas fortaleza de Villegagnon, na ilha das Cobras, Álvares Maciel, que morava no Palácio da Cachoeira, convivendo intimamente com Barbacena, não chegou a ser sequer perguntado sobre se o governador teria conhecimento prévio da conspiração.

Barbacena voltou a Portugal ao final de sua gestão, seis anos depois da execução de Tiradentes, em 1798. Antes, promoveu a vila o arraial da Borda do Campo, originado da fazenda de Garcia Rodrigues Pais, na saída do Caminho Novo da Estrada Real. Numa auto-homenagem, deu-lhe o seu próprio nome: Barbacena.

Após sua saída, as dívidas de Rodrigues de Macedo foram enfim cobradas – e o ex-contratador perdeu praticamente todo o seu patrimônio, incluindo a célebre Casa dos Contos, onde se desenrolara boa parte da história da Inconfidência Mineira. Foi morar na fazenda que lhe restou, chamada Boa Vista, de lavras de ouro, em São Gonçalo do Sapucaí, na comarca do Rio das Mortes. Era gerenciada por dois sobrinhos, Antônio Joaquim Rodrigues de Macedo e o alferes Antonio José Fernandes da Silva Macedo, que se tornaram seus herdeiros quando ele morreu, sem mulher nem filhos, aos 77 anos, em 6 de outubro de 1807. Herdaram também suas dívidas, que, mesmo após a Independência do Brasil, em 1822, continuavam sendo cobradas sem sucesso pelo Fisco.

*

Assim como Alvarenga Peixoto, foram degredados para Angola o comandante dos dragões Francisco de Paula Freire de Andrade, José Álvares Maciel, Luiz Vaz de Toledo Piza e Francisco Antônio de Oliveira Lopes. Recolhido a uma masmorra angolana em Pedras de Angoche, Freire de Andrade foi libertado depois de seis anos. Viveu na miséria, prestando serviços subalternos aos militares locais, até morrer aos 56 anos de idade, com sinais de demência.

Outros inconfidentes refizeram a vida no degredo. Toledo Piza tornou-se escrivão. José Resende Costa, pai, empregou-se em Cabo Verde como contador. José Resende Costa, o filho, foi secretário do governo angolano.

Ao chegar a Luanda, Álvares Maciel foi internado no hospital do forte de São Francisco do Penedo com "ameaça de pleuris e escorbuto".[5] Curou-se e em quatro dias foi enviado ao presídio do forte de Massangano, na margem do rio Cuanza. Libertado, foi vendedor em Luanda e, com sua formação em mineração, trabalhou a partir de 1793 na fundição de Oeiras, que ajudou a modernizar. Em 1797, o governador Miguel Antônio de Melo tornou-o seu assessor nas áreas de mineralogia e metalurgia. Morreu em Massangano, em 1804, sem ver chegarem a Angola as peças de uma siderúrgica que projetou, nos moldes da que pretendia fazer na república mineira.

*

Os cinco eclesiásticos envolvidos na conspiração ficaram presos na fortaleza de São Julião da Barra, em Lisboa, por um despacho do príncipe dom João, com a sentença: "Faça-se perpétuo silêncio". No cárcere, um deles, o padre José Lopes, acabou morrendo. Os demais ficaram quatro anos presos na fortaleza e outros seis anos reclusos em mosteiros de Lisboa.

Depois disso, três deles retornaram ao Brasil. Oliveira e Rolim, que tinha uma companheira e filhos na colônia, conseguiu reaver parte de seus bens, confiscados na devassa, e morreu aos 88 anos, em 1835. O padre Manuel Rodrigues da Costa voltou à fazenda de Registro Velho, retomou suas ideias libertaristas e tornou-se deputado constituinte em 1823, ano seguinte à proclamação da Independência. Morreu aos noventa anos, em 1844.

---

5   Tarquínio José Barbosa de Oliveira, nota ao auto de perguntas feitas a José Álvares Maciel, *Autos de Devassa, op. cit.*, v. 2.

O cônego Luís Vieira, indultado pelo visconde de Barbacena, de volta ao Brasil em 1805, não deixou registros. Sua morte ocorreu possivelmente três anos depois, em Angra dos Reis, conforme sugere nota de Tarquínio José Barbosa de Oliveira sobre o depoimento do cônego durante a devassa. O "perpétuo silêncio" acobertou até isso.[6]

*

Para Moçambique foi o contador Vicente Vieira da Mota, capitão da Companhia de Ordenanças de Minas Novas e guarda-livros (contador) de Rodrigues de Macedo. Às vésperas de ser deportado, escreveu da prisão uma carta ao antigo patrão, pedindo dinheiro e reclamando da sorte. "Faltou-me o padrinho", afirmou ele, queixando-se indiretamente de não ter recebido também a proteção de Barbacena e de estar servindo de bode expiatório.[7] Prometia, no entanto, não causar problemas, tendo em vista recear o mesmo destino de Cláudio Manuel da Costa. "Aprendi a virtude do silêncio", afirmou. "Adeus, Sr. João Rodrigues de Macedo. Até o dia do Juízo." Morreu em Moçambique, em 1798, seis anos após sua chegada.

Também para Moçambique foi enviado Antônio Gonzaga, aquele que, entre os inconfidentes degredados, saiu-se melhor – possivelmente com ajuda do pai, alto funcionário do sistema judiciário em Lisboa. Embora o desembargador João Bernardo Gonzaga nunca tenha retornado ao Brasil, como o filho lembrou em seu primeiro depoimento na devassa, ainda estava vivo quando o inquérito teve seu desfecho – faleceu seis anos depois, em 1798.

Numa colônia com pouca gente qualificada, Antônio Gonzaga foi nomeado promotor do Juizado de Defuntos e Ausentes. Casou-se com Juliana de Sousa Mascarenhas, uma jovem de 19 anos, analfabeta, filha do escrivão Alexandre Roberto Mascarenhas, seu subordinado,

---

6 Tarquínio José Barbosa de Oliveira, auto de perguntas ao cônego Luís Vieira da Silva, *Autos de Devassa, op. cit.*, v. 2.
7 Prisão do Castelo – Vicente Vieira da Motta: carta a João Rodrigues de Macedo nas vésperas da partida para o degredo em Moçambique, 18/05/1792, *Autos de Devassa, op. cit.*, v. 9.

que morreu logo depois, aos 42 anos. Ficou morando com a mulher na casa do sogro, na rua do Largo da Saúde, na ilha de Moçambique, em 1793, enquanto a sogra, enviuvada, foi para uma machamba – plantação de mandioca – no território continental da colônia.[8]

Além de exercer a advocacia, trabalhando sobretudo em favor dos traficantes negreiros moçambicanos, Antônio Gonzaga ganhou notável prestígio como poeta. Ainda na prisão da ilha das Cobras, onde desfez seu noivado, pediu a um amigo que levasse o livro escrito em boa parte no calabouço para um editor em Lisboa. A história do poeta encarcerado ajudou a impulsionar a obra, atraindo a simpatia dos movimentos libertaristas que corriam pela Europa. Publicado em 1792, "Marília de Dirceu" tornou-se um sucesso em todo o velho continente, o que equivalia a ser, naquela época, um sucesso mundial.

Em 1806, foi nomeado procurador da Coroa e da Fazenda de Moçambique e, em 1809, juiz da alfândega. Enquanto seus parceiros da poesia árcade e de conspiração acabaram de forma desafortunada – Manuel da Costa assassinado na Casa dos Contos e Alvarenga Peixoto sucumbido tristemente na Guiné –, ao morrer, em 1810, em Moçambique, aos 66 anos, Antônio Gonzaga tinha recuperado seu prestígio social e era o segundo poeta de língua portuguesa mais publicado e conhecido do mundo, atrás apenas de Luís Vaz de Camões.

*

Em 12 de agosto de 1798, Salvador amanheceu com onze panfletos de cunho democrata e republicano pregados nos lugares de maior circulação de pessoas, nas vias que levavam da Cidade Alta até a Cidade Baixa, onde se encontrava o porto, a zona de comércio e as igrejas. A forca no largo do Pelourinho, queimada durante a madrugada, mais pelo simbolismo que pelo estrago, reforçava o desafio à autoridade real.

---

8 Ver Adelto Gonçalves, *Gonzaga, um poeta do Iluminismo*, Rio de Janeiro: Nova Fronteira, 1999.

Num tempo em que não havia imprensa, os libelos eram escritos à mão. Defendiam os mais pobres e pregavam igualdade política. Um deles ("Aviso") informava que havia 676 partidários da revolução. Propunham a proclamação da Independência, com a criação da República Baiense, e abrir os portos, inclusive aos franceses, inimigos de Portugal na Europa.

Os manifestantes exigiam ainda a igualdade e o fim da discriminação racial. O panfleto mais longo denunciava o "péssimo julgo reinável da Europa". Era endereçado "ao clero e ao povo baiano indouto". A população era quase na totalidade analfabeta. Isso não impediu que o conteúdo dos panfletos, difundido boca a boca, ganhasse grande repercussão.

No mesmo dia, o governador da capitania da Bahia, dom Fernando José de Portugal, havia dez anos no cargo, mandou recolher os papéis e instaurou uma devassa. Ao contrário da Inconfidência Mineira, na Conjuração Baiana não havia membros da elite colonial envolvidos na sublevação. A maioria de seus integrantes era de negros ou mulatos, com ofícios considerados subalternos, alguns deles acumulados com o serviço militar de baixa patente. O cabo João de Deus do Nascimento, de 27 anos, trabalhava como alfaiate; Joaquim José da Veiga, mulato liberto, era ferrador de animais; Joaquim José de Santana, barbeiro, era capitão do 3º Regimento de Milícias de Homens Pretos; Manuel Faustino dos Santos Lira, aprendiz de alfaiate; Lucas Dantas do Amorim Torres, marceneiro e soldado.

Eram todos pretos ou mulatos – maioria da população da capital baiana. Ressentiam-se da dificuldade de ascensão social na rígida e estratificada sociedade colonial. Nela, ser branco equivalia a uma certificação da origem europeia – a nobreza tropical. Os conjurados identificavam-se com todos aqueles que, nos panfletos, chamavam simplesmente de "povo baiano". Voltavam-se contra a elite, que detinha a propriedade da terra, outorgada pela Coroa, especialmente os portugueses, com direitos políticos e preferência em todos os negócios.

Posterior à Revolução Francesa, a sedição baiana trazia pela primeira vez no Brasil a ideia de que o poder emana do povo, e não da casta monárquica, por direito divino e hereditário, ou mesmo de uma elite burguesa republicana. Tornou-se célebre na sociedade colonial brasileira a história do cabo do corpo de milícias e alfaiate João de Deus, mulato que saía vestido com chinelos de bico e roupas justas, declarando-se um "revolucionário francês". Surgiu a reação contra o movimento, que discriminava todos os que se vestissem como franceses, usassem barba por fazer ou brincos na orelha, distintivos utilizados pelos integrantes do "partido da rebelião", assim como o colar de contas – os "búzios de Angola".

Os búzios davam ao movimento político uma conotação também cultural e social. Exprimiam a identidade da população formada por negros libertos e mulatos, vinculados a religiões africanas.[9] Para projetar-se socialmente, em vez de ocultar as raízes, como se fazia até então, os revoltosos as ostentavam com orgulho. Criaram para o movimento uma bandeira com uma estrela de cinco raios sobre um globo em fundo branco e um dístico grafado em vermelho: "apareça e não se esconda".

Para ir adiante, o movimento precisava de apoio mais amplo, especialmente militar, que, no entanto, não ocorreu. Entre 23 e 24 de agosto, foi planejada uma reunião, marcada para o Dique do Desterro, um campo afastado do centro, normalmente frequentado por namorados. De acordo com o apurado na devassa, compareceram à reunião catorze pessoas. Delas, três já tinham denunciado a conspiração.

Os líderes foram presos, a maior parte ainda no próprio Dique do Desterro, por um grupamento sob o comando do tenente-coronel Alexandre Teotônio de Souza, com uma centena de soldados e escravos, a maior parte deles armada com pedaços de pau. Lucas Dantas e Manuel Faustino conseguiram escapar da prisão em

---

9 Ver Continuação das perguntas a José de Freitas Sacoto, pardo, livre e preso nas cadeias desta Relação: Autos de Devassa do Levantamento e Sedição Intentados na Bahia em 1798, *Anais do Arquivo Público da Bahia*, Salvador, Imprensa Oficial da Bahia, 1961.

flagrante. Embarcaram escondidos num navio e desceram no Engenho Guaíba, no Recôncavo Baiano. Foram encontrados e presos mais tarde, na estrada.

Dois conspiradores que não tinham ido à reunião, o ourives Luís Pires e o comerciante Pedro Leão de Aguilar Pantoja, ambos brancos, escaparam à prisão. Outro branco, Hermógenes Francisco Aguilar Pantoja, tenente do 2º Regimento de Linha, somente foi preso depois da chegada de uma Carta Régia, em dezembro de 1798, exigindo resultados. Enquanto os brancos, como "homens bons", ficavam de fora das investigações, a Justiça recaía sobre as pessoas consideradas "insignificantes", conforme registrou o historiador Luis Henrique Dias Tavares, da Universidade Federal da Bahia.[10] Os mais pobres, sem influência política, acabaram sofrendo as consequências daquela ousadia.

Foram presas 41 pessoas, das quais 33 acusadas formalmente. João de Deus, Lucas Dantas, Manuel Faustino e Luís Gonzaga das Virgens foram enforcados em Salvador, em 8 de novembro de 1799. Luís Pires, quinto condenado à morte, conseguiu fugir e desapareceu da colônia e da história. Como Tiradentes, os enforcados foram esquartejados e tiveram suas partes expostas na via pública. Luís Gonzaga das Virgens, a quem se atribuiu a redação dos panfletos, teve as mãos pregadas na forca onde foi executado.

Apesar de ser o primeiro levante popular no Brasil, a Conjuração Baiana permaneceu como um episódio pouco conhecido da história do país. O primeiro movimento brasileiro em defesa da igualdade, inclusive racial, foi escamoteado nos livros escolares e da memória oficial.

Apontou, contudo, o rumo da história.

---

[10] Luis Henrique Dias Tavares, *História da sedição intentada da Bahia em 1798*, Salvador, 2016 (Col. UFBA 70 Anos).

CAPÍTULO 16

Uma nação contra a corrente

Entre os documentos confiscados dos bens dos conspiradores, ao serem presos durante a devassa da Inconfidência Mineira, está uma carta, datada de 4 de maio de 1787, escrita em Marselha por Thomas Jefferson, enquanto chanceler na França. Após ouvir o contato europeu dos conspiradores, José Joaquim da Maia e Barbalho, o Vendek, Jefferson fez um resumo da economia e da sociedade colonial brasileira ao final do século XVIII e do que concluiu a partir daquele encontro.

Na carta, dirigida a seu superior no governo norte-americano, o secretário de Estado John Jay, lembrou primeiro que o Rio de Janeiro tinha então 50 mil pessoas e o Brasil "tantos habitantes quanto Portugal":[1]

> 1) Os portugueses são poucos, casados ali pela maior parte; perderam de vista o país em que nasceram, assim como a esperança de tornar a vê-lo, e estão dispostos a tornar-se independentes. 2) Os brancos

---

[1] Relatório de Th. Jefferson a John Jay, Secretário de Estado dos Estados Unidos em Filadélfia, sobre sua viagem ao sul de França. *Autos de devassa, op. cit.*, vol. 8.

nativos formam o corpo da nação. 3) Os escravos são tão numerosos como a gente livre. 4) Os indígenas civilizados não têm energia e os selvagens não se hão de intrometer.

Descrevia com certo desdém as castas da sociedade colonial: "O clero é metade português, metade brasileiro e não se há de interessar muito (pela independência). A nobreza é apenas conhecida como tal. Não se distingue do povo em coisa alguma".

Avaliou a economia brasileira, na qual viu uma boa fonte de renda para Portugal, com capacidade também para sustentar a revolução:

> O trigo custa cerca de 20 libras por quintal (100 litros). Têm carne fresca na maior abundância, a ponto que há lugares em que se matam os bois somente para aproveitar o couro. A pesca da baleia é toda feita por brasileiros, não por portugueses, mas em embarcações muito pequenas, de maneira que os pescadores não sabem manobrar navios grandes. A todo o tempo hão de precisar que lhes forneçamos embarcações, trigo e peixe salgado. Este peixe é um grande artigo, que recebem atualmente de Portugal. [...] As minas de ouro acham-se no meio de montanhas inacessíveis a qualquer exército, e o Rio de Janeiro é tido como o porto mais forte do mundo, depois de Gibraltar. [...] O quinto real das minas produz 13 milhões de cruzados de meio dólar por ano. O rei tem privilégio exclusivo de lavrar as minas de diamantes e outras pedras preciosas, o que lhe dá cerca de metade daquele rendimento. Apenas o produto destas duas verbas rende-lhe por ano cerca de dez milhões de dólares; mas o resto da produção das minas, que orça por 26 milhões, deve considerar-se para efetuar a revolução.

Das tropas, avaliou que havia 20 mil homens nas forças regulares em toda a colônia, porém propensas à insubordinação:

> A princípio eram portugueses; mas, à medida que foram morrendo, foram substituídos por naturais, de forma que estes compõem

presentemente a massa das tropas, e o país pode contar com eles. Os oficiais são em parte portugueses, em parte brasileiros. Não se pode duvidar da sua bravura, e conhecem a formação em parada, mas não a ciência da sua profissão. Não têm inclinação por Portugal, nem ânimo para coisa alguma. [...] Além das armas que existem nas mãos do povo, há os arsenais. Os cavalos abundam, mas somente uma parte do terreno permite o emprego de cavalaria. Precisariam de artilharia, munições, navios, marinheiros e oficiais que estimariam receber dos Estados Unidos, ficando entendido que qualquer serviço ou fornecimento seria bem pago.

Para ele, a fonte de descontentamento era clara:

Reina entre brasileiros e portugueses ódio implacável. Para acalmá-lo, um antigo ministro adotou o meio de nomear brasileiros para alguns empregos públicos; mas os gabinetes que se seguiram voltaram ao antigo costume de conservar a administração nas mãos dos portugueses. Existem ainda nos empregos públicos alguns nacionais anteriormente nomeados.

Da independência, o futuro presidente americano concluiu da conversa com Vendek que os "homens de letras" eram os que mais desejavam uma revolução. Ressaltou a política da desinformação, lembrando que não havia "tipografias no Brasil". Antes de passar a outros assuntos, como o preço do bacalhau e as revoltas no México e no Peru, Jefferson estimou aos colegas parlamentares que, se a revolução no Brasil "fosse bem-sucedida, estabelecer-se-ia provavelmente um governo republicano unitário":

Consideram a revolução norte-americana como precursora da deles. Olham os Estados Unidos como o mais capaz de dar-lhes honesto apoio e, por uma variedade de considerações, nutrem a nosso favor as mais fortes suposições. O povo não se acha muito sob a influência dos seus padres; a maior parte sabe ler e escrever, possui armas e está acostumada a servir-se delas para caçar; os escravos tomarão o partido de seus senhores, pois efetivamente, em matéria de revolução, a opinião do país é unânime; mas não há quem seja capaz de conduzir uma revolução, ou quem queira arriscar-se à frente dela, sem o auxílio de alguma nação poderosa, visto que a gente do país pode falhar-lhe.

Para completar, afirmou que Portugal teria poucas condições de reagir a uma sublevação:

Como Portugal está desprovido de exército e marinha, não poderia tentar uma expedição antes de um ano. À vista dos meios exigidos por essas forças é provável que nunca Portugal tentasse uma segunda expedição. Na verdade, interceptada a fonte de sua riqueza, mal poderia tentar o primeiro esforço. A parte sensata da nação está tão persuadida disto que considera a separação inevitável no tempo [...] Se a Espanha os invadisse pelas fronteiras do sul, estão estas tão distantes dos centros principais que não poderia atingi-los, além de um empreendimento espanhol nada ter de formidável.

O futuro mostrou que ele tinha razão.

*

As mudanças econômicas e político-sociais do século XVIII, das quais o Brasil foi forçadamente deixado para trás, eram inexoráveis. "O impacto das forças transformadoras da Revolução Industrial desencadeia uma era de revoluções sociais em todo o mundo, antes de cristalizar uma nova ordem social estável", afirmou Darcy Ribeiro. "Entre elas se contam as insurreições, inconfidências e levantes que antecedem a independência brasileira e que seguem a ela. Todas buscavam os caminhos de uma reordenação da sociedade que, rompendo com a trama constritiva da dominação colonial e com a estreiteza da ordenação classista interna, abrissem ao povo melhores condições de desempenho na civilização emergente."[2]

O desfecho da Revolta de Vila Rica, da Inconfidência Mineira e da Sedição da Bahia deixou claro que a maior parte da elite colonial brasileira estava na contracorrente do mundo, tanto quanto a Metrópole. A destruição da elite de mamelucos ao longo do século, instalando no poder em seu lugar uma casta de reinóis e mercadores vinculada a Portugal, funcionou para impedir uma mudança radical. Sem consolidar o espírito de uma Nação, no sentido de uma identidade própria, após três séculos de formação, as causas coletivas da elite colonial se voltavam mais para a redução dos impostos e dos controles abusivos. Propunha-se não a mudar o sistema, mas apenas colocá-lo a seu favor.

Enquanto as monarquias absolutistas feneciam ao seu redor, a Coroa portuguesa se manteve, graças em boa parte ao fato de que, em Portugal, a burguesia ascendente não via no poder absolutista em si um empecilho para o progresso, como na França. Ao contrário, a elite emergente, vinculada ao novo capital, em oposição às antigas elites feudais e agrárias que formavam a antiga aristocracia, encontrava-se associada à própria monarquia portuguesa.

"No caso particular de Portugal, a ascensão, já ao tempo do mestre de Avis, dos povos dos mesteres e dos mercadores citadinos pôde encontrar menores barreiras do que nas partes do mundo cristão onde o feudalismo imperava sem grande estorvo", afirmou Sérgio Buarque de Holanda.[3] "Não teve excessivas dificuldades a vencer, por lhe faltar apoio econômico onde se assentasse de modo exclusivo, a burguesia mercantil não precisou adotar uma nova escala de valores, sobre os quais firmasse permanentemente o seu predomínio."

Não apenas a monarquia portuguesa se acostumou à burguesia mercantil como reforçava a posição desta com títulos de nobreza,

---

2   Darcy Ribeiro, *O povo brasileiro*, op. cit.
3   Sérgio Buarque de Holanda, *Raízes do Brasil*, 1936.

para endossá-la. "Os grupos de mercadores e negociantes buscam por todos os meios integrar-se na ordem nobiliárquica: a realidade é o mercador-cavaleiro e o cavaleiro-mercador, o fidalgo-negociante e o negociante-enobrecido, não sendo por isso fácil a existência de uma burguesia autônoma, com seus valores próprios", afirmou o historiador português Vitorino Magalhães Godinho.[4]

Portugal tinha uma longa tradição nos empreendimentos ultramarinos, em que seus senhores feudais se transformavam em empresários coloniais, mesclando suas habilidades como negociantes, chefes militares e administradores locais, em circunstâncias as mais adversas. A concessão de títulos nobiliárquicos, bem como de postos na administração colonial, dos vice-reis aos capitães-mores e "coronéis", fortalecia o predomínio da região onde instalavam seus negócios, protegidos pelo direito divino que envelopava as concessões dos títulos de nobreza por um rei inquestionável. "Tal prestígio, capaz de conferir 'nobreza' aos membros do estamento, cada vez menos, durante a época moderna, constituía privilégio exclusivo das famílias proprietárias de terra", afirmou Marco Antônio da Silveira.[5]

Para manter o poder, a Coroa popularizou a nobreza, substituindo a "nobreza da terra" pelos comerciantes nascidos em Portugal, como uma garantia de manter a hegemonia da Metrópole sobre a colônia. Assim, estar no Brasil se tornou um meio de estar mais perto também da elite portuguesa. "À proporção que as conquistas no ultramar avançavam, e tornava-se mais evidente que a economia lusa era eminentemente mercantil, os títulos honoríficos e a incrustação na máquina administrativa afirmavam-se como meios de distinção. Ambos os caminhos, afinal, aproximavam do rei", afirmou Antônio da Silveira. "Enquanto no Século XVI esses privilégios se davam mais aos senhores da Terra, no XVIII o poder concedente da Coroa passou a favorecer mais e mais os mercadores."

---

4 Vitorino Magalhães Godinho, *A estrutura da antiga sociedade portuguesa*, Lisboa: Arcádia, 1971.
5 Marco Antônio Silveira, *O universo do indistinto: Estado e sociedade nas Minas setecentistas (1735-1808)*, op. cit.

Para os reinóis e seus descendentes nascidos na colônia, a anunciada Terra Prometida brasileira, embora muitas vezes à custa de perigos e sacrifícios, era um negócio promissor e vantajoso, desde que não fosse esbulhado pela Fazenda Real. Mesmo as gerações que a partir da segunda metade do século XVIII se afastavam das origens portuguesas ainda enxergavam nos privilégios concedidos pela monarquia benefícios superiores aos problemas. Assim como a aristocracia dos primeiros donatários, baseada nas concessões fundiárias por outorga real, os novos ricos do século XVIII sustentaram o império português, incluindo a própria instituição da monarquia, num período em que o absolutismo entrava em franca decadência na Europa.

Em vez de aliviar o regime de exploração da colônia, quando este passou a esgotar o patronato local, a Coroa procurou restabelecê-la, garantindo privilégios e concessões, num sistema em que o poder concedente servia para beneficiar interesses privados que mantivessem ao menos parte da elite colonial a seu lado. A monarquia usava também como espantalho da independência brasileira o medo das revoltas internas. No Brasil altamente elitizado do século XVIII, como depois, era impensável um mundo subitamente sem vassalos.

Por tais razões, se o colonialismo não caiu com a Inconfidência Mineira, nem seguiu a sedição baiana, colocando o Brasil historicamente *pari passu* com a vanguarda do mundo, não foi apenas pelo poder coercitivo de Portugal, como também pelo desinteresse da maior parte da própria elite colonial brasileira, para quem a independência e o republicanismo representavam um risco. "É fácil imaginar e está bem documentado o pânico provocado por essas expressões de insurgência dos pretos e dos pardos, ensejadas por sua participação nas lutas políticas", anotou Darcy Ribeiro.[6] "As classes dominantes viam nelas a ameaça iminente de uma 'guerra de castas' violenta e terrível, pelo ódio secularmente contido que faria explodir na forma de convulsões sociais sangrentas."

---

6 Darcy Ribeiro, *O povo brasileiro, op. cit.*

Ainda que o conjunto levasse ao atraso histórico no médio e longo prazos, Portugal servia como poder concedente e moderador, árbitro das disputas locais. A monarquia garantia direitos adquiridos e, sobretudo, evitava a quebra da ordem, bem como da propriedade privada, o que incluía a escravidão. Como demonstrava a proposta de reforma tributária da Câmara de Vila Rica à Coroa, após suspensão da derrama com a Inconfidência Mineira, a fidelidade a Portugal, no final do século XVIII, era mais conveniência que submissão à Metrópole – pagava-se um preço pela manutenção do *status quo*, desde que fosse razoável.

A intenção dos mamelucos bandeirantes, assim como a dos senhores de engenho em Pernambuco, nas guerras dos Emboabas e dos Mascates, nunca foi a de endossar uma revolta armada de cunho independentista, e sim a de cooptar novamente o poder concedente, dentro de um sistema de governo que não importava, desde que servisse à função de proteger as oligarquias estabelecidas. "[Em Portugal] os elementos aristocráticos não foram completamente alijados e as formas de vida herdadas da Idade Média conservaram, em parte, seu prestígio antigo", afirmou Sérgio Buarque de Holanda.[7] "Não só a burguesia urbana mas os próprios labregos deixavam-se contagiar pelo resplendor da existência palaciana, com seus títulos e honrarias."

Se era verdade que a Coroa portuguesa tratava o Brasil como mera fonte de riqueza para simples exploração, também era verdade que a maioria dos empreendedores na aventura brasileira não via problemas na vassalagem ao Estado português, desde que este favorecesse seus interesses. Tal espírito manteve o dependentismo, ou acomodação ao paternalismo do Estado, representado na figura venerável do rei – ainda que por vezes o monarca agisse mais como um déspota do que como um pai, não apenas dos pobres como dos ricos. "Nas nações ibéricas, à falta dessa racionalização da vida, que

---

7   Sérgio Buarque de Holanda, *Raízes do Brasil*, 1936.

tão cedo experimentaram algumas terras protestantes, o princípio unificador foi sempre representado pelos governos", acrescentou Buarque de Holanda. "Nelas predominou, incessantemente, o tipo de organização política artificialmente mantida por uma força exterior, que, nos tempos modernos, encontrou uma de suas formas características nas ditaduras militares."

Em vez da liberdade da colônia ou do republicanismo, o século XVIII foi encerrado no Brasil com a renovação do pacto entre a burguesia colonial, como nova elite econômica, e a monarquia absolutista portuguesa. Essa associação manteve o império português fora das mudanças econômicas que levaram nações como o Reino Unido, a França e os Estados Unidos à liderança econômica global nos séculos seguintes.

Sucumbindo aos vícios de seus grandes impérios coloniais, Espanha e Portugal arrastaram suas colônias à estagnação. A distância surgida a partir do século XVIII entre os países capitalistas e os de base agrária juntou o Brasil às ex-colônias espanholas, numa identidade geral que se convencionou chamar de América Latina, ou o "Terceiro Mundo". A expressão foi usada pela primeira vez pelo demógrafo francês Alfred Sauvy, para quem os países pobres deveriam fazer em escala mundial o que ocorreu internamente na França, com a Revolução Francesa, exigindo uma nova ordem perante os países do "Primeiro Mundo".

Nem mesmo o sucesso dos inconfidentes seria garantia de que isso ocorreria, produzindo no bloco independente do Rio de Janeiro e das Minas Gerais um desenvolvimento comparável ao francês ou ao norte-americano. Embora entre os conspiradores houvesse idealistas, a maioria apenas não queria pagar dívidas, sinal de que o futuro Estado nacional seria mais uma defesa de interesses de um grupo que um projeto de progresso coletivo. Tanto que, uma vez suspensa a derrama, acabou o apoio para o movimento – como logo percebeu Antônio Gonzaga, ao abortar a conspiração, ainda que tarde demais.

Para a maior parte das lideranças coloniais, em vez de derrubar o cartorialismo português, era melhor que ele continuasse funcionando. A liberdade para os Estados Unidos custou uma guerra – e uma pesada indenização, duas coisas às quais os empreendedores da colonização brasileira não estavam dispostos. Prefeririam continuar servindo a Portugal, desde que a Coroa mantivesse seus privilégios na exploração do negócio chamado Brasil. Com o sacrifício de alguns inconfidentes selecionados, a Coroa preservou a elite das Minas de forma geral, recebeu em troca a garantia da manutenção da colônia e ganhou algum tempo para aumentar novamente os impostos, de forma mais silenciosa.

Dessa forma, em vez da revolução, o terceiro século de colonização europeia consolidou no Brasil o patrimonialismo: o enriquecimento à sombra do poder concedente, associado ou manipulado pelos próprios agentes privados. Pouco importava quem mandasse, desde que uma casta pudesse sempre beneficiar-se do aparelho do Estado. Essa mentalidade passou a ser a principal força contra movimentos libertaristas e separatistas, como os que despontaram depois – especialmente os surgidos sobre uma base verdadeiramente popular.

Para a colônia brasileira, ainda sem indústria, ou imprensa, ou mesmo direitos sobre o comércio do que produzia, o século XVIII se encerrou sem qualquer perspectiva de progresso. Enquanto isso, Portugal e Espanha – os dois maiores impérios globais da era que se encerrava – perdiam espaço para potências emergentes, apoiadas no sistema de governo republicano ou ao menos na monarquia constitucional, com a inclusão da população no mercado de consumo da era industrial, transformando-a em massa livre, assalariada e consumidora. Triunfava um conceito tão antigo na história, definido pelos gregos, quanto novo para a sociedade monárquica: o da cidadania.

*

A rainha dona Maria I não aproveitou muito a encenação de sua misericórdia com os inconfidentes de Minas Gerais. No desenrolar da devassa, agravou-se o seu estado mental. Abalada com a morte do marido, Pedro III, em 1786, e do filho e príncipe herdeiro José, em 1788, aos 27 anos de idade, só piorava sua crença de que sofria as penas do inferno, como "um monte de carvão calcinado", por conta do martírio ao qual seu pai dom José I submetera a família Távora e os jesuítas em seu reinado. A condenação ao esquartejamento de um oficial dos dragões no Brasil certamente não colaborou para reduzir o seu sentimento de culpa, nem o descontrole emocional.[8]

Em 10 de fevereiro de 1792, pouco antes da execução de Tiradentes, em documento assinado por uma junta com dezessete médicos, dona Maria I foi declarada incapaz de gerir o reino. No final daquele ano, teve um ataque público, durante um espetáculo de teatro, e passou a alternar momentos de catatonismo com histeria. Era assombrada por visões do pai e "enchia com seus gritos angustiosos as salas outrora tão alegres do Palácio de Queluz".[9]

Suas funções reais ficaram com o filho, futuro dom João VI, que assumiu o trono como regente. Como dona Maria I, a monarquia absolutista se desarvorava. Na França, em junho de 1791, quando o processo contra os inconfidentes se encaminhava para o fim, Luís XVI foi preso ao tentar fugir do país. Recusava-se a cumprir a nova Constituição, por meio da qual a monarquia absolutista se convertia em monarquia constitucional, com poderes limitados pelo Legislativo, formado por representantes eleitos pela população.

Diante desse obstáculo, a Convenção Nacional o removeu: aboliu a monarquia e a substituiu pela república. Julgado, condenado e sentenciado à morte por traição, o rei foi guilhotinado em 21 de janeiro de 1793. Logo depois, aplicou-se a mesma pena à rainha Maria Antonieta. O palácio real do Louvre, transformado em museu,

---

8   Caetano Beirão, *D. Maria I, 1777-1792: subsídios para a revisão histórica do seu reinado*, op. cit.
9   Caetano Beirão, *D. Maria I, 1777-1792: subsídios para a revisão histórica do seu reinado*, op. cit.

foi aberto à visitação do público em 10 de agosto daquele ano, primeiro aniversário da República, como materialização do fato de que agora pertencia ao povo.

Em Portugal, a execução de Luís XVI foi recebida com quinze dias de luto em homenagem ao rei, próximo da família real portuguesa, com quem tinha laços de consanguinidade. Fora da Paz da Basileia, articulada pela Espanha após perdas militares contra os franceses, Portugal se tornou o alvo preferencial da França na Europa. Como a mãe, dom João preferia uma política equidistante entre a França e a Inglaterra, que disputavam a primazia no comércio internacional e opunham-se em tudo. A França se colocou ao lado da Revolução Americana, contra os interesses britânicos. Ameaçava a aliança de Portugal com a Espanha e fazia a Inglaterra exigir um apoio mais aberto dos portugueses.

Dom João procurou costurar com Espanha e Inglaterra um tratado de cooperação militar contra a ameaça da expansão francesa e suas ideias antimonárquicas. Não conseguiu um acordo único, mas firmou dois em separado, assinados em 26 de setembro de 1793, depois das tratativas de Diogo José de Noronha com o primeiro-ministro espanhol Manuel Godoy, em Madri, e do embaixador dom João de Melo e Castro com William Granville, secretário de Estado dos Negócios Estrangeiros, em Londres. Pelo tratado com a Espanha, Portugal enviou 6 mil homens para campanhas espanholas contra os franceses na Catalunha e no Rossilhão.[10]

Havia a preocupação de obter apoio naval inglês para a defesa de Salvador e do Rio de Janeiro, dadas as incursões anteriores já empreendidas pelos franceses. "[O secretário real] Melo e Castro pressionava a corte de Lisboa no sentido de aceitar este plano e colaborar nele, porque pensava que, sem a conservação da segurança do oceano, o império português não sobreviveria", afirmou a

---

10 Ver Ana Leal de Faria, *Arquitectos da paz: a diplomacia portuguesa de 1640 a 1815*, Lisboa, Tribuna da História, 2008.

pesquisadora portuguesa Madalena Serrão Franco Schedel, do departamento de História da Universidade de Lisboa.[11]

A pressão sobre dom João começava dentro do palácio real. Sua mãe, dona Maria I, tinha-o feito casar em 1785 com a princesa espanhola Carlota Joaquina, filha de Carlos IV de Espanha, assim como sua irmã Maria Vitória com o infante espanhol Gabriel. A ideia com esses matrimônios fora selar uma nova aliança com a Espanha, de maneira justamente a fortalecer os dois países perante os impérios francês e britânico. Controvertido entre os portugueses, pelo temor de restabelecer no futuro de alguma forma a União Ibérica, o enlace de dom João criou outra dificuldade. Como rainha consorte, e em sua função, dona Carlota Joaquina exigia que o marido cedesse aos interesses espanhóis, alinhados com os da França. Tinha a seu lado uma parcela da corte (o "partido francês"), preocupada com a dependência portuguesa da Inglaterra, que já tomara ao seu império possessões portuguesas na ilha da Madeira e na Índia Oriental.

Dom João assumiu oficialmente a regência de Portugal em 14 de julho de 1799, pouco antes de Napoleão Bonaparte tornar-se primeiro cônsul da República francesa, por meio de um golpe, em novembro. A França impôs à Espanha pressionar os portugueses para romper sua aliança com os britânicos – sob ameaça de invasão. A relutância de dom João em participar do bloqueio naval imposto às ilhas Britânicas levou em maio de 1801 à primeira invasão de Portugal pela Espanha, com apoio da França. Foi chamada de Guerra das Laranjas, por conta do primeiro-ministro espanhol, Manuel Godoy, que teria enviado ramos de laranjeira à rainha consorte da Espanha, Maria Luísa, durante o cerco da cidade de Elvas.

Foi uma ação de apenas um mês, que resultou na tomada pela Espanha do território português de Olivença. Porém, bastou para

---

11 Madalena Serrão Franco Schedel, *Guerra na Europa e interesses de Portugal: a acção política e diplomática de D. João de Melo e Castro*, Universidade de Lisboa, 2010.

reacender disputas de fronteira nas colônias da América do Sul, além de deixar claro que Portugal estava sujeito a uma invasão maior.

Sob pressão, Portugal assinou em 6 de junho de 1801 o Tratado de Badajoz, que o obrigava a fechar os portos aos britânicos. Em troca, receberia de volta suas cidades de fronteira com a Espanha na Europa e uma parte do território das Missões, delimitada pelos rios Quaraí-Jaguarão-Chuí, no atual estado do Rio Grande do Sul. O acordo, porém, não agradou Bonaparte. As tropas espanholas voltaram às missões e permaneceram no território português. Por outro tratado, assinado em 29 de setembro do mesmo ano, em Madri, Portugal pagou um resgate de 20 milhões de francos para que as terras fossem restituídas.

Dom João acabou por encarcerar e isolar dona Carlota Joaquina no Palácio de Queluz, mudando-se para o Palácio de Mafra, depois que ela conspirou em uma tentativa de golpe para derrubá-lo, em 1805. A rainha cujo papel era representar e apoiar os interesses da França dentro da Corte Real portuguesa tornou-se refém. A invasão de Portugal pela França se tornou questão de tempo. Em 1808, as tropas comandadas por Jean-Andoche Junot entraram em Lisboa, e o marechal francês, em nome do império napoleônico, autoproclamou-se governador de Portugal.

Três dias antes, alertada da invasão iminente, toda a família real portuguesa havia embarcado para o Brasil. Na comitiva, incluía-se Carlota Joaquina, cujo mau humor se tornou célebre assim que desembarcou em terras brasileiras, em 22 de janeiro de 1808, com o restante da Corte. Pudera: por sua defesa da aliança com a França e do fracasso da conspiração, bem como de sua missão de servir como garantia de um acordo diplomático, a rainha era a personificação do desastre.

Com toda a Corte, a rainha-mãe, dona Maria I, pela primeira vez, conheceu pessoalmente o Brasil. Tornou-se célebre sua frase sobre a retirada, ainda em Lisboa: "Não corram tanto, vão pensar que estamos a fugir". Viveu mais oito anos e morreu no Brasil, no Convento do Carmo, no Rio de Janeiro, em 20 de março de 1816, aos 81 anos. Seu corpo foi sepultado no Convento da Ajuda, no Rio de Janeiro, e transladado cinco anos depois para a Basílica da Estrela, em Lisboa, que ela havia construído durante seu reinado.

O príncipe regente dom João foi aclamado e entronizado no Rio de Janeiro como dom João VI do Reino Unido de Portugal, Brasil e Algarves. O último representante da monarquia absolutista na história começou seu reinado na colônia depauperada pela deseducação, pela desindustrialização forçada e pelo fim do ciclo do ouro, cenário que a própria Corte portuguesa criara, sem imaginar que um dia iria parar ali.

*

A presença da Corte Real portuguesa no Brasil significou uma nova etapa para todos, sobretudo para a própria família real, que testemunhou o descaso com que havia tratado o lugar onde se depositava agora seu futuro. A colônia onde antes os portos estavam fechados ao comércio estrangeiro, onde não havia universidades e não se podia abrir uma indústria sequer era, subitamente, a nova Metrópole.

Com a instalação da sede do reinado, em 1808 o Rio tornou-se capital oficial de todo o império português, que incluía Angola e Moçambique, na África; Goa, na Índia; Timor, no Sudeste Asiático; e Macau, na China. Dom João VI agiu no sentido de tentar recuperar o século de atraso em que deliberadamente Portugal havia mantido a colônia onde agora se acomodava. Todas as restrições que visavam manter o Brasil em sua função de produtor de açúcar e consumidor de manufaturados de Portugal foram revertidas. Abriram-se os portos às "nações amigas". Os privilégios mercantis para portugueses natos, porém, continuaram – e foram ampliados.

Em 19 de fevereiro de 1810, foram assinados entre Portugal e Inglaterra o Tratado de Comércio e Navegação e o Tratado de Aliança e Amizade, que regulamentavam as relações comerciais após a abertura dos portos. Por seu artigo VIII, ficavam abolidos monopólios que restringiam o comércio, apesar da manutenção de alguns "estancos" – restrições aos tecidos de lã ingleses, vinhos portugueses e, do lado brasileiro, o pau-brasil. O artigo XV, sobre tarifas alfandegárias, estipulava que todos os demais artigos ingleses podiam ser adquiridos no Brasil com taxas de 15% para a importação, enquanto essa porcentagem seria de 24% para outras nações. Já produtos exportados do Brasil seriam taxados também em 24%.

Esse sistema, criado em troca da promessa feita pelo Reino Unido de retomar Portugal para os portugueses, causou a insatisfação dos próprios portugueses, antes detentores do monopólio comercial com Portugal, e que se viam prejudicados diante dos comerciantes britânicos. Além da liberdade de culto aos ingleses em território brasileiro, o artigo X estabelecia a extinção gradual do tráfico de africanos escravizados, limitados às possessões portuguesas. Não se tratava de medida humanitária, mas concorrencial, destinada a esvaziar a indústria brasileira de açúcar eliminando sua fonte de mão de obra, de forma a tirá-la da competição no mercado internacional.

Os ingleses cumpriram sua parte no acordo, com a recuperação da Metrópole. A Guerra Peninsular começou em 1º de agosto de 1808, quando as tropas de Arthur Wellesley, duque de Wellington, desembarcaram em Portugal. O exército luso-britânico somente venceu as forças invasoras de Napoleão em 1815, quando a família real pôde retornar a Lisboa. Celebrizou-se a atitude de Carlota Joaquina ao bater os sapatos, quando entrou no navio, dizendo que, da colônia, não queria levar nem um grão de areia.

Apenas ela se expressou, mas certamente não era a única a pensar assim.

*

Com o resgate de Portugal pelos ingleses, o Rio de Janeiro somente voltou a ser capital de um império após a independência, em 1822. Tornou-se capital também da República, em 1889, até a administração do presidente Juscelino Kubitschek, mineiro que transferiu o centro político do Brasil para seu centro geográfico, a pretexto de desenvolver o país de forma mais homogênea, com a inauguração de Brasília, em 21 de abril de 1960.

Na busca por ouro, os bandeirantes paulistas continuaram ao longo dos séculos XVIII e XIX o extermínio indígena pelos sertões além da serra da Mantiqueira e, mais ao norte, no Brasil central. Antes maioria na Amazônia e na vasta bacia do rio da Prata, os indígenas se tornaram minoria no século XIX. Em 17 de julho de 1873, o Ministério de Agricultura, Comércio e Obras Públicas do império brasileiro decretou o fim das aldeias indígenas no Brasil, dada sua progressiva extinção. Na prática, foi uma maneira de legalizar a tomada de suas terras pelo Estado, que passou a considerá-las sem dono, e repassá-las em leilões à iniciativa privada. Com isso, os povos nativos restantes foram espoliados.

Encarregados de converter os indígenas e homogeneizar a língua, no final foram os jesuítas quem evitaram que suas línguas, culturas e matrizes genéticas fossem diluídas por completo na formação da nova sociedade brasileira. Até a criação dos parques nacionais como o do Xingu, já no século XX, foi somente por conta do tamanho do Brasil, com suas muitas zonas inexploradas, e da redução dos povos originários nas missões, que os indígenas subsistiram no território brasileiro – e voltaram a crescer.

Os dados do censo demográfico de 2023, realizado pelo Instituto Brasileiro de Geografia e Estatística (IBGE), apontaram a existência de 1,7 milhão de pessoas que, no quesito cor ou raça, identificavam-se no país como indígenas. Representavam 0,8% da população. A maior parte delas (867 mil pessoas, ou 51,2% do total) se encontrava na Amazônia legal. Em segundo lugar vinha a Bahia. O maior número de indígenas (27 mil) se encontrava na reserva Terra Indígena Yanomami, no Amapá e Roraima.[12] Havia 573 terras indígenas

---

12 Clara Velasco, Gabriel Croquer e Marina Pinhoni, Censo do IBGE: Brasil tem 1,7 milhão de indígenas, *G1*, 7 ago. 2023.

demarcadas pela Funai. Contudo, 63% da população indígena vivia fora delas.

*

Com o declínio da corrida do ouro, a velocidade do crescimento populacional da colônia nas Minas Gerais diminuiu a partir da segunda metade do século XVIII. A população colonial, que saltou de 400 mil pessoas em 1720 para 1,5 milhão em 1780, chegou a 2,1 milhões em 1800. "Entre 1720 e 1780, houve uma rápida expansão da economia brasileira em função da descoberta do ouro e da manutenção de uma atividade açucareira muito importante", afirma o historiador Tarcísio Rodrigues Botelho, da Universidade Federal de Minas Gerais. "Esse movimento só se arrefeceu a partir de 1780, quando a crise do ouro provocou uma diminuição no ritmo de expansão demográfica, influenciada sobretudo pelo declínio das importações de escravos e da migração de portugueses."[13]

Apesar dessa desaceleração, a configuração da sociedade brasileira mudou completamente. Ao longo do século, além de meio milhão de portugueses, chegaram ao Brasil 1,9 milhão de africanos para o trabalho na lavoura, nos engenhos e nas minas – o triplo do século anterior e 35% de todo o tráfico negreiro no planeta.[14] Mais da metade da população do Brasil passou a ser formada por negros escravizados, vindos de colônias na África ocidental, nas regiões correspondentes aos atuais países de Camarões, Nigéria e Senegal, ou da África Oriental, especialmente Moçambique.

Com isso, a configuração da sociedade brasileira, onde o indígena predominava, mudou radicalmente. Surgiu uma divisão de classes expressada pela cor. Como mestiços de indígenas com portugueses, os mamelucos eram também mulatos, mas o termo passou a ser usado somente para filhos de brancos com negros. Tanto do ponto

---

13 Tarcísio Rodrigues Botelho, *Estimativas de população para o Brasil, séculos XVIII e XIX*, op. cit.
14 Tarcísio Rodrigues Botelho, *Estimativas de população para o Brasil, séculos XVIII e XIX*, op. cit.

de vista social como do legal, negros e mulatos, mais tarde definidos como "pardos", pertenciam à mesma categoria. Não eram apenas os brancos que discriminavam o negro, o mulato e o indígena. Os indígenas também usavam um termo pejorativo para os "amerindígenas" – filhos de indígenas com brancos. Eram os "caboclos", termo vindo de *cariboca* (filho de branco) em tupi. Com o tempo, o termo "caboclo" ganhou a conotação de quem trabalha na terra e, associado a isso, a pessoa rude e ignorante.

Por sua origem europeia, os "brancos" arvoravam-se pela cor como a "nobreza" local, minoritária, já que os indígenas, negros e pardos, três quintos dos quais eram escravos, passaram a representar cerca de 80% da população em povoados como Vila Rica.[15] Era um fator distintivo também do ponto de vista econômico, já que os portugueses, que passaram a dominar a economia colonial ao longo do século XVIII, eram senhores de escravos negros, tomando o lugar como principais donos dos meios de produção, em prejuízo dos filhos ameríndios dos portugueses pioneiros.

*

No Brasil, a escravidão humana seguiu sendo um grande negócio no século XIX. Em 1792, foi fundada a Companhia Geral do Comércio de Pernambuco e Paraíba, encarregada de fornecer mão de obra escravizada para a região Nordeste. O Brasil foi o último lugar do mundo a abolir a escravidão dos africanos, quase um século depois, em 13 de maio de 1888 – ainda assim menos por vontade própria que por pressão da Inglaterra. E só aconteceu numa penada da princesa Isabel, durante a viagem à Europa de seu pai, o imperador Pedro II, que foi tratar a saúde.

O número de escravos já havia diminuído a 1 milhão de pessoas, numa época em que o Brasil tinha 15 milhões de habitantes. Porém, ao prever a reação dos latifundiários, herdeiros da tradição

---

15 Lucas Figueiredo, *O Tiradentes: uma biografia de Joaquim José da Silva Xavier*, op. cit.

dos senhores de engenho do século dos desbravadores, protegidos e protetores da monarquia, João Maurício Wanderley, barão de Cotegipe, único dos senadores a votar contra o projeto de abolição enviado por Isabel à aprovação do Congresso, profetizou, dirigindo-se à princesa: "A senhora acabou de redimir uma raça e perder o trono".

O fato de o Brasil ter sido a última nação do mundo a abolir a escravidão não se tratou apenas de refração às ideias de igualdade e ao senso contemporâneo de humanidade. Para os abolicionistas, havia também um dilema produtivo. Uma ex-colônia que não havia entrado na Revolução Industrial e ainda usava o escravo em vez da máquina perenizava as políticas draconianas da monarquia portuguesa. Nesse sentido, a saída da escravidão era uma necessidade tanto civilizatória quanto econômica. O Brasil se tornava cada vez mais dependente da importação de manufaturados, sobretudo da Inglaterra, e tinha de aviltar sua população para produzir em larga escala produtos de baixo valor agregado, especialmente os agrícolas, sistema que eternizava o Pacto Colonial, com suas implicações.

Ao sair com um século de atraso no processo de industrialização, a economia brasileira largou atrás na história contemporânea, tanto em relação às nações europeias como diante das colônias que escaparam ao modelo colonialista mais cedo. "É impossível perder de vista, quando se pretende encarar a atuação efetiva da resolução legal [da proibição da indústria no século XVIII], que a estrutura econômica do Brasil colônia era de todo desfavorável ao desenvolvimento das manufaturas", afirma Fernando Novais. "De fato, o regime escravista, base sobre que repousa todo o sistema, limita substancialmente as possibilidades de constituição de um mercado interno, pressuposto indispensável da expansão industrial."[16]

No final do século XX, por conta de sua natureza depreciativa, a expressão "Terceiro Mundo" foi substituída pela designação do

---

16 Fernando Novais, A proibição das manufaturas no Brasil e a política econômica portuguesa do fim do século XVIII, *Revista de História, op. cit.*

bloco dos "países em desenvolvimento" ou "emergentes", mas o problema era o mesmo. O atraso econômico originado no século XVIII induziu a uma defasagem estrutural crônica, que criou uma dívida social para com os mais pobres e uma crise permanente do regime republicano e do sistema democrático. No Brasil, a igualdade de direitos, essencial no oferecimento da igualdade de oportunidades definidora da democracia, só foi estabelecida em lei em 1988, com a proclamação da chamada Constituição Cidadã.

Além de obrigar o Estado a prover o atendimento elementar de saúde e educação básica, como forma de consolidar a igualdade de oportunidades e permitir a promoção social, a Constituição de 1988 procurou sanar as dívidas históricas. Garantiu aos quilombolas a propriedade das terras que ocupavam desde o século XVII. Afixou recursos orçamentários para preservar seus costumes, dentro de um modelo de subsistência sustentável, direito assegurado nos artigos 214, 215 e 216.

A Fundação Cultural Palmares, órgão do governo federal, reconheceu a existência no século XXI de mais de mil comunidades quilombolas no Brasil: a maior concentração delas no estado da Bahia, seguido por Minas Gerais, Rio de Janeiro, Maranhão, Pará, especialmente na ilha de Marajó, e Pernambuco. Tal qual ocorreu com Tiradentes, ao contrário do que esperava o governo colonial português ao exibir a cabeça de Zumbi em praça pública, o líder de Palmares sobreviveu à própria morte. Seu nome persistiu na era contemporânea como um símbolo de liberdade e luta. Desde 2011, a data de sua execução, 20 de novembro, é celebrada oficialmente como o "Dia da Consciência Negra".

*

José Paranhos, barão do Rio Branco, ministro das Relações Exteriores entre 1902 e 1912, restabeleceu o prestígio de Alexandre de Gusmão e a importância do Tratado de Madri na história de Portugal e do Brasil. "O estudo do Tratado de 1750 deixa a mais viva e grata impressão da boa fé, lealdade e grandeza, consultando-se unicamente os princípios superiores da razão e da justiça e as conveniências da paz e da civilização da América", escreveu. Para o patrono da diplomacia brasileira contemporânea, Gusmão "de fato defendeu a causa de Portugal e do Brasil e os interesses bem entendidos da América".[17]

*

A colônia do Sacramento voltou à posse de Portugal a partir de 1817, quando dom João VI promoveu a invasão do atual território do Uruguai. Com a Divisão dos Voluntários Reais, o general Carlos Frederico Lecor tomou Maldonado e Montevidéu. Na batalha de Tacuarembó, em 1820, com a vitória sobre a guerrilha de José Artigas, o então Reino de Portugal, Brasil e Algarves assumiu pleno domínio da chamada província Cisplatina, cuja anexação foi oficializada por Lecor em 31 de julho de 1881, com o referendo das lideranças locais.

Três anos depois da Independência do Brasil, em 1825, dom Pedro I foi pessoalmente ao sul debelar uma rebelião que buscava a independência uruguaia, com apoio financeiro e político da província de Buenos Aires. A guerra se mostrava desgastante e interminável. Com a mediação inglesa, em negociações entre 11 e 28 de agosto de 1827, chegou-se a um acordo preliminar de paz: a província Cisplatina teve sua independência reconhecida tanto pelas Províncias Unidas do Rio da Prata, futura Argentina, como pelo Reino do Brasil. Como contrapartida, dom Pedro I recebeu de volta para o Brasil o território das Missões.

Em 4 de outubro de 1828, foi ratificado o Tratado do Rio de Janeiro, de 28 de agosto, por meio do qual foi proclamada a Independência do Estado Oriental. No mesmo dia, 4 de outubro, chegou a Montevidéu a carta da Convenção de Paz entre o império do Brasil e as Províncias Unidas do Rio da Prata. Só então o brigadeiro lisboeta

---

17 *Barão do Rio Branco: obras completas*, Fundação Alexandre de Gusmão, 2012, v. 1.

Manuel Jorge Rodrigues, primeiro barão do Taquari, comandante das armas da província do Rio Grande do Sul, mandou levantar as tropas de Sacramento e Montevidéu. "Colocamos algodão entre dois cristais", celebrou Sir John Ponsonby, embaixador inglês articulador do acordo, em frase que se tornou célebre. Com a promulgação de sua segunda Constituição, em 1918, o Estado Oriental passou a chamar-se República Oriental do Uruguai.

Depois de três séculos de disputa pela região entre platinos e luso-brasileiros, com Sacramento ao centro, surgiu a solução salomônica: ambos a perderam.

*

A ocupação brasileira da região do Guaíra se afirmou em 1870 com o final da Guerra da Tríplice Aliança. Mais tarde foi nomeada Departamento de Guaíra uma pequena província localizada no centro leste do Paraguai, para onde foi transferida Villa Rica do Espírito Santo, em um território que não estava incluído no Guaíra original. Fez parte da capitania e depois província de São Paulo e, em 1853, se tornou o estado do Paraná. Sua consolidação, porém, só aconteceu no início do século XX, quando os limites atuais foram estabelecidos com a Argentina por meio da "Questão de Palmas" ou "das Missões" e o fim da chamada "Guerra do Contestado".

*

Depois que os jesuítas foram expulsos de Portugal e da Espanha, o papa Clemente XIV dissolveu a Companhia de Jesus, por meio do documento *Dominus ac redemptor*, em 1773. Muitas reduções jesuíticas ainda subsistiram em território espanhol, sob o comando de militares e membros de outras ordens eclesiásticas.

Os jesuítas voltaram mais de um século depois, em menor tamanho e em outras condições, seguindo a vocação original da ordem, voltada para a educação. Foram expulsos pela segunda vez de Portugal em 1910, com a proclamação da República, quando havia

359 jesuítas no país. Fugiram para a Espanha e exilaram-se no Brasil, onde também enfrentaram oposição. Sob pressão dos republicanos portugueses, o presidente brasileiro, Nilo Peçanha, proibiu o desembarque no Rio de Janeiro de dois padres, Bento José Rodrigues e Antônio de Freitas. Quando eles já se preparavam para seguir a Buenos Aires, puderam descer a terra, com a revogação do decreto presidencial pelo Supremo Tribunal Federal.

Um século e meio após a expulsão decretada pelo marquês de Pombal, em 15 de março de 1911, abriram uma escola: o Colégio Antônio Vieira, em Salvador, que persistiu na era contemporânea como uma das mais principais escolas da capital baiana.

*

A inteligência do movimento republicanista vasculhou a história em busca de heróis que pudessem se tornar ícones da nova era, capazes de se contrapor a figuras monarquistas ainda populares, especialmente a de dom Pedro I. Para esse papel, foram cogitados e descartados os principais integrantes do movimento articulador da República – o marechal Deodoro da Fonseca, primeiro presidente da República, Floriano Peixoto, primeiro vice e segundo presidente, e Benjamin Constant, primeiro-ministro da Guerra.

Não eram figuras unânimes nem mesmo entre seus pares republicanos. Militar com longa folha de serviços prestados à monarquia, Deodoro da Fonseca era amigo pessoal de dom Pedro II. Foram deixados para trás também como símbolos da luta pela independência e a República os catorze condenados à morte na Revolução Pernambucana, deflagrada sob a influência das ideias iluministas e da maçonaria, além de uma forte reação contra o pagamento das despesas cheias de regalias da família real portuguesa no Rio de Janeiro, em seu suntuoso exílio no Brasil.

O movimento deflagrado em 6 de março de 1817 levou à repressão dos revoltosos em toda a colônia, elevada pela Coroa a Reino do Brasil. Dessa vez, havia verdadeiro apoio dos Estados Unidos, que tinham um consulado em Recife, assim como a participação de antigos oficiais de Napoleão Bonaparte, que pretendiam resgatar o ex-imperador do exílio e trazê-lo a Pernambuco. Mais que forçar o atraso na posse do ainda regente dom João VI, que só substituiu a mãe oficialmente no trono quase um ano depois, a Revolução Pernambucana provocou uma fenda na monarquia portuguesa. Por conta dela, o monarca desistiu da ideia de construir um império lusitano na América a partir do Rio de Janeiro e, assim que pôde, voltou a Portugal.

A situação entre Brasil e Portugal havia se invertido. Em 1822, os nacionalistas eram os portugueses de Portugal, dentro e fora das Cortes de Lisboa, que "clamavam contra o que lhes parecia a escandalosa inversão de papéis pela qual o Brasil transformara-se no centro da monarquia lusitana, relegando a Metrópole à posição de colônia", conforme observou o historiador recifense Evaldo Cabral de Mello.[18]

Para os republicanistas, a história da Inconfidência Mineira era mais atraente. Primeiro, tinha um herói claro: a virtual canonização de Silva Xavier como o Tiradentes lhe dera uma aura lendária. Tiradentes era militar, como os republicanos que encabeçavam o golpe na monarquia, e tinha origem modesta, em contraste com a elite econômica e política tradicional, dependente e associada à monarquia. No governo provisório do general Deodoro da Fonseca, Tiradentes foi oficialmente guindado à condição de herói nacional – e mártir republicano.

Pelo Decreto n. 155-B, de 14 de janeiro de 1890, Deodoro da Fonseca instituiu o 21 de abril como o Dia de Tiradentes – feriado nacional que sobreviveu até o Brasil contemporâneo, legalmente reafirmado por lei em 1933, 1949 e 2002. Desde 1965, é o "patrono cívico" do Brasil. Consta com destaque do *Livro de Heróis e Heroínas*

---

18 Evaldo Cabral de Mello, *Um imenso Portugal: história e historiografia*, São Paulo: Editora 34, 2022.

da Pátria, criado em 1992, em exposição no Panteão da Pátria, na Praça dos Três Poderes, em Brasília – também chamado de *Livro de Aço*, gravado em folhas do metal.

Nos livros escolares, a Inconfidência Mineira perdeu seu sentido de rebelião contra os impostos e passou a figurar como um primeiro movimento de Independência do Brasil, com propósitos democráticos, nacionalistas e liberais. Para consagrar a imagem de Tiradentes, ainda no início da história republicana, foi convocado o pintor Pedro Américo, que teve seus estudos em Paris pagos pela monarquia, da qual era o retratista oficial. Até então, exaltava a história monárquica, em obras como *A Batalha de Campo Grande* (1871), *Fala do Trono* (1873), *Batalha do Avaí* (1874) e *O grito do Ipiranga* (1888), pintada um ano antes da proclamação da República. Convertido em retratista dos interesses republicanos, Américo canonizou a imagem de Silva Xavier na obra *Tiradentes esquartejado*, pintada em 1893, já no segundo governo republicano, de Floriano Peixoto.

Na obra, Tiradentes está com barba e cabelos compridos – as descrições nos Autos de Devassa indicam que ele teve cabelos brancos precocemente, antes dos quarenta anos, mas nunca compridos, assim como usava a barba feita, conforme requerido entre os militares e depois, na prisão, por motivos sanitários. Também na execução o condenado era preparado de forma a que os cabelos não atrapalhassem o enforcamento. Por Américo, foi retratado com as partes do corpo esquartejado dispostas em cruz – o que nunca ocorreu.

O "oficial feio", nas palavras de Alvarenga Peixoto, foi transformado, dessa maneira, num Jesus republicano.

*

Esvaziado em 1938, com a construção da penitenciária de Belo Horizonte, o prédio da antiga Casa de Câmara e Cadeia de Vila Rica, que então funcionava como penitenciária estadual, foi passado para a União e convertido no Museu da Inconfidência de Ouro Preto. Em 1942, por iniciativa do presidente Getúlio Vargas, foram repatriados os restos mortais que puderam ser encontrados dos inconfidentes mortos no degredo. Voltaram ao Brasil dessa forma, *post mortem*, dezesseis inconfidentes, entre eles Antônio Gonzaga, Alvarenga Peixoto e Álvares Maciel. Estão sob lápides em granito num panteão adornado ao fundo pelo "altar da Pátria", iluminando a bandeira imaginada por Tiradentes e Alvarenga Peixoto para a república mineira, com o dístico *Libertas quae sera tamen*, e adotada em 1963 como inspiração para a bandeira do estado de Minas Gerais.

A porta lateral do panteão dá saída ao pátio interno onde no passado tomavam sol, acorrentados ao chão, os presos da cadeia anexa à Câmara. Em 2024, guias locais garantiam a turistas que na verdade ninguém estava enterrado ali e as lápides não passavam de encenação. Mesmo na morte, os conspiradores ainda carregavam certa aura de mistério.

*

O largo da Lampadosa, no Rio de Janeiro, passou a chamar-se campo do Polé, com a instalação no local de um Pelourinho; depois, foi chamado de campo dos Ciganos e praça da Constituição; em 1890, ao aproximar-se o centenário da morte de Joaquim José da Silva Xavier, já durante a República, passou a ter o nome de praça Tiradentes.

Também a praça principal de Vila Rica, agora Ouro Preto, passou a chamar-se praça da Independência, e, em 1894, sob inspiração republicana, foi rebatizada como praça Tiradentes, com a inauguração do monumento que passou a ocupar seu centro. O personagem que teve sua cabeça oferecida como exemplo do que acontecia a quem ousava desafiar o poder colonial absolutista retornou à praça como representante da independência brasileira, colocado de costas para o Palácio dos Governadores.

*

No Museu da Inconfidência, encontra-se o *Recueil*, o livro clandestino que deveria inspirar a primeira constituição republicana no

Brasil e é hoje uma das relíquias mais importantes do seu acervo. Encontrado nos autos em 1860 pelo historiador Alexandre José de Mello Morais, e enviado por ele à Biblioteca Pública de Santa Catarina, foi requisitado pelo museu e repousa no acervo da biblioteca literária e musicológica da Casa do Pilar, que faz parte do complexo do Museu, em Ouro Preto. Em exposição, numa gaiola de vidro, está apena um fac-símile do frontispício do exemplar do livro proibido, que veio provavelmente para o Brasil no bolso de Álvares Maciel e que Tiradentes fez circular em Vila Rica, apresentado como prova material na devassa.

Em delicado estado de preservação, com páginas carcomidas pelas traças, sem sua capa original de couro de crocodilo, o livro foi cuidadosamente restaurado. A coletânea de constituições das treze colônias confederadas, que um dia inspirou os inconfidentes mais idealistas, publicada clandestinamente na França, trazida também clandestinamente ao Brasil e usada como prova material da culpa dos inconfidentes, é hoje prova de outra coisa: do poder das ideias, fonte das mudanças que decidem o destino de um país.

*

A Escola de Sagres, com sua influência no grande desenvolvimento de Portugal na era dos Descobrimentos, expressava a consciência de que a sabedoria pode fazer de um país pequeno em território um grande império. Símbolo dessa ideia, a Universidade de Coimbra foi construída no alto de uma colina, como uma Acrópole do saber, não por acaso criada e gerida pela Companhia de Jesus, que detinha no Brasil até o século XVIII o monopólio não só do ensino como também do registro da história.

Para dom João V, o patrimônio cultural era a verdadeira força de uma nação. Como marco de seu reinado, construiu obras como o Palácio de Mafra, em Lisboa, e, em Coimbra, dentro da Universidade, uma biblioteca. Erigida num edifício arquitetado como uma igreja barroca, a Biblioteca Joanina foi pensada como um templo do saber, no qual o deus a ser incensado era o livro e a imagem do santo no altar era a dele mesmo, o rei, pintado por Domenico Duprà.

Propunha-se ali venerar a sabedoria, reunindo todo o conhecimento do mundo. As paredes com 2,1 metros de espessura funcionavam como um isolante que protegia os livros em estantes de carvalho. Concluída em 1728, tal catedral indicava que a monarquia absolutista portuguesa sabia não apenas de onde vinha a grandeza do império português como pretendia continuá-lo.

Não foi o bastante, porém, para os sucessores de dom João V perceberem a mudança dos tempos. No século XVIII, sobretudo a partir do reinado de dona Maria I, Portugal deixou de dar o passo seguinte na consolidação da era industrial, como ocorreu com as potências emergentes, com suas consequências para as colônias ao redor do globo. Dados extraídos dos Arquivos do Conselho Ultramarino mostram que o Brasil de 1775 era eminentemente agrário, com 972 fazendas no Ceará, 516 em Pernambuco e 238 no Rio Grande. Havia 360 engenhos em Pernambuco e 37 na Paraíba.[19] Os principais produtos coloniais eram ainda o açúcar, o tabaco e a carne, sobre os quais passou a recair a maior parte do quinto, bem como de outros produtos e concessões de serviços, como os de alfândega e pedágios em pontes e estradas.

Esse século tanto foi o vértice para a prosperidade das nações que embarcaram mais cedo no caminho da independência e da industrialização como mergulhou no atraso quem ficou parado diante da efervescência das economias liberais e regimes republicanos e democráticos. Podiam ser colônias, como os Estados Unidos, ou metrópoles, como a França, mas havia por trás do progresso das potências do futuro algo em comum: a ideia iluminista de que a fonte da riqueza e o patrimônio das nações não são a terra, e sim a qualidade de seu povo, por meio da liberdade e do conhecimento para todos, por meio da educação.

---

19 Francisco Adolfo de Varnhagen, *História geral do Brasil*, op. cit., v. 2.

A Biblioteca Joanina funcionou como tal de 1777 até a primeira metade do século XX. Aberta à visitação, como um museu, ainda é possível ter acesso aos livros, mediante consulta. Reúne um importante acervo sobre o conhecimento dos séculos XVII e XVIII, com mais de 60 mil volumes dos séculos XVI ao XVIII, vindo de todos os países do mundo. Do Brasil, vieram apenas as mesas de leitura, feitas de jacarandá entalhado – cobertas à noite por mantas de couro para não se deteriorarem com o dejeto dos morcegos, que preservam os livros, devorando as traças.

*

A impressão de livros no Brasil só foi permitida em 1808, com a presença da Corte Real no Rio de Janeiro – e, ainda assim, como um monopólio do Estado, pela criação da Imprensa Régia por dom João VI, em 13 de maio. A primeira obra impressa no país foi um livro de poesia, sucesso mundial, lançado com dezesseis anos de atraso em relação a Portugal, e depois de ser publicada em francês, russo, italiano, inglês, alemão, espanhol e latim: *Marília de Dirceu*. O poeta Tomás Antônio Gonzaga ainda pôde desfrutar desse triunfo, dois anos antes de morrer, no exílio.

Enquanto para outros inconfidentes arcadianos o destino reservara os raios forjados por Vulcano, Antônio Gonzaga recebeu as graças de Apolo, o deus grego da cura, das artes, da música e da poesia, ainda em vida. Depois dela, também. Foi escolhido como patrono da cadeira de número 34 da Academia Brasileira de Letras, em sua criação, em 1987.

Cláudio Manuel da Costa, que em vida não teve a mesma sorte, tornou-se patrono da cadeira número 8.

Referências

ANTONIL, Padre André João. *Cultura e opulência do Brasil por suas drogas e minas.* 1711.

AUTOS de Devassa da Inconfidência Mineira. Belo Horizonte: Assembleia Legislativa de Minas Gerais, 2016.

AUTOS de Devassa do Levantamento e Sedição Intentados na Bahia em 1798. Anais do Arquivo Público da Bahia. Salvador: Imprensa Oficial da Bahia, 1961.

AZEVEDO, João Lúcio de. *Os jesuítas no Grão-Pará, suas missões e a colonização.* Lisboa: Tavares Cardoso & Irmão, 1901.

BARÃO do Rio Branco: obras completas. Fundação Alexandre de Gusmão, 2012. v. 1.

BARBOSA, Waldemar de Almeida. *Negros e quilombos em Minas Gerais.* São Paulo: Horizonte, 1972.

BEIRÃO, Caetano. *D. Maria I, 1777-1792*: subsídios para a revisão histórica do seu reinado. Empresa Nacional de Publicidade, 1934.

BLOCK, David. *La cultura reduccional de los llanos de Mojo.* Sucre: Historia Boliviana, 1997.

BOSI, Alfredo. *História concisa da literatura brasileira.* São Paulo: Cultrix, 1970.

BOTELHO, Tarcísio Rodrigues. *Estimativas de população para o Brasil, séculos XVIII e XIX.* Belo Horizonte: Universidade Federal de Minas Gerais, 2020.

BOXER, Charles R. *A Idade de Ouro do Brasil*: 1695-1750. Oakland: University of California Press, 1962.

BRANDÃO, Tomás Pinto. *Pinto Renascido, empenado e desempenado*. Lisboa, 1732.

BRETAS, Rodrigo Ferreira. *Passos da paixão*: o Aleijadinho. 1858.

BROCKWELL, Charles. *The natural and political history of Portugal*. Lisboa, 1726.

CARDOZO, Manuel Soares. *The Guerra dos Emboabas, civil war in Minas Gerais, 1708-1709*.

CARTA de dom Pedro Miguel de Almeida ao rei de Portugal, 13 de junho de 1718. *Revista do Arquivo Público Mineiro*, Belo Horizonte.

CARTAS do Conde de Assumar ao Rei de Portugal, *Revista do Arquivo Público Mineiro*, Imprensa Oficial de Minas Gerais, Ouro Preto, 1898; Vol. 3.

CARVALHO FRANCO, Francisco de Assis. *Bandeiras e bandeirantes de São Paulo*. São Paulo: Companhia Editora Nacional, 1940.

CEGATI, Evandro Gabriel. *Proibição e extração de diamantes na capitania de Mato Grosso*. Dissertação (Mestrado em História) – Departamento de História, Faculdade de Ciências Humanas da Universidade Federal da Grande Dourados, Dourados, 2017.

CHAUVIN, Jean Pierre. *Pedra, penha, penhasco*: a invenção do arcadismo brasileiro. São Carlos: Pedro & João Editores, 2023.

CORTESÃO, Jaime. Alexandre de Gusmão e o Tratado de Madri. *Revista de História*, v. 1, n. 4, 1950.

COSTA, Cláudio Manuel da. *Vila Rica*. 1773.

COSTA, Francisco Augusto Pereira da. *Anais Pernambucanos*, Recife, Arquivo Público Estadual, 1951.

CURVELO, Arthur. *A Câmara Municipal de Alagoas do Sul*: governança e poderes locais no sul de Pernambuco (1654-1754). Recife: Universidade Federal de Pernambuco, 2014.

DOCUMENTOS históricos: consultas do Conselho Ultramarino, 1687-1710, Rio de Janeiro: Ministério da Educação e Saúde, 1951. v. XCIII.

FAORO, Raymundo. *Os donos do poder*. Rio de Janeiro: Globo, 1958.

FARIA, Ana Leal de. *Arquitectos da paz*: a diplomacia portuguesa de 1640 a 1815. Lisboa: Tribuna da História, 2008.

FÁVERO, Maria de Lourdes de A. *O título de Doutor* Honoris Causa *ao rei dos belgas e a criação da URJ*. PROEDES/FE/UFRJ, 2000.

FIGUEIREDO, Lucas. *O Tiradentes*: uma biografia de Joaquim José da Silva Xavier. São Paulo: Companhia das Letras, 2018.

FIGUEIREDO, Luciano Raposo de Almeida (estudo crítico). *Códice Costa Matoso*: coleção das notícias dos primeiros descobrimentos das minas na América que fez o doutor Caetano da Costa Matoso sendo ouvidor-geral das Minas do Ouro Preto, de que tomou posse em fevereiro de 1749, & vários papéis. Coordenação geral de Luciano Raposo de Almeida Figueiredo e Maria Verônica Campos. Belo Horizonte: Fundação João Pinheiro, Centro de Estudos Históricos e Culturais, 1999.

FRANCIS, Alan David. John Methuen and the Anglo-Portuguese treaties of 1703. *The Historical Journal*, Cambridge, Cambridge University Press, n. 2, 1960.

_____. *The Methuens and Portugal*. Cambridge, Cambridge University Press, 1966.

FROGER, François. *Relation d'un voyage fait en 1695, 1696 & 1697 aux Côtes d'Afrique, Detróit de Magellan, Brésil, Cayenne et Isles Antilles, par une escadre des vaisseaux du Roi, commandée par M. de Gennes*. Biblioteca Nacional Digital.

GAMA, Jozé Bernardo Fernandes. *Memórias históricas da província de Pernambuco*. Pernambuco: Typ. de M. F. de Faria, 1844.

GODINHO, Vitorino Magalhães. A estrutura da antiga sociedade portuguesa. Lisboa: Arcádia, 1971.

GOES FILHO, Synesio Sampaio. Alexandre de Gusmão (1695-1753): diplomata e estadista luso-brasileiro. *Negócios Estrangeiros*, n. 21, 2021.

GOLGHER, Isaías. *Guerra dos Emboabas*: a primeira guerra civil das Américas. Belo Horizonte: Itatiaia, 1956.

GONÇALVES, Adelto. *Gonzaga, um poeta do Iluminismo*. Rio de Janeiro: Nova Fronteira, 1999.

GONZAGA, Tomás Antônio. *Cartas chilenas*. Rio de Janeiro: Eduardo & Henrique Laemmert, 1863.

GUARACY, Thales. *A conquista do Brasil (1500-1600)*. São Paulo: Planeta, 2015, 2024.

_____. *A criação do Brasil (1600-1700)*. São Paulo: Planeta, 2018, 2024.

HOLANDA, Sérgio Buarque de. *Raízes do Brasil*. 1936.

LA RONCIÈRE, Charles de. *Histoire de la Marine Française*. Paris, 1932. v. 1.

LAGRANGE, Louis Chancel. *Minhas viagens*: campanha do Brasil contra os portugueses em 1711. 1740.

LEME, Luiz Gonzaga da Silva. *Genealogia paulistana*. São Paulo: Duprat & Comp., 1903-1905.

LIBBY, Douglas Cole. As populações escravas das Minas setecentistas. *In*: RESENDE, Maria Efigênia Lage de; VILLALTA, Luiz Carlos (org.). *História de Minas Gerais*: as Minas setecentistas. São Paulo: Autêntica, 2007.

LISBOA, Breno de Almeida Vaz. *Uma das principais dos domínios de Vossa Majestade*: poder e administração na capitania de Pernambuco durante o reinado de D. João V. Niterói: Universidade Federal Fluminense, 2017.

MARCÍLIO, Maria Luiza. A população do Brasil colonial. *In:* BETHEL, Leslie (org.). *História da América Latina*: a América Latina colonial. São Paulo: Edusp, 1984. v. II.

MARTINS, Padre Joaquim Dias. *Os mártires pernambucanos, vítimas da liberdade nas revoluções ensaiadas em 1810 e 1817*. Tipografia de F. C. de Lemos e Silva, 1853.

MATHIAS, Carlos Leonardo Kelmer. *Jogos de interesses e estratégias de ação no contexto da revolta mineira de Vila Rica, 1709-1736*. Rio de Janeiro: Universidade Federal do Rio de Janeiro, 2005.

MELLO, Christiane Figueiredo Pagano de. *Desassossego das Minas*: a guerra e o sertão. A situação militar na capitania durante o governo de dom Antônio de Noronha, 1775-1779. Ouro Preto: Universidade Federal de Ouro Preto, 2004.

MELLO, Evaldo Cabral de. *A fronda dos mazombos*: nobres contra mascates. Pernambuco, 1666-1715. São Paulo: Editora 34, 2003.

_____. *Um imenso Portugal*: história e historiografia. São Paulo: Editora 34, 2022.

MELLO, José Soares de. *Emboabas*: crônica de uma revolução nativista. Documentos inéditos. São Paulo: São Paulo Editora, 1929.

MÉMOIRES de Monsieur Du Guay-Trouin. Pierre Mortier, 1730.

MURADÁS, Jones. *A geopolítica e a formação territorial do Sul do Brasil*. Tese (Doutorado em Geografia) - Programa de Pós-Graduação em Geografia, Universidade Federal do Rio Grande do Sul, Porto Alegre, 2008.

NEPOMUCENO, Luís André. *A musa desnuda e o poeta tímido*: o petrarquismo na Arcádia brasileira. Annablume/Unipam, 2022.

NOVAIS, Fernando. A proibição das manufaturas no Brasil e a política econômica portuguesa do fim do século XVIII. *Revista de História*, v. 33, n. 67, 1966.

OLIVEIRA, Joseph Álvares de. *História do distrito do Rio das Mortes*. 1750.

PEDRO II. Regimento para a direção e governo da gente que trabalha nas minas que há nesses sertões do Brasil. *Arquivo Histórico Ultramarino*, 1702, AHU_ACL_CU, cx. 1.

PEREIRA, Ione Aparecida Martins Castilho. Guerra nas missões de Mojos: uma análise do conflito luso-espanhol pela posse da antiga missão jesuítica de Santa Rosa de Mojos no rio Guaporé (1760-1764). *Memoria Americana*, Ciudad Autónoma de Buenos Aires, v. 25, n. 2, 2017.

PINTO, Virgílio Noya. *O ouro brasileiro e o comércio anglo-português*: uma contribuição aos estudos de economia atlântica no século XVIII. São Paulo: Nacional, 1979.

RAMINELLI, Ronald. *Matias Vidal de Negreiros, mulato entre a norma reinol e as práticas ultramarinas*. Niterói: Universidade Federal Fluminense, 2015.

RAU, Virgínia; SILVA, M. F. Gomes da. *Os manuscritos do Arquivo da Casa de Cadaval respeitantes ao Brasil*. Coimbra, 1956.

RECUEIL des Loix Constitutives des Colonies Angloises Confédérées sous la Dénomination d'États-Unis de l'Amérique Septentrionale. Les Libraires Associés, 1778.

REGIMENTO Mineral. *Revista do Arquivo Público Mineiro*, Ouro Preto, ano I, fasc. 4, dez. 1896.

REZENDE, Luiz Alberto Ornellas. *A Câmara Municipal de Vila Rica e a consolidação das elites locais, 1711-1736*. Dissertação (Mestrado em História Social) – Departamento de História, FFLCH-USP, São Paulo, 2015.

RIBEIRO, Darcy. *O povo brasileiro*. São Paulo: Companhia das Letras, 1995.

RIO-BRANCO, Miguel Paranhos de. *Alexandre de Gusmão e o tratado de 1750*. Fundação Alexandre de Gusmão, 2010.

RODRIGUES, Gefferson. *A tentativa de sublevação do índio Antônio Domingos Camarão em Pernambuco (1730)*. Niterói: Universidade Federal Fluminense, 2021.

RODRIGUES, Manuel Benavente. *Grandes de Portugal no século XVIII*: inventários da casa de Távora, Atouguia e Aveiro (1758-1759). Lisboa: Apotec, 2020.

RUGOLO FILHO, Reginaldo Antonio. *Mineralização aurífera da mina Morro do Ouro Paracatu-MG*. Centro de Ciências Matemáticas e da Natureza

Departamento de Geociências – Geologia, Universidade Federal do Rio de Janeiro, [s. d.].

SALGADO, Graça (coord.); AZEVEDO, Carmen L. de; PÊCEGO, Edgar; VIANNA, Paulo F.; HIPPOLITO, Regina; BARRETO, Zélia M. *Fiscais e meirinhos*: a administração no Brasil colonial. 2. ed. Rio de Janeiro: Nova Fronteira, 1985.

SCHEDEL, Madalena Serrão Franco. *Guerra na Europa e interesses de Portugal*: a acção política e diplomática de D. João de Melo e Castro. Lisboa: Universidade de Lisboa, 2010.

SCHWARCZ, Lilia M.; STARLING, Heloisa M. *Brasil*: uma biografia. São Paulo: Companhia das Letras, 2015.

SILVEIRA, Marco Antônio. *O universo do indistinto*: Estado e sociedade nas Minas setecentistas (1735-1808). São Paulo: Hucitec, 1997.

SIMÕES, Felipe Pedreira. *Vícios ardentes*: leis e contravenções nas Minas durante o governo de D. Pedro de Almeida. Dissertação (Mestrado) – Universidade Federal Fluminense, Rio de Janeiro, 2020.

SOUZA, Laura Mello e. *Discurso histórico e político sobre a sublevação, que nas Minas houve no ano de 1720*. Belo Horizonte: Fundação João Pinheiro, 1994.

SOUZA, Lucas Moraes. Tecendo as redes na revolta: o governo de D. Pedro Miguel de Almeida e os "homens bons" de Vila do Carmo na repressão à revolta de Vila Rica em 1720. Dissertação (Mestrado em História) – Universidade Federal de Ouro Preto, Mariana, 2014.

STUMPF, Roberta Giannubilo. *Filhos das Minas, americanos e portugueses*: identidades coletivas na capitania de Minas Gerais (1763-1792). São Paulo: Hucitec, 2009.

TAUNAY, Afonso d'Escragnolle. *Relatos sertanistas*. 1953.

TAVARES, Luís Henrique Dias. *História da sedição intentada da Bahia em 1798*. Salvador: UFBA, 2016 (Col. UFBA 70 Anos).

TÁVORA, Franklin. *O matuto*: chronica pernambucana. 1878.

TEIXEIRA, Bento. *Naufrágio, que passou Jorge D'Albuquerque Coelho, Capitão e Governador de Pernambuco*. Antônio Álvares, 1601.

VARNHAGEN, Francisco Adolfo de. *História geral do Brasil*. 2. ed. Rio de Janeiro: E. e H. Laemmert, 1877, v. 2. Disponível em: https://digital.bbm.usp.br/handle/bbm/4824. Acesso em: 9 jan. 2025.

VASCONCELLOS, Frazão de. *Archivo nobiliarchico portuguez*. Série 1, n. 6, Lisboa, 1918.

VELASCO, Clara; CROQUER, Gabriel; PINHONI, Marina. Censo do IBGE: Brasil tem 1,7 milhão de indígenas. *G1*, 7 ago. 2023. Disponível em: https://g1.globo.com/economia/censo/noticia/2023/08/07/censo-do-ibge-brasil-tem-17-milhao-de-indigenas.ghtml. Acesso em: 14 nov. 2024.

VIAGEM a Minas Gerais: diário de D. Pedro II. Museu Imperial de Petrópolis.

Leia também

THALES GUARACY
A CONQUISTA DO BRASIL
1500-1600

Como um caçador de homens, um padre gago e um exército exterminador transformaram a terra inóspita dos primeiros viajantes no maior país da América Latina

1º VOLUME DA TRILOGIA FORMAÇÃO DO BRASIL — Planeta

THALES GUARACY
A CRIAÇÃO DO BRASIL
1600-1700

Como uma geração de desbravadores desafiou coroas, religiões e fronteiras, dando ao país ilimitadas ambições de grandeza

2º VOLUME DA TRILOGIA FORMAÇÃO DO BRASIL — Planeta

Acreditamos nos livros

Este livro foi composto em Kepler Std e impresso pela Lis Gráfica para a Editora Planeta do Brasil em fevereiro de 2025.